W0325260

COLLECTION
FOLIO ESSAIS

Moustapha Safouan

La psychanalyse

Science, thérapie et cause

Gallimard

© Éditions Thierry Marchaisse, 2013.

Moustapha Safouan est né en 1921, à Alexandrie. Analyste dès 1949, il a été parmi les premiers à suivre l'enseignement de Lacan. Ses nombreux ouvrages sont largement traduits et ses propres traductions de Freud, La Boétie et Shakespeare font référence dans le monde arabe.

à P. P.

« Il faut être profond dans l'art ou dans la science, pour en bien posséder les éléments. Les ouvrages classiques ne peuvent être bien faits, que par ceux qui ont blanchi sous le harnais. C'est le milieu et la fin qui éclaircissent les ténèbres du commencement. »

DIDEROT, *Le neveu de Rameau*

Introduction

Que peut-on dire de la psychanalyse, après en avoir fait sa principale activité pendant plus de soixante ans ? Le but de ce livre est de répondre à cette question.

La première partie propose un regard rétrospectif sur le mouvement freudien, qui reprend à nouveaux frais l'histoire singulière des débuts de la psychanalyse. Le fait est qu'elle est apparue sur la scène du monde comme un mouvement, une cause à défendre. Ses premiers partisans, qui se sont ralliés à Freud à partir de 1902, étaient des marginaux, qui voyaient sa découverte de l'inconscient comme le moyen d'une libération de l'individu, et même de la société. La reconnaissance académique est arrivée par la suite, sous l'égide de Bleuler, *via* la clinique psychiatrique de l'université de Zurich. Dès 1906-1907, elle a fait affluer vers le 19 Berggasse de jeunes psychiatres venus du monde entier. Des Russes, des Polonais, des Hongrois, mais aussi des Allemands et des Américains ont frappé à la porte de Freud, ouvrant ainsi la possibilité d'une internationalisation du mouvement psychanalytique.

La création de l'Association psychanalytique internationale, communément nommée sous son sigle anglais d'IPA, est alors devenue une nécessité pour Freud, et même une urgence. À sa grande surprise, en effet, il avait constaté qu'un praticien passé par l'expérience d'une analyse personnelle n'était nullement à l'abri de déviations ultérieures. Or, celles-ci pouvaient le conduire jusqu'à nommer « psychanalyse » des choses de son cru, n'ayant aucun rapport avec elle, voire à se retourner contre son propre enseignement. Il fallait un remède. Il fallait prendre en main la formation des analystes, de façon que nul ne puisse se dire « analyste » qui n'ait reçu l'aval de quelques esprits au-dessus de tout soupçon. Où trouver ces esprits miraculeux ? Chez ses élèves les plus fidèles, tant à sa personne qu'à son œuvre, puisqu'aux yeux de Freud l'une était indiscernable de l'autre.

Depuis lors, on peut dire que les apories, les drames et les dissensions n'ont cessé de scander l'histoire de la psychanalyse. J'ai choisi de les étudier en commençant par suivre le fil rouge que nous offre la constitution, sur la suggestion de Jones, du comité des « paladins » de Freud. Car ce comité secret n'a pas peu contribué à la transformation de l'IPA en Église, avec ses cardinaux et ses hérétiques. On y croisera, notamment, Otto Rank et Sándor Ferenczi, les deux principales figures dissidentes du mouvement freudien, dont les vies tragiques et les innovations trop audacieuses nous interpellent encore aujourd'hui.

La seconde partie est consacrée au cœur même de la psychanalyse, à savoir la théorie psychanalytique de l'Éros. Le lecteur sera peut-être étonné de constater qu'elle commence par un exposé consacré à la linguistique. Mais je suis persuadé qu'on ne saurait apprécier à sa juste mesure la refondation lacanienne des découvertes freudiennes, si on la sépare de ce que certains linguistes ont appelé « la subversion ontologique de Ferdinand de Saussure ». Ce détour apparent est donc en fait un raccourci, qui nous permettra de mieux suivre, ensuite, les avancées théoriques de Lacan et leurs mises en formules logico-mathématiques.

Sous la dénomination de « pulsion », Freud a forgé un concept aussi révolutionnaire que la gravitation des corps, ou l'évolution des espèces. Sa portée réside en ce qu'il permettait, pour la première fois, l'abord scientifique de l'Éros, ce dieu certes plein de ressources par son père, Poros, mais dont les manques viennent de la pauvre Pénia, sa mère, qui selon Platon n'a pu l'enfanter qu'en profitant du sommeil de Poros pour s'en faire engrosser. Faute d'avoir des objets appelant des actions spécifiques (comme le besoin), Éros les retrouve dans les locutions et les métaphores mortes de la langue, qui alimentent nos rêves et nos symptômes, tout en fécondant nos palabres.

Ce paradoxe fondamental de l'Éros, tout à la fois sans objet et non sans objet, Freud l'a résolu en lui en assignant un *objet perdu* : celui de la première satisfaction. Mais dès lors, comment ne pas s'arrêter sur ce phénomène étrange que constitue l'apparition précoce du désir ? Comment se fait-il que ce dans quoi réside tout le potentiel de la vie sexuelle surgisse si tôt dans la vie humaine, à un moment où il est impossible d'y satisfaire ? Et qu'est-ce que cet objet, qui nous est inaccessible, et vers lequel nous nous dirigeons cependant d'autant plus immanquablement qu'il est celui « de l'amour et de la première dépendance » ?

La perplexité des analystes face à l'apparition précoce de la sexualité s'est longtemps attestée dans leurs cogitations divergentes sur la « phase phallique », qui surgit en même temps. Ces divergences étaient tout à la fois inévitables et insolubles. Car de telles élaborations en restaient au plan de « l'avoir », coincées dans cette vaine alternative (où se laisse soupçonner l'origine sexuelle de la logique aristotélicienne elle-même) qui oppose ceux qui ont le phallus et celles qui ne l'ont pas. Or, il est un tiers non exclu, en l'occurrence, et même décisif, c'est que ni les uns ni les autres ne *sont* le phallus. On touche par ce biais à un des apports clés de Jacques Lacan, à un moment où la science pilote était non plus la biologie mais la linguistique.

En centrant le complexe d'Œdipe autour de la fonction de castration, induite par la métaphore paternelle, Lacan a fondé le désir dit « génital » sur un manque à être distinct de la castration organique, où les pulsions prégénitales ou régressives trouvent leurs assises. De fait, avec l'entrée en jeu de ce que Freud appelait « le grand seigneur Pénis[1] », et qui renvoie chez Lacan à l'objet imaginaire symbolisé par la lettre « φ », les autres pulsions se sexualisent. Ce qui nous vaut un sein phallique et des fesses qui le sont tout autant ! En somme, avec l'Œdipe, tel que Lacan l'a reformulé, il y va d'un mécanisme qui conserve la valeur phallique, mais en l'accrochant à d'autres objets, dont la fonction s'en trouve par là même éclairée. On ne saurait donc exagérer l'importance de cette reprise lacanienne de la théorie freudienne de la sexualité. Et j'ai tâché d'en présenter les éléments et les enjeux principaux.

La troisième partie est consacrée à la saga lacanienne. Elle commence par un coup de tonnerre. Plus d'un demi-siècle après sa création, l'IPA pose comme condition à l'affiliation de la Société française de psychanalyse de rayer les noms de Jacques Lacan et de Françoise Dolto de sa liste de didacticiens. C'est cette « excommunication » initiale qui a incité Lacan à fonder sa propre école, et à essayer d'y mettre en œuvre une pratique qui soit conforme aux exigences de la psychanalyse telle qu'elle doit être : une science, comme telle transmissible.

À moins qu'il n'ait à peu près mon âge, ce qui m'étonnerait beaucoup, le lecteur imaginera difficilement l'effet vivifiant suscité par les débuts de l'enseignement de Lacan, en 1951, et la valeur de régénération qu'il annonçait. Car la théorie psychanalytique apparaissait certes, à l'époque, comme une construction grandiose, mais qui menaçait de s'effondrer sous le poids de ses contradictions et de ses zones d'ombre. Comment le transfert pouvait-il être à la fois le moteur principal de la cure *et* l'obstacle majeur à son effectuation ? D'où venait la menace de castration dont le père était censé être l'agent ? Comment l'Œdipe pouvait-il être inséparable de la théorisation infantile sur la sexualité, et voué à disparaître avec l'advenue de la puberté, alors même que le caractère œdipien du désir se manifeste en tout premier lieu chez l'adulte ? Mystère de l'amour. Mystère non moins opaque de l'objet de la première satisfaction…

Le génie clarificateur de Lacan a changé la donne théorique sur tous ces points, et sur bien d'autres. Son inventivité s'est aussi déployée dans la proposition de la procédure de « la passe ». Elle était destinée à renseigner les psychanalystes sur ce désir qui fait l'analyste, et plus précisément sur le point de *passage* de l'analysant à l'analyste. Malheureusement, sa mise en œuvre a montré que ce qu'on pouvait en attendre ne correspondait à rien que l'on pût cataloguer comme un savoir. On verra l'effet de choc qu'a eu cet échec. Et d'abord pour Lacan lui-même, puisqu'il allait à l'encontre du but auquel il avait voué sa vie. En même temps, l'école qu'il avait fondée se dégradait au fil des ans, malgré ou plutôt à cause de son succès extraordinaire. Et elle a fini par n'être plus qu'une corporation professionnelle de plus, guère différente des autres institutions.

Plusieurs chapitres de la troisième partie sont consacrés aux causes de ce double échec et aux leçons à en tirer. Les autres ont un tour plus personnel. Ils explorent un des paradoxes de l'enseignement de Lacan, qui m'implique comme son élève. Il se trouve, en effet, qu'il a été le seul maître qui m'a permis d'apprendre quelque chose de la psychanalyse, sans avoir jamais manifesté le moindre désir de me transmettre, ou de m'enseigner, quoi que ce soit. Il n'en était que plus étonnant de voir à quel point son désir de transmission reprenait libre cours dans ses séminaires, dès lors qu'il s'adressait à ceux qu'il regroupait, je dirais, par simple addition, sous le vocable de « mes élèves » – au pluriel.

Tout bien considéré, j'en ai conclu que l'idée de fonder une institution consacrée au service de la « cause » psychanalytique est une idée foncièrement antinomique, dont l'application entraîne une conséquence qui la contredit, et même la renverse en son contraire. Car l'exploitation de ce que Rank a appelé « la fiction du mouvement » finit toujours par mettre le réel qui y est en jeu (à savoir, comme le pointe Lacan, la formation des analystes) au service des hommes qui, eux, font la réalité de cette fiction. Lacan le savait d'ailleurs mieux que quiconque. Je dirais même que, par une espèce d'*amor fati*, il y a vu une raison de « père-sévérer » de façon à ne pas laisser l'IPA seule sur le terrain.

Certains membres de la vieille Société psychanalytique de Vienne, Tausk tout particulièrement, ont désapprouvé d'emblée la création d'une Association psychanalytique internationale. En 1910, ils estimaient déjà que l'idée d'une organisation destinée à défendre « la cause freudienne » était dangereuse en elle-même et antiscientifique ; dictée, qui plus est, par un sentiment exagéré des menaces qui pesaient sur la psychanalyse. Leur avis était sans doute discutable à l'époque. Mais l'histoire du mouvement psychanalytique a montré qu'ils avaient entièrement raison.

LE MOUVEMENT FREUDIEN

Chapitre premier

DE LA SOCIÉTÉ DU MERCREDI À L'ASSOCIATION PSYCHANALYTIQUE INTERNATIONALE

Dans son autobiographie, intitulée *Free Associations*, Ernest Jones consacre un long chapitre au « mouvement » psychanalytique, où il a joué un rôle éminent dès le début et jusqu'au bout. Il lui a voué sa vie, dit-il, et, sans lui, son livre perdrait sa raison d'être. Néanmoins, il prend soin de garder ce terme de « mouvement » entre guillemets, justement pour le stigmatiser. Car il s'applique, hélas, pour lui, aux activistes des sectes religieuses et politiques et non pas aux chercheurs scientifiques. Quand il s'est rendu à Vienne (probablement en 1908, année où le premier congrès de Salzbourg était en préparation), le terme était déjà en vogue, à sa plus grande désapprobation.

Au début du XXe siècle, les années de « splendide isolement », qui caractérisèrent, selon Freud lui-même, sa vie créatrice initiale, avaient commencé à prendre fin. Elles avaient été assurément splendides, même si l'on peut douter que cet isolement ait été si grand que cela. Grâce à l'intervention d'une ou deux dames, qu'il avait comptées parmi ses patientes hystériques, Freud a tout de même fini par obtenir le titre académique qui lui permettait de donner ses leçons à l'université. Il a eu alors, parmi ses auditeurs, Max Kahane, qui fut un des premiers à lire, et à faire lire, *L'interprétation des rêves*, Rudolf Reitler, Adler et Stekel. Et ce dernier fit d'ailleurs appel à la psychanalyse de Freud pour se tirer d'une difficulté névrotique. Ce qui fut bientôt fait, mais non sans qu'il en ait gardé un transfert flamboyant, qu'il a exprimé en proclamant qu'en ces années-là : « J'étais son apôtre et il était mon Christ. » Le ton est donné, qui appelle une explication.

En 1900, Max Planck découvrit de son côté les quanta. Il savait parfaitement que cette découverte jetait la base d'une nouvelle physique, dont l'importance ne le cédait en rien à celle de Newton. Pourtant, ni lui, ni personne de son entourage, n'a jamais pensé à la création d'un « mouvement » destiné à protéger la nouvelle physique contre ses adversaires. C'est que la physique était une science qui existait déjà, comme telle, depuis longtemps et où la distribution des valeurs de vérité dépendait crucialement de l'expérience. Freud, lui, était le père de la psychanalyse. Celle-ci était son enfant, qu'il avait créé tout seul, qui était sorti de sa tête comme Athéna de celle de Zeus. Quant à la découverte sur laquelle elle reposait, elle s'étalait dans les pages de *L'interprétation des rêves*. Car on a beau avoir écrit d'innombrables ouvrages sur « l'inconscient avant Freud », et notamment chez les romantiques allemands, il n'en demeure pas moins que personne, avant lui, n'avait jamais parlé de pensées par définition rebelles à l'articulation en paroles. Personne n'avait envisagé que « le mot d'esprit », par exemple, signifie plus qu'il n'exprime, et soit à déchiffrer à l'aune de processus que Freud a qualifiés de « primaires », et décrits comme étant ceux de la condensation et du déplacement.

Or, toute parole qui s'annonce ainsi comme un message sans précédent tend à ranimer notre rapport le plus primitif à la parole : celui qui se noue au moment où nous naissons. Naître, en effet, c'est faire son entrée dans ce lieu regorgeant de *sound and fury*, que Lacan a rangé sous la dénomination de l'Autre et défini comme lieu de la vérité et du langage.

Que nous naissions ainsi au langage peut paraître aller de soi, mais pourquoi aussi à la vérité ? Réponse : parce que, bien avant la distinction entre la vérité et l'erreur, la parole de l'Autre, dont la mère est la première à occuper la place, est accueillie comme un oracle. Bien avant que la loi soit articulée en paroles, où s'exprime une volonté, la parole *déjà* légifère. Elle apporte déjà ses réponses relatives à ce que le sujet est ou veut être, comme à ce qu'il a à faire ou à savoir. C'est là que l'on touche à la source obscure de l'autorité de l'Autre, qui fait de nous la victime d'avance soumise à toutes ses suggestions. Car, non seulement cet Autre est supposé savoir, mais encore son savoir prescrit ce qui est le cas. Bref, l'Autre est divinisé, comme Freud le fut en son temps. Stekel, cet homme versatile, écrivain prolixe, avide d'inventivité et dont le destin fut si tristement scellé, l'a écrit noir sur blanc. Mais qui dira que Stekel était le seul apôtre ?

Quoi qu'il en soit, on comprend peut-être mieux l'atmosphère qui a régné au sein de la « Société du mercredi », au début de son existence. Elle fut créée en 1902 sur une suggestion du même Stekel. Elle était composée des quatre membres, dont j'ai déjà cité les noms. Freud était le cinquième et les réunions avaient lieu chez lui. D'autres personnes ont bientôt commencé à rejoindre cette Société, dont Max Graf à qui nous devons une description mémorable de l'atmosphère qui régnait lors de ces mercredis : « Les réunions obéissaient à un rituel bien défini. Tout d'abord, un des membres faisait une communication ; puis on servait du café noir et des gâteaux ; il y avait des cigares et des cigarettes sur la table et on fumait beaucoup. Après un quart d'heure de détente, la discussion s'instaurait. Freud avait toujours le dernier mot, et c'est lui qui tranchait le débat. On se sentait, dans cette pièce, comme participant à la fondation d'une religion. Freud en était le prophète, lui dont la parole rendait caduques toutes les méthodes d'investigation psychologique qui se pratiquaient alors[1]. »

C'est cette vision de Freud comme pape et prophète qui énervait tant Jones. Elle l'atteignait dans ce qu'il avait de plus constitutif, son idéal du moi ; et de plus cher, son moi idéal, qui n'était pas du tout celui d'un religieux, mais d'un homme de science. Seulement, c'était un homme de science qui n'arrivait pas à éviter une contradiction fondamentale. Car tout en affichant sa répugnance à utiliser les termes de « mouvement » et de « cause », il avouait avoir été lui-même l'instigateur du « comité secret », censé justement veiller sur la cause en question. Ce comité, sur lequel je reviendrai, était fondé sur « l'obligation d'union » entre ses membres au prix de la soumission de chacun à la censure de « tous ». Et son action fut certainement une première dans l'histoire des sciences.

Bien sûr, Jones a raison de dire que Freud n'était pas un pape. On le croit d'ailleurs volontiers lorsqu'il affirme que, parmi les analystes viennois qu'il a rencontrés en 1908, il n'en est pas un seul qui n'ait eu un avis différent de celui de Freud sur un point ou un autre. Mais la question n'est pas de savoir si Freud était un homme de science ou non. La question est de savoir comment et pourquoi un homme de science tel que lui en est arrivé à se mettre dans la position d'un chef de mouvement. De fait, si Jones est toujours resté mal à l'aise par rapport au « mouvement » qui a occupé toute sa vie, c'est précisément faute de répondre à cette question, ou plutôt de pouvoir se la poser vraiment. En raison de l'opposition, à ses yeux « évidente », mais en fait purement verbale, entre le religieux et le scientifique. C'est aussi pour cela qu'il finit par se contenter d'affirmer, sur ce point, qu'en rapprochant Freud d'un pape, « on s'est servi d'une once de vérité pour donner une image fausse de la réalité ». Que faire, en effet, d'une telle affirmation, sinon la prendre avec la plus grande prudence ? Car Jones s'est bien gardé de nous dire qui se cachait sous ce *on ;* et encore plus quelle était cette *once* de vérité.

Commençons par la première question, laissée en suspens par Jones. Les adversaires de la psychanalyse, et il y en avait assurément, n'étaient pas les seuls à parler du « mouvement freudien ». Ses partisans eux-mêmes étaient les premiers à se considérer comme des militants. Qui étaient-ils ?

En 1906, année où Freud atteignit ses cinquante ans, le nombre de participants aux réunions du mercredi était devenu si important qu'il fallut un secrétaire pour rédiger les comptes rendus des échanges qui avaient lieu. Ce fut Rank qui s'en chargea et il avait été présenté à Freud par Adler. En 1908, la taille du groupe avait augmenté encore, au point d'entraîner le phénomène dit du « nivellement par le bas ». Agacé ou alarmé, Freud donna l'exemple de la première autodissolution dans l'histoire du mouvement psychanalytique. Il trouva le moyen de mettre adroitement fin, en 1908, à la Société du mercredi et d'annoncer la création de la Société psychanalytique de Vienne. Cette dernière était ouverte aux membres de l'ancien groupe qui désiraient renouveler leur adhésion, comme aux nouveaux venus.

Qui étaient les membres de cette nouvelle société ? Dans leur immense majorité, la première et la deuxième génération des psychanalystes étaient, selon les termes de Helmut Dahmer : « des juifs intellectuels allemands, hommes à perspective cosmopolite, dédiés au dieu *Logos*, travailleurs indépendants sans héritage, médicastres s'assignant une mission culturelle révolutionnaire, libres-penseurs et bohémiens, érudits sans professorat, esprits préoccupés par les sciences sociales et philanthropes, révolutionnaires et utopistes. Socialement, ils appartenaient à la classe moyenne aisée, tout en dénonçant les mensonges sur lesquels reposait la vie des membres de cette classe. Les médecins et psychologues établis n'avaient pour eux que mépris et discrimination. Politiquement, ils avaient l'esprit libéral ou bien sympathisaient avec les mouvements ouvriers, bien que les intellectuels et les officiels ne les aimassent guère. Ils étaient des adversaires décidés de l'Église, de l'État autoritaire et de la culture répressive, et par conséquent, étaient maudits comme "perturbateurs", "décadents" et "anarchistes"[2]. »

Cette description peut paraître exagérée, ou au moins inexacte, au regard de l'image que nous avons de certains analystes, comme Helene Deutsch ou, plus tardivement, Richard Sterba, qui ne donnent pas du tout l'impression d'avoir été des marginaux. Ce qui est incontestable, en revanche, c'est que les analystes viennois des premières générations voyaient dans la psychanalyse le moyen d'une libération individuelle et sociale. Et aussi que tous considéraient Freud comme le chef incontesté d'un mouvement. Mais l'était-il en réalité ? Plus précisément : cette image qu'on avait de lui correspondait-elle à la conception qu'il se faisait de lui-même ? C'est ici que l'on touche à « l'once de vérité » dont Jones fait état et à la deuxième question qu'il laisse en suspens.

Freud se considérait effectivement comme le chef d'un mouvement, qui traduisait le ralliement à ses découvertes scientifiques et devait travailler à les répandre, sinon à les enrichir. Cette position, il devait fatalement la prendre puisque ses découvertes fondaient une science qui, dans tous les sens du terme, n'avait pas *sa place* à l'université. De plus, il a toujours eu la crainte de mourir prématurément, avant d'obtenir la reconnaissance de la psychanalyse sur le plan scientifique au-delà du cercle des intellectuels juifs qui l'entouraient. Les réunions du mercredi ne ressemblaient en effet que trop, pour lui, à une annexe du *B'nai B'rith*. Aussi espéra-t-il toujours trouver un « prince héritier » *goy*, qui assurerait la survie de son œuvre après sa mort.

Jones était persuadé que le « premier point d'honneur de l'homme de science est de mettre la vérité au-dessus de toute autre chose[3] ». Freud ne partageait sûrement pas ce fanatisme de la vérité, sur lequel nous aurons à revenir. Mais il était un représentant authentique de la tradition des Lumières, et de son épistémologie, qui remonte à Bacon, Descartes et Spinoza. Une épistémologie optimiste selon laquelle, comme l'écrit Karl Popper, « la vérité, dès lors qu'elle est dévoilée dans sa nudité, serait toujours reconnaissable comme telle[4] ». Et lorsqu'elle ne l'est pas, « la raison est à chercher dans notre refus coupable de voir cette vérité, pourtant manifeste, ou dans les préjugés que l'éducation et la tradition ont gravés dans notre esprit, ou encore dans d'autres influences pernicieuses qui ont perverti la pureté et l'innocence originelles de notre esprit[5] ». On voit l'affinité de cette théorie du complot obscurantiste contre la vérité avec la fameuse « résistance » à l'analyse identifiée par Freud, et magnifiée dans son autobiographie par Jones, en proportion du courage requis pour s'y confronter. Popper ne va d'ailleurs pas jusqu'à prétendre que cette théorie ne contient pas la moindre parcelle de vérité. Mais il estime qu'elle « constitue pour l'essentiel un mythe, et il en va de même de la doctrine du caractère manifeste de la vérité dont elle est issue[6] ».

Or, cette parcelle de vérité que contient la théorie du complot s'atteste indéniablement dans le cas de Freud. Ses thèses sur l'existence de la sexualité infantile et la part de la sexualité dans la détermination des névroses, sans parler du caractère général de la sexualité comme perversion polymorphe, ont effectivement heurté de front la morale sociale et le discours universitaire qui en était solidaire. L'enjeu était, certes, rien de moins que la vérité, laquelle ne manque pas d'avoir ses militants, toujours prêts à combattre pour défendre « la cause ». Mais le résultat ne s'est pas fait attendre : les efforts destinés à organiser et à diriger le mouvement psychanalytique l'ont emporté sur le travail d'élucidation conceptuelle, et ce alors même que les théories freudiennes en avaient le plus grand besoin.

Freud a articulé ses théories en se servant des signifiants du langage ordinaire. On se demande d'ailleurs comment il aurait pu procéder autrement ! Mais il est resté pratiquement le seul à les travailler, à s'efforcer de donner à ses signifiants un sens précis, qui les dépêtre de l'ambiguïté et de l'équivoque qu'ils tenaient de leurs différents usages. C'est ce que montrent, notamment, ses écrits sur les concepts métapsychologiques, ou ceux concernant *Le moi et le ça*, ou encore *Inhibition, symptôme et angoisse*. On remarquera d'ailleurs, au passage, qu'aujourd'hui encore tous les architectes des livres noirs antipsychanalytiques échafaudent leurs fallacieux édifices en tablant sur le même fait. À savoir que chacun croit savoir ce que veut dire « inconscient », « pulsion », « objet », « narcissisme », etc.

Quoi qu'il en soit, il faut reconnaître que l'œuvre de Freud, telle qu'il nous l'a laissée, contenait plus d'une impasse théorique. Il faut aussi reconnaître que, pour entrevoir la possibilité de lever ces impasses, il a fallu attendre Lacan et les concepts de base qu'il a forgés : tels ceux de l'Autre, du sujet barré par le signifiant ($), ses distinctions entre le désir et la demande, entre le symbolique, l'imaginaire et le réel, etc. Mais, en attendant son « retour à Freud », l'histoire de la psychanalyse ne s'est pas arrêtée et est devenue l'histoire du mouvement psychanalytique. Nous avons donc tout intérêt à revenir sur cette histoire si nous voulons mesurer sa contribution au progrès de la psychanalyse et vérifier si elle ne l'a plutôt figée, voire défigurée.

Pour Jones, les choses étaient simples. Il y avait, d'un côté, les découvreurs « révolutionnaires », les Darwin, les Copernic, les Freud, dont il fallait saluer le courage intrépide. Et, de l'autre, la résistance interne que le commun des hommes devait surmonter afin d'accéder aux vérités découvertes par ces êtres exceptionnels. Ce qui le conduisait à diviser les pionniers de la psychanalyse en quatre groupes, selon leurs réactions aux thèses de Freud.

Il y avait le groupe de ceux qui se sont contentés d'idolâtrer le chef, une minorité d'esprits plus faibles, *weaker-minded*, le considérant comme un oracle infaillible, tout en lui laissant toute la responsabilité qui lui incombait (il ne dit pas laquelle), sans songer à en partager le fardeau. Il y avait ceux qui ont essayé de garder leur indépendance d'esprit, en s'accrochant à des disputes mineures et irritantes concernant des points de détail. Il y avait aussi ceux qui, après une bouffée d'adhésion enthousiaste, ont reculé dès qu'ils ont réalisé ce qu'ils avaient fait. Ils ont alors cherché une porte de sortie, en réinterprétant les faits de façon à les rendre moins nocifs. Ce fut le cas des « séparatistes » comme Adler et Jung, entre autres. Et « enfin, quelques-uns parmi nous étions préparés à endosser nous-mêmes la responsabilité [toujours sans dire laquelle] et à faire tout ce qui était en notre pouvoir pour combiner l'aperception de ces étonnantes découvertes avec la modération qui sied aux chercheurs scientifiques. Abraham, de Berlin, partageait entièrement cette attitude avec moi ; Ferenczi dans une grande mesure, de même pour Putnam, à sa façon particulière[7] ».

Cette division quadripartite est évidemment inséparable de certaines croyances de Jones.

Selon lui, tout pionnier devait d'abord surmonter des « résistances » personnelles, internes, avant d'être à même de déchirer le rideau qui lui cachait jusque-là un certain aspect de la vérité. Là résidait, en effet, l'essence de son accomplissement en tant que pionnier[8]. Ces résistances se mettaient en branle immanquablement en fonction de leur connexion avec quelques pensées et émotions inconscientes. Et les résistances les plus puissantes, en l'occurrence – celles qui représentent la plus grande entrave au progrès scientifique –, étaient toujours liées à l'idée de Dieu. De sorte que chaque pas en avant équivalait à une distance prise vis-à-vis de cette idée et apparaissait comme un blasphème. Plus que toute autre période, poursuivait Jones, la deuxième moitié du XIXe siècle fut celle de la plus grande audace dans cette direction. Pour la première fois, dans l'histoire humaine, il était question, non pas seulement de contourner les résistances dues à des associations indirectes avec le sacré, « mais de voir face à face, de sentir, de réaliser et de surmonter les ultimes résistances internes dans leur forme nue[9] ». Tel fut l'exploit sans équivalent de Freud, affirme Jones. La suite de ce discours exalté est facile à deviner. Cet exploit n'était pas fait pour tous. Certains ont trouvé la lumière trop intense pour pouvoir la supporter. Ayant remis les rideaux là où ils étaient auparavant, ils ont donc eu la satisfaction de recevoir les applaudissements d'un monde perturbé par l'approche, fût-elle encore lointaine, de la nouvelle vérité.

Bref, comme on le voit, la vérité, selon Jones,

n'était pas quelque chose qui s'élabore comme un savoir théorique, toujours révisable ; ni qui se signifie de biais comme fantasme ou mensonge. Elle était là, depuis toujours, cachée derrière un rideau, et il suffisait de le déchirer pour qu'elle se révèle avec un éclat insupportable à beaucoup. Un tel type de propos laisse rêveur. On se demande : si ce n'est pas là de la religion, qu'est-ce que c'est ? Mais regardons les choses de plus près.

Toute hagiographie comporte une part d'aveuglement qui étonne d'autant plus lorsque l'auteur est un analyste : comment ne pas voir que lorsqu'on met quelqu'un sur un piédestal, c'est pour s'y jucher avec lui ? N'en déplaise à Jones, la psychanalyse *était* un mouvement ; et il était impossible qu'il en fût autrement. Car il s'agissait d'une discipline nouvelle qui devait conquérir sa place dans un monde social et universitaire hostile. Et Freud *était* le chef de ce mouvement de conquête. Qui plus est, il en avait la détermination et la capacité, même s'il devait peut-être préférer d'autres occupations. La Kakanie, pour reprendre le nom forgé par Musil pour désigner l'Empire austro-hongrois, souffrait de l'hypocrisie de sa morale sociale. Elle était aussi gangrenée par l'antisémitisme, meurtrier non pas du père ni de Dieu, mais de la parole comme telle. Car un antisémite ne parle pas à un juif, il lui demande de descendre du trottoir. C'est autre chose.

Les années 1907-1908 marquèrent un nouveau tournant. Elles furent celles où des psychiatres venus de différentes capitales du monde entier,

Berlin, Londres, New York, Zurich, Budapest, trouvèrent l'étoile qui les guida au domicile de Freud, 19 Berggasse, puis à la Société de Vienne. Et ils étaient si nombreux que l'idée d'un premier congrès de psychanalyse s'est présentée, tout naturellement. Il s'est tenu le 27 avril 1908 à Salzbourg. On en trouve le programme et la liste des participants dans *Les premiers psychanalystes*[10].

Jones, venu de Londres, était le seul Anglais ; comme Brill, venu de New York, était le seul Américain. Tous deux étaient passés, au préalable, par la clinique du Burghölzli à Zurich, dirigée alors par le prestigieux Bleuler et son lieutenant Jung. Mais il reste que la grande majorité de ces pionniers étaient viennois. Le seul autre collectif un peu consistant étant celui des Suisses. Je souligne cette donnée, parce qu'elle montre le rôle considérable joué par Bleuler dans la généralisation du mouvement psychanalytique, et donc dans la libération de son carcan viennois. Car Bleuler était un homme de science, au sens authentique du terme. Il était on ne peut plus éloigné de prêter à une théorie scientifique le caractère d'une vérité ultime, irrévisable. On a du mal à imaginer ce que serait devenue la psychanalyse si, par impossible, tous les participants au congrès de Salzbourg avaient partagé un tel esprit. Mais on comprend aussi qu'une fois le caractère « politique » du mouvement freudien officialisé, Bleuler ait pris progressivement ses distances. La rupture définitive eut lieu en 1910, à la suite du congrès de Nuremberg, sur lequel nous reviendrons.

1909 fut l'année de la visite de Freud en Amérique, où il se rendit à l'invitation de l'université Clark, accompagné de Jung et Ferenczi. Jones assista également aux diverses rencontres et célébrations. À l'en croire, c'est ce groupe des quatre qui décida de confier à Jung la tâche d'organiser en 1910 un congrès d'envergure, qui jetterait la base de l'IPA. Puis il ajoute, dans son autobiographie : « Si je dois dire lequel parmi nous fut le premier à prôner la constitution d'une nouvelle association, je dois nommer Ferenczi. Nous avons dû tempérer deux qualités qui donnaient lieu à sa surexcitation : sa tendance dictatoriale dont j'ai déjà fait état, et son fort sentiment maçonnique pour la fraternité[11]. »

Pour apprécier la véracité très relative de ce témoignage, il convient de mettre en regard d'autres éléments, dont le rapport de la première réunion que la Société psychanalytique de Vienne a tenue, après ce congrès, le 6 avril 1910. On constate alors plusieurs points.

D'abord, personne n'y met en doute que cette association est une idée de Freud, tout comme celle de déplacer le centre de la psychanalyse de Vienne à Zurich sous l'égide de Jung. Freud dit d'ailleurs expressément dans son *Histoire du mouvement psychanalytique* que ce fut « sous [son] influence » que Ferenczi a écrit les propos qu'il a lus lors du congrès, avec ce qu'ils comportaient d'allusions quelque peu offensantes pour les Viennois. Quant à ceux-ci, bon nombre d'entre eux, dont Adler et quelques autres parmi les plus fidèles disciples de Freud, estimaient que le

« mouvement » psychanalytique n'était pas aussi nécessaire que Freud lui-même le pensait sous l'effet d'un sentiment de péril exagéré.

On constate, enfin, que seul Tausk, qui n'était pas au congrès, a regretté *l'idée même* d'une association internationale. Son argument reposait sur une comparaison avec le darwinisme, qui a été lui aussi une religion scientifique, longtemps combattue. Tausk fit remarquer à ses collègues qu'aucune société pour la dissémination du darwinisme n'avait été fondée pour autant, et que cela n'avait nullement empêché cette théorie de finir par faire partie de la conscience de l'homme civilisé. C'est pour cette raison qu'il s'opposait fermement à la création d'une association.

Il reste que c'est le discours prononcé par Ferenczi qui fit sensation lors de ce congrès de Nuremberg, et qui lui a donné, en même temps, son importance historique. Que Ferenczi ait écrit lui-même son discours paraît indubitable. On y reconnaît l'éloquence débridée d'un jeune enthousiaste, et on voit mal Freud se laissant aller à être ce qu'il n'était plus du tout à l'époque. Mais il paraît également certain que toutes les idées essentielles mises en avant dans ce discours étaient bien celles de Freud. Le flot oratoire de Ferenczi laisse d'ailleurs transparaître une argumentation serrée, dont les étapes s'enchaînent parfaitement, et de façon si puissante qu'on y reconnaît l'art qu'avait Freud d'exposer ses idées d'une manière toujours bien ordonnée.

La première était celle de *lutte*, que l'hostilité ambiante imposait aux psychanalystes, lutte qui amène Ferenczi à conclure dans ces termes : « Nous avons donc subi le sort des apôtres de la paix éternelle, obligés, pour leur idéal, de faire la guerre[12]. »

Les idées suivantes concernaient l'histoire et les étapes de cette lutte. La première était un rappel de l'« isolement splendide » de Freud au départ, dont « il serait bon que nous-mêmes suivions l'exemple [...] en évitant dans la mesure du possible la polémique[13] ». La deuxième étape était... (ici on se serait attendu à une allusion aux réunions du mercredi. Mais non, rien de tel, le moment viennois est effacé au passage). La deuxième étape, donc, était celle de l'apparition de Jung, dont le grand mérite est d'avoir comblé l'abîme qui existait aux yeux de certains entre la psychanalyse et la science. En faisant appel aux idées de Freud dans la mise en œuvre des méthodes de la psychologie expérimentale, Jung a joué un rôle décisif, qui a eu pour effet de faire affluer à sa suite les nouveaux chercheurs, « comme les colons sur les traces d'Amerigo vers le continent découvert par Colomb[14] ». Jusqu'à l'apparition de ce nouvel Amerigo, les psychanalystes menaient une guerre inorganisée, une guerre de guérilla, comparable à celle des premiers colons. Et cette guerre « était indispensable tant qu'il s'agissait de gagner du temps face à un adversaire trop fort et d'empêcher que les idées nouvellement surgies ne fussent étouffées dans l'œuf[15] ».

Toutefois, aussi « indispensable » qu'elle ait été, cette guerre de guérilla que Freud menait avant l'arrivée de Jung, avec l'appui de sa troupe viennoise hétéroclite, présentait aussi de grands inconvénients. Lesquels ? Le premier est que l'absence de toute direction favorisait la prolifération des positions scientifiques personnelles, aux dépens de ce que Ferenczi appelle « l'intérêt commun », ou encore « les thèses centrales ». Ferenczi reconnaissait, certes, qu'il était nécessaire de préserver la liberté de la pensée. Mais il rappelait que l'autocritique analytique montrait le caractère très exceptionnel de ceux qui savent reconnaître leurs tendances inadaptées et les refréner au profit des « idées d'intérêt commun ». C'est pourquoi il considérait que la reconnaissance de telles limites, à laquelle s'ajoutait ce qu'il appelle, sans s'expliquer là encore, « une certaine considération mutuelle », ne menaçait aucunement la liberté de la science, « c'est-à-dire sa possibilité d'évolution rationnelle et régulière ».

On voit que tout ce discours restait comme suspendu en l'air. Et même doublement. Car Ferenczi se gardait bien de préciser *quelles* étaient les idées d'intérêt commun, ou encore les « thèses centrales » en question ; et *qui* était habilité à les formuler. Cependant, si nous nous référons à ce que nous savons par ailleurs, il n'est pas difficile de deviner la situation à laquelle Ferenczi faisait ici allusion. Selon tous les témoignages dont nous disposons, en effet, Adler était le seul membre du groupe viennois qui pouvait avoir quelque poids à côté de Freud. De plus, il était l'auteur de la théorie de la protestation masculine, qui avait elle-même tout d'une protestation « moïque » typique. Or, pour Freud, l'instance du moi n'était que le clown qui croit être l'organisateur de tout le cirque. On comprend qu'il ait eu grande crainte, à cette époque, qu'un Adler n'invente une théorie qui se prévale d'être psychanalytique, alors qu'elle n'avait, en fait, rien à voir avec ses découvertes. Et ce passage du discours de Ferenczi était donc simplement destiné à souligner la nécessité de protéger la psychanalyse au moins autant de *l'intérieur* que de l'extérieur.

L'autre inconvénient de la guerre de guérilla est qu'elle retardait le moment de l'insertion sociale de la psychanalyse. Car si l'absence de règles avait attiré, au départ, des individus valables et doués, il n'en restait pas moins que la grande majorité, habituée à l'ordre et à la discipline, y voyait une raison supplémentaire justifiant son rejet. Dès lors, si la psychanalyse voulait acquérir une reconnaissance sociale, et tel était assurément le désir de Freud, il lui fallait répondre à certaines exigences. Et notamment introduire un minimum d'organisation, sans laquelle il n'y a pas de respectabilité. Or la Société psychanalytique de Vienne était une société sans hiérarchie, ni bureaucratie, à laquelle on pouvait appartenir sans répondre à aucun critère d'admission. Il suffisait que le nom du candidat soit proposé par l'un des membres et que personne n'y fasse objection.

Le seul trait commun qui réunissait tous les membres de la Société de Vienne était donc leur ralliement au nom de Freud. Comme le remarque Ferenczi, Freud était, en effet, déjà un nom sous l'égide duquel on pouvait se mettre sans avoir une idée claire, ni même commune, de son apport théorique. C'est bien pourquoi, d'ailleurs, Freud n'avait guère d'estime pour sa « bande » initiale. Il la considérait comme un ramassis d'intellectuels anarchiques, étrangers à toute méthode. Et où chacun prenait tout ce qui lui passait par la tête pour une trouvaille originale, en la revendiquant bruyamment et en n'hésitant pas à la communiquer crûment, sans se soucier des effets que cela pouvait avoir.

Une communication particulièrement exemplaire, à cet égard, fut celle que Wittels présenta à la réunion scientifique du 12 mai 1910, c'est-à-dire deux mois et quelques semaines après la date du congrès de Nuremberg (les 30 et 31 mars). Elle avait pour titre « La névrose du Flambeau ». *Le Flambeau, Die Fackel,* était le nom du périodique dont le propriétaire et rédacteur quasi exclusif était Karl Kraus, le satiriste le plus redoutable de toute l'Autriche. Il attaquait inlassablement la *Neue Freie Presse,* l'un des quotidiens les plus prestigieux d'Europe, qui était devenu une espèce d'institution dont aucune maison bourgeoise ne pouvait se passer. L'argument central de la communication de Wittels était que le directeur de la *Presse* s'appelait Moritz Benedikt ; et le père de Karl Kraus, Jacob. Or, la Bible nous apprend que Jacob n'est pas n'importe quel patriarche ; c'est celui qui a reçu, quoique non sans ruse, la bénédiction du Père. Et celle-ci est singulièrement importante dans la lignée d'Abraham, puisqu'elle fait de son bénéficiaire l'héritier privilégié des Promesses divines. Bref, Jacob est l'homme béni de la Bible, le *benedictus* de la Vulgate.

Wittels en concluait que la *Presse* représentait le grand organe que le père Benedikt-Jacob avait et que son enfant (Karl Kraus) n'avait pas – ce qui suscitait l'agressivité de ce dernier. Et son argumentation n'était sans doute pas sans lien avec les idées d'Adler, concernant le sentiment d'infériorité et la protestation masculine qu'il suscite.

Au cours de la discussion qui s'ensuivit, Freud admit que les données de base rassemblées par Wittels étaient correctes. Mais il ajouta qu'il ne fallait jamais oublier que mettre la névrose au premier plan, là où il s'agissait d'une grande réalisation comme celle de Kraus, était tout simplement une erreur. Quant à l'association Benedikt-Jacob, elle constituait certes un pont *possible*. Mais on ne pouvait en faire le moindre usage, dans l'analyse, que si l'on avait, par ailleurs, des indications qui nous montrent que le pont est solide. Reste que la justesse de la critique de Freud ne pouvait guère limiter les dégâts en l'occurrence. De tels échafaudages interprétatifs ne pouvaient que confirmer Kraus lui-même dans son opinion que « la psychanalyse est cette maladie à laquelle elle prétend remédier ».

C'est là une de ses nombreuses formules célèbres, acérées et venimeuses, dont il avait le secret, mais il faut avouer qu'elle n'est pas sans avoir sa part de vérité. Peut-être même ce paradoxe est-il de plus en plus vrai au fil du temps ? Aujourd'hui, je dois bien reconnaître que le nombre de ceux qui viennent me voir pour se libérer de l'analyse – et non par l'analyse – ne fait que croître. Quoi qu'il en soit, la conclusion de Ferenczi, celle qu'il tirait à l'époque, était sans équivoque : le temps de la guerre de guérilla était révolu. Et, désormais, la psychanalyse bénéficierait plus qu'elle ne souffrirait d'une organisation.

Ferenczi n'était pas aveugle à la pathologie des associations. « Je sais, ajoute-t-il, combien souvent dans les groupements politiques, sociaux et scientifiques règnent la mégalomanie puérile, la vanité, le respect des formules creuses, l'obéissance aveugle, l'intérêt personnel au lieu d'un travail consciencieux consacré au bien commun[16]. » Suit alors une longue description, impressionnante, des structures familiales propres à ces groupes humains. Et tout particulièrement de l'écartèlement qu'elles suscitent dans l'âme de chacun entre l'obéissance à l'autorité et la rivalité pour la place qui en est la source.

Mais dès lors que convient-il de faire, selon Ferenczi ? Eh bien, en prendre son parti tout d'abord. Parce que le *zoon politikon*, cet animal de troupeau dont parle le Stagirite, l'homme, en général, ne saurait échapper aux structures en question. Et pas plus les psychanalystes : « car même si nous sommes inorganisés dans la forme, nous n'en constituons pas moins dès à présent une *communauté familiale* avec toutes ses passions : amour et haine pour le père, attachement et jalousie entre frères...[17] ».

Ferenczi est alors conduit à faire un pas de plus. Et à avancer cette proposition étrange : « traduire cet état de fait dans la forme même ». Ce serait non seulement plus franc, selon lui, « mais ce serait aussi plus pratique ». On se demande si on a bien lu ! Mais Ferenczi a, là encore, une réponse dans sa manche : « car j'ai remarqué que le contrôle de ces affects égoïstes est favorisé par la surveillance mutuelle[18] ». J'avoue que je ne vois pas du tout quel sens peut avoir cette dernière phrase. Il est vrai que, plus d'un demi-siècle après, Lacan a estimé qu'il était de bonne méthode que chaque analyste prête attention au travail des autres. Mais c'était là une suggestion qui avait un tout autre sens : celui d'une reconnaissance – et non pas d'une surveillance – mutuelle. Enfin, Ferenczi ne tarde pas à abattre sa carte maîtresse : « Des membres ayant reçu une formation psychanalytique seraient donc les plus à même de fonder une association réunissant les avantages de l'organisation familiale à un maximum de liberté individuelle[19]. » Cette nouvelle proposition clé débouche alors sur une longue description, d'une naïveté effarante, de ce que « doit être » une telle association.

Au terme de ces deux pages, il apparaît en tout cas clairement que l'association qu'appelait de ses vœux Ferenczi aurait au moins un mérite : celui d'en finir avec tout ce qui avait tant agacé Freud chez les combattants de la guerre de guérilla. Et c'est bien ainsi que les membres de la Société de Vienne l'ont entendu. Après le congrès de Nuremberg, tous ont dû reconnaître que non seulement Freud ne les aimait pas, mais encore qu'il haïssait Vienne. En fait, Freud était persuadé que les Viennois étaient ce qu'ils étaient parce qu'ils jouaient à l'analyste, ou n'avaient fait que des analyses à la six-quatre-deux. De fait, Stekel, par exemple, qui s'était adressé à Freud, en 1896, pour le dépanner d'une difficulté personnelle, avait vite arrêté son analyse, une fois débarrassé de cette difficulté. Or, seule une analyse approfondie, permettant au sujet de mesurer tout l'impact de son complexe d'Œdipe, était à même de produire un psychanalyste digne de ce nom. C'est-à-dire quelqu'un capable de concilier les avantages de l'organisation familiale autour de la cause avec le maximum de liberté personnelle. Telle était, en tout cas, la conclusion harmonieuse, en forme de jeu de balancier bien équilibré, que Freud lui-même avait tirée de son expérience avec les Viennois. D'un côté, la cause appelait certes une organisation familiale contraignante. Mais, heureusement, de l'autre, la psychanalyse elle-même permettait à chaque membre de cette famille de garder sa liberté scientifique.

Il faut croire, cependant, que cette conclusion avait quelque chose de chimérique, car le discours de Ferenczi se clôt finalement sur un tout autre ton : celui de l'avertissement. « Nous avons donc besoin, dit-il, d'une association qui puisse garantir dans une certaine mesure que ses membres appliquent effectivement la méthode psychanalytique selon Freud et non quelque méthode mijotée pour leur usage personnel. L'association aurait également pour tâche de surveiller la piraterie scientifique. Un choix rigoureux et prudent à l'admission des nouveaux membres permettra de séparer le bon grain de l'ivraie et d'éliminer ceux qui ne reconnaissent pas ouvertement et explicitement les thèses fondamentales de la psychanalyse[20]. »

Selon Fritz Wittels (et nous n'avons aucune raison de mettre en doute son témoignage), « Ferenczi présenta, ensuite, la motion de fonder une association internationale de psychanalyse. Jung devait en être le chef à perpétuité, c'est-à-dire pour toute la durée de sa vie. Il avait le pouvoir absolu de nommer des analystes et de les destituer. Tous les travaux scientifiques des analystes devaient être contrôlés par lui et ne pouvaient être publiés qu'avec son approbation[21]. »

Il peut paraître étonnant que Freud, son fondateur, ait prévu d'abdiquer ainsi toute responsabilité relative au développement de la psychanalyse. Mais n'oublions pas qu'en découvrant son complexe d'Œdipe, Freud est devenu, du même coup, le « père » d'une science, autour de laquelle pouvait se réunir une famille très large, et qui rendait nécessaire la désignation d'un « prince héritier ». Autant dire que, loin de céder du terrain avec la découverte de l'Œdipe, la logique familiale, où la jouissance trouve son berceau et son increvable aiguillon, n'avait fait que s'amplifier dans la psychanalyse elle-même.

Or, pour Freud, personne n'était mieux placé que Jung pour jouer le rôle du prince héritier. C'est, en effet, pour avoir travaillé à l'hôpital du Burghölzli, sous le patronage de Bleuler et Jung, que des psychiatres de toutes nationalités ont commencé à affluer à Vienne pour le rencontrer.

J'ai déjà nommé Brill et Jones ; mais il y eut Abraham, Eitingon, etc. Cela n'a pu que contribuer à le convaincre « qu'à travers l'école suisse, il parviendrait à entrer en communication avec la science universelle[22] ». En revanche, les Viennois eux-mêmes – qui avaient eu maintes fois l'occasion de voir rayonner le visage de Freud quand il parlait de Jung : « Celui-ci est mon fils bien-aimé, en qui j'ai mis toutes mes complaisances[23] » – n'ont vu dans la motion de Ferenczi que le signe de la dépendance où Freud s'était mis vis-à-vis d'un tel « fils bien-aimé ».

« Pendant l'après-midi de ce jour mémorable, écrit Wittels, les Viennois s'assemblèrent dans une salle latérale du Grand Hôtel de Nuremberg, afin de conférer de la situation inouïe. Tout à coup, Freud parut parmi eux sans être invité. Il était dans un état de grande excitation, tel que je ne l'ai jamais vu, et dit : "Vous êtes pour la plupart des juifs et par conséquent peu aptes à conquérir des amis pour la nouvelle doctrine. Il faut que les juifs se résignent à être le fumier de la civilisation. Il faut que je me fasse des relations avec la science ; je suis vieux et ne veux pas toujours être seulement persécuté. Nous sommes tous en danger." Il saisit le revers de sa redingote : "On ne me laissera que cet habit", dit-il, "les Suisses nous sauveront, moi et vous tous."[24] »

Malgré tous ses efforts, Freud ne réussit pas à désamorcer le mouvement de contestation. Les Viennois obtinrent la réduction de la durée de la présidence de l'association à deux ans, et que soit enlevé au président le droit de censurer les écrits analytiques destinés à la publication. Et de notre point de vue, aujourd'hui, ce qui est le plus remarquable, en l'occurrence, c'est que personne, pas même Jones, n'ait trouvé de raisons de mettre en doute le récit de Wittels.

On est donc bien fondé à penser que c'est ainsi que prit corps l'idée d'une association internationale, destinée à prendre en main la sélection et la formation des analystes, et censée garantir l'adhésion éclairée de chacun, comme la complète liberté de pensée de tous. Et que cette idée, venue *répondre* à l'affluence d'éléments originaires des pays étrangers, était bien celle de Freud et de personne d'autre. Qu'il en ait parlé aux disciples proches qui étaient avec lui en Amérique, c'est tout à fait sûr car eux-mêmes en ont fait état. Qu'ils aient accepté cette idée avec enthousiasme, cela se comprend aussi : puisqu'il s'agissait, politiquement parlant, d'un projet visant à instituer un pouvoir dont ils seraient les détenteurs, Jung en tête.

Retenu par ses responsabilités au Canada, Jones ne put assister au congrès de mars 1910 à Nuremberg. Mais nous savons tout de même, par lui, quelle était la pensée de Freud à l'époque. « Freud, écrit-il, était trop méfiant de la pensée moyenne (*average mind*) pour adopter l'attitude démocratique familière aux sociétés scientifiques. Par conséquent il souhaitait l'existence d'un *leader* suréminent qui dirige les activités des sociétés affiliées et de leurs membres ; de plus, il voulait que ce *leader* occupe sa position d'une façon permanente, comme un monarque[25]. »

Ces lignes sont très instructives en elles-mêmes. Elles confirment le récit de Wittels concernant le projet de Freud révélé par le discours de Ferenczi. Et elles réfutent, en même temps, les tendances à la tyrannie que Jones prêtait à Ferenczi, et qui auraient dicté le caractère absolu du pouvoir que ce projet accordait au président. De fait, Jones a souscrit à tous les *desiderata* de Freud, à une légère réserve de forme près, touchant le principe qui pérennisait la présidence. Sans doute a-t-il senti que le fantasme qui s'affichait dans les idées de fils et de prince héritier risquait de devenir réalité. L'existence d'un tel fantasme, chez Freud, n'a d'ailleurs rien qui doive nous faire tomber des nues. Car le moins que l'on puisse dire est qu'il ne manquait pas de faculté visionnaire, ni de détermination conquérante. Et, pour s'en convaincre, il suffit de se souvenir que, quoique né en Europe centrale, le jeune Freud se considérait volontiers comme méditerranéen, et qu'il s'est longtemps assigné la tâche de prendre la revanche d'Hannibal en faisant la conquête de Rome.

Mais le plus intéressant peut-être, en l'occurrence, est de s'interroger sur les raisons de l'adhésion de Jones au projet de Freud. Qu'est-ce qui le motivait, si l'on met à part les ambitions d'un homme qui se voyait en passe de devenir l'un des organisateurs de ce qu'il prétendait stigmatiser, à savoir le mouvement psychanalytique international ? « J'ai la certitude, écrit Jones, que Freud avait raison parce qu'on ne peut comprendre quoi que ce soit au développement de la psychanalyse si on la met sur le même plan que les autres branches déjà établies et relativement dépourvues d'émotions de la science, telles l'astronomie, la géologie, etc. Une forte influence stabilisante, dotée d'un jugement équilibré et d'un sens de la responsabilité, était dans ces circonstances on ne peut plus souhaitable[26]. »

Jones ne nous dit pas ici, ni ailleurs, en quoi consiste, selon lui, la différence entre cette nouvelle science qu'est la psychanalyse et les anciennes. Mais il n'est pas difficile de le faire à sa place. Car, dans les sciences classiques, il est question de « vérités » indépendantes du désir du chimiste, par exemple, ou de l'astronome. Alors que l'analyse s'effectue en fonction de l'*x* que représente le désir de l'analyste. Grâce à son activité thérapeutique avec les névrosés, notamment les hystériques comme Anna O., Freud – qui ne s'attribuait pas le pouvoir de séduction qu'il reconnaissait à Breuer – a eu l'astuce de mettre sur le compte du « transfert » les fantasmes de ses patientes. Cela l'a conduit à forger une conception de la sexualité qui mérite le nom de « vérité », pour autant qu'elle met le doigt sur les mensonges que les sociétés tissent relativement à ce pan de l'existence humaine. Une telle découverte ne pouvait certes pas manquer de susciter une résistance tenace et une hostilité opiniâtre. Seulement ce sera une erreur grave, et lourde de conséquences pour l'histoire de la psychanalyse, que de confondre ce type de « résistance » avec les phénomènes que les analystes, et Freud le premier, ont cru devoir ranger sous ce terme dans la conduite d'une analyse.

« Au début, écrit Jones, nous avons tous, Freud inclus, sous-estimé la force, la profondeur, la persistance et la subtilité des sources internes de l'opposition. Nous avons appris beaucoup pendant les trente ou quarante années qui ont passé depuis cette époque, mais je pense que, jusqu'à aujourd'hui, aucun de nous n'en a encore pris toute la mesure de façon définitive[27]. » Jones parle ici en souverain, non soumis à la loi dont il est l'auteur. Plus précisément, les souverains en question sont ceux que Jones désigne par l'expression « nous, Freud inclus » – ceux qui se sont assigné la responsabilité de repérer les formes diverses et subtiles sous lesquelles se manifeste la résistance, tant chez les analystes que chez les candidats en analyse.

Lacan a montré que l'existence d'un au-moins-un faisant exception conditionne la formation de la proposition affirmative universelle. Et il a mis ce principe logique en lumière précisément parce qu'il fonctionne subrepticement dans la fabrication du mythe du père de la horde primitive. Or, au point où nous en sommes, il est clair que ce principe a été mis en œuvre d'une manière particulièrement implacable dans la création de l'IPA. Car à travers cette association, c'est bien ce « nous » qui a pris alors le pouvoir : « Nous, les détecteurs inlassables des formes infiniment diverses de la résistance. Nous, les pères des hordes primitives, de Vienne à New York en passant par Londres et Berlin... »

Mais ce qu'il faut bien voir ici, c'est que s'il a pu en être ainsi, c'est justement parce qu'on a confondu à tort toutes les formes de « résistance ». Et qu'on a cru pouvoir identifier, notamment, comme Jones, la résistance que la société oppose à toute doctrine qui heurte les idéaux grâce auxquels elle cimente le narcissisme de ses membres, avec ce dont il s'agit au cours de l'expérience psychanalytique. Or, dans l'analyse, la « résistance » ressortit d'abord aux difficultés que pose à chacun une forme de vérité qui, tout en étant rebelle à l'articulation, trouve néanmoins le moyen de se faire astucieusement entendre. Dès lors, aucun analyste ne saurait fonder son autorité sur un savoir qui l'habiliterait à distinguer *a priori* entre le vrai et la résistance qui s'y oppose.

Pour conclure, je dirai que la création de l'IPA me paraît avoir été basée sur deux idées indéfendables. La première est que « la cause » impliquait une structure familiale, posée comme une fatalité. Alors que, tout à l'opposé de la transmission scientifique, une telle structure impose une forme de transmission où se perpétue l'infantilisation du sujet. La deuxième est que seule l'analyse était à même de liquider la résistance à l'« intérêt commun » ou encore aux « thèses centrales ». Comme s'il n'y avait pas de différence entre la psychanalyse en tant que savoir sur le désir et la vérité du désir, telle que la scelle son partage avec un entendeur surpris.

Chapitre II

NAISSANCE DU COMITÉ SECRET

INSTITUTION ET DOGME

À en croire Jones, Freud *et* Ferenczi auraient donc obtenu ce qu'ils voulaient en fondant l'IPA sous la présidence de Jung. Mais nous avons vu que la vérité était un peu différente. Et que Ferenczi avait simplement prêté ses dons oratoires à la présentation d'un plan d'institutionnalisation décidé par Freud, et exécuté au cours du congrès de Nuremberg de mars 1910. De fait, ce plan, censé sortir le mouvement psychanalytique de son ghetto viennois, a réussi. Il a même si bien réussi à donner un caractère international à la psychanalyse et à déplacer son centre à Zurich, qu'il a coupé en deux son histoire. Ce n'est donc nullement un hasard si Freud lui-même pouvait diviser fièrement en deux périodes l'histoire de la psychanalyse : « Dans la première, j'étais seul et avais seul tout le travail à accomplir : il en fut ainsi de 1895-96 à 1906 ou 1907. Dans la seconde, d'alors à aujourd'hui, les contributions de mes élèves et collaborateurs n'ont cessé de croître en importance.[1] »

À elle seule d'ailleurs, cette manière de présenter les choses indique assez que le ralliement des Viennois avec lesquels il avait fondé la Société du mercredi n'importait guère à Freud. Et que le moment viennois n'avait été pour lui qu'une période de transition, en attendant la reconnaissance qui devait venir de l'extérieur, c'est-à-dire en somme de l'Occident. On a vu qu'elle était venue d'abord, dans les années 1906-1907, de la clinique psychiatrique de Zurich ; puis peu après, en 1909, de l'université Clark de Worcester, près de Boston.

On a vu aussi que c'était précisément aux États-Unis que Freud, sentant le moment propice, avait fait part de son plan à Jones et à ses deux amis, Ferenczi et Jung, qui l'avaient accompagné pendant la traversée de l'Atlantique. Et à cet égard, les beaux scrupules épistémologiques qui poussaient Jones à prendre le mot de « mouvement » avec des pincettes ne pèsent plus grand-chose. Car le fait est qu'il présida longtemps aux destinées de l'IPA, plus longtemps que tout autre analyste, et rien n'indique que son adhésion ait été moins inconditionnelle que celles de Ferenczi et de Jung.

Reste que Freud lui-même a cru bon de s'expliquer sur les raisons qui l'ont conduit à concevoir son projet institutionnel. Il est donc temps, maintenant, que nous nous tournions vers lui et examinions sa position et ses arguments, tels qu'on les trouve dans le chapitre III de son *Histoire du mouvement psychanalytique*. Après avoir rappelé les points que nous venons nous-même de rappeler, Freud enchaîne en disant qu'en raison des nombreuses objections que ce projet a soulevées, il va en exposer les motifs avec quelques détails. Et il ajoute qu'il espère bien ainsi parvenir à se justifier, même s'il admet que l'apostasie de Jung a montré, par la suite, que son acte n'était pas tout à fait opportun.

Pour suivre l'exposé de Freud, il faut bien avoir à l'esprit le fait que les premiers analystes, ceux qui ont créé ce mouvement avec lui, n'avaient d'autre formation que ce qu'ils avaient lu de lui, ni d'autre motif que leur désir. Cela n'était pas sans avantage, notamment pour Freud lui-même. Cependant, il n'a pas tardé à s'apercevoir que, dans ces conditions, la pratique de la psychanalyse ne protégeait pas ses pionniers d'inventer des théories qui n'avaient rien à faire avec elle. Et qui pouvait prévenir un tel danger ? Qui pouvait déclarer, par exemple, que la théorie d'un Adler n'avait rien à faire avec la psychanalyse, sinon lui ? Lui seul en avait l'autorité incontestable.

Dans le même chapitre de son *Histoire du mouvement psychanalytique*, Freud écrit : « Je ne savais que trop bien quelles erreurs guettaient ceux qui s'occupaient de psychanalyse et j'espérais que beaucoup de ces erreurs pourraient être évitées s'il y avait une autorité capable de conseiller et de déconseiller. Cette autorité m'avait été échue tout d'abord, grâce à l'avance que me valaient quinze ans d'expérience. Aussi voulais-je transmettre cette autorité à un homme plus jeune qui, après ma disparition, se trouvât désigné tout naturellement comme mon successeur. Cet homme ne pouvait être que C. G. Jung. »

On croit rêver. Car on peut certes transmettre à son fils une usine qu'il n'a pas construite, ou une collection d'œuvres d'art qu'il n'a ni achetée, ni choisie. Mais comment peut-on transmettre, à quiconque, l'autorité d'un savoir qu'on ne tient soi-même que de soi ? Dans ce projet de Freud, l'interférence du modèle familial est si transparente que toute cette affaire de transmission de l'autorité semble avoir été destinée moins à aboutir réellement qu'à satisfaire un fantasme. C'est ce que Jones lui-même confirme à son insu, au moment même où il souligne que Freud ne voulait pas jouer le rôle du chef, en raison de son aversion pour les tracas qu'impliquait une telle position. Car il ajoute alors ceci : « À l'époque, [Freud] ne s'est retiré que d'une façon purement nominale, en réalité, il gardait la haute main sur toutes les affaires de la politique, et son influence était si grande que le président ne pouvait pas en dévier[2]. » En somme, c'était une transmission pipée. Mais il reste que l'échec d'un fantasme ne l'empêche pas de faire retour, éventuellement sous d'autres formes. N'ayant pas réussi à trouver son héritier spirituel dans l'aryen Jung, le « Siegfried de la Burghölzli » comme l'appelait Wittels, Freud a fini par le trouver dans sa fille, avec laquelle Jones, un autre non-juif, a partagé longtemps l'hégémonie sur l'ensemble du mouvement psychanalytique.

Il n'est pas étonnant que Jung ait finalement décliné le rôle que Freud voulait lui donner. Car il tenait à être lui-même un vrai chef, qui tire son autorité de sa propre doctrine. Laquelle comportait, comme un de ses ingrédients principaux, la critique sinon la négation de la part que Freud accordait à la sexualité dans la genèse des névroses. Part qu'il jugeait excessive. La discussion qui a eu lieu à l'époque, autour de ce thème, ne pouvait donc être qu'un dialogue de sourds. D'autant que, tout en révolutionnant la notion de sexualité, Freud n'en a pas moins continué à se référer au principe de plaisir, sur lequel repose l'hédonisme de la morale classique. Ce n'est que dans *Au-delà du principe de plaisir*, environ quinze ans après avoir déjà souligné le caractère foncièrement perdu de l'objet de la pulsion, que Freud a rompu avec cette référence trompeuse. Et qu'il a mis alors l'accent sur la consubstantialité de ce que l'on pourrait appeler « la dure durée du désir », avec la retraite de son objet-cause dans un au-delà du principe de plaisir. Du coup, le chemin était frayé pour la mise au point que Lacan a opérée, environ vingt ans après la mort du maître, dans son séminaire *L'éthique de la psychanalyse*. Il y démontre que, loin de s'opposer au principe de réalité, le principe de plaisir n'en est qu'une forme. Et il introduit alors la notion capitale de *jouissance*, où éthique et droit se conjuguent, et où la poursuite d'une fin rebelle à toute réalisation tourne à la quête perpétuelle et toujours ratée, qui se résume dans l'équivoque d'un « plus de jouir ».

L'autre idée principale du projet institutionnel de Freud était celle d'association internationale. « J'avais jugé nécessaire, écrit-il, d'adopter la forme d'une association officielle, afin de prévenir les abus qui pourraient se commettre au nom de la psychanalyse, une fois qu'elle serait devenue populaire. Il fallait qu'il y eût un centre ayant le pouvoir de déclarer : toutes ces absurdités n'ont rien à voir avec la psychanalyse, elles ne sont pas de la psychanalyse. Les groupes locaux dont devait se composer l'association internationale auraient eu pour mission d'enseigner la manière de pratiquer la psychanalyse et de former des médecins en se portant pour ainsi dire garants de leur compétence[3]. »

Comme on le voit, un des problèmes en jeu ici était donc celui de la formation. Il y a des analystes qui errent, d'autres non. État de fait auquel doit répondre une fonction qui, non seulement sépare le bon grain de l'ivraie (dit qui est analyste et qui ne l'est pas), mais encore se fait fort de former cet analyste qui n'erre pas. À qui ou à quoi confier cette fonction ? En répondant : « à la société psychanalytique », Freud a introduit une fiction opérante, dont les analystes qui exercent cette fonction tirent leur autorité personnelle et la légitimité de leurs décisions. S'ils ont de l'autorité, et si leurs décisions sont légitimes, c'est précisément parce qu'ils représentent la société psychanalytique, parce qu'ils parlent en son nom[4].

Mais qui va désigner ces analystes ? La question d'une instance de désignation se pose d'une façon particulièrement aiguë dans le domaine de la psychanalyse. Car aucune formation, aussi poussée soit-elle, ne mettra jamais l'analyste à l'abri de la « résistance ». On a entendu Jones souligner le caractère insondable de cette résistance, dont ni les fidèles de Freud, ni Freud lui-même, n'avaient encore mesuré toute la profondeur. Mais c'est Freud qui est allé au cœur du problème, lorsqu'il nous a fait part d'un constat qui ne l'a pas peu surpris : « Ce que je n'aurais jamais cru possible, dit-il, c'est que quelqu'un, après avoir poussé sa compréhension de l'analyse jusqu'à une certaine profondeur, pût renoncer à ce qu'il avait acquis sous ce rapport, le perdre[5]. » En d'autres termes, « les psychanalystes peuvent se comporter comme les malades soumis à l'analyse » qui, à l'approche d'une couche plus profonde, succombent à une résistance qui balaie tout l'acquis de l'analyse.

On comprend que Freud ait fini par résoudre le problème de la désignation des analystes en laissant l'initiative de la création des sociétés locales à des fidèles qui n'avaient pas fait d'analyse : Abraham à Berlin, Brill à New York, Jones à Londres, Ferenczi à Budapest[6]. Quant à Jung, premier président de l'association internationale, il n'avait jamais fait de psychanalyse, mais il avait commencé à l'enseigner et à former des analystes à Zurich. Il est probable que la tâche d'enseignement et de formation confiée aux sociétés locales trouve son germe dans cette initiative de Jung. Car Freud lui-même n'a jamais enseigné au sein de la Société de Vienne, réservant ce travail à ses cours à l'université.

On ne saurait terminer la mise en perspective de cet événement majeur que fut le congrès de Nuremberg sans examiner de plus près la position de Bleuler à l'égard des décisions votées pendant ce congrès, auquel il ne put assister personnellement pour des raisons de santé.

Né un an après Freud, mort la même année que lui, Eugen Bleuler était le psychiatre le plus estimé d'Europe. « Les travaux du maître de Zurich, écrit Henry Ey, constituent à mes yeux le chef-d'œuvre psychiatrique du siècle[7]. » En 1898, Bleuler succéda à Auguste Forel, comme titulaire de la chaire de psychiatrie de l'université de Zurich et comme directeur de la clinique universitaire de Burghölzli. Clark décrit cette clinique comme « une gigantesque construction labyrinthique sur les collines à l'est de Zurich, bâtie en 1860, servant à la fois d'asile cantonal et de clinique psychiatrique pour l'université de la ville. On y pratiquait la psychanalyse en 1906, alors qu'elle hébergeait quelque 3 000 malades représentant toutes les étapes de la folie[8]. »

Bleuler fut l'un des rares à lire *L'interprétation des rêves* à sa parution en 1900, et c'est probablement lui qui en a recommandé la lecture à Jung. Pour expliquer, aussi brièvement que possible, la raison de son intérêt pour l'ouvrage de Freud, je rappellerai un point clé de sa propre théorie. Selon lui, seul un facteur causal organique pouvait produire un symptôme primaire fondamental, correspondant à un relâchement primaire des associations, au sens de l'affaiblissement de la pensée logique dirigée vers la représentation d'un but. En langage freudien, on penserait ici plutôt aux processus secondaires soumis au principe de réalité. Mais ce relâchement primaire laissait le champ libre à une psychogénie réelle, caractérisée par la prévalence des complexes affectifs et qui donnait lieu à des associations superficielles : assonances, consonances, allitérations, confusions conceptuelles, symbolismes, etc. Psychanalytiquement, on penserait plutôt, là encore, aux processus primaires soumis au principe de plaisir. Mais il reste qu'il existait des points de passage entre la pensée de Freud et celle de Bleuler. Par ailleurs, ce dernier était l'élève de Wilhelm Wundt, le représentant le plus éminent de la théorie associationniste. On comprend donc l'intérêt qu'il a porté tout de suite aux processus freudiens du rêve, qui pouvaient lui permettre de mieux comprendre le langage de ses malades.

De son côté, Jung avait eu l'idée de se servir des associations à des fins de diagnostic. Il avait remarqué qu'un malade à qui l'on présente des mots n'ayant pas de prolongements affectifs notables fait rapidement état des associations qu'ils lui évoquent. Par contre, lorsqu'on lui présente des mots de nature à évoquer des expériences pénibles, il se montre hésitant, lent (le temps de la réaction était mesuré), ou même ne trouve rien qui lui vienne à l'esprit. Bref, la méthode de Jung apportait la preuve expérimentale du refoulement freudien. Mais Jung est allé encore plus loin. Il a fait également usage de la psychanalyse (non sans quelque réserve peut-être de la part d'un Bleuler très organiciste), dans ses essais thérapeutiques avec ses malades du Burghölzli. Et il s'agissait de malades issus d'une population complètement différente, tant en nombre qu'en statut social, de la clientèle viennoise de Freud.

Toutefois, aussi loin qu'ait été Jung dans les pas de Freud, il n'en reste pas moins qu'il a toujours refusé la substance du freudisme, si l'on entend par là ce qu'il apportait d'inédit en matière de sexualité. C'est ce que montre notamment son livre, *Psychologie de la démence précoce*, paru en 1906, et dont Jung a envoyé un exemplaire à Freud. Il y déclare dans la préface qu'être honnête avec Freud « n'implique pas une soumission inconditionnelle à un dogme, et reconnaître les mécanismes complexes des rêves et de l'hystérie ne signifie pas qu'il convienne d'attribuer au traumatisme sexuel infantile une importance, ni qu'il faille accorder à la sexualité une place aussi prédominante[9] ».

Ces éclaircissements généraux peuvent paraître justement un peu trop généraux et donc superfétatoires ici. Mais bien cerner la place que la psychanalyse avait dans les activités de la clinique psychiatrique de l'université de Zurich nous est pourtant nécessaire. Précisément pour mieux cerner en retour la position strictement scientifique, récusant tout militantisme, que Bleuler a adoptée vis-à-vis du « mouvement » à la suite du congrès de Nuremberg. Essayons maintenant d'en prendre la mesure. Bleuler avait-il tort ou raison, et jusqu'à quel point ?

Ce congrès décisif réunit en fait assez peu de monde : entre cinquante et soixante participants. Jung était absent, comme Bleuler, non en raison d'une quelconque maladie, mais parce qu'il était aux États-Unis. Cette double absence suscita aussitôt l'inquiétude de Freud. Il écrivit alors une lettre à Pfister, qui s'était excusé lui aussi, où il se demandait : « Que vais-je faire si mes Zurichois me désertent ? » Le nombre de Suisses était cependant, dans l'ensemble, suffisant pour équilibrer les Viennois. Problème : il n'était évidemment pas question de confier la présidence de ce congrès à un Viennois, ou à un Zurichois. Puisqu'il avait été monté précisément pour faire voter un projet visant à subordonner à vie les uns à la direction d'un guide suprême choisi parmi les autres...

Freud ne put donc sauver les apparences (et éviter l'humiliation des Viennois) que grâce à la présence de Ferenczi, élément neutre parfait, puisque ni suisse ni viennois, et qui offrait même le double avantage d'être hongrois et de partager entièrement ses vues. On a vu ce que la psychanalyse doit à la belle « résistance » des Viennois, qui ont tout de même réussi à réduire à deux ans la durée de la présidence de l'IPA. Et on se demande bien, d'ailleurs, ce que serait devenue la psychanalyse, si Jung était resté président de cette association jusqu'à sa mort, en 1961 !

La collaboration entre Bleuler et Freud datait de bien avant le congrès de Nuremberg. La première rencontre internationale de psychanalystes avait eu lieu en 1908 à Salzbourg, une ville à mi-chemin entre Zurich et Vienne. À la fin de ce congrès, il fut décidé la création d'un annuaire, le *Jahrbuch für psychoanalytische und psychopathologische Forschungen*, avec Jung comme rédacteur en chef, sous la direction conjointe de Freud et Bleuler.

Cette collaboration répondait sans doute à leurs souhaits respectifs. Sous l'impulsion de Bleuler, la clinique de Burghölzli était devenue une institution quasi internationale, recevant des psychiatres venant d'Allemagne, d'Angleterre, des États-Unis, d'Italie, de Grèce, de Hollande, de Hongrie, du Luxembourg, de Pologne, de Russie et des pays scandinaves.

Pour Freud, le Burghölzli était donc une pièce clé de son plan de conquête, parce qu'il représentait le pont menant à la reconnaissance de la psychanalyse par la psychiatrie universitaire, officielle. Quant à Bleuler, il est certain que, dès sa première lecture de *L'interprétation des rêves*, il découvrit deux choses. La première (comme en témoigne Ludwig Binswanger) est que « cet homme, Sigmund Freud, avait quelque chose à dire ». La seconde est que sa manière de le dire posait problème.

Cette certitude repose tout particulièrement sur une remarque qui ne me paraît pas avoir reçu beaucoup d'attention. Dans sa première lettre à Freud conservée (9 juin 1905), Bleuler, réagissant aux *Trois essais* et au livre sur les mots d'esprit, s'explique d'emblée sur ses réserves concernant la théorie freudienne de la sexualité. Ce qui lui semble important, c'est « *ce qu'on entend par elle*. Étant donné l'absence complète de termes psychologiques précis dans notre langage, ce dernier point ne peut être montré que par des exemples[10] ». Or, des exemples, on en trouve certes, par-ci par-là, dans *L'interprétation des rêves*, mais pas tant que cela, ni si éclairants sur le plan théorique.

Il suffit de rappeler, à cet égard, qu'il a fallu attendre Lacan pour dégager la portée d'un rêve comme celui de la *belle bouchère*. Rêve complexe, qui se réfère au saumon fumé qu'on servait, paraît-il, sous une fine toile sur les tables bourgeoises à Vienne, et où le désir réalisé apparaît comme désir d'avoir un désir. On comprend donc l'embarras, et le besoin d'éclaircissements, que ressentait quelqu'un comme Bleuler, cherchant sérieusement à se pénétrer de ce que Freud apportait d'inédit. Qui, à l'époque, pouvait soupçonner que le désir de l'hystérique conduisait à retrouver l'essence de l'homme comme désir d'un manque ou d'un objet qui, tout organique qu'il soit, se définit par son manque ?

Comme le souligne Falzeder, la réaction de Freud à cette « critique raisonnable » ne l'était pas. Freud s'est, en effet, évertué à traiter Bleuler « comme un patient, en lui faisant remarquer que l'échec de ce dernier à comprendre ou accepter ses constructions était dû à une résistance émotionnelle[11] ». Et Bleuler avait beau lui demander : « Où la résistance peut-elle se trouver, si c'est une résistance ? » (5 novembre 1905), Freud n'a jamais varié sur ce point. Sept ans plus tard, en 1912, dans une lettre qui revenait sur le passé et laissait entrevoir la fin prochaine de leurs « relations personnelles amicales », il écrivait encore : « Je sais, cependant, que la résistance contre la psychanalyse est de nature émotionnelle et que vous cherchiez des excuses [pour ne pas entrer dans l'Association][12]. » Quelle a été la position de Bleuler vis-à-vis de l'IPA ?

Alors que Freud espérait lui confier la présidence de la Société suisse, Bleuler a présenté sa démission. Afin de le dissuader, Freud lui a envoyé une lettre dans laquelle il lui dit notamment ceci : « Il m'a paru nécessaire de créer une organisation dotée d'une instance centrale qui devrait diriger sa politique extérieure et donner des renseignements véridiques sur ce qui doit être autorisé à se nommer psychanalyse[13]. » Mais Bleuler considérait qu'une telle tutelle sur la psychanalyse ne pouvait que la transformer en une série de dogmes. Dans sa réponse à Freud (lettre du 13 octobre 1910), il lui écrit qu'il comprend parfaitement bien pourquoi l'IPA a été fondée. Mais il précise que pour lui, « *C'est le ton qui fait la musique*[14]. Les statuts sont d'une exclusivité qui ne correspond pas à mon caractère. On veut être "entre soi"... Mais si l'on veut une discussion scientifique, et si l'on veut se présenter au public comme une association scientifique, on ne peut pas au préalable rendre la discussion impossible ; au contraire, on devrait l'accueillir. »

Cette réponse a déclenché une autre lettre de Freud, datée du 16 octobre 1910, que celui-ci rédige apparemment pour mieux s'expliquer et où il écrit : « Les raisons pour l'organisation d'une Société étaient : premièrement le besoin de présenter au public une psychanalyse authentique et de la protéger des imitations (les contrefaçons) qui surgiraient rapidement. La deuxième raison est ce que Ferenczi a souligné dans son discours qu'il a préparé avec moi, à savoir que nous devons être prêts à répondre à nos adversaires, et qu'il n'est pas opportun de laisser les réponses aux caprices individuels. C'est l'intérêt de notre cause qui appelle un sacrifice personnel et la relégation des polémiques à une instance centrale[15]. » Mais cet appel au sacrifice n'allait pas de soi pour Bleuler, qui se demande, dans une lettre datée du 11 mars 1911 (et sur laquelle j'aurai à revenir), quel « sacrifice » un homme de science a à faire si ce n'est celui d'une part de sa pensée. Freud a alors envisagé une rencontre personnelle avec Bleuler à Zurich. Mais les tensions étaient déjà telles, entre Bleuler et Jung, qu'il a finalement préféré rencontrer le premier à Munich, à part du second. Bleuler semble s'être d'ailleurs laissé convaincre par Freud pendant quelque temps. Et cette rencontre a eu pour résultat le plus tangible un article de Bleuler sur la psychanalyse de Freud, publié en 1911 dans le *Jahrbuch*, que ce dernier a trouvé judicieux et très élégant. Mais la divergence n'en a pas moins persisté, et Bleuler a finalement quitté l'Association pour de bon.

Freud n'a jamais rien voulu voir d'autre dans cette divergence que l'expression de la résistance de Bleuler. Mais pour celui-ci, en revanche, il s'agissait plutôt d'une différence de vision. Il s'en explique longuement dans une lettre à Freud datée du 19 octobre 1910, où il lui dit : « Il y a une différence entre nous que j'ai décidé de pointer pour vous, bien que je craigne que cela ne rende la possibilité d'arriver à un accord encore plus émotionnellement difficile pour vous. Pour vous, cela est évidemment devenu le but et l'intérêt de toute votre vie que d'établir fermement votre théorie et d'assurer son acceptation. Je ne sous-estime certainement pas votre travail. On le compare à celui de Darwin et de Copernic... et je crois que s'agissant de la psychologie, vos découvertes sont aussi fondamentales que les théories de ces hommes pour d'autres branches de la science ; que l'on accorde ou non aux avancées dans le domaine de la psychologie la même haute valeur que dans les autres branches de la science. Cela est une affaire d'opinion subjective. Pour moi, une théorie n'est qu'une nouvelle vérité entre autres vérités. Je prends parti pour elle, parce que je considère qu'elle est valide et parce que je sens que je suis capable de la juger, puisque je travaille dans un champ voisin. Mais ce n'est pas un enjeu majeur pour moi que la validité de ces vues soit reconnue quelques années plus tôt ou plus tard. Partant, je suis moins tenté que vous de sacrifier ma personnalité entière pour l'avancement de la cause[16]. »

Quelques mois plus tard, il accentuera encore sa version de la différence en écrivant le 11 mars 1911 : « "Celui qui n'est pas avec nous est contre nous", le principe de "tout ou rien" est nécessaire pour les sectes religieuses et les partis politiques. Je peux comprendre une telle politique, mais je considère qu'elle est nocive pour la science. Il n'y a pas de vérité ultime[17]. »

L'accord entre les deux hommes n'a sans doute pas été facilité par l'agacement que suscitait chez Bleuler le comportement autoritaire de Jung, et qui ne fit que s'accentuer lorsqu'il développa ses théories. Dans une lettre écrite à Freud à la suite de la parution de l'*Histoire du mouvement psycha-*

nalytique, il lui écrit qu'il était resté immensément plus proche de ses concepts que des idées ultérieures de Jung : « Je peux au moins comprendre vos idées, mais mon cerveau ne peut pas saisir des concepts comme celui de la "libido archaïque" et saint François qui prêche aux oiseaux laissant la terre bien au-dessous de lui[18]. »

Ernest Jones estimait que l'attitude de Bleuler, et des quelques personnes qui ont suivi son exemple, était due au fait que l'appartenance à une organisation internationale était contraire à leurs principes. En somme, leur position était la préfiguration de celle de leur pays, la Suisse, qui a récusé toute participation à la Société des Nations comme aux Nations unies. Mais cette explication n'était après tout, selon Jones, qu'une rationalisation. Malheureusement pour lui, la lecture des lettres de Bleuler, comme le remarque Clark, nous donne à penser que la rationalisation était plutôt de son côté[19]. Mais alors, cela veut-il dire que nous devons souscrire sans réserve au point de vue de Bleuler ?

Mon sentiment est que le dialogue Freud-Bleuler est resté marqué par un certain malentendu. Comme on l'a vu, Freud était pour Bleuler un homme génial, dont les découvertes, dans le domaine de la psychologie, ne le cédaient en rien en importance aux avancées de Darwin et de Copernic dans leurs domaines respectifs. Or, une théorie scientifique, surtout quand elle a une telle importance, ne saurait se soustraire à la critique, ni à l'épreuve du temps. C'est une thèse à laquelle Freud aurait volontiers souscrit. Seulement pour ce dernier, la psychanalyse n'était pas une théorie, aussi révolutionnaire soit-elle, mais une *science nouvelle*. Il considérait qu'il en avait forgé quelques concepts fondamentaux, tels ceux de refoulement, de transfert et de résistance. Et que ses découvertes avaient été rendues possibles par une méthode d'observation fondée sur une expérience originale, celle du discours soumis à la seule règle de la libre association.

Pour lui, il ne s'agissait donc pas simplement d'une théorie à soumettre à l'examen afin d'en éprouver la justesse, au regard de procédures *préétablies*, mais d'une science, qui devait lutter pour faire reconnaître son champ et ses procédures scientifiques propres. Cette reconnaissance était d'autant plus difficile, en l'occurrence, que cette science nouvelle se présentait comme une science psychologique, une psychologie des profondeurs, ce qui laissait libre de s'intituler psychanalyste quiconque se plaisait à spéculer sur ces profondeurs. Dès lors, il faut bien comprendre où se situait le plus grand danger pour Freud. Car il était moins dans la non-scientificité éventuelle de la psychanalyse que dans son usurpation possible.

Personne ne pouvait contester l'autorité de Freud pour résoudre un conflit de dénomination ou régler un problème d'usurpation mettant en jeu la psychanalyse ; puisqu'« être analyste » et « être freudien » étaient synonymes. Mais le père de cette science nouvelle était constamment préoccupé par la crainte que son œuvre ne survive pas à sa mort. Qu'il soit condamné à ne pas voir la terre promise, passe encore. Pourvu qu'il trouve un Josué. Autrement dit, il voulait transmettre non seulement tout ce qu'un homme comme lui pouvait transmettre, à savoir *ses écrits*, mais encore *son autorité*. Il crut trouver son Josué dans Jung, à qui il écrit le 7 avril 1907 une lettre lui disant : « Votre personne m'a rempli de confiance dans l'avenir. [...] Je sais à présent que je suis remplaçable comme tout autre[20]. »

La proposition est étrange. Car comme individu de sexe masculin, comme médecin, voire comme psychanalyste !, Freud était bien sûr remplaçable. Et toute société a soin d'assurer sa propre continuité en s'arrangeant pour remplir le vide que crée, au fur et à mesure, la retraite ou la disparition de ses membres. En revanche, comme « père de la psychanalyse », Freud était bel et bien irremplaçable. Ses écrits mis à part, *tout le reste, c'est-à-dire son savoir et son autorité, devait donc disparaître avec lui*. Croire pouvoir les transmettre à une *instance officielle* revenait à déléguer le pouvoir de former et d'habiliter des analystes à des sortes de cardinaux. Lesquels ne pouvaient exercer leur pouvoir qu'en arrivant à une interprétation, stable, commune, de son œuvre, et en la présentant comme un dogme. Le « mur » dont s'est entouré l'IPA était donc avant tout celui de la surdité.

Avant de donner à cette affirmation tout le développement qu'elle mérite, il convient de s'arrêter au préalable sur la question de la formation des analystes, et sur l'idée que sa pierre angulaire devait être l'analyse personnelle des débutants.

Nous devons à Falzeder des précisions qui méritent toute notre attention lorsqu'on se pose la question de l'analyse personnelle des futurs thérapeutes. « Il convient de remarquer, écrit-il, que cette pratique ne vint pas de Freud, mais de Jung. Bien que Freud ait en fait analysé une poignée de personnes qui étaient ou devinrent des élèves ou des collaborateurs (par exemple, Emma Eckstein, Felix Gattel, Wilhelm Stekel), cela le mettait mal à l'aise à cette époque, et il essayait de l'éviter. Mais que feraient des analystes débutants ? Plus précisément, comment se formeraient pratiquement de futurs analystes ? Jung recommanda positivement l'analyse de l'analyste comme quelque chose de généralement nécessaire, un point de vue repris seulement plus tard par Freud, qui reconnaissait : "C'est à mon avis l'un des grands services que nous a rendus l'école d'analyse de Zurich que d'avoir fait ressortir la nécessité, pour toute personne voulant pratiquer l'analyse, de se soumettre auparavant elle-même à cette épreuve chez un analyste qualifié." (Freud, 1912, p. 67)[21] »

Ce n'est que plus tard que s'est posée la question de l'enseignement théorique, qui est devenu une autre tâche que les instituts psychanalytiques se sont assignée. Il est intéressant de se rappeler ici que, sous la présidence de Freud, la Société de Vienne n'a procédé à aucun enseignement. Son activité se limitait aux réunions scientifiques du mercredi, dont quelques rapports rédigés par Rank nous sont heureusement parvenus. Selon le témoignage de Kardiner, l'idée est venue des jeunes Anglais et Américains, venus nombreux à

Vienne afin d'apprendre la psychanalyse auprès du maître. Il leur a semblé évident « de demander à tous les grands esprits que nous fréquentions à Vienne de nous donner des cours didactiques de psychanalyse. Freud fut tout de suite d'accord, estimant que c'était une excellente façon de débuter. Entre parenthèses, c'était la première fois, à Vienne ou ailleurs, qu'on donnait des cours ayant officiellement pour objet d'enseigner la psychanalyse. Personne jusqu'ici n'avait songé à des cours didactiques ; le concept même d'analyse de contrôle n'avait pas encore été inventé. La formation d'un analyste consistait à être analysé. C'était tout[22]. »

Kardiner avait déjà commencé à exercer la psychanalyse depuis plus d'un an, lorsque son analyse didactique avec Freud eut lieu, entre octobre 1921 et mars 1922. C'est donc pendant cette période que les cours didactiques ont commencé. À l'exception de Jones, qui n'a pas accepté l'invitation, tous les grands noms de la psychanalyse y ont participé : Ferenczi vint de Budapest ; Abraham, de Berlin. « Otto Rank fit une série de conférences sur l'interprétation des rêves. Helene Deutsch fit un cours sur la clinique psychanalytique[23]. » Un demi-siècle plus tard, Kardiner nous décrit ainsi l'état de l'enseignement théorique *institutionnalisé* : « Ceux qui s'étaient institués les gardiens de l'orthodoxie ont systématiquement découragé toutes les tentatives d'innovation : ils avaient acquis des intérêts dans la conservation du pouvoir et de l'influence qui étaient les leurs, et ils ne pouvaient se maintenir qu'en gelant la recherche dans la forme où elle se trouvait, ce qui disqualifiait automatiquement toute nouveauté[24]. »

Le moins que l'on puisse dire est qu'un tel « gel » n'était pas ce que Freud attendait de son projet d'institutionnalisation. Mais qu'en attendait-il au juste, au-delà de ce qui lui paraissait être, en 1910, une mesure d'urgence, un moyen efficace pour protéger la psychanalyse ? Freud ne nous l'a pas dit. On peut toutefois le déduire des échanges qu'il eut, bien des années plus tard, avec un autre analysant, toujours américain et toujours en didactique.

Smiley Blanton a commencé son analyse didactique avec Freud en 1929, ou plus exactement l'une des premières tranches de cette analyse. Au cours de la séance du 6 mars 1930, parlant des *Trois essais*, il s'est avancé à dire au maître que le mieux serait « d'écrire un nouveau livre ». « Ce sera l'affaire des autres, m'a répondu Freud. Le développement d'une science nouvelle impose un certain flou dans les conceptions théoriques. On ne peut établir d'emblée des définitions rigoureuses. Cependant le public, lui, exige des définitions strictes, autrement il pense que vous ne savez pas de quoi vous parlez[25]. »

On ne saurait exagérer l'importance épistémologique de cette remarque, ni la lumière qu'elle jette sur ce que l'on pourrait appeler le « drame de toute innovation scientifique » : on songe à Saussure, ou à Galilée. Ce que Freud attendait des « autres », autant dire de l'avenir, c'était de poursuivre l'élaboration des concepts qu'il avait produits. De les débarrasser du vague et de l'ambiguïté qui caractérisent leur usage dans le langage ordinaire, et de leur donner la rigueur idéale d'une univocité telle qu'elle nous autorise à nous servir de symboles, tant pour les noter que pour exprimer leurs relations.

Sous cet angle, on voit d'ailleurs mieux apparaître le malentendu qui minait la relation Freud-Bleuler. Car certes Bleuler fut le seul grand psychiatre qui ait tout de suite crédité Freud de « savoir de quoi il parlait ». Mais en même temps il en exigeait trop. Car en lui demandant la définition stricte de ses concepts, ou au moins leur pleine clarification à force d'exemples, il lui assignait une tâche impossible à l'époque et à laquelle il était réservé à Lacan de vouer sa vie.

La suite de l'échange qui eut lieu ce jour-là entre Freud et son analysant-analyste mérite aussi d'être citée, puisque Freud y confie sa pensée relativement à la technique et à l'analyse de contrôle : « En ce qui concerne les articles de technique, a-t-il continué, je les trouve tout à fait inadéquats. Je ne crois pas que l'on puisse inculquer les principes de la technique par des écrits. Cela ne peut se faire que par enseignement direct. Évidemment, les débutants ont sans doute besoin d'un minimum pour commencer. Autrement ils n'auraient rien sur quoi tabler pour aller de l'avant. Mais s'ils suivent trop consciencieusement les directives, ils ne tarderont pas à rencontrer des difficultés. Aussi bien doivent-ils surtout apprendre à développer leur technique personnelle[26]. »

J'aurai l'occasion de revenir plus loin sur cette

question de la technique. Je ne commenterai donc cette citation qu'en signalant ici, brièvement, ce que je dois à Lacan sur ce point. Car, parmi tous les maîtres avec lesquels j'ai eu l'occasion de travailler en analyse de contrôle, je dois dire qu'il fut justement le seul qui ne cherchait pas à vous inculquer une technique quelconque. Il se bornait à vous aider à tirer profit de tout ce qui vous paraissait susceptible de vous apprendre quelque chose.

On ne peut terminer ces considérations concernant le congrès de Nuremberg sans rappeler que l'institutionnalisation de la psychanalyse avait aussi pour but de la protéger contre elle-même.

On a vu, en effet, que Freud avait eu la surprise de constater que même quelqu'un ayant fait un certain chemin dans l'exploration de son inconscient risquait toujours de développer une résistance ultérieure à la psychanalyse. Et que certains, non seulement oubliaient tout ce qu'ils en avaient appris, mais devenaient ses pires ennemis. Mais alors, quel sens y avait-il à recourir à l'analyse pour former un *analyste garanti* ? À quoi bon faire appel à une méthode dont on constatait, par ailleurs, qu'elle ne garantissait rien du tout ? En examinant ses résultats, tels qu'ils apparaissent à travers le témoignage de Kardiner, par exemple, nous verrons que l'institutionnalisation de l'analyse a échoué à la protéger d'elle-même. Et que le principal danger, en l'occurrence, ne venait pas des analystes formés ou à former, mais des mandarins qui les formaient.

D'ailleurs, cet échec est devenu très vite palpable. Du vivant même de Freud, on pouvait constater l'échec de son projet de transmission institutionnelle. Un projet certes dicté, au départ, par des raisons réelles, mais auquel ne pouvait répondre qu'un fantasme d'abdication. On retrouve ici la logique « lacanienne » du « Je te demande de me refuser ce que je t'offre parce que ça n'est pas ça », qui n'a pas manqué de prendre effet. Le prince originellement pressenti ne pouvait donc que décliner l'offre de l'empire, et il n'est pas plus étonnant que ce soit, finalement, à la propre fille de Freud que soit échu le legs paternel.

Je ne m'étendrai pas sur les événements qui ont marqué l'histoire de la psychanalyse entre 1910 et 1913. Freud lui-même en a parlé dans son *Histoire du mouvement psychanalytique*. On y trouvera le récit de ses efforts pour réconcilier les Viennois, en premier lieu Stekel et Adler. Puis leur échec, qui l'a obligé à pousser Adler à présenter sa démission de la Société de Vienne, comme il a poussé Jung à démissionner de sa position de président de l'IPA. Pour nous, le seul point important ici est que ce fut dans ces circonstances troubles, au moment même où la « défection » de Jung était une quasi-certitude, que Jones sortit de son chapeau l'idée du « comité secret », dont l'histoire constitue un chapitre clé du destin du mouvement psychanalytique.

Ernest Jones était à Vienne au printemps 1913. Son contrat avec l'université de Toronto avait pris fin et la perspective de le renouveler était exclue. Par ailleurs, son installation à Londres était encore un projet. Il était clair, aux yeux de tous, que Freud avait déjà prévu la fin prochaine de sa collaboration avec Jung au service de la cause commune. Et qu'il s'attendait à ce que ce dernier arrive à la même conclusion et présente sa démission comme président de l'IPA. Ce fut le génie opportuniste de Jones de saisir tout le parti qu'il pouvait tirer de cette situation, plus tendue que jamais. Et d'en profiter alors pour proposer la création d'un comité exécutif restreint, interne à l'IPA, susceptible de l'aider à conjurer les menaces tant internes qu'externes dont cette institution était censée protéger la psychanalyse.

« Quand nous nous sommes aperçus, écrit-il dans son autobiographie, grâce aux événements ci-dessus narrés concernant Adler, Stekel et Jung, que le danger pouvait menacer le "mouvement" tant de l'intérieur que de l'extérieur, j'ai conçu l'idée romantique – venue, je pense, de mes lectures de jeune garçon concernant Charlemagne et ses paladins – d'un groupe interne particulièrement fermé, composé d'analystes dignes de confiance, qui devait se tenir vis-à-vis de Freud en quelque sorte dans la relation de garde du corps. Le seul gage exigible étant que si un membre du groupe se sentait poussé à énoncer des vues incontestablement contradictoires avec l'enseignement psychanalytique reconnu, il devrait se charger, avant de les publier, de les soumettre à une discussion privée et complète avec nous autres, de façon à éclairer autant que possible le sens de la divergence[27]. »

Jones reconnaît alors que, malgré la « désapprobation extrême » qu'il affiche contre le vocable « mouvement », il a contribué lui-même à la création d'une obligation d'union personnelle qui n'est pas de mise entre chercheurs scientifiques. Ce qu'il escamote, en revanche, c'est qu'une telle obligation d'union reposait en fait sur la légitimation de la censure. Avec tous les abus et ruses qui peuvent en découler. Car si j'estime que telle de mes vues, ou tel de mes écrits, est « incontestablement contradictoire avec l'enseignement psychanalytique reconnu », je donne ainsi prise à ceux qui voudraient m'exclure du Comité, voire de l'IPA. Si je pense, au contraire, que mon travail représente une contribution importante à la cause, je serai tout à fait dans mon droit si je le publie sans passer par les augures du Comité. Certes ces derniers peuvent crier à l'hérésie, une fois le texte publié. Du temps des réunions du mercredi, c'était le rôle de Freud. Mais ce dernier n'avait pas prévu qu'avec sa politique d'internationalisation à tout prix, il allait devenir l'otage des Berlinois et du monde anglophone, pas plus qu'il n'avait prévu que la psychanalyse allait produire des analystes encore plus freudiens que lui.

Freud était donc à mille lieues de soupçonner que la formation du Comité « avait été pour Jones une bonne occasion tactique d'exercer un pouvoir au sein du mouvement[28] ». À vrai dire, Freud a même accueilli la proposition de Jones avec enthousiasme et d'autant plus que le « romantisme » de ce dernier parlait au sien. Sa seule condition fut que l'existence du Comité devait être tenue secrète. C'était une condition fort judicieuse : qu'auraient dit les braves psychanalystes s'ils avaient appris que leurs « pères fondateurs » jouaient aux paladins ? « Nous avons réussi, écrit Jones, à tenir notre existence secrète grâce à un simple expédient, qui a consisté à faire savoir à tout le monde que nous étions des proches amis, qui saisissions naturellement toutes les occasions leur permettant de se rencontrer ; un signe visible en était l'usage du *Du* (tutoiement) entre nous. Mais en réalité nous avons agi comme un conseil privé de Freud qui présidait la plupart de nos réunions, et nous avons ou bien pris ou bien influencé toutes les décisions concernant les activités de l'Association, les publications et bien d'autres affaires[29]. »

Qui se cachait derrière ce « nous » ? Essentiellement les quatre poids lourds du mouvement freudien, à savoir ses deux cardinaux, Jones, Abraham ; et ses deux hérétiques, Rank, Ferenczi, auxquels je m'intéresserai tout particulièrement dans les chapitres qui suivent. Viendront s'y adjoindre ensuite deux satellites berlinois : Max Eitingon et Hans Sachs.

Pendant toute la Première Guerre mondiale, le Comité a été quelque peu en sommeil. Mais dès la fin de la guerre, la situation a radicalement changé. Abraham et Jones sont devenus des chefs fondateurs : l'un du groupe des Berlinois, l'autre de la Société britannique. Et ni l'un ni l'autre n'entendait tolérer la moindre remarque critique concernant son activité. À cette époque, et dans des circonstances sur lesquelles nous aurons à revenir au prochain chapitre, Rank a commencé à exercer la psychanalyse de son côté. Il était favorable aux méthodes actives de Ferenczi, que les Berlinois regardaient d'un mauvais œil. À telle enseigne que lorsqu'ils recevaient une demande d'analyse de contrôle de la part d'un ex-analysant de Rank, ils le soumettaient à un long interrogatoire, concernant la manière dont son analyse avait été conduite. Rank a fini par en prendre ombrage et a répondu à cette pratique inquisitoriale en cessant d'envoyer ses analysants à Berlin.

Parallèlement, Jones voulait lancer son journal, qu'il avait intitulé modestement l'*International Journal of Psychoanalysis*. Par un calcul financier, dont la suite n'a pas tardé à montrer la fausseté, il avait cru tout d'abord que la fabrication de ce journal coûterait moins cher s'il était imprimé à Vienne plutôt qu'en Angleterre. À l'époque, en effet, la couronne était tombée à son taux historique le plus bas, au regard de la livre sterling. Il avait donc confié cette tâche à la *Verlag*, la maison d'édition d'ouvrages et de journaux psychanalytiques dirigée par Rank. Le résultat était loin d'avoir la perfection réclamée par Jones, ni même d'être aussi économique qu'il l'avait cru. En raison, notamment, du nombre d'*errata* non corrigés, et des erreurs ajoutées, par des imprimeurs qui ne connaissaient pas la langue d'une partie des textes. Mais aussi en raison des retards que tout cela entraînait par rapport aux délais prévus. Et que les conflits de politique éditoriale, incessants et inévitables entre la direction de Vienne et celle de Londres, ne faisaient qu'accentuer.

On ne voyait pas à Vienne l'opportunité d'un article que le *Journal*, malgré sa prétention internationale, adressait plus particulièrement à des lecteurs américains. Pas plus qu'on ne voyait à Londres l'utilité de tel article en allemand, dont la *Verlag* proposait de publier la traduction dans le *Journal*. Bref, les remarques, les critiques et les reproches de Jones à l'endroit de Rank, ainsi que ses protestations et ses plaintes auprès du « Professeur Freud », se multiplièrent, provoquant, en retour, chez Rank, un ressentiment violent et une répulsion totale. On peut comprendre d'ailleurs l'intensité de la réaction de Rank. Même s'il faut reconnaître qu'en l'occurrence celle-ci n'était peut-être pas sans rapport avec le fait qu'il dépendait par ailleurs, matériellement, des analysants anglophones que lui envoyait Freud – lequel, sur ce point, dépendait précisément de Jones.

Chapitre III

OTTO RANK

UNE MORT QUI PARLE AUX SOURDS

Otto Rank a lu *L'interprétation des rêves* bien avant de rencontrer Freud, à vingt-deux ans. Cette lecture lui inspira une formule qu'il a confiée à son journal de jeunesse, et qui exprime l'impression que lui donnait l'auteur de ce *magnum opus* : « Un artiste médicalement certifié ». Je ne crois pas me tromper en disant que cette formule correspond bien à la vision que Freud avait de lui-même. Nous avons d'ailleurs sur ce point plusieurs témoignages concordants, et je renvoie plus particulièrement le lecteur à celui de Giovanni Papini[1].

Mais même si l'on met en doute l'authenticité de ce témoignage, il reste que beaucoup de lecteurs de Freud admettent que, s'il était devenu romancier, cela nous aurait valu le mélange unique d'un Dostoïevski et d'un Cervantès. Quoi qu'il en soit, le jour où Adler a présenté Rank à Freud, en 1906, il lui a apporté également son manuscrit sur *L'artiste*, qui fut publié l'année suivante. Freud en a envoyé un exemplaire à Jung qui y réagit dans sa lettre du 31 mars 1907 : « M. Rank présuppose lui aussi simplement le concept élargi de sexualité et cela de telle façon que moi, qui suis intensivement votre pensée depuis plus de quatre ans, j'ai de la peine à saisir… On a aussi le sentiment inconfortable que Rank *jurat in verba magistri*, et que l'empirie lui fait défaut. […] Votre théorie cependant est pure empirie et devrait être introduite empiriquement aussi. » Je laisse de côté ici la discussion que mériterait la conception jungienne sous-jacente (et absurde) d'une science qui serait « pure empirie ». Ce qui nous intéresse, c'est l'opinion que Freud exprime dans sa réponse au sujet de Rank : « Rank aura certainement peu de chance. Il écrit de manière pratiquement auto-érotique, les égards pédagogiques lui font malheureusement totalement défaut. De plus, comme vous le remarquez, il n'a pas encore surmonté l'influence de la nourriture spirituelle qu'il a eue jusque-là et s'épand dans la manipulation d'abstractions que je ne peux saisir en aucun endroit. Pourtant son indépendance vis-à-vis de moi est plus grande que cela n'en a l'air. C'est un esprit doué, très jeune, et, ce qui est particulièrement honorable vu sa jeunesse, parfaitement honnête[2]. » Ces lignes de Freud nous donnent une description véridique d'Otto Rank : mauvais écrivain et esprit parfaitement honnête. C'est ce dernier trait qui nous arrête. Qu'est-ce qu'un esprit honnête à la Rank ? Et plus généralement : qu'est-ce que l'honnêteté intellectuelle ?

Dès les débuts de sa participation aux activités du groupe psychanalytique en 1906, Rank, quoique très jeune encore, fut considéré comme l'égal de tous, en plus érudit. Son activité ne se limitait pas à la rédaction des rapports des réunions scientifiques de la Société du mercredi. Il y présentait lui-même au moins une conférence chaque année. Sa conférence du 7 avril 1909 sur la psychologie du mentir mérite toute notre attention, car elle éclaire précisément le sens de l'honnêteté de Rank et ses racines. En voici les thèses principales, résumées aussi brièvement que possible.

Le mensonge contient toujours une part de vérité : celle précisément qu'il vise par définition à cacher. Ce fait permet à Rank de mettre en parallèle la toile du mensonge et celle des fantasmes, où se tisse la réalisation du désir. En outre, le caractère compulsionnel des mensonges pathologiques montre qu'ils ont un rapport avec un complexe inconscient. Une caractéristique frappante de ces mensonges est leur résistance tenace, y compris aux contradictions les plus flagrantes, attestant leur caractère intenable. Et lorsque le sujet l'admet, sous le poids des arguments accumulés, cette admission revêt alors l'aspect d'une expression de honte, ce qui donne à penser que le complexe en question a une nature sexuelle.

Rank n'exerçait pas la psychanalyse à l'époque où il a fait cette conférence. Il s'appuyait sur ses observations psychologiques, faites sur quelques personnes. L'une de ces observations était d'une évidence si grossière qu'il n'hésite pas à affirmer que le mensonge pathologique est lié à la masturbation. Mais comme il s'agissait d'observations non analytiques, Rank a cru qu'il devait s'adonner à des considérations théoriques compliquées. C'est ainsi qu'il va jusqu'à la création d'un caractère masturbatoire, dont les traits seraient largement superposables à ceux que Freud a épinglés sous la dénomination de « caractère anal ». Toutefois, il ne termine pas son propos sans jeter sa plus belle carte, en parlant de ce qu'il appelle curieusement la « sublimation de la compulsion au mensonge ». Une telle forme de sublimation serait une formation réactionnelle qui transformerait le « je mens », relatif à la masturbation que je cache, en un « je dis toujours la vérité ». C'est ainsi qu'apparaissent chez lui les personnages vouant à la vérité un amour inconditionnel, épris d'une franchise à toute épreuve. Pour traduire brutalement la thèse de Rank à leur sujet, je dirais que ce sont des masturbateurs dans l'âme.

Au cours de la discussion qui suivit l'exposé de Rank, Freud ne lui ménagea pas ses critiques. Il alla même jusqu'à exprimer son opposition à sa publication, parce qu'il abordait un sujet qu'on ne peut traiter d'une façon adéquate qu'en s'appuyant sur des observations psychanalytiques aussi soignées qu'approfondies. Il n'y a pas de mérite à avoir des idées brillantes, lorsque celles-ci s'économisent tout rapport soutenu au réel. Toutefois, au terme de ses critiques, Freud n'oublie pas de souligner son accord avec l'accent mis par Rank sur le point fort de son discours, à savoir la nécessité de réussir à cacher la masturbation, qui dès lors conduit à l'apparition de « fanatiques de la vérité, comme Zola ».

Dans sa réponse aux différents intervenants, Rank affirme n'avoir rien entendu qui réfute directement ce qu'il a dit. Puis il ajoute qu'il a été particulièrement gratifié d'entendre, de la part du professeur Freud, la confirmation de son point principal : le fanatisme de la vérité.

Si Freud était le seul à avoir souligné ce point, c'était sans doute parce qu'il était le seul pleinement averti de la différence entre un homme honnête et un fanatique de la vérité. Un homme honnête n'est pas un exalté, qui idéalise la vérité au point d'en faire une loi suprême ou un impératif catégorique, auquel il doit se soumettre quoi qu'il arrive. Au contraire. Une telle idéalisation ne peut que paraître suspecte à un homme un tant soit peu averti que la vérité ne trouve de meilleure occasion que le sommeil pour procéder au jeu de ses signifiants. Mais cela, Rank l'avait appris à l'école d'Ibsen, et non pas à celle de Freud.

Dans son journal de jeune homme, qu'il a commencé à rédiger le 1er janvier 1903, Rank note que ses parents ne se souciaient pas d'imposer une idéologie particulière à leurs enfants. Et qu'ils étaient, lui et son frère Paul, son aîné de trois ans, parfaitement libres d'exprimer les opinions qu'ils voulaient sur les croyances et les préjugés sociaux. Ce dont ils ne se privaient pas, surtout son frère, qui était, dit Rank, « un de ces hommes auxquels leur droiture n'a jamais nui, mais plutôt rendait service ». Une description qui semble appropriée pour un jeune homme qui se destinait à devenir avocat. Dans le même journal, il exprime chaleureusement sa gratitude vis-à-vis de Henrik Ibsen, égale à celle qu'il a pour Schopenhauer et Nietzsche. De toutes les pièces du dramaturge norvégien, il cite particulièrement *Le canard sauvage*. Il s'agit d'une pièce qui levait pour lui le rideau, si l'on peut dire, sur l'inanité de l'existence comme accident familial, et sur ce qu'était son père en vérité.

À propos du premier point, je ne crois pas exagérer en disant que le désir fondamental de Rank était d'avoir une existence *de son propre choix*. Ayant emprunté le nom de Rank à un personnage d'Ibsen, comme nom d'auteur, au lieu de Rosenfeld, il l'a légalisé en 1909 et s'est converti au catholicisme afin de pouvoir effectuer cette démarche. Par l'un de ces quiproquos qui en disent long sur les machinations obscures du désir, et ses dérivations œdipiennes, c'est d'ailleurs le nom de Rank qui figure sur le certificat de décès d'Otto comme nom de son père, au lieu de Rosenfeld – le père recevant ainsi du fils son propre nom, après coup.

L'autre point qui mérite attention est que c'est dans *Le canard sauvage* que Rank a trouvé l'image véridique de son père. À telle enseigne qu'il se dispense d'en faire le portrait intime, se contentant de se référer à Hjalmar Ekdal, le personnage principal de la pièce d'Ibsen. Qui était ce Hjalmar Ekdal ?

Ibsen nous le présente comme photographe de son métier, mais surtout comme un de ces hommes incapables d'accomplir ne serait-ce que ce que Freud appelle « les actions spécifiques » qui répondent aux nécessités de la vie. C'est sa femme qui fait tout. Et d'abord les quelques photos qui leur permettent de vivre. Elle qui fait la cuisine et le marché. Elle encore, qui élève le seul enfant *apparemment* issu de ce mariage, une fille de quatorze ans qui adore son père. Mais comme l'homme n'est pas habité d'une âme simplement végétale, comme il ne vit pas du pain seul, Hjalmar Ekdal vit grâce à une conviction insufflée par un voisin, le Dr Relling. Ce médecin a réussi à lui faire croire qu'il n'est pas un photographe comme les autres, qu'il est promis, lui, à une si grande découverte que tout l'art de la photographie en sera bouleversé de fond en comble. Seulement, bien sûr, les inventions de cette envergure ne viennent pas sur commande. L'inspiration souffle quand elle veut, il faut avoir la patience de l'attendre, mais elle viendra.

En réalité, Hjalmar Ekdal ne sait pas que toute sa vie repose sur des mensonges. Que son mariage, comme sa profession même de photographe, tout cela a été arrangé par un nommé Werle, un industriel, propriétaire d'usines. Cet homme riche entendait racheter ainsi un acte malhonnête ayant causé la ruine du père de Hjalmar, et mettre simultanément fin à une situation embarrassante, où il s'était compromis avec la jeune femme devenue l'épouse dévouée de Hjalmar. C'est le fils de Werle, qui a les meilleures raisons œdipiennes pour haïr son père, qui finit par découvrir la vérité. Et par la faire éclater. Car c'est justement un de ces fanatiques de la vérité, qui croit que seule celle-ci peut nous sauver et nous permettre de renaître à une vie d'autant plus heureuse que lavée de tout mensonge. Résultat : une catastrophe. C'est-à-dire non pas la régénération, mais la ruine de Hjalmar Ekdal et de toute sa famille. Au point que l'on peut dire que le fils Werle réussit à répéter, voire à accentuer, au niveau d'Ekdal fils, la malfaisance que son père avait infligée à Ekdal père.

Je reviendrai sur les rapports de Rank avec son père. De cette pièce d'Ibsen, il a tiré en tout cas deux conclusions, dont nous verrons aussi les empreintes sur l'orientation future de sa pensée. La *première* est que ce qu'Ibsen appelle un « mensonge vital » est une chose autrement plus poignante qu'une « illusion comique » ; et d'ailleurs Ibsen lui-même recommandait aux acteurs de ne pas faire d'Ekdal un simple personnage de comédie. La *deuxième* est que la vérité n'a pas toujours le pouvoir salvateur qu'on lui attribue.

Rank écrit dans son journal en date du 12 octobre 1903 : « La tragédie du fils Hjalmar – moi le fils de Hjalmar. » Cela ne veut pas dire qu'il s'est contenté de s'identifier à un personnage fictif, qui du reste n'existe pas dans la pièce, celui d'un Ekdal 3. Au contraire. *Le canard sauvage* l'a aidé à trouver une modalité plus juste, plus filiale, de son rapport à son père, Simon Rosenfeld, et à éprouver pour ce dernier ce que Lieberman appelle « un nouveau respect ». Voici quelques lignes de son journal, que je cite d'après Lieberman, où cette évolution s'esquisse sous forme d'une série de mises en correspondance père-fils : « L'éloge agaçant que mon père fait de lui-même ; ma croyance farouche en mes capacités… Sa crainte de la mort ; mon problème... Le besoin de mon père de suivre (d'imiter) ; ma capacité d'adaptation exceptionnelle[3]. »

Pour résumer le sens de cette évolution de sa position vis-à-vis de son père, Rank écrit : « J'expie ses fautes en les transformant en vertu. » Formule qui indique une présence à ses propres mouvements si peu commune que Lieberman a pu comparer le travail de transformation autodidacte qu'a fait Rank sur lui-même à l'autoanalyse menée par Freud dans *L'interprétation des rêves*.

Dès lors, on comprend que la rencontre avec Freud ait résonné, pour Rank, comme une rencontre avec le père qu'il n'avait pas eu, alors même qu'il essayait de remédier au mieux aux effets de cette carence. Jessie Taft, une élève américaine de Rank, qui a publié sa première biographie, écrit : « Seule une personne qui comprend la signification que pouvait avoir pour un jeune homme isolé par sa supériorité le fait de rencontrer sous une forme humaine accessible la figure idéale qui lui avait été déniée pendant l'enfance, peut estimer la profondeur de la relation de Rank à Freud. Elle a libéré chez lui ce qui devait être une frénésie de travail qu'il désirait pour elle-même, mais dont il a également dû sentir qu'il la devait à Freud, dont la générosité a ouvert pour lui non seulement la porte de l'enseignement supérieur qu'il n'aurait jamais obtenu sans aide, mais dont le soutien signifiait la possibilité de publier ses propres écrits. En tout cas, il a sans lésiner mis sa personne et son labeur au service de toute nouvelle obligation[4]. »

Mais la rencontre avec Freud n'a représenté que le premier grand tournant de la vie de Rank. Le deuxième est sa rencontre avec celle qui est devenue sa femme. Mobilisé pendant la guerre, Rank eut un poste à Cracovie, autrefois capitale de la Pologne, où la vie culturelle était très florissante ; à lire sa description, on dirait une sorte de Florence des pays de l'Est. Rank y était chargé de la direction du journal militaire, et il assistait aux concerts comme critique musical pour ce journal. C'est là qu'il fit la connaissance de Beata Mincer, étudiante en psychologie, passionnée de musique. Il avait trente-quatre ans, elle vingt-trois. Elle l'aida dans son travail de directeur du journal militaire et de rédacteur en chef de la revue *Imago*, dont il continuait à assurer la publication régulière malgré les circonstances.

Le 5e congrès de psychanalyse eut lieu à Budapest, qui était à l'époque, selon l'avis de Freud, la ville d'avenir pour la psychanalyse. Les raisons de cet avis étaient multiples, dont la moindre n'était pas le don généreux, s'élevant à deux millions de couronnes, offert au mouvement psychanalytique par Anton (Toni) Freund, un riche brasseur, ami de Ferenczi et analysant de Freud. Cette somme devait servir, entre autres choses, au développement du *Verlag*, la célèbre maison des éditions psychanalytiques, et à son déplacement de Vienne à Budapest. Le congrès lui-même eut lieu dans une atmosphère où régnait l'optimisme, car la fin de la guerre paraissait proche. Freud y a parlé des lignes de progrès de la thérapie psychanalytique ; Ferenczi de la psychanalyse et des névroses de guerre, et Rank du mythe et des contes folkloriques. C'est au cours de ce congrès que Nunberg a présenté une proposition faisant de l'analyse didactique une obligation pour tout analyste. Proposition à laquelle Rank et Tausk ont mis leur veto, Freud estimant de son côté qu'elle n'était pas nécessaire.

De retour à Cracovie, Rank s'est marié le 5 novembre 1918. Comme il s'était converti au catholicisme pour pouvoir changer son nom, il a dû se reconvertir au judaïsme pour se marier avec Beata, que ses amis appelaient couramment « Tola ». Après le mariage, le couple s'est rendu début décembre à Budapest, où on a vu qu'il était question de fixer le siège du *Verlag*. D'après l'entrevue que Lieberman a eue avec elle en 1954, c'est là-bas, dans la demeure élégante de Freund, « que l'éducation professionnelle de Tola commença sérieusement ». « Ils n'ont parlé que de psychanalyse… J'en avais bien quelques notions, mais je n'arrivais pas à suivre leur conversation. Je m'adressai alors à Toni Freund et je lui dis que j'aimerais étudier un peu la psychanalyse. J'ajoutai que je me sentais comme une petite souris, assise au milieu de tous ces gens qui parlaient d'une façon si animée. » « Elle lut quelques-uns des essais de Freud sur le rêve, en discuta avec Toni et Otto, et commença ainsi à clarifier ses pensées », ajoute Lieberman[5]. Le projet d'une installation à Budapest, qui aurait mis une certaine distance, sans doute déjà souhaitée par Rank, entre lui et sa femme, d'un côté, et Freud et sa famille, de l'autre, s'avéra impraticable. Car le don de Toni partit vite en fumée et son montant se réduisit bientôt à 250 000 couronnes. Le *Verlag* resta donc à Vienne, sous la direction de Rank.

Le mariage de Rank ne fit guère plaisir à Freud, qui n'avait pas de sympathie pour Beata, du moins au début. Cependant, celle-ci réussit à se faire peu à peu adopter par les Freud. L'adoption devint complète lorsque Beata donna naissance, en août 1919, à sa fille Helene. Les Freud n'avaient eu que des petits-fils, ils auraient aimé avoir une petite-fille, et ce fut celle-là. Il faut ajouter que Beata avait sans doute un certain raffinement social. Car si Freud voulait offrir un dîner en l'honneur d'une personnalité distinguée, comme Lou Andreas-Salomé, l'invitation avait lieu dans le grand appartement des Rank. Devenue l'amie d'Anna, Beata l'accompagnait aux réunions de la Société psychanalytique de Vienne. Freud lui-même finit par l'apprécier. Il la cite dans une note de son article sur « L'inquiétante étrangeté », pour sa contribution à l'éclaircissement étymologique du nom du marchand de sable. Puis, il lui demanda de présenter un travail pour devenir un membre régulier de la Société. Ce qu'elle fit, en prenant comme sujet le rôle des femmes dans l'évolution des sociétés humaines. C'est cet exposé qui fit d'elle un membre de la Société en mai 1923. Sur le chemin du congrès de La Haye, en septembre 1920, Freud, qui était accompagné dans le train par sa fille, mais aussi par Rank et sa femme, dit alors de cette dernière, qui avait aussi apparemment un don pour préparer les congrès, qu'elle était pour lui plus qu'une étudiante, une fille.

Beata Rank s'intégra donc de plus en plus dans le mouvement psychanalytique. Et tout aurait été pour le mieux dans le meilleur des mouvements si, dans le même temps, son mari, lui, ne s'en détachait petit à petit. Jusqu'au moment où il finit par publier *Perspectives de la psychanalyse*, un livre coécrit avec Ferenczi, qui mit carrément le feu au Comité. On verra plus loin en détail comment Freud s'est mis alors dans la position inénarrable du père qui veut faire régner la paix entre ses fils. Sans rien obtenir d'autre, bien sûr, que la recrudescence irréversible de la demande de chacun, à savoir que son adversaire soit franchement et publiquement désavoué par le père. Rank demanda l'exclusion de Jones du Comité. Ferenczi s'indignait de ce que la présidence de l'IPA soit confiée à Abraham. De leur côté, les magnats de Londres et de Berlin avaient déjà acquis une puissance et une influence telles qu'ils étaient prêts à laisser le Professeur, « âgé et malade », dans son ghetto viennois, à moins qu'il ne renie les auteurs de *Perspectives*.

Rappelons que, pendant les années vingt, Freud consacrait la quasi-totalité de son temps de travail à des didactiques demandées par des psychiatres de langue anglaise, pour la plupart américains, et qui payaient en dollars. Comme il ne pouvait accepter toutes les demandes qu'il recevait, il envoyait les autres aux analystes qui lui étaient les plus proches, Rank en premier. Père de famille et marié à une femme qui aimait la dépense, Rank ne pouvait plus vivre avec son seul salaire de directeur du *Verlag*. Il a donc commencé à exercer la psychanalyse en 1919, encouragé par Freud, sinon à son instigation. Kardiner a remarqué, à juste titre, le pouvoir de corruption dont Freud disposait sur les analystes viennois. Mais la situation de Rank s'est brutalement aggravée après *Perspectives*. Car, lorsque le soutien moral d'un autre, surtout s'il est votre père, vous fait défaut, son soutien matériel devient inacceptable, humiliant, voire écœurant. Le départ de Rank en Amérique fut donc, en grande partie, lié à son désir de gagner son indépendance matérielle.

Rank partit pour New York le 27 avril 1924, après avoir quitté précipitamment le congrès de Salzbourg. Le caractère tendu de sa relation avec Freud était déjà palpable dans leur correspondance, avant ce départ, comme le montrent les lettres récemment publiées en anglais par Lieberman et Kramer[6]. Dans son livre sur Rank, Lieberman cite une lettre de ce dernier datée du 14 février 1924, qui est extrêmement significative à cet égard, et où l'expression de sa gratitude envers Freud n'empêche pas celle de son besoin d'être parfaitement compris. Les lettres échangées pendant le séjour de Rank en Amérique montrent que la tension qui s'était installée entre eux évoluait inexorablement vers la rupture. Quelques lettres de cette période méritent qu'on s'y arrête.

La première est de Freud et date du 23 juillet 1924. Après avoir noté qu'il n'a encore rien trouvé dans son expérience qui confirme la théorie de Rank sur le traumatisme de la naissance, il ajoute : « Le fantasme final de la naissance me semble encore être l'enfant que l'on donne à son père, ceci d'un point de vue analytique. Je me fais souvent beaucoup de soucis pour vous. Cette exclusion du père dans votre théorie semble être trop révélatrice d'une influence personnelle dans votre vie, que je peux reconnaître, et je pense de plus en plus que vous n'auriez pas écrit ce livre si vous aviez fait vous-même une analyse. C'est pourquoi je vous demande de ne pas vous raidir dans vos positions, et de conserver une porte de sortie[7]. »

Cette lettre laisse à redire. En effet, comme tout acte, celui d'avoir écrit *Le traumatisme de la naissance* n'était pas sans avoir quelque signification subjective. Qui le mettra en doute ? Mais ce n'était pas aider l'auteur à trouver cette signification que de lui dire que son livre était le fruit de sa névrose. Quant à l'idée que cette signification était celle de l'exclusion du père, elle montre simplement que le lien entre l'idée du fils et la menace d'« ambivalence », comme l'exprime Lou Andreas-Salomé, était une idée fixe dans l'esprit de Freud. Dans son journal (12-13 février 1913), Lou décrit Freud lui glissant une feuille pendant que Rank faisait une conférence sur les meurtriers de rois, feuille sur laquelle il avait écrit la phrase suivante : « R. liquide la partie négative de son affection filiale par cet intérêt pour la psychologie du meurtrier du roi : c'est pour cela qu'il est si dévoué. » Quant au conseil de faire une analyse, le moins que l'on puisse dire est qu'il ne garantit pas le résultat qu'en attendait Freud. Combien d'auteurs ont fait leurs analyses, sans que cela les empêche d'écrire des ouvrages autrement plus « dévoyés » que *Le traumatisme de la naissance* !

À la réception de cette lettre, Rank, qui, comme le remarque Lieberman, aurait d'abord préféré attendre le moment d'en parler de vive voix avec Freud, ressentit le besoin d'affronter les problèmes sans retard. Il lui répondit donc en détail et dans la foulée.

Après avoir affirmé que sa propre expérience le confirme, au contraire de Freud, dans son idée, il fait état de ce que je considère comme sa première thèse forte. Selon lui, en effet, « l'angoisse qui constitue le fondement de tous les symptômes est originellement liée aux organes génitaux de la mère ». Cette thèse recoupe incontestablement l'insistance de Lacan sur le caractère éminemment angoissant de la relation à la mère, au point de rendre invivable une telle structure duelle sans son intégration dans une triangularité. La nécessité d'un tiers n'est pas méconnue par Rank, qui écrit à Freud : « *Vous dites encore à présent que j'ai exclu le père de ma théorie ; ce n'est bien sûr pas le cas, et il ne peut en être ainsi, cela serait absurde*. J'ai simplement tenté de lui assigner sa juste place[8]. » Entendez : une autre place que celle d'un père à exclure. On peut se demander, d'ailleurs, si la place que Rank tente d'assigner au père ne serait pas due au fait que son exclusion par la mort (dont la menace pesait alors sur la vie de Freud) libérerait l'angoisse la plus primitive.

Un troisième point qui a son importance, dans ce qu'on peut encore considérer comme le dialogue entre Freud et Rank, est celui que ce dernier exprime dans ces termes : « Vous disiez que je n'aurais jamais adopté ce point de vue si j'avais suivi une analyse. C'est peut-être vrai. La seule question qui se pose est de savoir si cela n'aurait pas été très regrettable. Après tout ce que j'ai vu des analystes qui ont été analysés, je peux simplement dire que c'est heureux. » Et pour ne laisser aucun doute sur sa position, il précise : « On ne peut attendre de moi que je recommence à faire des concessions et des compromis après l'expérience que j'ai eue avec l'ancien Comité, soi-disant dans l'intérêt du mouvement psychanalytique, et en fait dans l'intérêt personnel des participants qui savent combien il est facile de se brûler les doigts au plaisant spectacle d'un autodafé. Peut-être direz-vous que je fais erreur, et qu'Abraham est au contraire prêt à conclure la paix. Voilà justement l'hypocrisie contre laquelle je lutte, celle d'une personne qui prétend faire des sacrifices qui ne sont utiles à personne, mais au contraire ruinent le mouvement pour lequel on les a soi-disant faits. N'oublions pas que le mouvement psychanalytique en tant que tel est une fiction, mais que les hommes qui font un mouvement ne sont pas, eux, une fiction ; et j'avoue que je n'ai aucune sympathie pour ceux qui désirent à présent ardemment travailler pour un mouvement “psychanalytique”. »

Puis il conclut en ces termes : « Comme vous le voyez, je vous explique mon attitude dans toute cette affaire aussi franchement que possible, parce que je vois là le dernier espoir de clarifier cette situation aussi rapidement que possible – une situation devenue difficile pour vous également, puisque vous devez, avec des personnes différentes, adopter des attitudes différentes vis-à-vis de mes vues. Puis j'ai aussi le sentiment que vous avez le droit de savoir ce que je pense et sens dans cette situation critique, si pénible personnellement. »

Sans doute Freud est-il tombé des nues en lisant la lettre de Rank. Comme il le dit lui-même : « On n'est jamais prêt à tout. » Pourtant, sa réponse est d'abord un modèle de sobriété et de probité ; elle est même empreinte d'une certaine douceur, dans la mesure où on y entend la profondeur de l'affection qu'il avait pour Rank. Il critique son peu de souci à mettre de l'ordre dans la présentation de ses idées, critique qui sonne comme une plainte de ce que l'auteur n'aide pas beaucoup son lecteur à le comprendre. Et, comme *Le traumatisme de la naissance* apporte des idées neuves, il aurait aimé que l'auteur montre comment ces idées s'harmonisent avec les thèses par ailleurs admises de la doctrine psychanalytique.

Puis le ton change. Freud trouvc que les remarques de Rank à propos d'Abraham sont injustes et injurieuses, et qu'elles attestent, en outre, une perturbation du jugement due à l'interférence de complexes non encore maîtrisés. Nous touchons là un point important dont dépend notre appréciation non seulement de la relation Freud-Rank, mais aussi de l'ensemble du mouvement psychanalytique.

En effet, dans la dispute qui a surgi entre les membres du comité secret, Freud a apparemment adopté une attitude irréprochable. Il invitait constamment ses disciples à suivre librement leur propre pensée, sans se soucier de la conformité ou de la non-conformité de leurs idées avec les siennes, et en reconnaissant le même droit aux autres compagnons. Pourtant, dans cette dispute passionnée, où tout jugement de sa part hormis l'approbation sans réserve était ressenti comme une condamnation sans appel, Freud n'a pas hésité à jouer au juge. Ni à faire état, dans ses lettres aux uns et aux autres, de ce qu'il pensait et de ce qu'il ne pensait pas des ouvrages incriminés. Mais jusque-là, passe encore.

Ce qui, en revanche, ne passe pas du tout, c'est la méconnaissance du fait que Ferenczi et Rank *interrogeaient la psychanalyse elle-même*. Ils n'ont jamais dénoncé qui que ce soit pour ses écrits, n'ont jamais parlé au « nom de la psychanalyse ». Alors qu'Abraham et Jones se sont érigés, eux, en inquisiteurs, reprenant le vocabulaire de la fidélité et de l'hérésie, de la pensée légitime ou illégitime. C'est donc dans une parfaite méconnaissance des positions subjectives respectives de ses fils que Freud termine sa réponse à Rank par ces lignes : « Un malin démon vous pousse à dire que ce mouvement psychanalytique est une fiction, et place dans votre bouche les paroles mêmes de l'ennemi.

Il est aussi possible qu'une chose abstraite ait une réalité. »

En fait, Rank ne nie pas que le mouvement psychanalytique ait une réalité, mais il pointe que cette réalité, il la tient des hommes qui la font. On se demande comment il se fait qu'un si simple *distinguo* ait échappé à Freud. Mais c'est beaucoup moins étonnant qu'il n'y paraît. Car il suffit de remarquer qu'après avoir opéré sa distinction, Rank ajoute immédiatement cette phrase : « Et j'avoue que je n'ai aucune sympathie pour ceux qui désirent à présent ardemment travailler pour un mouvement "psychanalytique". » Au fond, cette phrase signifiait que Freud devait choisir entre la psychanalyse et le mouvement qu'elle était en train de devenir, sous l'action de quelques disciples avides de pouvoir. Mais un tel choix n'avait aucun sens pour Freud, puisque la psychanalyse et son mouvement ne faisaient qu'un à ses yeux, fût-ce au prix d'un certain dogmatisme, comme l'attestait déjà, depuis 1910, sa correspondance avec Eugen Bleuler.

Quoi qu'il en soit, la lettre de Rank jeta la perplexité dans l'âme de Freud. Il ne savait plus, comme il le dit dans une lettre à Ferenczi datée du 29 août 1924, qui était le Rank réel : « L'homme que j'ai connu depuis quinze ans [dix-huit en fait], ou bien celui que Jones essayait de me montrer depuis des années ? » Il a trouvé la réponse à cette question d'une manière qui nous rappelle ce qu'il rapporte à propos du père de l'homme aux rats. Sidéré par la crise de rage qui s'était emparée de son fils, encore tout jeune garçon, et par le flot d'injures que celui-ci lui avait jeté à la figure, en lui donnant les noms de tous les objets qu'il connaissait, il s'était mis à prophétiser : « Ce garçon sera ou bien un génie ou bien un criminel. » Et Freud de noter qu'il avait oublié une troisième voie : un grand névrosé. C'est la voie que lui-même a trouvée pour répondre à sa propre question au sujet de Rank : la névrose de ce dernier est devenue manifeste dans sa théorie.

L'affaire était donc jugée. À moins d'*avouer*, tout ce que pouvait dire Rank, désormais, relèverait simplement de « la psychologie de la dénégation ». En fait, sans être un normopathe exemplaire, Rank n'était pas plus névrosé qu'un autre. Mais il est vrai que *l'autre* troisième voie possible, qu'il fallait trouver pour décrire correctement la position de Rank, n'avait pas encore été nommée. Car Rank était à proprement parler un *analysant*, très sérieusement engagé dans ce que j'appellerais un « travail de transfert[9] » avec Freud, dont l'expression majeure fut précisément *Le traumatisme de la naissance*. Un livre qu'il n'a jamais pu ni voulu renier, malgré toutes les pressions aussi sordides que tendancieuses qui ont été exercées sur lui. Une telle affirmation nécessite bien sûr d'être justifiée. Essayons de le faire.

Dans sa lettre du 16 septembre 1924, où il répond à la réponse reçue de Freud, Rank écrit : « Je suis heureux que votre lettre résolve d'une façon satisfaisante ce qui est le problème le plus important pour moi, celui de ma relation avec vous. Moi non plus, je ne vois pas pourquoi une différence d'opinion scientifique devrait nécessairement avoir un effet perturbant ici. » Deux phrases qui suscitent chacune sa question. Et d'abord, celle-ci : que pouvait-il y avoir de plus important pour un homme comme Rank que ses rapports à la vérité ? Ou, plus exactement, que cette part de vérité, dans ce qu'il disait ou publiait, qui s'adressait à l'oreille de Freud, pour que quelque chose lui en revienne. Rien justement. Freud répétait que Rank n'avait pas besoin d'une analyse. C'était vrai. Rank n'était pas spécialement un névrosé, mais cela ne l'a pas empêché de se constituer comme l'analysant de Freud. Lequel était loin de soupçonner la position dans laquelle s'était placé Rank vis-à-vis de lui. Aussi loin que Fliess était, en son temps, de soupçonner que Freud en avait fait son analyste !

La seconde question se pose à propos du fait que les deux hommes semblent au moins d'accord sur un point : une différence d'opinion scientifique ne devrait pas les séparer. Mais la différence en question entre eux était-elle simplement scientifique ? Ne s'agissait-il pas plutôt d'un *non-entendu*, qui suscite généralement un transfert négatif ? La réponse est dans le paragraphe suivant de la même lettre, où Rank ajoute que si l'on considère la différence d'opinion en elle-même, « elle ne me paraît pas aussi simple que vous le suggérez. J'ai l'impression que vous ne voulez pas être convaincu, et de votre point de vue, je peux très bien le comprendre[10] ». C'est là une phrase qui a de quoi nous arrêter. Car si Rank peut si bien comprendre Freud, en se plaçant de son point de vue, pourquoi veut-il qu'il soit convaincu par ce qu'il lui dit ? Par contre, la phrase devient cohérente si, à la place de « être convaincu » on met « m'entendre », et lit : « J'ai l'impression que vous ne voulez pas *m'entendre*. » De fait, la phrase « vous ne voulez pas être convaincu » n'a signifié pour Freud qu'« amertume et aliénation ».

A contrario, le verbe « convaincre » vient au paragraphe suivant dans une phrase qui sonne on ne peut plus juste : « Je ne peux pas comprendre, écrit Rank, pourquoi vous voulez vous convaincre qu'il n'y a aucune animosité à mon endroit. » Cette animosité était en effet transparente. Il suffit de lire la lettre de Jones à Freud du 12 août 1924, où il lui écrit à propos du succès new-yorkais de Rank. À en croire Jones, Rank offrait aux Américains les trois choses qu'ils désiraient le plus : la dernière nouveauté ; un résultat rapide et un procédé schématique, qui évite la lutte laborieuse contre le réprimé infantile. Et il n'oubliait pas de faire état de ce qu'il avait entendu « par ailleurs », sous-entendez de Berlin, à savoir que le groupe de Budapest se servait des idées de Ferenczi pour alimenter ses propres résistances. Quant à celui de Vienne, il lui paraissait on ne peut plus instable. Dès lors, si l'on ajoute à cela que ceux de la Suisse et de la Hollande étaient sans importance, on imagine sans peine la conclusion de Jones : cela « nous laisse avec Berlin et Londres comme les seuls défenseurs décidés de la psychanalyse ».

Le discours politique jonesien était, en revanche, un discours que Freud, père mais tout aussi bien roi Lear de la psychanalyse, pouvait très bien entendre. Dès que son opinion sur la névrose manifeste de Rank n'a plus fait mystère, Jones lui a aussitôt écrit, le 29 septembre. Lui rappelant que cette névrose-là, il l'avait prévue, lui, depuis 1913 ; qu'elle était maintenant revenue sous la forme d'une névrose de caractère, d'une dénégation du complexe d'Œdipe et d'une régression de l'hostilité de Rank vis-à-vis de lui-même à celle envers son « père ». Tout cela ne l'empêchant pas de s'épancher, par la suite, sur sa peine à voir Freud si affecté par sa séparation d'avec Rank.

Un discours de la même veine est lisible dans les lettres d'Abraham, à ceci près qu'aux yeux du grand psychiatre prussien, la régression de Rank était plutôt de nature sadique-anale (lettre du 20 octobre). À l'en croire, Abraham se sentait maintenant à même d'adopter un point de vue uniquement psychanalytique envers Rank, il ne ressentait plus aucune hostilité à son égard.

Quant à Rank lui-même, il ne faisait pas mystère de sa franche aversion envers les autres membres du Comité, à l'exception de Ferenczi. Il ne supportait plus Jones ni Abraham, mais les seconds couteaux, intégrés dans le circuit berlinois, lui étaient également odieux, à savoir Max Eitingon, qui n'a jamais rien écrit hormis des rapports sur l'institut de Berlin, et Hans Sachs, qui, à part sa collection paraît-il fabuleuse d'histoires juives, ne cherchait apparemment qu'à se la couler douce. À la fin de sa lettre, Rank fait part à Freud de son intention d'user de son droit de chercher son plaisir là où il le trouve, comme tout un chacun. Et notamment de chercher ses compagnons intellectuels lui-même, au lieu de rester marié au Comité *via* sa relation à la psychanalyse. Tel était d'ailleurs, précise-t-il, le sens de son départ brusque du congrès de Bad Hombourg, parce qu'il préférait un tel départ à la critique. Cette extinction définitive de toute amitié pour les membres du Comité n'en rend que plus étonnants les événements qui vont avoir lieu par la suite.

Rank termine cette lettre du 16 septembre 1924 en annonçant à Freud qu'il quitte New York ce même mois. Mais qu'il a besoin de vacances ainsi que sa famille, et qu'ils passeront donc un moment dans le Sud pour se reposer. Il sera à Vienne vers fin octobre. Rank savait bien qu'une vie matériellement indépendante de Freud était impossible à Vienne, et son bienfaiteur le savait aussi. En revanche, une telle indépendance était possible aux États-Unis. Je pense que, dès son premier voyage dans ce pays, Rank avait déjà en tête l'idée d'explorer le terrain dans ce sens ; et il y aurait sans doute finalement émigré et mené sa vie avec beaucoup moins de drame, s'il avait eu l'accord de sa femme.

Mais en 1924, Beata était déjà largement et irrévocablement intégrée dans le mouvement psychanalytique. Elle était la quasi-sœur d'Anna Freud, et elle avait trouvé chez Helene Deutsch un souci, une affection et une tendresse quasi maternels. Le conflit entre son mari et Freud n'était certes pas facile pour elle, et c'est sans doute dans l'espoir illusoire de l'aider à le résoudre qu'elle a demandé une analyse en janvier 1925. Je dis « illusoire » parce que la question n'était pas pour elle : « quelle décision prendre ? » Sa décision était prise, et il n'est pas au pouvoir de l'analyse de faire changer quelqu'un face à une telle décision, qu'elle soit prise ou non à bon escient. Après tout, ce n'est pas un hasard si elle a choisi Ferenczi comme psychanalyste. Car une analyse avec lui, faite dans les conditions de l'époque, pouvait sans doute aider Beata à supporter vaillamment le poids de sa décision – en la partageant. De fait, Ferenczi a été longtemps comme le frère en hérésie de son mari. Mais lui aussi a fini par prendre parti pour Freud, contre son cher Otto, quand il a jugé que ce dernier allait trop loin. Bien plus, c'est Ferenczi qui a proposé la rénovation du Comité, après sa dissolution par une lettre signée des noms de Freud et de Rank, en proposant de remplacer ce dernier par… Anna Freud.

Rank a exprimé, dans une lettre envoyée d'Italie à Freud le 10 octobre, son espoir d'avoir avec lui une « discussion personnelle » afin de clarifier quelques problèmes en suspens. Puis il lui a proposé, dans un mot envoyé le 21 du même mois, de venir le voir le jour même de son arrivée à Vienne, le 26 octobre. Freud accepte de le recevoir, mais non sans avouer, dans une lettre à Jones du 23 octobre, qu'il ne nourrit aucune illusion quant au résultat de cet entretien.

La rencontre a eu lieu de 3 à 6 heures. Le soir même, Freud écrit une lettre à Ferenczi, lui disant que « le résultat a été tout à fait surprenant, tout à fait incompréhensible[11] ». Voici les trois principaux points qui me paraissent se dégager de cette lettre :

1. « Il [Rank] dit qu'il ne songe même pas à vouloir se séparer de nous et de l'analyse, il tient fermement à tout ce qu'il a appris, mais il a seulement certaines choses à y ajouter. »

2. « Il explique son comportement par le sentiment que sa position dans l'analyse était menacée par la dénonciation des Berlinois [qui avaient commencé à invalider ses analyses] et qu'il devait penser à s'assurer un moyen d'existence ; il a donc accepté l'invitation en Amérique. »

3. Il ne veut pas admettre que son livre, ses propos et son comportement justifient d'une certaine manière l'opinion qui prévaut dans ce qui se dit de lui.

Freud reste persuadé « que les courants de pensée qui se rattachent au traumatisme de la naissance l'effrayent lui-même, si bien qu'il n'arrive pas à clarifier à ses propres yeux la situation, dont les autres devinent sans grande peine l'origine ». Ce que les autres savent deviner si facilement est, bien sûr, qu'avec sa théorie Rank veut détrôner le complexe d'Œdipe, phénomène éminemment psychologique, en accordant toute l'importance à la mère, grâce à un soubassement biologique. L'idée que le désir est désir du désir, et que le désir de la mère puisse être une source d'angoisse, l'idée que cette angoisse soit telle que la menace de castration puisse avoir la vertu d'une protection… tout cela était aussi éloigné de la pensée des uns que de celle des autres.

Avant son nouveau départ pour les États-Unis, Rank rendit une visite d'adieu à Freud, le 19 novembre 1924. Freud en a donné une longue description dans une lettre à Eitingon, également destinée à Ferenczi et au groupe berlinois. Il ne serait pas exagéré de dire que Freud s'est conduit alors comme un procureur général face à un Rank décomposé. Il le dit lui-même, puisqu'il introduit le rapport de ce qu'il a dit à ce dernier par la phrase : « Alors, j'ai pris ma revanche. » J'insiste sur ce point, parce que l'on ne peut pas tout à la fois analyser et prendre sa revanche. Et aussi parce que Freud gardait, malgré tout, le net sentiment que quelque chose de l'ordre de la parole était resté en souffrance dans cette affaire. Ayant terminé le récit de la rencontre, il ajoute, en effet, qu'il se sent avant tout désolé pour lui, qu'il avait souvent eu l'impression que Rank voulait exprimer quelque chose qui aurait pu le soulager, mais que l'orgueil de l'enfant méchant gardait le dessus. Freud, encore une fois, n'était pas un « fanatique de la vérité ». Il lui arrivait pourtant de croire parfois (comme ici, parce qu'il était aveuglé par son désir de revanche) qu'il suffisait de la cracher.

Anna Freud, qui assista à la fin de la rencontre, a eu plus nettement que lui le sentiment que celle-ci fut une occasion ratée, pour ne pas dire une séance ratée. Dans une lettre adressée le 21 novembre à Eitingon, elle dit avoir eu l'impression que si l'on était arrivé à secouer Rank psychiquement, tout serait sorti de lui vers le dehors. Y compris, peut-être, des bassesses et des amertumes, mais la totalité, en toute honnêteté et réellement. « Cela, nous ne l'avons pas fait, ni papa ni moi », dit-elle. Parce que, explique-t-elle, cela aurait demandé un taux de chaleur et d'affection qui dépassait ce qu'il en restait chez l'un comme chez l'autre.

Avant sa visite d'adieu à Freud, Rank était déprimé. Il ne pouvait plus travailler et il était malheureux, comme Freud l'a rapporté à sa fille par la suite. Cette visite l'a achevé. À son retour de son séjour de six mois en Amérique, il avait prévenu sa femme de son intention d'y repartir un mois. Elle ne partageait pas son projet de vivre ailleurs qu'à Vienne, où il se trouvait dans la dépendance matérielle de Freud et des Berlinois, mais elle l'a accompagné à la gare. À sa grande surprise, elle l'a vu revenir peu après, parce qu'il avait changé d'avis. Après un jour ou deux, il est reparti de nouveau, mais cette fois il n'est pas allé plus loin que Paris, d'où il est revenu à Vienne au bout d'une semaine.

Dans sa lettre du 28 novembre 1924 à Ferenczi, Freud lui fait part de ce retour surprenant : « Il est revenu avant-hier de Paris, écrit-il, soi-disant parce qu'il a eu l'impression de ne pas avoir fait des adieux assez tendres à sa femme ; en réalité, parce qu'il se trouve dans une grande dépression. » Freud ne s'interroge pas sur la raison de cette dépression. Mais c'est que, pour lui, elle était trop évidente. Elle était indiscutablement due à son complexe d'Œdipe, que Rank était le seul à ne pas voir parce qu'il l'agissait, le manifestait, par un acte théorique qui visait justement à supplanter le complexe d'Œdipe et son vénérable père. Son acte était inconsciemment criminel. Car si Freud était le père de la psychanalyse (et il l'était), Rank était alors celui de tous les meurtriers. Rien d'étonnant, dès lors, s'il déprimait. Et chaque fois que Freud appelait tel de ses proches « mon fils », la suite non dite ne manquait jamais : « qui voulez me tuer ».

Franz Alexander s'est donné la peine de raconter cette histoire, apparemment drôle, d'un Freud qui, au cours d'une visite à l'institut de Berlin, s'est retourné vers lui en disant à propos d'un candidat qui se trouvait là : « Je hais la passion meurtrière avec laquelle il me regarde. » Son fils par excellence, le plus cher de tous ses fils, était assurément Rank. C'est Freud qui lui a offert ses études universitaires. C'est Freud qui a publié ses ouvrages, l'a généreusement aidé à gagner sa vie matérielle. Il a même regretté de lui avoir déconseillé de faire ses études universitaires de médecin. Car, autrement, c'est lui qu'il aurait mis à la tête de l'IPA.

D'ailleurs, cette place que Rank a occupée pour lui n'était que la contrepartie de celle où ce dernier l'avait mis. Il n'y a aucun doute que Rank, dont on a vu la posture tragique comme fils de Hjalmar Ekdal, a vu dans Freud l'homme qu'il pouvait authentiquement considérer comme son père. Seulement, les fils se marient, et avec le mariage s'ouvre pour certains hommes une nouvelle page. L'impact de la relation à la femme et ses résonances dans l'inconscient ne le cèdent guère alors à celles que suscite la relation au père.

Quelle qu'ait pu être l'opinion de Freud, les allées et venues de Rank pendant les derniers jours de ce mois de novembre avaient assurément le plus étroit rapport avec sa femme. Nous avons d'ailleurs un témoignage d'elle, recueilli par Kurt Eissler, dont il ressort que, pendant cette période, les choses n'étaient guère plus faciles pour elle que pour son mari. Mais nous serons mieux placés pour apprécier ce témoignage si nous voyons d'abord de plus près les positions respectives des conjoints.

Selon toute apparence, Rank faisait partie de ces hommes qui, une fois leur décision prise de partager leur vie avec une femme, entendent ce partage, que ce soit par amour ou par principe, comme un lien absolu, une manière de faire face ensemble et définitivement au bon comme au mauvais temps. Du côté de Beata, il n'en était pas de même. Elle n'était certes pas « méchante », ni « intrigante », pour reprendre les termes dont Freud et Anna s'étaient servis pour traduire leurs toutes premières impressions d'elle. Et la violence de leurs propos ne s'explique que parce que cette femme semblait leur enlever leur cher Rank. D'après les souvenirs qu'elle a laissés chez ceux qui l'ont connue, j'imagine, pour ma part, qu'elle avait beaucoup de qualités, qui la rendaient aimable. Mais elle faisait déjà partie de l'avant-garde moderniste, en ce sens qu'elle préférait sa réussite professionnelle à sa vie conjugale. Ce n'est pas un hasard si sa communication de candidature pour la Société de Vienne portait sur le rôle de la femme dans l'évolution des sociétés humaines.

Elle pouvait certes exercer sa profession aux États-Unis. Et si elle ne le savait pas, Rank a dû le lui assurer. D'ailleurs, Anaïs Nin a, plus tard, travaillé avec lui comme psychothérapeute, à New York. Mais c'était tout de même un risque, sans compter le changement de langue et de culture que cela impliquait. Alors qu'à Vienne, son succès était pleinement assuré : elle était déjà un nom reconnu comme psychanalyste d'enfants. Ce n'est pas tout. Car elle avait trouvé non seulement une famille dans la Société psychanalytique de Vienne, mais elle était aussi parvenue à reconstruire sa propre famille ou, si l'on préfère, son rêve de famille. On a vu que les Freud avaient trouvé dans sa fille, Helene, la petite-fille qui leur manquait. Et Beata était ainsi devenue quasiment la cadette d'Anna, y compris pour Freud lui-même.

Bref, on voit que, au fil du temps, Beata a été aussi intimement adoptée par les Freud comme fille, que son mari l'avait été autrefois comme fils. De plus, elle avait trouvé auprès de la prestigieuse Helene Deutsch un cœur plein de souci, d'affection et de tendresse pour elle. Lorsqu'elle a dû émigrer aux États-Unis, au moment où le nazisme chassait tous les juifs, elle n'a pas voulu travailler à New York avec Rank, préférant suivre Helene Deutsch à Boston, où on lui a d'ailleurs confié la direction d'un centre de psychothérapie pour enfants. Mais si elle a récusé l'idée de vivre à New York avec son mari, c'est peut-être aussi parce qu'elle n'était pas d'accord avec son projet même de s'installer définitivement en Amérique.

En effet, malgré sa réussite à Boston, elle n'arrivait pas à apprécier le fait de vivre dans ce pays et restait très réticente à l'idée d'y déménager leurs meubles de Paris[12]. Ce mélange d'audace moderniste et de fixation familiale n'est pas rare, même de nos jours. Mais cela n'empêchait pas Beata d'avoir une âme émotive et hypersensible. Et même si elle n'avait pas la moindre idée des raisons pour lesquelles son soutien était absolument indispensable à son mari (qui traversait, comme nous allons le voir, le plus grand traumatisme de son existence), elle ne pouvait pas échapper au sentiment que c'était un homme aux abois, qu'elle lâchait à un moment décisif. C'est ce qui donne son caractère pathétique à l'entretien qu'elle a eu bien plus tard avec Eissler, et que voici, rapporté d'après Lieberman[13].

« Lorsque Beata a parlé trente ans plus tard de cette crise qu'a traversée la vie de son mari, elle fut complètement bouleversée quand on lui demanda si Otto avait fait une dépression : “Je ne pourrais pas vous le dire maintenant ! Je déteste parler de cela. Je n'en sais vraiment rien. Oh, il vivait un conflit, bien sûr. J'ai vu qu'il ne parvenait pas à partir. Il le voulait et il ne le pouvait pas. Je pense que c'est à peu près cela. Il ne parvenait pas à partir. Et c'était au moment où il était allé voir le Professeur, et il lui a parlé de son conflit. Et le Professeur l'a vu.” L'intervieweur de Madame Rank [le Docteur Kurt Eissler] a essayé de déterminer ce qui était le plus difficile à Otto : le fait de quitter le Professeur, ou celui de la laisser seule, elle. Elle ne put que répondre, bouleversée, “les deux probablement”. »

Cette réponse est parfaitement exacte, mais elle laisse de côté l'essentiel. Ce à quoi Rank tenait le plus, c'est à la qualité de sa relation *personnelle* à Freud. Et ce sur quoi il n'a laissé planer aucun doute, dans sa lettre d'Amérique, c'est qu'il tenait à ce que cette relation soit dépourvue de tout malentendu. Hélas, elle était imprégnée de malentendu de part en part. Parmi ses premiers alliés, analystes et non-analystes, Rank était aux yeux de Freud le théoricien le plus brillant, celui dont l'érudition prodigieuse s'attestait dans les contributions psychanalytiques qu'il apportait aux autres sciences humaines. C'était aussi l'esprit le plus compétent dans le domaine des affaires, capable de porter sur ses épaules tout le côté « entreprise » du mouvement, en particulier le *Verlag*.

Mais Rank n'avait cure de ce mouvement qui n'avait pour lui qu'une importance secondaire au regard de sa relation personnelle, c'est-à-dire analytique, à Freud. J'ai bien dit *analytique*. Mon hypothèse est la suivante : *Le traumatisme de la naissance* était un acte théorique, certes. Mais il comportait un message s'adressant *très personnellement* à Freud. Un message qui attendait une réponse du destinataire, et qui permettrait à son destinateur de saisir le sens même de son message. C'est d'ailleurs au moment même où il risquait de tout perdre – son père bienfaiteur, sa femme, son enfant, et le sens même de son œuvre – qu'il s'est constitué franchement comme un analysant, dans une lettre adressée à Freud, le 12 décembre 1924 :

« Cher Monsieur le Professeur,

Comme vous le savez probablement, je ne suis pas rentré à Vienne en bonne santé, je suis revenu sur mes pas ; pendant le voyage, tout ce qui me livrait une réponse aux questions insolubles auxquelles je faisais face avec si peu de compréhension m'est devenu finalement clair.

Je vous prie donc de façon urgente de m'accorder l'occasion d'en parler avec vous ; à ce moment-là, j'espère du moins rendre clair tout ce que vous aimeriez, et, autant que possible, avec l'aide de votre compréhension, y remédier.

Avec mes respects et mes remerciements

Rank »

Si cette lettre n'est pas une demande d'analyse, qu'est-ce qui en est une ? De fait, la séance demandée fut accordée, bientôt suivie d'une série de séances quotidiennes. Était-ce une analyse ? Du côté de Rank, assurément. C'est au cours de ces séances que Rank fit état de son aperception géniale du lien entre sa production théorique et la menace de mort que son cancer faisait planer sur la vie de Freud. Mais au lieu d'une vérité qui était un cri de secours, Freud n'y a vu qu'un plat aveu ! Il faut donc croire que, du côté de Freud, cette analyse en cours n'en était malheureusement pas une. Autrement, comment expliquer que ses confidences d'analysant aient fait aussitôt l'objet d'une correspondance adressée à tout le monde ? C'est-à-dire, non seulement aux honorables membres du Comité reconstitué, mais encore à la princesse Marie Bonaparte, à Joan Rivière et sans doute à quelques autres.

Pour Freud, l'analyse de Rank était une affaire classée depuis longtemps. Trop longtemps. Qui ne voyait, à part l'intéressé, que sa névrose, autrement dit son complexe d'Œdipe, était tout aussi manifeste dans sa théorie du traumatisme de la naissance que dans son hostilité immotivée envers ses frères du Comité ? Dès lors, tout ce que pouvait dire Rank n'avait plus le caractère d'un message destiné à un bon entendeur, mais relevait au mieux, on l'a vu, de l'aveu. Et un aveu qui était d'autant plus attendu qu'on ne l'espérait plus. Freud ne pouvait que s'en féliciter et passer à autre chose. Puisque cet aveu permettait de restaurer, enfin, la paix au sein du Comité. Rank n'était plus un analysant *possible* à ses yeux. C'était devenu un pilier trop important du mouvement psychanalytique. Tout ce qu'il disait ou pouvait dire appartenait donc de droit à ce mouvement, et en premier lieu au Comité.

Je parierais volontiers que c'est Freud lui-même qui, dans son désir de rétablir la paix entre ses fils, a suggéré à Rank, alors à la limite de l'exténuation subjective, de rédiger la célèbre lettre de repentir adressée à ses « chers amis » du Comité. Cette lettre est reproduite dans presque tous les ouvrages qui traitent de l'histoire de la psychanalyse. Les auteurs de ces ouvrages essaient, chacun à sa manière, de l'expliquer, mais elle les laisse tous abasourdis. Tellement elle apparaît, par son style et son ton, comme un modèle avant l'heure des sinistres « confessions » des procès de Moscou. Cette lettre de propagande occupe, certes, une page significative et peu glorieuse dans la triste histoire du mouvement psychanalytique. Mais elle est si facile à trouver, et sa rhétorique est si transparente, que je ne vois pas la nécessité de la reproduire ici. Et encore moins de la commenter.

Le point le plus important, pour nous maintenant, est de savoir quelle signification nous devons donner au *Traumatisme de la naissance* de Rank, puisque tout nous ramène à ce livre. Et notamment, la place que Freud et son auteur lui accordent dans leur correspondance.

Dans une lettre adressée à Ferenczi datée du 21 décembre 1924, Freud parle du soir où Rank, tout contrit, « est arrivé pour se confesser ». Puis, il précise : « Ce qu'il m'a révélé, c'était une tragédie qui aurait très bien pu trouver une issue tout aussi tragique. » Nous ne saurons jamais ce que Rank a révélé à Freud ce soir-là, et qui en a fait « un événement des plus singuliers ». Mais nous savons que dans son journal de jeunesse, Rank parle de la « tragédie du fils de Hjalmar Ekdal », par allusion à son père, un homme narcissique, vaniteux, alcoolique sur les bords, sujet à des crises imprévues de rage monstrueuse. Rank se rappelle comment, à l'âge de sept ans, il a assisté, terrorisé, à l'une de ces crises, où son père frappant furieusement la table à coups de poing s'est mis à saigner. Malgré sa propre « sagesse », qu'il devait sans doute au tempérament calme de sa mère, on ne sait pas ce que Rank serait devenu s'il n'avait pas rencontré Freud. Mais j'ai déjà souligné que Freud lui était apparu comme le père qu'il aurait aimé avoir (il a d'ailleurs parlé de son fantasme d'être né de la tête de Freud comme Athéna de celle de Zeus) ; ou encore comme le père par excellence, à la fois incarnation de la loi et *Künstler*, créateur.

Avec Freud, Rank a donc refait quelque peu tardivement l'expérience de la première identification avec le père – mais dans un cadre tel que, à ce transfert simple, s'ajoutait le transfert de travail[14]. Mais de tout ce que son retour raté aux États-Unis lui a appris sur lui-même, de tout ce qui l'a décidé à revenir à Vienne pour dire à Freud ce qu'il avait à lui dire, je ne retiendrai ici que le point central. À savoir sa perception d'un lien entre son parcours, son état, et la menace qui pesait sur la vie de Freud. Il faut en effet se souvenir que Rank fut le premier à apprendre le cancer de Freud. Il l'apprit *avant Freud lui-même*, de la bouche même de Felix Deutsch, le médecin de son maître, qui en avait fait le diagnostic, mais s'était abstenu de le communiquer à son illustre patient. Une telle situation ne pouvait donc qu'accentuer la réalité de la mort au-delà de tout savoir : Freud, l'immortel, sans lequel le sujet ne saurait s'inclure dans l'universel des mortels, était frappé de mort sans le savoir !

On l'a vu, Freud s'est obstiné à tenir pour une « confession » ce que lui a dit Rank, le 13 décembre

1924 au soir. Ce n'était pour lui qu'une confirmation de ce qu'il savait déjà et avait déjà dit à l'intéressé et que les autres membres du Comité n'avaient pas manqué de répéter à satiété. Mais, en vérité, Rank fit montre alors d'une lucidité authentiquement analytique. Au moins autant que Freud lorsqu'il se saisit de son Œdipe au cours de son analyse avec le « médicastre » Fliess. On en vient d'ailleurs à se demander si, en écrivant son *Traumdeutung*, Freud n'a pas commercialisé sa vérité. Puisque le monde n'en a retenu que l'idée de l'Œdipe comme berceau de haine pour le père et d'amour pour la mère. Alors que l'essentiel de l'œuvre n'est pas là mais – comme l'avait bien saisi Bleuler – dans la découverte des processus primaires, par où chacun est renvoyé à ses propres affaires. Mais il est vrai qu'on était alors à mille lieues d'avoir une idée précise de la nature des procès en jeu, mis à part le fait qu'ils étaient « psychiques ». Et qu'on était encore moins en mesure de tirer de l'expérience même de l'analyse la leçon qu'elle impose quant à *la fonction de la parole*, telle que Lacan l'a introduite.

Ce que Freud a pensé des révélations de Rank et de leur portée se résume dans ces lignes de sa lettre du 29 décembre 1924 à Max Eitingon : « Il est également très étrange que sa névrose constitue littéralement le complément au *Traumatisme de la naissance*. Tout cela recèle ce qui est plus ou moins passé sous silence dans le livre. » Autrement dit, la névrose de Rank représenterait le retour bruyant de ce qui se tait dans son livre, à savoir, tout particulièrement, l'Œdipe, le rôle majeur du père et la menace de castration. Or, le fait est que Rank ne nie aucunement ce rôle majeur du père.

Dans le deuxième chapitre du *Traumatisme de la naissance*, intitulé « L'angoisse infantile », il écrit : « Le rôle des animaux, en tant que facteurs substitutifs du père [...] se concilie parfaitement avec la conception que nous développons ici. Cette conception lui confère même une importance psychologique beaucoup plus profonde, puisque c'est grâce au déplacement de cette "angoisse" sur le père [...] que l'enfant, cédant aux exigences et aux nécessités de la vie, finit par se résigner à la séparation définitive avec la mère. C'est que ce père redouté empêche le retour vers la mère et, avec lui, le déclenchement de l'angoisse primitive, beaucoup plus pénible, se rapportant d'abord aux organes génitaux maternels auxquels se rattache la naissance, et plus tard à tous leurs substituts[15]. »

On ne saurait indiquer plus nettement cette vue, qui fait là sa première apparition dans la littérature psychanalytique, à savoir que ce père redouté est ce qui *protège* l'enfant de son angoisse la plus primitive. Angoisse que Rank – s'inspirant d'ailleurs d'une allusion de Freud – conçoit comme étant celle du traumatisme de la naissance, et que suscite, immanquablement, le désir de faire retour au giron maternel.

Les théories infantiles de la sexualité, comme la supériorité que les hommes affichent sur l'autre sexe, témoignent de l'horreur que suscitent les organes génitaux de la femme et du refoulement qui les frappe. D'où vient-elle ? Pour Rank, cette horreur prend sa source, non pas dans le manque que pointe le sexe féminin, et dans ce qui s'y imagine comme castration, mais dans le souvenir du traumatisme qu'il évoque. C'est un point de vue discutable. Mais sa théorie implique deux conséquences intéressantes. La première est que la connaissance de la différence sexuelle, à la puberté, reste problématique. Elle ne produit pas l'effet biologiquement salubre et rectificatif qu'on en attend d'ordinaire, pour le bonheur des individus des deux sexes et de leur espèce. Et la seconde est que le problème de la satisfaction des hommes, comme des femmes, devient autrement plus aigu. Si aigu qu'il peut même sembler insoluble. Quelle est la solution de Rank ?

Il développe ce point au chapitre 3 de son livre, intitulé « La satisfaction sexuelle » : « Le garçon, écrit-il, finit par connaître les organes génitaux féminins qui sont son lieu d'origine et dans lesquels il est appelé à pénétrer plus tard, tandis que la petite fille, en acquérant la connaissance des organes génitaux masculins, est obligée de se rendre compte qu'il lui sera à jamais impossible de pénétrer dans l'objet de sa libido, mais que c'est elle qui est destinée à se laisser pénétrer un jour par cet objet. Il y a là, pour l'un et l'autre, de graves possibilités de traumatisme auxquelles on peut obvier par une heureuse adaptation à la situation dominée par le complexe d'Œdipe[16]. »

Si l'on ajoute ce passage à beaucoup d'autres, tout aussi convergents et dont on peut accumuler les citations, on aboutit à cette idée que la relation binaire mère-enfant n'est pas viable, puisqu'elle met face à face l'enfant, en proie au traumatisme de la naissance, et celle dont les organes génitaux éveillent le souvenir de ce traumatisme. Elle ne le devient que grâce à son intégration dans la structure ternaire que représente le complexe d'Œdipe – ou plutôt grâce à l'adaptation de l'enfant à cette structure. Ce que Rank apporte de neuf, en l'occurrence, ce n'est donc pas un renversement des priorités, comme on le répète couramment. Comme s'il donnait à la relation à la mère une priorité, ou lui prêtait une attention jusque-là réservée au père.

En faisant de l'Œdipe et de la menace de castration la porte de sortie d'une angoisse plus radicale, Rank renouvelle le sens de ces complexes aussi bien que celui du désir. Car dès lors, quelles que soient les angoisses, et, partant, les défenses que le désir suscite, il n'en reste pas moins que son érection même s'avère une défense contre une angoisse autrement plus dévastatrice. Cette angoisse, Rank a dû la revivre profondément, lorsqu'il a découvert la réalité mortelle de l'homme qu'il a reconnu sans réserve comme son père. Mais il a essayé tout de même de l'articuler, comme il pouvait, en s'aidant de Freud lui-même. Et l'on ne voit guère ce qu'il pouvait faire d'autre. Du moins tant que Lacan n'avait pas encore montré que, lorsqu'elle occupe la place de l'Autre, la mère est un être habité par un désir toujours en retrait par rapport à ses demandes, et inassignable par rapport à elles. Un être dont le désir ne peut être ressenti que dans l'angoisse. Parce que ce qui, tout à la fois, s'éprouve et s'impute dans un tel désir, comme étant sa visée en quelque sorte naturelle, n'est rien d'autre que la jouissance – la jouissance sans loi, avant l'articulation de sa loi par la bouche de Sade.

À ma connaissance, Rank fut donc, avec Ferenczi, le seul analyste de l'entourage de Freud à avoir apporté à la psychanalyse un développement sérieux. Et qui n'a trouvé une conceptualisation adéquate que chez Lacan. Cet apport a toutefois été méconnu, tant par Freud que par ses paladins, au profit d'une psychanalyse comprimée dans le dogme sur lequel ils édifiaient alors leur mouvement.

Pour clore ce chapitre sur Rank, je voudrais maintenant jeter un regard très rapide sur la suite de sa vie d'hérétique, que je résumerai en quelques points.

Comme le Professeur a finalement « tout pardonné » à Rank, les Seigneurs berlinois Karl, Max et Hans ont fait de même. À ceci près qu'ils n'ont pas oublié de préciser qu'ils attendaient que ses actes confirment ses « aveux » et sa promesse de se tenir à carreau. Quant à Ernest Jones, il a été carrément heureux de pouvoir annoncer à Freud que toute trace d'hostilité qu'il pouvait avoir contre Rank avait disparu. Seule sa sagesse pratique lui conseillait de partager la réserve « purement intellectuelle » des camarades de Berlin. Pour ce qui est de Ferenczi, qui, lui, n'avait pas encore perdu tout espoir de se faire entendre par Freud, on a vu qu'il avait estimé publiquement que Rank était allé « trop loin » et s'était finalement rangé à l'avis du Comité.

Mais il faut croire que ce pardon des patrons a fini par exaspérer Otto Rank. Au cours du dernier congrès international de psychanalyse auquel il ait assisté, celui de Bad Hombourg en septembre 1925, il a lu sa communication à une vitesse déroutante. Puis a aussitôt quitté le congrès, avec une rapidité qui a choqué les participants et les membres du Comité en particulier, mais qui ne faisait que traduire l'intensité de son aversion pour cette « bande »-là.

1926 fut l'année du soixante-dixième anniversaire de Freud. Rank n'y a pas assisté, mais il lui a envoyé un cadeau de prix : une édition luxueuse, reliée en cuir, de l'œuvre complète de Nietzsche. Rank rendit visite encore une fois à Freud au cours de cette même année, qui scella leur rupture. Malgré le malentendu, l'« analyse » de Rank lui a sans doute fait beaucoup de bien, dans la mesure où elle l'a aidé à trouver un compromis qui mettait fin à sa séparation d'avec sa fille et sa femme. Celle-ci refusait la vie en Amérique, mais elle a consenti à vivre à Paris, où ils ont donc passé huit ans ensemble, de 1926 à 1934.

Au cours de ces années, Rank a dû probablement reconnaître que l'intérêt que lui portait sa femme, Beata, était parfaitement secondaire par rapport à celui qu'elle portait à sa fille. Mais il a eu aussi, sur le plan professionnel, quelques analysants de choix, tels Anaïs Nin et Henry Miller. On a vu d'ailleurs qu'Anaïs Nin l'a suivi à New York, où elle a exercé la psychothérapie sous sa direction. Et c'est sans doute au cours de cette période qu'il lui a fait part de cette confidence : « Je ne sais pas si je me suis refusé à la vie, ou si elle m'a été refusée. » À la question : « Par qui ? », il répondit : « Par ma famille, par Freud, par ma femme. »

La vie harassante de Rank entre Paris et l'Amérique, qui était restée la source principale de ses revenus, s'est avérée finalement intenable. Beata, dont Roazen dit qu'elle était « plus qu'élégante » et qui se rendait souvent à Vienne, aimait apparemment le luxe. Un visiteur a dit que leur appartement était un palais. J'imagine que tout cela a joué dans la décision de Rank d'émigrer en Amérique pour y vivre définitivement, en 1934. Sa femme et sa fille se sont attardées pendant un an ou deux, avant d'émigrer à leur tour. Rank les attendait à leur arrivée, mais Beata a refusé de vivre avec lui à New York, préférant rejoindre le clan des Viennois à Boston, avec Sachs et Helene Deutsch en tête.

Pendant toutes ces années, Rank n'a pas cessé d'enseigner, de faire des conférences, d'exercer l'analyse et de publier. On ne sera pas étonné de lire, dans ses écrits, l'expression de son transfert négatif, allant de pair avec la chute de Freud de sa place de sujet supposé savoir. Mais il ne manquait pas de suite dans les idées. Dans une intervention faite à la première Conférence internationale d'hygiène mentale, à Washington, en 1930[17], il reprend sa critique du savoir, ou plus précisément de ce qu'il appelle « la connaissance intellectuelle ». Regrettant que la psychanalyse, qui s'appelle une science de l'inconscient, la glorifie, au point d'en faire un moyen de guérison. « Mais cela signifie seulement une tentative de rationaliser l'Inconscient, de l'intellectualiser scientifiquement. » Il ajoute que ce fut là son premier point d'éloignement « non pas de Freud, mais de toute son idéologie fondée sur l'importance cruciale de la compréhension comme facteur curatif ».

Il est intéressant de savoir, dans ce contexte, la conclusion à laquelle a abouti Rank concernant le complexe d'Œdipe en général.

Dans un chapitre de son livre sur *L'éducation moderne*, intitulé « Les formes de la parenté et le rôle de l'individu », Rank affirme que l'Europe a eu besoin de la Première Guerre mondiale pour rejeter les derniers représentants de la domination paternelle. Lesquels ont cherché une consolation idéologique, qu'ils ont trouvée pour le moment dans la psychanalyse, apparue en même temps. Mais cette consolation « ne saurait durer ni avoir une valeur constructive, malgré l'effet thérapeutique transitoire qu'elle a en remplaçant, pour un temps, l'idéologie mourante dont l'humanité a encore besoin[18] ». On ne peut plus, aujourd'hui, écarter d'un revers de main cette opinion comme une hérésie. Et d'autant moins que la famille patriarcale, voire la famille sous sa forme nucléaire, qui a perduré universellement pendant des millénaires, est en train de disparaître, et avec elle le père, en passe d'être réduit au spermatozoïde.

Pour en revenir à la vie personnelle de Rank, ou plutôt au peu qui en reste à l'époque, rappelons qu'il a obtenu, en 1939, un divorce à l'amiable avec Beata. Quelques mois après, il a épousé Estelle Buel, une jeune Américaine, d'origine suisse, qu'il avait connue à Paris et qui avait été sa secrétaire pendant son séjour dans cette ville. Apparemment, il avait avec elle des relations plus intimes, plus confiantes et moins conflictuelles qu'avec sa première femme, ce qui promettait des années d'une vie heureuse et détendue. Le destin lui a refusé cette chance. Son mariage eut lieu le 31 juillet 1939. Freud est mort le 23 septembre. À la fin de ce mois, Rank a été hospitalisé pour l'extraction d'un calcul rénal. Il s'en est remis quelques jours après. Mais il dut être hospitalisé de nouveau le 28 octobre, souffrant d'un mal à la gorge et d'une montée de fièvre. Il est mort le lundi 31 octobre, un mois après Freud. « *Komisch* [drôle, bizarre, étrange] fut le dernier mot qu'on l'entendit prononcer[19]. »

Le « *komisch* » d'une famille qui voulait faire un serrurier d'un garçon qui avait l'âme d'un artiste. D'un Freud qui s'est félicité de n'avoir rien à se reprocher dans tout ce qui est arrivé à Rank. D'une femme qui, au lieu de répondre à son espoir, a préféré un calcul, ma foi irréprochable, de ses intérêts professionnels et affectifs. Sans parler d'une mort qui l'a frappé au moment où la vie l'appelait vers un nouvel amour, alors que le cadavre de Freud était encore chaud.

Chapitre IV

SÁNDOR FERENCZI

LA TÂCHE LA PLUS IMPORTANTE DE LA THÉRAPIE PSYCHANALYTIQUE

La vie et l'œuvre d'Otto Rank ont un caractère poignant parce qu'elles posent cette question : est-il possible qu'un sujet se trouve, sans le savoir, dans la position de l'analysant ? Et plus précisément, est-il possible qu'il fasse ainsi de sa propre mort un acte qui insiste, qui répète son message non reconnu ? Dans son *Traumatisme de la naissance*, Rank affirme que, sans le père comme agent de la menace de castration, tout accès à la femme, et même à la vie, serait impossible pour l'homme. Dès lors, le fait que sa mort ait eu lieu à peine quelques semaines après celle de Freud, au moment où il envisageait de quitter la côte Est des États-Unis, pour vivre avec sa nouvelle femme au bord de l'océan Pacifique, sonne comme une preuve. Du genre de celle qu'un marcheur propose pour prouver le mouvement.

Un *acting out* de cet ordre nous rappelle que Freud n'a pas seulement découvert l'inconscient. Il n'a pas seulement montré que les rêves, les symptômes et les actes manqués, qui existaient depuis la nuit des temps, recouvraient des pensées. Ni que celles-ci parvenaient à se faire entendre par des processus qu'il a qualifiés de « primaires », pour les différencier de ceux de la logique. En reprenant à son compte la « cure par la parole » inaugurée par cette hystérique géniale qu'était Anna O., Freud a aussi appelé à l'existence une nouvelle entité. Celle que nous dénommons, avec Lacan, le « vrai sujet » ou le « sujet absolu ».

Ce sujet est certes assez problématique, puisqu'il est rebelle à toute objectivation. Puisqu'il est inhérent à une *significativité* qui a, certes, son propre mouvement et sa propre direction (que nous essayons de cerner lorsque nous nous posons la question de la *fin* de l'analyse), mais qui défie la maîtrise du moi et l'intentionnalité de son discours. On ne sait même pas s'il est le support de la significativité inconsciente, ou s'il est supporté par elle, ou si nous ne devons pas plutôt le concevoir, avec Lacan, comme le non-réalisé, appelé à advenir, selon l'adage freudien *Wo Es war, soll Ich werden*. Mais, quoi qu'il en soit de nos efforts pour le théoriser correctement, on ne saurait plus faire, aujourd'hui, comme si un tel sujet n'existait pas, puisque la psychanalyse elle-même existe. Et en nous montrant à quel point la réalisation d'un « vrai sujet » dépend de la reconnaissance de celui qui occupe, pour lui, la place de l'Autre, l'exemple de Rank nous permet d'ailleurs de mesurer l'étendue de la responsabilité de l'analyste.

Avec leur distinction entre la vérité du savoir et celle de l'expérience vécue, Rank et Ferenczi ont été les premiers analystes à approcher ce sujet absolu. Et cela n'a rien d'étonnant, si l'on songe que Ferenczi fut, avec Rank, le seul analyste à avoir partagé la position de l'analysant vis-à-vis du père de la psychanalyse. Un point qui a d'ailleurs été reconnu par maints historiens, qui parlent volontiers du « transfert » de Ferenczi sur Freud. Et de fait, on va voir que, même si Ferenczi s'est rangé finalement, à l'égard de Rank, du côté de Freud et des autres membres du comité secret, sa contribution à la psychanalyse n'a pas été moins grande que celle de Rank, ni son destin moins tragique.

Sándor Ferenczi était un homme qui n'hésitait pas à pousser jusqu'à ses conséquences extrêmes toute idée qui gagnait sa conviction. Un exemple frappant en est sa théorie de la génitalité, telle qu'il la formule dans *Thalassa*. Il n'y a guère de doute que Ferenczi a apprécié très tôt ce que le concept freudien de *pulsion* introduisait de neuf. Ce concept, prétendument biologique, désigne en fait une espèce de besoin qui se distingue de tout besoin naturel par son indifférence à l'objet. Contrairement à la périodicité du besoin naturel, la constance de la pulsion traduit la quête incessante d'une satisfaction à laquelle *aucun* objet *approprié* ne répond, c'est-à-dire aucun objet susceptible d'enclencher une action spécifique qui conditionnerait cette satisfaction.

Face à l'absence d'un tel objet, qui se dérobe à l'intentionnalité comme à la dénomination, il ne reste plus qu'à prêter un caractère *primaire* à la satisfaction dont la quête fait l'énergie de la pulsion. Autrement dit, à rattacher une telle satisfaction primaire à une expérience faisant partie d'un passé périmé. Au lieu d'une quête au sens ordinaire, visant un objet situé dans le futur, on est donc confronté ici à une quête dont l'objet opère depuis le passé. Toute pulsion est, en effet, une régression, fondée sur la réminiscence d'une première satisfaction. Et son activité, indéfiniment répétitive, traduit une tentative vaine : celle de résorber l'effet traumatique résultant de ce qui nous sépare définitivement de ce genre de satisfaction primaire.

Cette conception freudienne de la pulsion est incontestablement éclairante, mais jusqu'à un certain point. De fait, autant elle s'applique bien aux phases prégénitales du développement de la libido, autant elle perd toute validité au niveau du *désir génital*. Et ici il est important de reprendre le terme de « désir ». Non seulement parce qu'il a permis à Lacan d'alléger quelque peu les liens de la pulsion avec la biologie, mais aussi parce qu'il nous remet en mémoire le caractère aussi constitutif que conflictuel de notre rapport à l'entité ainsi nommée.

Ferenczi a noté la tendance de Freud à considérer « que la maladie de l'Œdipe est une maladie infantile comme la rougeole[1] ». Cette remarque ne rend peut-être pas justice à la pensée du maître, mais elle n'est hélas pas démentie par son article sur « La disparition du complexe d'Œdipe ». Dès lors, le problème qui se posait à Ferenczi n'était pas facile. D'un côté, il pouvait certes s'appuyer sur l'idée que l'ontogenèse récapitulait la phylogenèse, et assurer ainsi à la pulsion une assise située au-delà de l'existence individuelle. Mais, d'un autre côté, comment attribuer à la nature des tendances régressives visant à retrouver un état antérieur ? La nature aurait-elle une mémoire ? La solution de Ferenczi a consisté à identifier le pulsionnel au psychique, et à loger le psychique dans le biologique même. Ainsi, il pouvait saisir la racine de la pulsion génitale dans la tendance individuelle à retrouver la sécurité de l'état fœtal. Et même y voir à l'œuvre cette tendance universelle qui pousse tous les êtres vivants à surmonter les effets traumatiques induits par la catastrophe de l'assèchement de la terre.

C'est précisément pour éviter une telle hypothèse que Balint s'est contenté de supposer un « défaut fondamental » à la racine de toute répétition, bénigne ou maligne. Et par là, il avait à l'esprit tout défaut susceptible de remettre en cause une relation idéalement sécurisante, sans conflit, où disparaît la distinction tranchée entre le sujet et l'objet. On peut avoir une idée d'un tel défaut, et d'une telle relation, en songeant à tout ce qui peut rendre problématique notre relation, si peu problématique d'ordinaire, à l'air que nous respirons, à la fois enveloppe extérieure et substance intérieure à nos poumons. Mais, en fait, bien qu'elle approche l'idée du caractère originaire du manque, la théorie de Balint ne prend pas toute la mesure de l'audace de *Thalassa*. Car ce qu'il faut bien voir ici, c'est que Ferenczi est le premier analyste à avoir reconnu expressément l'impossibilité d'une déduction biologique de la pulsion génitale.

Selon l'histoire officielle de la psychanalyse, faite à l'usage de l'IPA, Ferenczi était avant tout un médecin, comme tel obsédé par la *furor sanandi*. Mais cette version est contestable. On peut soutenir à meilleur droit que l'identité professionnelle originelle de Ferenczi n'avait rien d'irréversible. La preuve en est qu'il y a renoncé, une fois engagé dans les voies des découvertes freudiennes. Dans une lettre adressée à un ami, il confie avoir pris l'habitude de ne pas répondre aux attaques que les non-initiés lancent contre la psychanalyse, « le seul métier que je connaisse un peu[2] ». Par ailleurs, être un analyste, pour Ferenczi, n'avait pas du tout la même signification que d'être un médecin. Comme en témoigne son refus de toute concession sur la question de « l'analyse profane ». Alors même qu'il savait bien que cette question pouvait faire échouer la grandiose entreprise freudienne d'internationalisation. La fermeté de Ferenczi était telle, sur ce point, que Jones s'est assez facilement consolé de sa mort. Voici quelques lignes du télégramme qu'il envoya à Eitingon après la mort de Ferenczi, le 29 mai 1933 : « La seule consolation est d'amère vérité, qu'un événement ne menace plus de provoquer une explosion dans le mouvement international lui-même[3]. » Bref, la mort de Ferenczi l'avait débarrassé d'un obstacle encombrant.

La position de l'analyste hongrois contrastait donc nettement avec celle du maître viennois, qui tenait à obtenir *à tout prix* l'internationalisation de son mouvement. Il y voyait sans doute la preuve irréfutable d'une universalité qui interdisait toute réduction de la psychanalyse à une « science juive ». Face à la menace de séparation des Américains, Freud est d'ailleurs allé jusqu'à céder sur la définition même de la psychanalyse, question à laquelle il avait pourtant consacré un ouvrage capital[4]. Et où il explique précisément les raisons qui rendent impossible d'assimiler la psychanalyse à une subdivision de la médecine, ou même d'assimiler sa pratique à une certaine forme d'exercice de la médecine. Un compromis obtenu au prix d'un tel « sacrifice », pour reprendre le mot de Bleuler, laisse toujours un arrière-goût de défaite cuisante. Il n'est donc pas étonnant que Freud ait conçu vis-à-vis des Américains une haine tenace, comme il savait en avoir, au dire d'Helene Deutsch. Le caractère louche de cette haine n'a d'ailleurs pas échappé au transfert négatif de Ferenczi, qui en parle à maintes reprises dans son *Journal*.

Quoi qu'il en soit, à peine devenu analyste, Ferenczi a aussitôt posé la question la plus embarrassante : qu'est-ce qui qualifie comme tel un analyste ? Et puisqu'un certain pouvoir thérapeutique est attribué à la psychanalyse, quel est le ressort de son pouvoir ? La question se posait d'une façon d'autant plus brûlante que la psychanalyse était justement la seule discipline à démentir l'adage « savoir, c'est pouvoir ». De fait, un simple regard, tant sur les sociétés d'analystes que sur leurs résultats, montrait que la psychanalyse ne guérissait pas plus les psychanalystes eux-mêmes qu'elle ne guérissait leurs patients. Alors, poussé par son jusqu'au-boutisme intellectuel, Ferenczi a posé la question fatale au regard du narcissisme des psychanalystes : qu'est-ce qui justifie la différence sur laquelle repose la distribution de la situation psychanalytique entre psychanalyste et patient ?

L'expérimentation incessante de Ferenczi dans le domaine de la pratique psychanalytique était destinée à répondre à ces questions, et à en mesurer les implications. Personne n'était plus éloigné que lui de l'esprit pressé du « commis voyageur ». Il a même été le premier analyste à conduire des analyses qui ont duré des années. Ainsi, dans la mesure où elle avait un rapport avec le temps, sa question se modulait autrement. Elle devenait : une fois que la névrose tout court a cédé la place à la névrose du transfert, comment faire en sorte que la psychanalyse ne devienne pas, selon le mot lapidaire de Karl Kraus, la maladie même dont elle prétend guérir le patient ? Autrement dit, comment éviter que l'analyse ne se transforme en habitude, par la grâce de l'amour du transfert ? Bref, l'analyse a-t-elle une fin, et laquelle ? Il se trouve que ses expériences sont restées non concluantes. Mais la psychanalyse lui doit malgré tout beaucoup. Parce qu'il a été le seul analyste, à côté de Freud, à nous donner de ses pratiques expérimentales des descriptions assez détaillées, et assez argumentées, pour nous permettre de comprendre *pourquoi* elles ont été non concluantes.

Au fil des ans, et particulièrement après son mariage en 1919, Ferenczi a de plus en plus concentré ses activités scientifiques sur la question de la technique psychanalytique, qui est en fait celle de l'efficacité même de la psychanalyse. Aussi est-il permis de faire l'hypothèse d'un lien entre l'orientation croissante de ses recherches et l'échec de sa propre analyse avec Freud. Cet échec est indéniable et sa portée est d'autant plus grande qu'on ne peut l'imputer simplement à une connaissance insuffisante de l'analyse du côté de Freud. Nous commencerons donc par examiner de plus près les raisons de cet échec. Car, même si Ferenczi était loin d'être un fanatique de la vérité, même s'il a été un des premiers analystes à reconnaître que le mensonge révèle d'autant mieux la vérité qu'il veut la cacher, il est fort probable que l'échec de son analyse avec Freud a aiguisé son idéal de sincérité et de franchise psychanalytiques. Cet examen nous permettra de mettre au jour les préjugés concernant l'Œdipe et sa place dans la vie psychique, dont Ferenczi est toujours resté l'otage.

Bien avant de se mettre sur le divan de Freud pour la première fois, en 1914, Ferenczi avait déjà adopté la position de l'analysant vis-à-vis du maître. Et pour s'en convaincre, il suffit de lire leur correspondance, tout particulièrement après le retour du voyage en Amérique, en 1909. Toutefois, son transfert n'était pas qu'un amour de transfert, qui signe la fermeture de l'inconscient. Plusieurs témoignages concordants nous montrent même que, pour Ferenczi, faire une analyse avec Freud représentait la meilleure sinon la seule façon de devenir analyste. Conséquemment, son travail de transfert s'est mis à l'œuvre d'une façon remarquable, à laquelle son vénéré interlocuteur, pôle de ce transfert, est resté parfaitement inattentif. Comme preuve, citons ces quelques lignes de sa lettre à Freud du 26 octobre 1909 : « Personnellement, je me suis trouvé bien (psychiquement) jusqu'à ces tout derniers jours, tant qu'il m'a été possible d'être souvent avec Mme Isolde (je l'appellerai ainsi, comme elle était nommée dans un de mes rêves). »

Si tant est qu'une métaphore du rêve, surtout lorsqu'elle est un tantinet ironique, appelle, je ne dirai pas une interprétation, mais une *réponse*, la moindre des choses, de la part de Freud, aurait été de demander à l'intéressé qui était le roi dans cette affaire. Mais il faut croire que, au moment où il était passionnément suspendu au fantasme d'un prince héritier qui assurerait la pérennité de son œuvre, l'idée d'un fils meurtrier était plus tolérable pour Freud que celle d'un fils renégat.

Laissé sans réponse à son message, il ne restait donc plus à Ferenczi qu'à se rabattre sur la revendication d'une franchise mutuelle, totale, tant vis-à-vis de « Mme G. » (autre Jocaste avec laquelle nous allons faire bientôt connaissance) que vis-à-vis de Freud. Mais ce dernier déclina l'idée de répéter avec Ferenczi son expérience avec Fliess, fût-ce en inversant la position où il avait mis Fliess à l'époque. Partant, la seule porte qui restait ouverte pour Ferenczi était celle de son indépendance. Et il ne manque pas de l'évoquer éloquemment, notamment dans sa lettre du 14 novembre 1911, où il décrit ses tentatives d'indépendance ratées, tant vis-à-vis de Freud que de « Mme G. ».

Ce à quoi Freud répond par une lettre, datée du 17 novembre 1911, où il s'adresse à Ferenczi en l'appelant « Cher fils » et où il lui recommande en somme de rester là où ses complexes l'ont mis : « L'homme ne doit pas vouloir exterminer ses complexes, mais se mettre d'accord avec eux, ce sont les chefs d'orchestre qualifiés de son comportement dans le monde. » À quoi Ferenczi répond, à son tour, par une lettre qui est un chef-d'œuvre de quiproquo, puisqu'il y réduit son désir d'indépendance à une revendication égalitaire de totale franchise, revendication précédemment évoquée et reconnue comme une erreur. Puis, en réponse à une autre lettre de Freud où celui-ci l'appelle, une fois encore, « Cher fils », Ferenczi rédige, le 3 décembre 1911, une lettre dont voici le premier paragraphe : « Cher Monsieur le Professeur. Je n'ai toujours aucun droit à me déclarer majeur ; le besoin urgent que j'ai de vous parler de mes affaires personnelles est un signe certain de ma position infantile. Il a suffi que vous m'adressiez un mot, exprimant votre compréhension pour ma situation difficile, et voilà qu'il me faut tout vous raconter. »

Et Ferenczi de s'expliquer, en effet, sur ce *tout*. Qui se résume en ce qu'il a pris en analyse une nommée Elma, fille de sa maîtresse, Gizella Pálos (Mme G.), une adepte fidèle à Freud et à sa famille. Et surtout qu'il a « répondu » au transfert de sa patiente, par un amour de contre-transfert, sans pouvoir se détacher pour autant de sa mère. L'oscillation entre ces deux femmes va désormais venir au centre de l'analyse de Ferenczi, constituant le symptôme qu'il gardera jusqu'à la fin de sa vie. Son incapacité apparente à choisir entre elles était telle qu'il a pu se comparer, dans l'une de ses lettres, à un ballon avec lequel ces deux femmes jouaient, comme on joue au football.

L'intervention massive du désir de Freud dans cette affaire n'a échappé à aucun historien. Il n'hésitait pas du tout, lui : il préférait clairement Mme G., son adepte. Et c'est Freud qui a poussé son « cher fils » à l'épouser, mettant fin par là aux espoirs de paternité de Ferenczi. Car, étant de huit ans son aînée, Mme G. avait passé l'âge de la maternité. Sans doute estimait-il que la seule paternité qui méritait considération était celle de l'œuvre. Et d'abord de la sienne, « l'enfant de tous [ses] soucis » dont il voulait laisser à son cher fils l'héritage. Et il a, en effet, toujours considéré Ferenczi comme un collaborateur d'autant plus fiable qu'il s'était assigné une mission apostolique au nom de son œuvre. C'est ce qu'indique, par exemple, le *post-scriptum* ajouté par Ferenczi à sa lettre du 14 novembre 1911, où il décrit ses velléités d'indépendance : « J'ai noté aujourd'hui une longue liste d'associations qui me venaient librement ; la plus belle était celle-ci : *Je reste "fils", j'ai de la religion !* »

Lorsque Freud a accepté sa demande d'analyse en 1914, il espérait sans doute l'aider à « s'adapter à ses complexes ». De façon à faire de Ferenczi un collaborateur décidé, ayant la normalité solide d'Abraham, sinon l'efficacité redoutable de Jones. Mais alors, deux points méritent d'être soulignés au sujet de cette analyse.

Le *premier* est que la question du choix entre les deux femmes a d'emblée pris pour lui le sens de savoir laquelle il désirait « réellement » (c'est ainsi qu'il s'exprime dans sa lettre du 10 juillet 1916), et laquelle faisait l'objet d'un choix névrotique ou encore infantile. Or, le problème de Ferenczi était tout autre. Il consistait plutôt en ce qu'il ne pouvait se décider à choisir l'une, sans renoncer du même coup à l'autre ; donc sans consentir, dans les deux cas, à un certain « sacrifice ». Bref, ce qu'il refusait – et l'on touche ici au cœur de la reprise lacanienne de l'Œdipe –, c'était qu'une jouissance lui soit refusée : il les voulait *toutes*. Là était la jouissance qui sous-tendait son symptôme. J'en veux pour preuve ce passage de la lettre à laquelle je viens de faire allusion : « Sur le plan de la théorie, il est très intéressant d'apprendre pourquoi le patient en analyse ne *peut* pas être reconnaissant à son médecin. Il est vrai que le médecin lui a "rendu la santé", autrement dit lui a enseigné de faire face aux exigences réelles de la vie. Mais il lui a enlevé la *jouissance* qui, dans l'inconscient, accompagnait tous ses symptômes, aussi désagréables ou même mortels qu'ils aient été » (souligné dans le texte).

Ceux de Ferenczi étaient effectivement mortels. Car, certes, son oscillation perpétuelle entre la mère et la fille l'a déchargé de ses responsabilités face à la question la plus épineuse et la plus grave à laquelle un homme ait à répondre. À savoir celle de devoir choisir une femme (ou quelques femmes) ; ce que Freud appelle la figure (ou les figures) de son destin[5]. Mais, ce faisant, il est resté la proie sans défense d'une faute inconnue, qui n'a probablement pas peu contribué à le miner organiquement, pour le conduire finalement, tel Tristan, à sa mort.

Et pourtant, telle était l'étonnante véracité de cet homme qu'il a très tôt mis le doigt sur le nœud où se fonde la résistance à l'analyse. Dans une lettre adressée à Freud, le 25 octobre 1912, il s'exprime dans ces termes au sujet de Jung : « Il identifie la confession à la psychanalyse et ne sait pas, manifestement, que la reconnaissance des péchés n'est que la moindre tâche de la thérapie psychanalytique : la plus importante est *la démolition de l'image paternelle*, qui échappe complètement à la confession » (souligné dans le texte). Or pour le lacanien que je suis, que veut dire cette « image paternelle », si ce n'est celle de l'au-moins-un qui dit non à la fonction de la castration ? L'exception qui jouit de toutes les femmes, et qui fournit ainsi, sur le plan de l'énonciation, la figure à partir de laquelle le sujet de l'énoncé s'inclut dans l'universel des hommes soumis à cette fonction.

Il y a gros à parier que Lacan était un bon lecteur de Ferenczi analysant de Freud, au moins autant que de Freud lui-même. On pourrait, du reste, décrire une analyse faite dans le sillage des aperçus lacaniens, comme une démolition de toutes les images où le sujet se trompe de père, pour ne laisser place nette qu'à la seule action de son nom. Mais on comprend, dès lors, que l'analyse de Ferenczi ne pouvait aboutir qu'à un transfert négatif. Car comment Freud aurait-il pu songer à soulager Ferenczi de son désir de père, alors qu'un tel désir rencontrait le sien ? De fait, le 4 août 1932, Ferenczi rédige dans son *Journal* une note où il affirme qu'à « l'encontre de toutes les règles établies par lui-même [Freud] a adopté le Dr F. presque comme un fils ». Et c'est d'ailleurs à cette même date, quelques lignes plus loin, qu'il impute à Freud l'idée, à laquelle j'ai déjà fait allusion, « que la maladie de l'Œdipe est une maladie infantile, comme la rougeole ».

Cet énoncé nous conduit au plus près du *deuxième* point qui se dégage de l'analyse de Ferenczi avec Freud.

En effet, sans être faux, l'énoncé polémique de Ferenczi laisse pourtant à redire. Il est vrai que Freud a écrit un article célèbre sur la disparition du complexe d'Œdipe, dans une visée elle-même polémique à l'égard de Rank, et de son livre, *Le traumatisme de la naissance*. Toutefois, on verra plus loin que cet article n'exprimait pas une thèse qu'on pouvait tenir pour définitive. D'ailleurs, dans une lettre à Ferenczi datée du 10 janvier 1910, Freud lui fait part des incertitudes qu'il a déjà à ce sujet : « Il me semble, dit-il, qu'en ce qui concerne l'influence des pulsions sexuelles, nous ne pouvons aboutir à rien d'autre qu'à des permutations, des déplacements, jamais au renoncement, à la désaccoutumance, à la résolution du complexe (secret le plus absolu !). »

Il convient aussi de rappeler ici l'une des premières remarques de Freud au sujet de ses *Trois essais sur la théorie sexuelle*. Car Freud s'est aperçu très vite que le côté le plus dérangeant de ce livre n'était pas dû à la découverte de la sexualité infantile, mais à celle de l'infantilisme de la sexualité. Ce qui revient à dire, dans notre jargon, qu'en matière de sexualité, tout n'est pas seulement affaire d'histoire, mais qu'il y va aussi d'une question de structure. Mais il n'en reste pas moins que le complexe d'Œdipe est souvent décrit par Freud comme une opposition entre le désir et la loi. D'un côté, il y aurait le désir de la mère, issu de l'éveil précoce de la sexualité au niveau de la zone génitale. De l'autre, il y aurait la loi de la prohibition de l'inceste. Il faut reconnaître qu'une telle opposition frontale, entre deux termes extérieurs l'un à l'autre, est une erreur simpliste.

On trouve d'ailleurs chez Freud lui-même l'indication claire que la mère est, bon gré mal gré, reconnue comme interdite, donc perdue, lors de la naissance même du désir. Dès lors, en quoi réside l'Œdipe ? Dans le droit fil de l'enseignement de Lacan, sa vertu n'est pas mince. Car l'Œdipe est ce qui transforme l'impuissance réelle de l'enfant en un manque dicté par l'ordre symbolique. Exclue comme objet, la mère est donc érigée en cause du désir du sujet, en tant qu'il la retrouve dans une (ou plusieurs) autre(s) femme(s). Bref, en tant qu'il en répète la perte. À cet égard, rien ne trahit mieux la fixation du sujet, son refus de reconnaître sa dette symbolique, que le fantasme de les avoir « toutes », qui paralyse tout choix. Et de ce point de vue, l'Œdipe n'est pas simplement le terrain sur lequel se livre le combat entre forces opposées, mais le détour qui détermine la constitution du désir chez le « parlêtre ».

Ce que Ferenczi a gardé de l'enseignement de Freud, c'est sa conception de l'Œdipe défini par son contenu. C'est cet ensemble de pulsions sexuelles et agressives qui remontent à l'enfance, mais qui ne cessent de talonner l'adulte, sans se laisser corriger par le savoir apporté par l'âge – point sur lequel Ferenczi insiste plus fermement que Freud. À partir de là, les chemins de pensée des deux « F » ont tendance à diverger de plus en plus. Freud a, certes, introduit le concept de refoulement originaire qui, si je puis dire, fait l'âme de l'inconscient. Il n'empêche que le fait de pouvoir guérir par réminiscence donnait à penser que les expériences pathogènes étaient frappées d'un refoulement simplement secondaire et, à ce titre, étaient récupérables par le savoir conscient. En outre, Freud considérait la réminiscence comme un remède contre la répétition. Selon lui, il s'agissait pour le patient de se souvenir *au lieu de* répéter.

Ferenczi et Rank ont écrit un livre en commun, dont la publication coïncida avec le début de la maladie de Freud. Je tiens cette publication pour un événement majeur de l'histoire du mouvement psychanalytique et j'y consacrerai tout le dernier chapitre de cette partie. On verra alors que l'hypothèse clé de nos deux hérétiques consistait précisément à inverser la séquence freudienne. Il s'agissait pour eux, au contraire, *d'encourager* la répétition, pour obtenir le souvenir, au lieu de chercher le souvenir pour arrêter la répétition. Comme l'a souligné Balint, cette inversion reposait sur un principe suggéré par Freud, à savoir le principe de réciprocité de la représentation et de l'affect. De même que le souvenir de l'événement pathogène suscite des affects puissants comme s'il était toujours vivant ; de même, encourager la répétition dans l'analyse peut faciliter la remémoration, ou du moins la construction de l'expérience qui a été la cause traumatique du symptôme. Cette inversion avait, aux yeux de nos auteurs, deux avantages dont on ne saurait exagérer l'importance.

Le premier est que, proposées dans ces conditions, les constructions concernant les expériences et les tendances refoulées du patient revêtaient pour lui une évidence forte, qui gagnait son adhésion. Et d'une façon qu'on n'obtient jamais lorsqu'elles lui sont présentées comme étant simplement l'expression du savoir de l'analyste. Le deuxième avantage, auquel Ferenczi était particulièrement attaché, était que mettre l'accent sur la répétition permettait d'approcher des expériences traumatiques n'ayant laissé aucun souvenir, ni ne pouvant en avoir laissé. Et de se frayer ainsi un chemin analytique vers une forme d'expérience, si l'on peut dire, hors réminiscence et qui, dans ce sens-là, relevait d'un refoulement primaire.

Les écrits de Ferenczi ont été abondamment commentés. Et les analystes ont toujours des leçons à tirer de leur lecture, et pas seulement à propos de la fameuse « écoute », mais aussi du regard analytique. Ou encore de son souci « d'aider le patient à suivre la règle de l'association libre », qui me paraît synonyme de veiller à l'ouverture de l'inconscient. J'aimerais toutefois me concentrer plus particulièrement sur sa « thérapie active », qui consistait essentiellement à privilégier la répétition dans l'analyse, pour obtenir des réminiscences ou des constructions plus conformes à la vérité du sujet. De manière à essayer de comprendre comment elle l'a conduit à sa notion de « confusion des langues » et finalement à la rupture avec Freud.

Dans son exposé sur le problème de la fin de l'analyse, Ferenczi se réfère à une remarque de Freud selon laquelle « du point de vue pronostic, c'était un signe favorable, le présage d'une guérison prochaine, quand le patient exprimait soudain la conviction que, pendant toute sa maladie, il n'avait fait que simuler[6] ». Cette remarque lui sert de levier à une généralisation, qui stipule que « le névrosé ne peut être tenu pour guéri tant qu'il ne renonce pas au plaisir de la fantasmatisation inconsciente, c'est-à-dire au mensonge inconscient[7] ». Or, il suffit de se rappeler ici ce que Ferenczi disait au sujet de la « jouissance », qui sous-tend le symptôme, pour comprendre que renoncer à cette jouissance et renoncer au fantasme, c'est tout un. Mais ce qui oriente plus particulièrement Ferenczi dans cette communication est sa divergence d'avec une opinion courante à l'époque. En effet, « savoir dans quelle mesure ce contenu fantasmatique représente aussi une réalité effective, c'est-à-dire physique, ou un souvenir d'une telle réalité, était censé n'avoir qu'une importance secondaire pour le traitement et son succès[8] ». Or, après tout, selon lui, le fantasme ne tombait pas du ciel. Et puisque Ferenczi se réfère expressément à l'hystérique, rappelons le fantasme que nous rencontrons souvent dans cette névrose, afin d'avoir une idée plus « plastique » de sa thèse.

Pour l'hystérique, il ne s'agit pas d'avoir été séduite par son père, selon le modèle des *neurotica* du premier Freud, mais d'en être désirée. Ce fantasme se trahit par tous les pores de son discours. Mais à quoi bon le lui dire ? Lui proposer cette « interprétation » serait d'autant plus malvenu que cela risquerait de lui plaquer artificiellement une position quasi paranoïde : « ce n'est pas moi qui l'aime, c'est lui qui m'aime ». En fait, la genèse d'un tel fantasme est difficilement dissociable des moments délicieux où *Pater* a eu plaisir à apprendre à sa fille à nager, sans parler d'autres jeux où les parents aiment se détendre avec leurs enfants. Or, pour Ferenczi, ce n'est qu'une fois revenus les souvenirs relatifs à ce secteur de sa relation à son père, qu'une telle interprétation a des chances de toucher le sujet hystérique dans sa vérité, et d'une façon qui gagne sa conviction.

Mais alors, la question se pose de savoir *d'où vient* le refoulement du fantasme mensonger. De l'Autre, dirait un lacanien. Mais qu'en est-il pour Ferenczi lui-même ?

La question se pose d'autant plus instamment pour lui qu'il estime qu'« il est certainement plus confortable d'être sincère et franc que de mentir[9] ». Dès lors, pourquoi tout ne peut-il se dire, alors que, ma foi, ce serait si simple ? Si le refoulement s'impose, ça ne peut l'être que « par la nécessité ». Laquelle ? Écoutons Ferenczi : « Ce que nous désignons par des noms à belle sonorité comme : Idéal, Idéal du Moi, Surmoi, doit son apparition à une répression délibérée de notions pulsionnelles réelles, qu'il faut donc démentir, tandis que les préceptes et les sentiments moraux, imposés par l'éducation, sont mis en avant avec une insistance exagérée. Même si les professeurs d'éthique et les théologiens de la morale devaient en éprouver de la peine, nous ne pouvons nous empêcher d'affirmer que mensonge et morale ont quelque chose à faire l'un avec l'autre[10]. »

Son évocation des sérails où s'abritent les instances freudiennes pointe immanquablement vers ce que Lacan a épinglé d'une façon aussi sommaire qu'exhaustive sous le terme de l'*Autre*. Ce « grand autre » a été décrit comme le lieu de la vérité, mais on remarquera qu'il est aussi bien celui du mensonge. Puisqu'il ne permet au sujet que des signifiants déjà *filtrés*, par une censure primaire où nous reconnaissons l'*Urverdrägung* freudienne. Puisqu'il interdit, certes, comme énonçable la vile vérité du désir, mais non sans que ladite vérité ne détermine une répétition sans absolution. Par là, je ne veux nullement dire que Ferenczi aurait *anticipé* le concept de l'Autre et encore moins la logique de ses effets, que nous devons à Lacan. Tout au plus peut-on noter que Ferenczi était porté intimement, spontanément, dans cette direction. Et qu'il était sans doute aidé en cela par le vieux proverbe : « Les parents ont mangé du raisin vert et les enfants ont les dents agacées. »

Nous avons vu que Ferenczi considérait la répétition comme un facteur indispensable à l'efficacité de la cure. Mais comment a-t-il pu aller, sur cette pente, jusqu'à mettre *la sexualité infantile tout entière* sur le compte des expériences traumatiques qui l'induisent ? Telle est la dernière question que je voudrais aborder dans ce chapitre. Et pour nous aider à l'introduire, je voudrais revenir, encore une fois, à la patiente hystérique en proie au fantasme du désir paternel. L'histoire de ce genre de patiente montre parfois, en effet, que sans s'être écarté de la morale, son père avait assurément retrouvé en elle le fruit défendu de son désir. *Mais cela ne se dit pas*. Le mensonge dont il s'agit ici n'est donc pas dans le refoulé mais dans la censure originelle, qui constitue le mécanisme grâce auquel la morale continue à transmettre la faute, au lieu d'en laver le désir.

Dans sa célèbre communication faite au XIIe Congrès international de psychanalyse à Wiesbaden, en septembre 1932, et publiée sous le titre de la « Confusion de langue entre les adultes et l'enfant[11] », Ferenczi revient sur sa méthode à base de répétition. Il y articule ses dernières expériences en la matière dans ces termes : « La répétition encouragée par l'analyse avait *trop bien* réussi[12]. » Ce qui veut dire, apparemment, qu'elle avait en fait échoué. Et il parle d'un cas d'états d'angoisse nocturne répétés, où il dit avoir constaté que la tendance à la répétition prenait alors des proportions telles que la séance psychanalytique elle-même dégénérait en crise d'angoisse hystérique.

Alerté par cet échec et la récurrence des critiques et des reproches que les patients adressent occasionnellement à l'analyste (quand bien même ils se hâtent, si je puis dire, de rentrer leurs griffes), il commença donc à y prêter attention. Et à relever ce que leurs associations pouvaient « contenir de haine et de mépris », non exprimés en raison de leur tendance à s'identifier avec l'analyste plutôt qu'à le critiquer. On se souviendra peut-être, ici, de la critique que Ferenczi lui-même adressait à Freud de n'avoir pas suffisamment interprété ses tendances hostiles. Et il est certes difficile de ne pas entendre dans cette autocritique de Ferenczi un écho de cette critique. Mais, quoi qu'il en soit sur ce point, la nouvelle direction de son attention le conduisit à une conclusion qu'il a exprimée dans ce paragraphe clé de son exposé : « Une grande part de la critique refoulée concerne ce que l'on pourrait appeler *l'hypocrisie professionnelle*. Nous accueillons poliment le patient quand il entre, nous lui demandons de nous faire part de ses associations, nous lui promettons, ainsi, de l'écouter attentivement et de consacrer tout notre intérêt à son bien-être et au travail d'élucidation. En réalité, il se peut que certains traits, externes et internes, du patient nous soient difficilement supportables. Ou encore, nous sentons que la séance d'analyse apporte une perturbation désagréable à une préoccupation professionnelle plus importante, ou à une préoccupation personnelle et intime. Là aussi je ne vois pas d'autre moyen que de prendre conscience de notre propre trouble et d'en parler avec le patient, de l'admettre, non seulement en tant que possibilité mais aussi en tant que fait réel[13]. »

Mais alors, qu'est-ce qui distingue la situation analytique de l'état de choses qui autrefois, c'est-à-dire dans l'enfance, avait causé la maladie ? Rien d'essentiel. Et telle est bien la substance de la conclusion que Ferenczi en tire : « Il ne faut donc pas s'étonner qu'elle n'ait pu avoir de résultat, ni meilleur, ni différent, que le trauma primitif lui-même[14]. »

En revanche, la renonciation à l'hypocrisie nous fait gagner la confiance du patient. « *Cette confiance est ce quelque chose qui établit le contraste entre le présent et un passé insupportable et traumatogène*[15]. » Partant, que nous apprend la relation « plus intime » ainsi établie entre l'analyste et ses patients ? Selon Ferenczi, elle nous apprend qu'on ne pourra jamais exagérer l'importance du traumatisme, et en particulier du traumatisme sexuel, comme facteur pathogène. Dans une franche allusion à Freud, Ferenczi enchaîne en évoquant l'objection selon laquelle « il s'agissait des fantasmes de l'enfant lui-même, c'est-à-dire de mensonges hystériques[16] ». Selon lui, cette objection « perd malheureusement de sa force, par suite du nombre considérable de patients, en analyse, qui avouent eux-mêmes des voies de faits sur des enfants[17] ».

À partir de là, chaque pas de Ferenczi l'éloignera toujours plus de Freud. Et d'abord sur la question de l'enfance, qui est l'innocence même, « la langue de la tendresse ». Ferenczi ne nie pas l'Œdipe, ni la sexualité infantile en général, mais ils font leur entrée chez l'enfant à travers « la langue de la passion » des adultes. L'inceste est, d'abord, celui des parents et de leurs équivalents imaginaires : instituteurs, gouvernantes, curés, amis de la famille, etc. Lorsqu'on remarque à quel point Ferenczi était soucieux de laver l'enfant de toute faute, on a du mal, là encore, à ne pas penser à sa faute à lui, que son transfert sur Freud n'a fait qu'aggraver. Car qu'y a-t-il de plus culpabilisant, pour un homme en analyse, que de laisser à son analyste la responsabilité de choisir sa femme ? Lequel le pousse à épouser, non pas celle dont il pourrait avoir des enfants (ce que l'analysant en question souhaite), mais celle que lui-même préfère, tout en sachant que ces noces condamnent l'accès à la paternité souhaitée par son analysant ?

Mais Freud n'avait de considération que pour les services rendus à la cause. Son hostilité pour « La confusion de langue » et son auteur fut telle que, ayant entendu l'exposé de Ferenczi, il en déconseilla la communication et partit sans serrer la main tendue de son auteur. On ne saurait lui donner tout à fait tort. Car le fait est que la conception de Ferenczi va jusqu'à méconnaître l'existence de la phase génitale précoce. Et donc de ce qui s'y accouche d'un désir, dont la constitution même, comme faute, atteste son nouage essentiel à l'interdit. Pourtant, au point où nous en sommes, je pense qu'il est clair qu'un malentendu fondamental régnait entre les deux hommes. Car, pour Freud, la question du trauma *concernait la réalité de l'acte attribué à l'autre*, alors que Ferenczi pressentait qu'elle *renvoyait plutôt à son désir*.

Sa communication a donc des résonances auxquelles les congressistes sont sans doute restés sourds, mais qui interdisent de réduire son contenu à la seule méconnaissance que je viens de pointer. En effet, dans la mesure où il est resté prisonnier de la conception de l'Œdipe comme drame *individuel*, Ferenczi ne pouvait certainement pas aller plus loin. Mais il n'empêche que son insistance sur la dépendance de la sexualité de l'enfant par rapport à celle de l'adulte (et à ce qu'elle avait pour lui de traumatique) représente le point le plus éloigné qu'on pouvait atteindre, en son temps, sur la voie de comprendre le désir comme désir de l'Autre. Proposition dont le sens et la portée structurelle seront dégagés plus tard par Lacan. De même, il est important de se souvenir, ici, que Ferenczi concevait « la tâche la plus difficile du travail psychanalytique » comme *la démolition de l'image paternelle*. Démolition qui, on l'a vu, ne devait laisser de place qu'à l'action de son nom. Or, sous cet angle, il est également clair que c'est chez Ferenczi que nous trouvons le germe de la transformation lacanienne de l'Œdipe en « fonction phallique ».

Après le congrès de Wiesbaden, Sándor Ferenczi s'est trouvé dans une situation sans issue. Freud a jeté l'anathème sur sa communication, n'y voyant qu'un retour à sa première théorie à laquelle il avait su, lui, renoncer. Si Ferenczi n'y parvenait pas, c'est donc qu'il avait succombé à l'éveil de sa névrose infantile, qui le faisait s'adonner à des spéculations puériles et l'éloignait de l'action des hommes et de leur combat pour la cause. Tout espoir d'absolution était dès lors perdu du côté du maître. De l'autre côté, du côté de Mme G., sa désespérance ne pouvait que s'aggraver. Mais pour une raison qui ne tenait pas vraiment à elle. Car Mme G. était certes sensible à la sincérité de Sándor et profondément émue par ce qu'avait de pathétique et d'authentique son « vol vers les étoiles ». Dans une lettre à Groddeck, Ferenczi souligne même combien elle comprenait la différence entre la véracité de la parole et la vérité de ce qui relève du savoir.

Et de fait, il y a gros à parier que cette distinction importait plus que tout à Ferenczi et existait depuis toujours dans son esprit. Là se trouve le ressort de la tâche à laquelle il a voué sa vie. Comme de ses essais incessants pour arriver à englober, dans une vision d'ensemble, vérité du savoir et véracité de la parole. Preuve et signe. C'est-à-dire, d'une part, la marque de notre accès adéquat à la chose, et de notre pouvoir sur elle, et, de l'autre, le sens de notre soumission à un manque dont la cause se dérobe à ce que nous croyons être en mesure de donner.

Malheureusement pour lui, sa façon de se raviser perpétuellement était l'image inverse du style assuré et prudent de Freud. Qui était par ailleurs accaparé par l'organisation à l'échelle du globe de son institution. Et qui était aussi hors d'état de se douter de *l'usage* que lui-même faisait, avec les champions du comité secret, du complexe d'Œdipe. Car, encore une fois, on ne saurait mettre en doute l'affection et la tendresse que Mme G. avait pour Ferenczi. Mais il n'en demeure pas moins qu'elle était d'autant plus peinée pour lui qu'il s'éloignait de l'enseignement du Professeur, dont elle est restée la fidèle adepte jusqu'à la fin de ses jours. Dans une lettre adressée à Freud, pendant la période de la maladie fatale de son mari, elle lui dit qu'il fallait traiter ce dernier « comme un enfant ». Elle ne se doutait pas qu'elle énonçait ainsi la vérité même. Car en lui faisant épouser Mme G., Freud avait, *en plus d'un sens, donné une mère* à ce Dr F. qu'il avait « adopté presque comme un fils ».

Dans une note de son *Journal,* datée du 2 octobre 1932, peu de temps avant sa mort au printemps 1933, nous lisons : « Et, de même que je dois maintenant reconstituer de nouveaux globules rouges, est-ce que je dois (si je peux) me créer une nouvelle base de personnalité et abandonner comme fausse et peu fiable celle que j'avais jusqu'à présent ? Ai-je ici le choix entre mourir et me "réaménager" – et ce à l'âge de 59 ans ?[18] » Mais il était déjà trop tard pour se poser cette question, un tel choix n'existait plus pour Ferenczi. Et quelques lignes à peine plus haut, on trouve les phrases les plus tragiques jamais écrites par un disciple de Freud : « Dans mon cas, une crise sanguine est survenue au moment même où j'ai compris que, non seulement je ne peux pas compter sur la protection d'une "puissance supérieure", mais qu'au *contraire*, je suis piétiné par cette puissance indifférente, dès que je vais mon propre chemin – et non le sien[19]. »

Au vrai, la puissance freudienne était indifférente non pas à son chemin – si tel était le cas elle n'aurait pas pris la peine de le piétiner –, mais à ce qu'il signifiait comme analysant en suivant ce chemin-là. Bref, à son transfert authentique. Et si j'accorde tant d'importance au cas de Ferenczi et de Rank, c'est, bien sûr, précisément pour cela. Parce que, de toute la bande du comité secret, Ferenczi fut le seul, avec Rank, à avoir fait un tel transfert fécond sur Freud. Ils l'ont payé assez cher, séparément et chacun à sa manière, mais aussi ensemble comme nous allons le voir maintenant.

Chapitre V

FIN DU COMITÉ SECRET

CARDINAUX ET HÉRÉTIQUES

Lorsqu'on s'interroge sur le destin du comité secret, on en revient toujours, inévitablement, à la question de « l'analyse profane », c'est-à-dire pratiquée par des non-médecins. Car c'est elle qui a aggravé les dissensions entre ses membres et conduit finalement à son effondrement. Ferenczi et Rank étaient pour. Abraham était contre et, à sa suite, Eitingon, un Berlinois d'origine russe. Recruté comme membre du Comité après la guerre, il présentait la double vertu d'être aussi généreux pour la cause que riche en dollars.

Jones, lui, jouait les conciliateurs. D'autant plus qu'il savait qu'après la Première Guerre mondiale, l'Amérique deviendrait nécessairement la plus grande puissance au sein de l'IPA, comme elle est devenue la plus grande puissance tout court, après la Deuxième Guerre mondiale. Freud le savait tout aussi bien. On a vu que l'une des raisons pour lesquelles il détestait cordialement l'Amérique était le fait que seul ce pays pouvait remettre en cause son autorité. Et refuser catégoriquement, par exemple, une thèse qu'il considérait, lui, comme une partie intégrante de sa conception de la psychanalyse – qu'il voyait, d'abord, comme une science humaine, pouvant apporter des contributions de valeur aux autres : linguistique, critique littéraire, mythologie, anthropologie, sociologie, etc.

Ferenczi et Rank partageaient sincèrement cette conception. En revanche, Abraham et Eitingon tenaient franchement à la médicalisation de la psychanalyse. Jones jouait d'autant plus volontiers les conciliateurs, en l'occurrence, qu'il savait que l'usage viennois d'accueillir favorablement des non-médecins, tels Rank, Sachs, Reik, n'avait aucune chance d'être adopté aux États-Unis. Et que les patrons américains, Brill en tête, ne céderaient jamais sur leur conception de la psychanalyse comme une thérapie *médicale*, et ne méritant d'être dite « scientifique » qu'à ce titre.

Quant à Freud, il avait sur ce point les mains liées. Il ne pouvait approuver une résolution qui donne force de loi à cette conception médicalisante, qu'il déclarait contraire à l'essence même de la psychanalyse. Mais il ne pouvait y mettre son veto, car cela aurait été rendre inatteignable l'objectif auquel il avait consacré sa vie : celui de l'internationalisation de sa découverte. Dans ce contexte, tout ce qui intéressait Jones, c'était de garder son hégémonie sur l'organisation de la psychanalyse dans les pays anglophones. Hégémonie dont l'*International Journal of Psychoanalysis* était l'instrument et l'emblème. J'en veux pour preuve sa réaction de rage à la création du *Psychoanalytic Quarterly*, journal qui se voulait pourtant strictement américain, et qui était lancé par un certain

Zilboorg. « Un Russe sauvage dans l'âme », à en croire Jones. Et à qui il prêtait l'intention d'instaurer une « concurrence directe avec l'organe officiel de langue anglaise, le JOURNAL[1] ».

En fait, les directeurs du *Quarterly* s'étaient adressés à tous les grands noms de la psychanalyse, Freud en tête, sollicitant leur parrainage. Et tous avaient accepté, sauf Jones, qui a « dû naturellement refuser pour deux raisons ; d'abord parce que je crois que les publications psychanalytiques devraient être régularisées par des dispositions officielles, au lieu d'être des aventures privées incontrôlées ; et ensuite parce qu'il serait paradoxal que le rédacteur en chef d'une revue apporte son soutien à une revue qui est destinée à remplacer la sienne, sans bonne raison[2] ». La promptitude de Jones à condamner comme illégitime toute action faite sans son accord préalable se passe de commentaire, comme sa manière d'y voir un danger qui menace son existence même.

Au fond, l'idée d'avoir mis sa vie au service de la vérité représentait chez cet homme une croyance vitale. Si vitale qu'elle le protégeait, notamment, de pouvoir soupçonner qu'il mettait, lui, cette vérité au service de ses ambitions. C'est ainsi que se construit ce que Jung, parlant justement de Jones, a nommé « un menteur intellectuel ». Quant à sa position personnelle sur la question de l'analyse profane, elle ne fait aucun doute. Si tant est que l'on puisse parler, à propos de Jones, d'une « position » qu'il aurait adoptée pour des motifs autres que politiques, il va de soi qu'il était de l'avis des Berlinois – contre Ferenczi et Rank.

Il a d'ailleurs participé activement à la mise en place de l'Association psychanalytique américaine, entre autres pour ne pas laisser le champ libre à Brill, qui avait créé la Société psychanalytique de New York.

En 1923, le caractère irrémédiable de la discorde entre les membres du Comité n'était plus un mystère pour aucun d'entre eux. La menace de mort que la maladie de Freud faisait planer sur sa vie, et dont ils avaient eu connaissance cette même année, à l'exception de Rank qui était déjà au courant, n'avait pas contribué à calmer les esprits. Ferenczi et Rank n'avaient d'ailleurs jamais été des partisans enthousiastes de l'idée de Jones. Ils voyaient trop bien la contradiction entre l'« obligation d'union » promue par ce dernier et l'indépendance d'esprit que requiert le travail scientifique. De plus, ils toléraient mal le dogmatisme d'Abraham, qui se considérait comme le dépositaire de la « légitimité psychanalytique », et s'en autorisait pour condamner comme une hérésie toute opinion non conforme à ses convictions[3]. Comme ils toléraient mal celui de Jones, si freudien qu'il n'avait pas craint de déclarer, dans une lettre à son ami berlinois, qu'en cas de conflit insoluble entre son amitié intime pour « le Prof » et sa loyauté envers son œuvre, son choix était déjà fait[4].

Phyllis Grosskurth a fait une description éloquente de la réunion du Comité qui eut lieu en août 1923, à San Cristoforo. Réunion à laquelle

Freud n'assista pas, préférant laisser aux membres du Comité le soin de rétablir la paix entre eux[5]. Il n'en a rien été. Les griefs et les rancunes accumulées, la conviction inébranlable que chacun avait de lire à livre ouvert dans l'inconscient de l'autre, les haines qui interdisent toute indulgence, tout cela avait conduit, petit à petit, le Comité au bord de l'éclatement. Celui-ci n'attendait que la première « bonne » occasion pour avoir lieu. Elle se présenta avec la publication en janvier 1924 de *Perspectives de la psychanalyse*, l'ouvrage écrit en commun par Sándor Ferenczi et Otto Rank. Et qui fut aussitôt suivi par *Le traumatisme de la naissance* de Rank et par le *Thalassa* de Ferenczi.

C'est sur le premier de ces trois livres que je vais m'arrêter. Et je propose au lecteur de prendre le temps de le lire avec moi, dans son long. Et pas seulement pour mieux voir ce qui, en lui, devait conduire à l'éclatement du Comité. Mais aussi parce que les étincelles qu'il contient ont allumé un feu qui brûle encore.

Rank et Ferenczi écrivirent *Perspectives de la psychanalyse* en 1922, au cours des vacances d'été, qu'ils passèrent ensemble accompagnés de leurs familles. Ils montrèrent la première version de leur livre à Freud. Approbateur, ce dernier les encouragea alors à participer au concours qu'il avait l'intention de proposer au congrès de Berlin (septembre 1922). Il était censé décerner un prix conséquent au meilleur travail portant sur le thème des relations réciproques entre les deux grands aspects de la méthode psychanalytique. Car on peut considérer celle-ci, soit comme une technique médico-thérapeutique, soit comme une théorie scientifique. Rank et Ferenczi ont d'ailleurs remanié leur manuscrit de façon à tenir compte de ce thème, autant que possible. Pourtant, ils ont finalement renoncé à présenter leur livre au concours. Pourquoi ?

Perspectives n'est pas un livre limpide, et d'autant moins qu'il a été écrit à quatre mains. À en juger par la traduction française, il paraît même bien mal écrit en maints endroits. Il n'empêche qu'à le lire attentivement, on voit se dégager nettement les thèses que ses deux auteurs entendaient soutenir.

À la question qui vient d'être posée, Ferenczi répond dans le chapitre qu'il a rédigé sous le titre d'« Introduction ». La question de Freud à l'origine du concours impose, selon lui, une tâche extrêmement délicate. Car elle mène droit aux questions les plus fondamentales de la méthodologie scientifique : celles qui portent sur les relations entre les faits élaborés par une science et cette science elle-même. Mais cette tâche, déjà difficile en général, flirte avec l'impossible lorsqu'il s'agit de l'entreprendre « à chaud », à propos d'une science encore en plein développement, telle que la psychanalyse. À quoi s'ajoute la difficulté supplémentaire d'arriver à une vision objective, en l'occurrence, puisque les auteurs de *Perspectives* se trouvent eux-mêmes au cœur de ce processus de développement et y participent activement.

Il y a gros à parier que cet argument de Ferenczi exprime la certitude qu'il avait, ainsi que Rank, que leur livre n'avait aucune chance de recueillir la majorité des voix des membres du Comité. Il est pourtant très probable, sinon certain, que Freud a concocté cette idée de concours de manière un peu *ad hoc*. Dans le souhait vain de voir justement Rank et Ferenczi, ses deux fils chéris, proposer un ouvrage qui transforme en état de fait le principe jonesien de l'union obligée des membres du Comité. Le résultat fut tout autre. Non seulement le prix n'a été finalement décerné à personne, mais encore la question même qui faisait l'objet du concours a été renvoyée aux calendes grecques. On peut le regretter et on ne peut même s'empêcher de se demander ce que pondraient, de nos jours, un ou plusieurs auteurs qui se proposeraient d'écrire un nouveau *Perspectives*.

On imagine facilement la rage qu'a pu ressentir un Abraham, ou un Jones, à la lecture de certaines lignes de Ferenczi. Il suffit d'avoir une petite idée de la ténacité de la foi des bureaucrates. Celle qui leur fait croire que tout va pour le mieux dans le meilleur des mondes, en tout cas tant que leur règne perdure. Je pense, par exemple, à ces lignes : « En fait, on ne peut pas nier l'apparition ces dernières années d'une désorientation croissante chez les analystes, notamment en ce qui concerne les problèmes techniques posés par la pratique[6]. »

En effet, explique Ferenczi, les premiers analystes, qui ont exercé l'analyse sans avoir été eux-mêmes analysés, n'avaient d'autre guide que les articles sur la technique rédigés par Freud dix ans plus tôt. Aussi se sont-ils cramponnés avec une rigidité exagérée à ces écrits. Ainsi, si l'on se réfère à l'article intitulé « Remémoration, répétition et perlaboration », on apprend que la remémoration est le but véritable du travail analytique. Cependant, à lire *L'au-delà du principe de plaisir*, il s'avère inévitable, sous l'angle de la compulsion de répétition, que le patient répète dans sa cure des fragments de son évolution, et précisément ceux qui lui sont inaccessibles sous forme de remémoration. Il en résulte, sur le plan technique, que l'analyste ne doit pas entraver les tendances à la répétition dans l'analyse. Il doit même les favoriser, à condition de savoir les maîtriser. C'est-à-dire, ne pas laisser les affects qui reviennent dans la répétition se perdre en fumée dans des « vécus », mais contribuer à les transformer en souvenirs actuels. Car, de même que les souvenirs suscitent des affects, de même ces derniers favorisent l'émergence des souvenirs.

Le deuxième chapitre, intitulé « La situation analytique », est rédigé par Rank, homme très érudit mais mauvais écrivain, comme on l'a vu. Je me contenterai de rappeler les principaux arguments qu'il a soutenus et qui ont poussé Abraham et Jones à crier à l'hérésie. La situation analytique se présente à l'analyste comme un processus libidinal artificiel, inauguré et maintenu en marche par le transfert. Cette référence au transfert invite Rank à rappeler la distinction entre le médecin et l'analyste, qui se sert du transfert pour faciliter le déroulement de la libido, mais aussi pour le révéler progressivement au patient, et finalement l'en libérer. L'accent mis sur cette distinction n'était sans doute pas du goût de ceux qui n'étaient pas prêts à renoncer à ce que Freud, parlant des Américains, a appelé leur « fixation médicale ».

Une autre thèse, martelée par Rank, est celle selon laquelle « quand on rend conscientes les tendances libidinales agissantes dans le *transfert*, il s'agit toujours de *la reproduction de situations qui, la plupart du temps, n'ont jamais été conscientes du tout*[7] ».

L'importance de cette thèse réside dans la conséquence que nous pouvons en tirer, à savoir que rendre conscient l'inconscient ne consiste pas dans la communication d'un savoir, mais dans le passage au verbe. Car, selon Freud, l'inconscient est, par définition, ce qui ne s'articule pas dans les mots, bien qu'il détermine cette articulation même. Et l'on ne saurait négliger non plus, ici, l'importance du temps intermédiaire, celui qui permet au sujet de saisir « après coup » le sens d'une réminiscence infantile, dont il ne pouvait rien faire au moment même, à part en subir l'effet plus ou moins traumatique.

La thèse qui touche au plus près du caractère « actif » de l'analyse, telle que Rank et Ferenczi la proposent, est celle qui concerne le recours technique à la frustration libidinale, comme moyen essentiel d'obtenir la répétition. Freud avait déjà noté que l'analyse d'une phobie jette parfois une grande clarté sur le sens de ce symptôme. Mais que cela n'empêche pas pour autant ce dernier de subsister, quoique sous une forme atténuée. Il serait alors de bon conseil, selon lui, de demander au patient d'affronter la situation qui fait l'objet de sa phobie – traverser seul la rue, par exemple. La libido frustrée de sa satisfaction symptomatique pourra alors s'employer pour le travail analytique. C'est à un usage plus approfondi, sinon plus expérimental, de ce genre d'intervention que semblent appeler les deux auteurs de *Perspectives*.

Vient ensuite l'idée la plus audacieuse de Rank, pour ne pas dire la plus aventureuse. Elle concerne la phase finale de l'analyse.

On peut dire qu'en ce point, le développement libidinal du patient « est *transféré* de la bobine de la fixation infantile sur celle de la fixation analytique[8] ». L'intervention de l'analyste s'effectue alors « *dans le déroulement temporel lui-même* : il fixe à la dernière partie de l'analyse, c'est-à-dire au dévidage de la bobine analytique sur la bobine réelle, *un délai précis pour son achèvement*, tandis que la libido du patient qui suit le déroulement automatique a tendance à se fixer désormais dans l'analyse comme substitut de la névrose ». Les explications de Rank montrent d'où lui vient l'idée de cette méthode pour finir l'analyse, ou plutôt pour en finir avec elle. Elle était liée, dans son esprit, à sa conviction d'avoir trouvé une source de l'angoisse encore plus profonde que celle de l'angoisse de castration, et qui remonte au traumatisme de la naissance. De fait, son livre ainsi intitulé a paru aussitôt *Perspectives* publié. Or, Rank était persuadé que ce livre représentait rien de moins qu'une révolution dans la théorie psychanalytique, et que les augures allaient inévitablement crier au scandale.

Aussi n'y a-t-il rien d'étonnant à ce qu'il ait terminé son chapitre par une démolition en règle de l'idée sur laquelle on voulait bâtir tout l'édifice de la thérapie analytique : celle de la guérison par le « seul savoir ». Rank ne conteste pas le caractère scientifique des découvertes freudiennes. Ce qu'il conteste, c'est le pouvoir de guérir attribué en contrebande à ce savoir. Mais il savait à quoi, et surtout à qui, il s'attaquait ce faisant. Car Jones aurait-il mis son dévouement à la vérité des théories freudiennes *au-dessus* de son dévouement à Freud lui-même, s'il n'était justement persuadé du pouvoir indubitable que cette vérité prodigue ? Et il en était de même pour son compère Abraham.

Jones et Abraham savaient qu'à moins de céder sur sa détermination à donner à la psychanalyse le statut d'une science transnationale, Freud ne pouvait rien contre leurs propres déterminations, quels qu'aient pu être ses opinions et ses souhaits. Que resterait-il de l'internationale freudienne sans l'Allemagne et sans le Royaume-Uni ? Pays où Abraham et Jones avaient installé des instituts entièrement soumis à leur direction. Et sans les États-Unis ? Où l'influence de Jones n'était guère moins grande. Rank prévoyait bien d'ailleurs la critique d'Abraham (qui n'a pas manqué), selon laquelle le privilège accordé à « l'abréaction originelle des affects » ramenait la psychanalyse à l'époque de la catharsis, et constituait donc une régression théorique impardonnable. C'est pourquoi il n'oublie pas de souligner, avant de conclure, l'énorme différence qu'il y a « entre l'intention de *chercher des souvenirs* pour parvenir aux affects et celle de *provoquer des affects* pour démasquer l'inconscient[9] ».

Dans le troisième chapitre, intitulé « Rétrospective historique critique », c'est Ferenczi qui reprend la main. Il y fait état des techniques défectueuses pratiquées par les analystes, qui correspondent à certaines phases de l'évolution du savoir analytique. L'erreur la plus grave est le *fanatisme de l'interprétation*, qui conduit l'analyste à s'intéresser uniquement à la traduction lexicale des termes. Par exemple : à la signification symbolique ou métaphorique de telle association, à la portée dénégatoire de telle autre, etc. En oubliant, au passage, que l'éclairage des termes inconnus n'est que le travail préparatoire indispensable à la *compréhension de l'ensemble du texte*[10]. « La technique de la traduction a donc oublié, au profit de la traduction "juste" du détail, que le tout, c'est-à-dire la *situation analytique du patient comme telle*, possède également une signification et même la plus importante[11]. » La dernière expression soulignée ici renvoie sans doute au transfert. Et la critique de Ferenczi rappelle donc un autre moment de l'histoire de la psychanalyse. Celui où Serge Leclaire, dans d'autres circonstances, plus lacaniennes, fit une remarque équivalente. En critiquant, à son tour, l'accent excessif mis sur les signifiants au mépris de l'objet *a*, qui ne préside pas seulement à leurs jeux, mais renferme encore le ressort de la relation transférentielle.

Mais le point sur lequel Ferenczi insiste tout particulièrement est cette « erreur malheureuse de croire qu'on ne pouvait être parfaitement analysé sans être initié sur le *plan théorique* de tous les détails et particularités de son anomalie[12] ».

Or, d'une part, le patient n'apprend rien de plus et rien d'autre que ce dont il a besoin pour liquider ses principaux troubles. Et, d'autre part, « on sait bien, et il faudrait davantage en tenir compte, que le désir d'enseigner et celui d'apprendre créent une attitude psychique peu favorable à l'analyse ». À quoi Ferenczi ne manque pas d'ajouter en note : « Ceci est également valable pour ceux qui entreprennent une analyse dans le seul but d'apprendre (ce qu'on appelle l'analyse didactique). Il n'est que trop facile pour les résistances de se déplacer sur la sphère intellectuelle (science) et de rester ainsi sans explication[13]. » En effet, le désir d'enseigner et celui d'apprendre sont faits pour se compléter merveilleusement. L'apprenti gobera donc tout ce que lui transmet le maître, puisque c'est avec cela qu'il travaillera à l'avenir. Et l'analyse alors, devenue une forme de complaisance, où la résistance passe à l'as, se soldera immanquablement par l'identification à l'analyste.

Bien sûr, de telles réflexions n'étaient pas de nature à plaire aux didacticiens de l'époque, dont le mécontentement a dû être encore exacerbé à la lecture des remarques que Ferenczi ajoute quelques lignes plus loin au sujet du contre-transfert narcissique de l'analyste.

C'est à peine si Ferenczi évoque sa méthode active dans l'avant-dernier paragraphe de son chapitre. Elle « réside, dit-il, dans le fait que le médecin accepte dans une certaine mesure de remplir vraiment le rôle qui lui est prescrit par l'inconscient du patient[14] ». De fait, on peut imaginer un analyste qui s'y prend de façon à évoquer le fantôme du père sévère, de la mère rejetante ou du rival honni. Pour provoquer, au sein même de l'analyse, des affects qui répètent ceux que le sujet a dû sentir, une première fois, dans une situation reculée de sa vie infantile ; donc pour faciliter ainsi la reconstruction, sinon la mémoration, de la situation en question. Cette évocation de l'*activité*, estime Ferenczi, appelle un nouveau chapitre dont la rédaction est confiée à Rank, traitant de la question de l'interaction entre la théorie et la pratique.

D'après Rank, la technique psychanalytique était à l'origine, et est encore au moment où il écrit, un mode de thérapie causale des névroses, qui vise à l'élimination des symptômes, en amenant à la conscience leurs racines inconscientes.

La thérapie repose donc sur une sorte de « savoir ». Mais l'analyse a justement montré « pour la première fois, qu'il existe [...] deux types de savoir, un savoir intellectuel et un savoir basé sur une "conviction" profonde[15] ». Il ne dit pas ce qu'il entend par ce terme de « conviction ». Mais il ne me paraît pas douteux qu'il y va d'une référence au sujet, en tant qu'il « assume » ou pas ce savoir, comme aurait dit Lacan quelques décennies plus tard. Il semble même, enchaîne Rank, que ce soit là l'une des raisons pour lesquelles la psychanalyse revendique une place à part dans l'ordre des disciplines scientifiques. Pour elle, en effet, la « plausibilité » et la « nécessité logique » ne suffisent pas comme critères de vérité. Encore faut-il qu'une perception directe ou qu'une *expérience vécue* entre en jeu. Or, là encore, ce *distinguo*, souligné par Rank, entre vérité scientifique et vérité dans la psychanalyse, rejoint celui que Lacan a promu plus tard, aidé par la rénovation de la réflexion épistémologique depuis Popper. Et qu'il a tiré au clair comme distinction entre le savoir scientifique, d'un côté, et celui de l'inconscient, de l'autre, qui résonne comme vérité précisément par sa forme d'émergence propre.

À partir de cette mise au point, Rank marche vers une conclusion à première vue bien étrange. Il admet que la technique psychanalytique est à la fois un instrument pratique de guérison et un instrument de connaissance. Il n'empêche qu'il s'agit là, pour lui, de « deux aspects tout à fait différents qui se touchent en permanence, se croisent, se recoupent, suivant la perspective adoptée pour considérer la chose. Si l'on considère la technique analytique comme un moyen de découvrir de nouveaux faits et de nouvelles données psychologiques, donc comme un moyen destiné à l'investigation de la vie psychique, on pourra dire que sa valeur thérapeutique est un pur hasard ; mais inversement, en se plaçant du point de vue de la thérapie, ses résultats scientifiques seraient un effet secondaire bienvenu[16] ».

Cette conclusion nous met dans l'embarras : comment thérapie et savoir peuvent-ils être à la fois si disjoints et si intriqués ? Mais il faut tenir compte ici de ce que dit Rank, par ailleurs.

À savoir que ce dont il s'agit, dans la technique analytique, c'est du rapport du sujet à la vérité *comme expérience directe, indépendante de la nécessité logique*. Dans ce cas, nous pouvons définir le savoir analytique comme théorisant le rapport du sujet à cette vérité-là. En prenant soin de bien distinguer une telle vérité de l'inconscient de la question de savoir quelles conditions en favorisent l'émergence, et induisent un effet à proprement parler thérapeutique.

Passant à l'histoire de la psychanalyse, Rank y souligne alors le contrôle mutuel de la connaissance par l'expérience et de l'expérience par la connaissance antérieure. Il insiste sur les résultats de ce double contrôle. Depuis la première théorie de Breuer et de Freud, la théorie de l'abréaction des affects coincés, jusqu'aux derniers travaux de Freud, qui visent à relancer le développement de la psychologie du moi, jusqu'ici négligée au profit de l'étude de la libido. À l'issue de ce détour historique, il conclut que l'on doit soigneusement cerner ce qui, dans cet énorme édifice théorique, est resté essentiellement thérapie au sens strict. Au lieu de faire l'erreur d'utiliser la théorie en bloc « sur un mode thérapeutique », on doit plutôt se demander ce qui, dans la psychanalyse, se révèle convenir à l'application *médico-thérapeutique*, et ce qui, en elle, reste un *savoir psychologique général*. Car cette sorte de savoir surthéorique est même souvent devenue un obstacle au savoir-faire pratique. Aussi conclut-il son chapitre dans ces termes : « Si l'on ne peut que recommander aux praticiens de combler les lacunes de leur savoir théorique par une formation correspondante et de mettre de côté leur propre analyse, il faudrait conseiller aux théoriciens zélés de mettre autant que possible de côté leur intérêt théorique dans l'analyse pratique, et d'aborder chaque cas nouveau de manière nouvelle, c'est-à-dire de ne pas se fermer à de nouvelles expériences[17]. »

C'est Ferenczi qui reprend la plume pour l'avant-dernier chapitre intitulé : « Résultats ».

Il commence par noter que les débuts de la psychanalyse, qui avaient un caractère purement pratique, ont donné naissance à des « conceptions scientifiques concernant la structure et la fonction de l'appareil psychique, son ontogenèse et sa phylogenèse et pour finir ses fondements biologiques (*théorie des pulsions*) ». À l'instar de tous les premiers analystes, Ferenczi était, en effet, persuadé du fondement biologique des pulsions. Alors même qu'il butait sur l'antipathie foncière qu'elles représentent au regard de la satisfaction, contrairement aux besoins. Pour nous, la théorie lacanienne du désir est là, en germe, dans cette difficulté. Mais évidemment pas pour Ferenczi qui enchaînait, lui, en soulignant que ces conceptions scientifiques concernant la théorie des pulsions « se sont avantageusement répercutées sur la *pratique analytique* et la conséquence principale en a été la découverte du *complexe d'Œdipe* comme complexe nodal des névroses et de l'importance de la *répétition* de la relation œdipienne dans la *situation analytique* (transfert)[18] ».

Quoi qu'on puisse en penser, un tel enchaînement de la part de Ferenczi me paraît très instructif en lui-même. C'est une excellente indication du fait que la découverte de l'Œdipe ne prend son sens, justement, que pour autant qu'elle se situe à l'intérieur d'une théorie générale du désir. Théorie dont la pierre angulaire consiste, d'après Lacan, dans la subversion que l'interférence du langage introduit, par le biais de la demande, dans le rapport du sujet à l'ordre des besoins.

Ferenczi estimait que l'essentiel de l'intervention analytique ne consiste ni dans la constatation de l'Œdipe, ni dans sa simple répétition, mais dans l'acte de *détacher la libido infantile* de sa fixation à ses tout premiers objets. Ici, se pose donc la question de la façon avec laquelle ce détachement a lieu. Et on perçoit la quasi-impossibilité d'y répondre, du moins tant qu'on ne prend pas en considération le caractère médiatisé du désir, et le rapport primitif qu'il entretient à la demande, bref tant qu'on ne tient pas compte du désir de l'Autre. Pour ce qui est de Ferenczi, il s'explique en écrivant : « Alors qu'on s'efforçait auparavant d'obtenir un effet thérapeutique de la réaction du patient aux explications données, nous voulons maintenant mettre le savoir acquis par la psychanalyse totalement au service du traitement en *provoquant* directement, en fonction de notre savoir, les *expériences vécues* (*Erlebnisse*) adéquates[19]. » Quel savoir acquis entre en fonctionnement ici ? Ferenczi répond au paragraphe suivant.

« Ce savoir réside essentiellement dans la conviction de l'importance universelle de certains *ressentis précoces fondamentaux* (par exemple le complexe d'Œdipe) dont l'effet traumatique est ranimé dans l'analyse (à la manière des "traitements réactivants" en médecine) et, sous l'influence de l'expérience pour la première fois consciemment éprouvée dans la situation analytique, il est amené à se décharger de manière plus appropriée[20]. »

Toute la portée de ce paragraphe réside dans le sens à donner à l'expression « pour la première fois consciemment éprouvée dans la situation analytique ». Si cela veut dire que le sujet en prend connaissance conformément à l'idée selon laquelle « rendre conscient l'inconscient » signifie le passage au savoir, alors c'est toute l'entreprise de Rank et Ferenczi qui se contredit. Mais si l'on se rappelle que le conscient est le domaine de ce qui s'articule en mots, alors la pensée de Ferenczi s'éclaircit. On peut très bien imaginer ce que veut dire « traverser une expérience primitive » pour un enfant. Ce peut être, par exemple, entendre une phrase de l'un ou de l'autre de ses parents, ou entrevoir une scène où se découvre leur sexualité. Une telle expérience peut être dite, en effet, *traumatique*, puisqu'elle laisse l'enfant en proie à une commotion affective. Et d'autant plus violente qu'elle est inarticulable, qu'elle dépasse toute mise en discours possible, et ne peut donc que marquer par là le cours de sa vie. Selon Ferenczi, ce genre de vécu peut et doit se répéter dans le transfert, ce qui donne à l'analyste l'occasion d'en pointer l'origine dans l'expérience primitive. En un mot, l'insistance de Ferenczi sur le vécu ou le ressenti me paraît inséparable du caractère traumatique des premières expériences de la vie infantile.

Le dernier chapitre, « Perspectives », est rédigé par Rank.

Il n'a pas été possible, dit-il, d'écrire une histoire exhaustive de la psychanalyse sous l'angle de l'interaction entre la théorie et la pratique. Mais ce qui en a été dit permet de deviner les voies de développements à venir. La double signification, théorique et pratique, de la psychanalyse devait aboutir à ce que tantôt l'une, tantôt l'autre de ces significations prime. « Dans la dernière oscillation extrême de ce mouvement pendulaire, souligne Rank, c'est une orientation par trop théorisante, telle qu'elle s'est révélée de l'impression générale au dernier congrès de Berlin [septembre 1922], qui l'a emporté. »

Rank fait allusion ici, je ne dirai pas à la critique, mais à *l'attaque* en règle d'Abraham, de Jones et de leurs troupes, protagonistes de la guérison par le savoir. Aussi précise-t-il que ce serait une erreur de penser « que nous sous-estimons la théorie ou le savoir en soi [...]. Nous pensons seulement que, dans cette perspective, une modification de notre attitude antérieure est inévitable. Aujourd'hui comme hier, nous sommes d'avis que l'analyste, comme le spécialiste de tout autre domaine, ne peut jamais en savoir assez[21] ». En d'autres mots, un savoir digne de ce nom n'est jamais une simple acquisition ; un tel savoir fermé ou simplement répétitif est un dogme.

Cette constatation prépare et entraîne une pénultième remarque, qui gratte, aujourd'hui encore, les fondateurs des instituts psychanalytiques. Et qui continuera à les gratter, en tout temps et en tout lieu, là où cela fait mal. Rank y souligne que, « tout comme dans les analyses thérapeutiques la seule transmission du savoir scolaire a compté parmi les maladies de jeunesse de la discipline, nous croyons que la véritable "analyse didactique" est une analyse qui ne se distingue en rien de l'analyse thérapeutique[22] ». Or, c'est là évidemment que le bât blesse. Car si la véritable didactique est la thérapeutique, à quoi bon des didacticiens ? Et pour aller jusqu'au bout de sa pensée et jouer franc-jeu avec les collègues du Comité, dont l'éclatement était d'ores et déjà inévitable, Rank termine en enfonçant le clou. C'est-à-dire en exprimant son adhésion totale, ainsi que celle de Ferenczi, à la conception freudienne de l'analyse profane.

Lorsque *Perspectives* a été publié, en janvier 1924, cette publication a eu l'effet d'un tremblement de terre. Un tel livre menaçait directement les sociétés et instituts psychanalytiques qui existaient déjà à l'époque. Leurs fondateurs, Abraham en tête, n'ont donc pas tardé à parler de « trahison », voire d'« hérésie », puisqu'il s'agissait d'un texte publié sans consultation préalable avec les camarades du Comité. Comme d'ailleurs le *Thalassa* de Ferenczi, ou *Le traumatisme de la naissance* de Rank, qui suivirent coup sur coup.

Dans son souci paternel de ramener la paix au sein d'un Comité qui lui faisait espérer la survie de son œuvre, Freud rédigea alors, le 15 février 1924, une lettre circulaire. Elle est d'un ton juste et franc, et j'y soulignerai juste ses appréciations relatives à *Perspectives*.

Freud salue la fraîcheur de ce livre et ce qu'il apporte de neuf, en ce qu'il rectifie notamment ses idées préconçues sur la répétition, dont il considérait jusque-là l'occurrence au cours de l'analyse plutôt comme un incident fâcheux. Mais il regrette le fait que ce livre ne donne pas une idée suffisamment claire des modifications techniques auxquelles les deux auteurs tiennent, et auxquelles ils se contentent de faire allusion. Par ailleurs, Freud ne fait pas mystère de ses doutes concernant l'économie de temps que la thérapie active de Ferenczi est censée faire gagner. Mais, dans la mesure où les questions de technique se posent, Freud estime que les deux auteurs ont pleinement raison de se demander si, en vue de buts pratiques, nous ne devons pas suivre des méthodes différentes. Il propose qu'on s'en remette sur ce point à l'expérience et que l'on en fasse le bilan ultérieurement.

En attendant, il souligne que nous devons nous garder contre toute tentation de condamner une telle entreprise comme une opération *a priori* hérétique. Pour ce qui le concerne, il continuera à pratiquer l'analyse « classique », dans ce même esprit de doute et de parfaite disponibilité à s'incliner devant les conclusions des expériences futures. Et il précise qu'il voit deux raisons, quant à lui, pour ne rien changer à ses habitudes. L'une, qu'il met en avant, à savoir qu'il ne prend pratiquement plus de patients, mais uniquement des étudiants ; et il est important que ces derniers apprennent tout ce qu'ils peuvent apprendre concernant les « processus internes[23] ». L'autre, qu'il glisse juste entre parenthèses, à savoir qu'« on ne peut conduire les analyses didactiques exactement comme les analyses thérapeutiques ».

Parenthèses fatales. On a vu combien Freud était soucieux de concilier union et différences d'opinion au sein du Comité. De même, il paraît soucieux dans sa lettre de concilier l'esprit de la recherche scientifique et l'instance de formation des analystes au sein de l'IPA. Or, celle-ci était certes *présentée* comme une formation scientifique, mais elle était déjà devenue, en fait, une instance bureaucratique. Reste que, bien loin de s'interroger sur cette présentation même, ce que font Rank et Ferenczi, Freud, au contraire, l'entérine dans la phrase mise entre parenthèses. On en imagine donc l'effet immédiat, qui ne fut pas de conciliation, mais bien au contraire d'exaspération des antagonismes, et cela jusqu'à la rupture.

On a vu, dans les chapitres précédents, l'arrière-plan des positions de Rank et de Ferenczi. Quant à Ernest Jones, qui attendait toujours de savoir de quel côté penchait la balance des forces, il voyait bien qu'elle penchait de son côté, comme du côté d'Abraham. Tous deux chefs des instituts psychanalytiques les plus puissants et les plus influents ; tous deux normopathes exemplaires, parfaitement persuadés d'être chacun indemne de toute tare névrotique. Les historiens de la psychanalyse admettent unanimement que Jones n'a jamais pardonné à Ferenczi d'avoir été son analyste. Il est vrai qu'il le fut sur le conseil de Freud. Et Jones resta persuadé, contre toute évidence, qu'après la défection de Jung, le père de la psychanalyse songeait à faire de lui, encore un goy, un prince héritier de rechange, à l'âge de trente-quatre ans. Le fond de sa pensée, c'est-à-dire de son ambition, était le même que celui d'Abraham. Ils se tenaient tous deux pour les dépositaires ultimes de la légitimité, celle qui fonde toute autorité en matière de psychanalyse[24].

Dans la lettre qu'Abraham écrit, le 21 février 1924, en réponse à la lettre circulaire de Freud, il affirme qu'il n'est pas question pour lui de faire la chasse aux hérétiques. Puis, il enchaîne : « Des résultats de toutes sortes, s'ils sont obtenus d'une manière analytique légitime, ne sauraient jamais m'amener à éprouver des doutes aussi sérieux. Il y a là quelque chose de différent. Je discerne les signes d'un développement menaçant concernant des questions vitales de la psychanalyse. Je suis forcé, à mon grand chagrin, et pas pour la première fois durant les vingt années de ma vie psychanalytique, d'émettre un avertissement. Quand j'ajouterai que ces faits m'ont dérobé une bonne dose de l'optimisme avec lequel j'observe le progrès de notre travail, vous pourrez en déduire la profondeur de mon inquiétude. »

Débarrassée de ses connotations d'avertissement prophétique, d'espoir déçu, d'inquiétude profonde, cette lettre reste cependant un ensemble de phrases creuses. Du moins, tant que celui qui l'a écrite ne dit pas *à quoi* il reconnaît qu'un résultat particulier a été obtenu d'une manière psychanalytique *légitime*, donc en quoi consiste cette légitimité en général. Tant qu'il ne dit pas, non plus, *quels* sont les signes où il discerne une menace vitale pour la psychanalyse.

Dans une autre circulaire datée du 25 février 1924, Freud exprime son plaisir d'avoir rassuré les membres du Comité sur certains points, sinon sur tous. Il se dit prêt à faire tout ce qu'il peut pour clarifier les choses encore plus, et exprime l'espoir qu'une rencontre préalable au congrès de Salzbourg, qui devait avoir lieu en avril 1924, permettra de continuer les échanges de vues. Quelle ne fut pas sa déception de recevoir, par retour de courrier, une lettre d'Abraham, coupant court à tous ses espoirs « d'échanges » futurs. Abraham y écrivait qu'après une lecture attentive de *Perspectives* et du *Traumatisme de la naissance,* il ne pouvait qu'y discerner les symptômes d'une régression dans le domaine scientifique, coïncidant jusqu'aux plus petits détails avec ceux ayant provoqué la défection de Jung et son rejet de la psychanalyse. Sa lettre n'était faite que pour exclure toute conciliation possible. Et bien sûr, encore une fois, elle ne contenait pas un mot sur les symptômes en question, ni sur leurs prédécesseurs jungiens.

Que fit Freud face à cette situation imprévue dans son scénario œdipien, et où il semblait que ses fils avaient trouvé un nouveau moyen de le tuer, en s'entre-tuant sous ses yeux ? Il se retira. Il décida, lui qui vivait déjà dans l'ombre d'une mort annoncée, de ne pas aller au congrès de Salzbourg. Celui de Berlin en 1922 est ainsi resté le dernier congrès où il ait jamais mis les pieds. Puis, il laissa Rank écrire l'annonce de la dissolution du Comité (qui n'aura donc guère duré qu'une douzaine d'années dans sa configuration secrète initiale), et se contenta de la cosigner avec lui.

À la vérité, le « père du complexe d'Œdipe » est resté captif du mirage de la position paternante. Je veux dire par là que la découverte du complexe d'Œdipe, par Freud, a précisément été la réalisation sublime de son désir d'endosser le manteau paternel. Nous touchons là ce qui est resté de non analysé dans le désir de Freud. Seul Ferenczi avait mis le doigt là-dessus, lorsqu'il remarquait, non sans quelque amertume, que « Freud avait découvert le complexe d'Œdipe… à son usage personnel ».

Réfléchissons-y. Abraham écrit en somme : « Rank ou Jung, c'est tout un. » Quelle réponse aurait été plus simple et plus franche que celle-ci : « Puisque telle est votre opinion, publiez-la. Le *Verlag* est à votre disposition, comme à quiconque. On verra alors ce que sera la réponse de Rank. En attendant, je ne peux pas répondre à sa place. » Certes, une telle réponse appelait une tout autre vision des membres du Comité : non pas comme fils, mais comme analystes. De plus, elle aurait mis fin au monopole de l'IPA dans le domaine de la formation des analystes. Or, Freud pouvait admettre que l'accord sur les concepts de base de son enseignement n'exclue pas la divergence sur d'autres points. Il pouvait admettre, notamment, qu'on ne soit pas d'accord avec lui sur la relation entre les deux aspects de la psychanalyse (comme pratique et comme théorie) et, par conséquent, sur la conception de l'analyse didactique. Mais il n'empêche qu'il est resté personnellement persuadé de la nécessité de la didactique, dont il avait même fait la principale source de ses revenus. Comme il est resté persuadé de la validité de sa méthode, avec ce qu'elle comportait d'enseignement sur ce que l'élève devait savoir concernant les processus internes. Il n'avait donc aucune raison de mettre en péril l'unité directoriale de l'IPA, ni l'internationalisation de la psychanalyse. Surtout au nom d'une simple expérience en cours, qui avait peut-être son prix, mais dont les résultats étaient encore douteux.

La décision de Freud de *ne pas* aller au congrès de Salzbourg (où les choses devaient se régler devant tous et non pas au sein du comité secret) n'a pas fini de dérouler ses conséquences dans l'histoire de la psychanalyse. Car non seulement l'apport de Rank et Ferenczi a été enterré, mais aussi, et surtout, les questions brûlantes qu'ils posaient. Et encore aujourd'hui, près d'un siècle après, aucun des officiels de l'IPA, aucun de ceux qui ont pris le relais du comité secret depuis le congrès d'Innsbruck en 1927, n'a osé les déterrer. On ne sait toujours pas ce qui, dans une analyse, habilite quelqu'un à la fonction d'analyste. On ne sait même pas si un didacticien est un enseignant ou un analyste, ambiguïté déjà soulignée par Helene Deutsch dans sa communication au congrès d'Innsbruck[25]. Faute de réponses à ces questions, on a réglé celle de l'habilitation des analystes en faisant appel à des formalités internes, que certains historiens ont pu rapprocher du rituel de l'onction[26].

Bien sûr, en lui-même, le problème de la formation des analystes dans le cadre de l'IPA ne présente plus guère d'intérêt aujourd'hui. Et nous ne l'avons abordé que parce que la censure des questions posées en 1922 a eu des conséquences inattendues et spectaculaires. Elle a fait que, pour la première fois dans l'histoire des sciences, une discipline qui se voulait scientifique s'est organisée institutionnellement comme une Église.

LA THÉORIE PSYCHANALYTIQUE DE L'ÉROS

Chapitre premier

INTRODUCTION À LA DIFFÉRENCE SEXUELLE

LE PARADIGME SAUSSURIEN

à Claudine Normand

Lacan a commencé son enseignement en prônant le retour à Freud et en se présentant comme son lecteur. *Lecteur* ne signifie pas qu'il se posait en interprète prétendant expliquer ce que l'auteur veut dire. Il s'agissait plutôt, pour lui, de reprendre les concepts légués par Freud, afin de les débarrasser de leurs ambiguïtés. Freud ayant, en effet, puisé ses concepts au langage ordinaire, tout lecteur pouvait s'imaginer avoir un accès immédiat à ce que veut dire « refoulement », « pulsion », « sexualité », etc.

Mais le projet de Lacan allait encore au-delà. Il ne se proposait rien de moins que de donner aux concepts freudiens une rigueur scientifique, sinon mathématique. Il s'agissait de les intégrer dans un ensemble doctrinal, dont la *consistance* elle-même était un enjeu. Celle-ci devait se mesurer à sa capacité de résoudre les contradictions auxquelles nous confrontait l'œuvre de Freud :

le transfert moteur de l'analyse *et* obstacle à son effectuation ; le moi objet narcissique *et* fonction du réel, etc. En outre, l'*efficacité* de cette rénovation conceptuelle devait faire ses preuves dans le champ des effets thérapeutiques de la psychanalyse. De fait, l'idée que la thérapie analytique consistait à transmettre au patient le savoir que l'analyste acquérait en l'écoutant, ou à transformer en conscient ce qui était inconscient chez lui, tout cela n'avait pas tardé à faire long feu. Le savoir de l'analyste reste coupé de ce qui, chez le patient, est vérité. Et la vérité de l'interprétation reste coupée de ce qui, chez le patient, est savoir. C'est la raison pour laquelle Ferenczi et Rank ont écrit leur livre, *Perspectives de la psychanalyse*, où ils essayaient de donner d'autres ressorts à l'effet thérapeutique de l'analyse.

Au vrai, le caractère limité de cet effet a été reconnu très tôt. Freud fut le premier à admettre l'échec de l'analyse de Dora. Et si l'analyse de l'homme aux loups l'a sans doute aidé à sauvegarder son désir à dominance anale pour la femme qu'il a aimée, on se demande si cela n'a pas été au prix de le rendre dépendant de l'analyse toute sa vie. Le transfert psychanalytique semble même être devenu le seul appui de son narcissisme. Car tout en ayant perdu sa fortune, il s'est toujours considéré comme un personnage de premier plan dans l'histoire du fameux mouvement psychanalytique. Quant à l'homme aux rats, Lacan s'est demandé si sa mort pendant la guerre n'était pas un *acting out*, à situer dans le sillage de son analyse. Il s'agit d'une hypothèse impossible à confirmer, mais elle est plausible. Freud a, en effet, débusqué avec une perspicacité fulgurante le fantasme fondamental de son patient : celui d'inonder avec son sperme le corps de la dame qu'il admirait énormément. Or, si vous jetez son fantasme fondamental à la figure d'un sujet, tout en le laissant par ailleurs en proie à la dépression et à la micromanie au regard du mirage d'une figure idéalisée, qu'est-ce qui lui reste comme raison d'être ?

La rénovation conceptuelle commencée par Lacan appelait un changement de point de vue. Au lieu de centrer l'attention sur la différence analyste-patient, il fallait d'abord examiner la relation du sujet à ce qui, dans son propre discours, excède les significations qui s'y articulent. Au point de vue *intersubjectif* se substituait ainsi le point de vue *intrasubjectif*. Cette substitution impliquait que, désormais, la psychanalyse n'empruntait plus ses prémisses ou ses principes directeurs à la biologie, mais à la linguistique. Et, plus particulièrement, dans les années 1950-1960, aux réflexions de Saussure au sujet de la relation signifiant-signifié. Car, pour inéducable qu'il soit, le désir n'en détermine pas moins le sujet dans son action comme dans ses *paroles* – où il trouve l'occasion de se faire entendre. Telle qu'elle s'est posée chez Lacan, toute la question était donc de savoir ce que les formations de l'inconscient pouvaient nous apporter de neuf concernant le signifiant, et ses relations tant au sujet parlant qu'au signifié.

Il est généralement admis que, pour Saussure, le signe est une dualité dont chaque composante est inséparable de l'autre. Il n'y a pas de signifiant, ni même de repérage du signifiant, sinon grâce au signifié ; ni de signifié sinon par son inclusion dans le signifiant. Or les formations de l'inconscient ressortissent, selon Lacan, à des opérations qui s'exercent sélectivement sur le signifiant. Soit directement, soit *via* sa dissociation d'avec son signifié vrai ou latent pour l'attacher, grâce au double sens par exemple, à une signification trompeuse. En voici deux exemples.

Le premier concerne Freud lui-même et son oubli du nom de Signorelli, lors d'un voyage[1]. On peut dire que ce *signifiant*, au sens strict, c'est-à-dire les quatre syllabes dont ce nom se compose, a été coupé en deux. D'un côté le *elli*, revenu au cours des associations dans « Botticelli ». De l'autre, le *Signor*, ayant succombé au refoulement en raison de son lien avec l'hétéronyme *Herr*, que Freud avait censuré quelques instants plus tôt dans sa conversation avec son compagnon de voyage. Pourquoi ce refoulement de *Signor* ? On peut répondre de deux manières. On peut dire qu'il a eu lieu parce que le contexte avait rappelé à Freud la limite de son pouvoir de médecin. Mais on peut tout aussi bien dire qu'il a eu lieu parce que, à ce moment-là de la conversation, Freud ne pouvait l'articuler sans que cette limite se rappelât à son attention.

Au fond, la première façon de répondre implique que l'objet du refoulement n'est pas spécifiquement le signifiant, mais l'ensemble du signe. Elle ne fait qu'attester la pente incoercible de notre esprit à rejeter en arrière, comme ayant toujours été là, toute trouvaille ou toute vérité, aussi neuve soit-elle. Mais en fait, le refoulement est une opération toujours ponctuelle, en rapport étroit avec l'angoisse de ce qui va surgir, à savoir la vérité, toujours fille de l'instant. L'anticipation sur le signifié, que cette conception implique, peut être considérée comme un cas particulier du mécanisme en jeu dans la construction de toute phrase. Car la signification d'une phrase ne s'accomplit qu'au moment de son bouclage, à sa fin. Dans cette perspective, on peut décrire le refoulement comme un court-circuit, une interruption de l'anticipation, qui donne son impulsion à la construction de la phrase.

Le deuxième exemple est celui d'une patiente du tandem Breuer-Freud. Breuer lui avait refusé un médicament, et lorsqu'elle adressa à Freud la même demande, elle essuya le même refus. Reculant sans doute devant l'agressivité suscitée par ce double désappointement – « Ils sont le *pendant* l'un de l'autre » (au sens qu'ils valent aussi peu l'un que l'autre, ils sont nuls) –, elle eut alors une hallucination terrifiante : ses deux médecins *pendus*, côte à côte. Il s'agit là d'un déplacement, jouant sur le double sens du vocable « pendant », et accompagné d'une transformation de la voix active en voix passive. Double opération qui a eu pour résultat de priver le signifiant clé de la phrase de toute signification obvie, qui aurait pu lui donner une place dans la trame policée de l'existence de cette patiente.

Avant d'aller plus loin, nous devons revenir sur l'exemple de l'oubli du nom de Signorelli, qui prête le flanc à une objection que notre conception du refoulement comme opération ponctuelle, au sens d'instantanée, nous permettra de lever. En effet, cet exemple concerne une décomposition à laquelle le signifiant se prête plus aisément lorsqu'il tombe dans des oreilles étrangères – ce qui était le cas de Freud, germanophone, voulant se rappeler le nom d'un peintre italien. Mais on ne saurait prétendre que tout refoulement comporte une telle décomposition du signifiant. Passons donc à l'analyse du deuxième exemple de la *Psychopathologie de la vie quotidienne*, où cette forme de décomposition n'a joué aucun rôle dans le refoulement d'un vocable latin[2].

Freud rencontre au cours d'un voyage de vacances un jeune homme, qui était apparemment au courant de quelques-unes de ses publications. La conversation tombe sur le thème de l'antisémitisme, dont les deux interlocuteurs pâtissaient alors. Le jeune homme se lance dans une « diatribe passionnée », qu'il veut terminer « par le célèbre vers de Virgile, dans lequel la malheureuse Didon s'en remet à la postérité du soin de la venger de l'outrage que lui a infligé Énée[3] ». C'est alors qu'il cafouille et ne se rappelle pas le pronom indéfini « *aliquis* » dans « *exoriare aliquis nostris ex ossibus ultor !*[4] ». Ayant accepté le défi d'expliquer cet oubli conformément à sa théorie, Freud invite son interlocuteur à associer.

Après une série d'associations abondantes en allitérations et assonances – *a liquis, reliques, liquidation, liquide, fluide* –, survient une autre série de noms de saints et de Pères de l'Église. Le tout culmine dans l'évocation de la crainte ressentie par les soldats de Garibaldi, à un moment où le sang conservé dans une fiole de saint Janvier manqua de se *liquéfier* de nouveau, comme cela se répète habituellement un certain jour de fête. Et le jeune homme d'enchaîner, en pensant à une dame dont il pourrait facilement recevoir une nouvelle aussi désagréable pour elle que pour lui : à savoir que ses règles sont arrêtées. Il ne pouvait alors rien craindre autant que la conception de cet enfant, pourtant désiré par ailleurs, ou plutôt appelé de ses vœux, comme le vengeur des outrages subis par sa race. Comme on le voit, l'interlocuteur de Freud était donc à un moment de sa vie où il ne pouvait évoquer l'enfant virgilien sans que s'évoque celui de ses œuvres. Je ne dirais pas que ce qui a déterminé le refoulement du signifiant *aliquis* est sa signification. Mais que ce signifiant a été refoulé parce que le sujet ne pouvait l'articuler sans qu'un écho lui en revienne, où ce qu'il disait se dénonce comme mensonge.

Les rapports de la psychanalyse au Saussure des années 1950-1960 ont longtemps reposé sur le *Cours de linguistique générale*, publié par Charles Bally et Albert Sechehaye en 1916, trois ans après la mort du Maître[5]. Mais on a découvert depuis, au fil des ans, un nombre considérable de notes manuscrites et de pages écrites de sa main. Un premier recueil a été publié en 1957 par Robert Godel sous le titre *Les sources manuscrites du Cours de linguistique générale*[6]. Puis, en 1996, on a découvert dans l'orangerie de l'hôtel genevois de la famille Saussure un ensemble de manuscrits, qui a été publié il y a une dizaine d'années par Simon Bouquet et Rudolf Engler, sous le titre *Écrits de linguistique générale*[7]. L'importance de ces écrits ne réside pas seulement dans l'éclairage nouveau qu'ils jettent sur l'œuvre de Saussure. Mais aussi dans le fait qu'il tire des conséquences extrêmes du principe selon lequel « dans le langage, tout est différence ». Ces conséquences, relatives à la théorie de la signification ou de la valeur (je laisse de côté pour le moment ce qui distingue ces deux concepts), comportent une critique radicale des trois notions de base sur lesquelles repose l'ontologie grecque : essence, substance, être.

Or, ce « refus de l'ontologie », pour emprunter une expression à François Rastier, ne peut nous laisser indifférents, ne serait-ce que parce que Lacan appelle également « parlêtre » le sujet, ce qui pose la question de savoir de quoi il retourne avec cet « être »[8]. On ne saurait le concevoir comme substance, ni comme *self*, puisque le sujet en question, nous le tenons par ailleurs comme essentiellement divisé – et non pas seulement secondairement, comme lorsque nous ajoutons un faux *self* au vrai. Les écrits de Saussure sont un appui considérable lorsqu'on veut soutenir une approche désubstantialisée du sujet. C'est d'ailleurs dans ce sens qu'allaient déjà mes précédentes remarques au sujet du refoulement.

Parlant de Saussure, dans un chapitre de ses *Problèmes de linguistique générale*, Benveniste écrit : « À quoi qu'on la compare, la langue apparaît toujours comme quelque chose de différent. Mais en quoi est-elle différente ?[9] » Voici la réponse de Saussure : « Or il y a ceci de primordial et d'inhérent à la nature du langage que, par quelque côté qu'on essaie de l'attaquer – justifiable ou non – on ne pourra jamais y découvrir d'*individus*, c'est-à-dire d'êtres (ou de quantités) déterminés en eux-mêmes, sur lesquels s'opère *ensuite* une généralisation. Mais il y a D'ABORD la généralisation, et il n'y a rien en dehors d'elle : or, comme la généralisation suppose un *point de vue* qui sert de critère, les premières et les plus irréductibles entités dont peut s'occuper le linguiste sont déjà le produit d'une opération latente de l'esprit[10]. »

Que veut dire Saussure par « généralisation » ou encore « point de vue » ? Pour répondre à cette question, il faut aborder le problème de la définition. Depuis Aristote, on considère la définition, selon les termes de Boèce, comme une expression qui dit de telle ou telle chose ce que cette chose est[11]. La connexion entre l'être et la définition est ici évidente : l'être d'une chose est sa définition. Et la chose existe nécessairement car la question de savoir en quoi consiste l'être d'une chose qui n'existe pas n'a pas de sens. Plus généralement, la définition scolastique traditionnelle consiste à subsumer une espèce sous un genre : l'homme est un animal ; puis à ajouter la différence spécifique, pour tenir compte du fait qu'il y a d'autres animaux en dehors des hommes : l'homme est un animal rationnel.

De ce point de vue, toute propriété est considérée comme l'attribut d'une chose ou d'une espèce. Ce n'est pas du tout la conception contemporaine de la propriété, conforme à la théorie des ensembles. Dans la perspective logico-mathématique, une propriété est conçue comme le moyen de construire un ensemble. Sous certaines conditions (pour éviter le paradoxe de Russell), un objet a fait partie d'un certain ensemble E si et seulement s'il satisfait une propriété quelconque P. Et on dit alors que E est l'extension de P. En symbole $a \in E \equiv P(a)$. De fait, la théorie des ensembles est le fruit d'un développement des mathématiques modernes, qui conduit à une nouvelle conception de la définition.

Prenons l'objet le plus simple, le point. Euclide le définit comme une chose qui n'a pas de parties. On peut aussi le définir comme l'extrémité d'une ligne ou encore comme le lieu de croisement de deux lignes. Toutes ces définitions concernent l'être du point. Mais alors que dire de sa définition cartésienne par deux nombres relatifs à deux lignes perpendiculaires ? Il est clair que cette définition implique un déplacement de concept ou de point de vue : de l'être du point à son repérage univoque par rapport à deux axes perpendiculaires. Mais le plus important, en l'occurrence, est que cette définition a créé une nouvelle discipline, ou une nouvelle pratique, impliquant l'algébrisation de la géométrie.

Dans sa communication intitulée « Nécessité et fécondité des définitions », Hourya Benis-Sinaceur analyse admirablement les fondements de la théorie des nombres de Richard Dedekind[12]. Je me contenterai de rappeler le point essentiel qui me paraît ressortir de cette analyse et qui concerne de près notre propos.

« Dedekind note que l'on présente souvent le calcul différentiel comme calcul sur des grandeurs continues sans que l'on ait jamais défini ce qu'est une grandeur continue[13]. » Partant, il va laisser de côté cette notion pour introduire le phénomène auquel il a donné le nom de *coupure*. Un nombre entier *m* quelconque « coupe » l'ensemble des nombres entiers en deux sous-ensembles. L'un comprend tous les éléments plus grands que *m* ; l'autre les éléments plus petits, *m* lui-même pouvant appartenir à l'un ou à l'autre. Pour les nombres entiers, chaque élément de l'ensemble définit donc une coupure. Pour les nombres réels, autrement dit pour la *droite numérique*, c'est l'inverse, en ce sens qu'ils sont définis par des coupures. Plus précisément, chaque coupure dans l'ensemble des rationnels définit un nombre réel, comme par exemple $\sqrt{2}$. Cette propriété inverse est le caractère discriminant du continu numérique, où Dedekind voit l'« essence » de la continuité. Quant à la *continuité géométrique*, on ne saurait l'établir sans stipuler explicitement pour elle un axiome géométrique de continuité, « ce dont Cantor convient parfaitement », ajoute Hourya Benis-Sinaceur.

Nous avons donc affaire ici à ce que celle-ci appelle une « définition créative », proposant une représentation inédite du nombre par la coupure, ou de la coupure par le nombre. « Les définitions, écrit-elle, définissent ou concernent des “concepts” plutôt que des objets ou des choses. Dedekind ne spécifie pas ce qu'il entend par “concept” (*Begriff*), mais il est clair qu'il s'agit d'un *point de vue*, ou d'une opération de l'esprit établissant un lien, une correspondance entre une chose et une autre[14]. » Nous retrouvons là les mêmes termes que ceux utilisés par Saussure. Selon lui, en linguistique, les concepts ne s'établissent pas par généralisation à partir des objets. Il n'y a pas d'objets linguistiques préalablement donnés, sur lesquels nous jetterions plusieurs points de vue. C'est, à l'inverse, le concept, ou le point de vue linguistique, qui engendre son objet, que nous pouvons ainsi considérer comme le fruit d'une opération de l'esprit.

On entrevoit la question qui se pose alors : où trouvons-nous en linguistique une définition créatrice d'un concept qui détermine une nouvelle pratique de cette science ? Je réponds : la définition du signe. On pensera peut-être que je plaisante. Car on n'a certes pas attendu Saussure, ni même les stoïciens, pour savoir que, lorsque nous parlons, nous utilisons des sons, que nous distinguons de leur signification. Mais cette remarque repose sur une confusion entre l'objet et le concept. Car le point et le nombre, eux aussi, ont toujours existé, du moins dans le discours géométrique ou arithmétique. Cela ne veut pas dire pour autant qu'un Descartes ou un Dedekind n'aient rien apporté.

Pour faire sentir ce qui est en jeu dans sa définition du signe, Saussure fait appel à diverses comparaisons : le recto et le verso de la feuille de papier dont on ne saurait couper une face sans couper l'autre. L'ondulation des vagues, qui est une variation de la surface de l'eau et tout ensemble une variation de la pression de l'air. Le mélange de l'oxygène et de l'azote, qui cesse d'être l'air que nous respirons dès que nous en retirons l'un ou l'autre de ces deux éléments. Mais toutes ces comparaisons sont autant d'approximations délicates à manier. Et à moins de les corriger l'une par l'autre, nous risquons toujours d'imaginer la dualité du signe comme faite de la réunion de deux éléments, ayant chacun son existence propre, aussi indépendants objectivement l'un de l'autre qu'ils le sont dans notre esprit.

Or, Saussure répète inlassablement qu'on ne saurait mettre la main sur une signification que pour autant qu'un signifiant la cerne. Et inversement, qu'il n'y a pas de délimitation possible du signifiant, sinon en vertu de ce qui glisse sous lui comme signifié. Bref, non seulement il n'y a pas, selon lui, de saisie possible de l'un sans l'autre, mais encore *l'un n'existe que par l'autre*. La dualité du signe n'est pas une dualité extrinsèque, combinant des entités distinctes, mais une dualité intrinsèque ou d'essence, par rapport à laquelle toute analogie ne peut être qu'une image défectueuse. Saussure s'exprime là-dessus on ne peut plus clairement : « Mais en réalité, écrit-il, il n'y a dans la langue aucune détermination ni de l'idée ni de la forme ; il n'y a d'autre détermination que celle de l'idée par la forme et celle de la forme par l'idée[15]. »

On peut se demander quelle est la raison pour laquelle Saussure a tenu à donner cette définition créative du signe. Voici sa réponse : « Notre point de vue est que la connaissance d'un phénomène ou d'une opération de l'esprit suppose préalablement la définition d'un terme quelconque ; non pas la définition de hasard qu'on peut toujours donner d'un terme relatif par rapport à d'autres termes relatifs, en tournant éternellement dans un cercle vicieux, mais la définition conséquente qui part à un endroit quelconque d'une base, je ne dis pas absolue, mais choisie expressément comme base irréductible pour nous, et centrale de tout le système. S'imaginer qu'on pourra se passer en linguistique de cette saine logique mathématique, sous prétexte que la langue est une chose concrète qui "devient" et non une chose abstraite qui "est", est à ce que je crois une erreur profonde, inspirée au début par les tendances innées de l'esprit germanique[16]. »

Ce texte atteste que Saussure avait une parfaite connaissance des révolutions mathématiques qui avaient lieu au moment où il rédigeait ces lignes, ainsi que de l'ascendance de la méthode axiomatique, à laquelle elles avaient donné naissance. Il montre aussi qu'il a, conformément à cette méthode, *commencé par* définir l'idée du signe, choisie comme base irréductible destinée à jouer le rôle de foyer de toute la science linguistique. Et enfin que, s'inspirant encore une fois de la mathématique, il a rompu avec la comparaison entre langue et organisme, courante au XIXe siècle, pour envisager chaque langue comme un système.

Pour aller de l'avant, je citerai encore ces trois affirmations de Saussure : « 1) Un signe n'existe qu'en vertu de sa signification ; 2) Une signification n'existe qu'en vertu de son signe ; 3) Signe et signification n'existent qu'en vertu de la *différence des signes*[17]. » C'est la troisième assertion qui nous intéresse plus particulièrement ici.

L'affirmation initiale de Saussure est (on l'a vu) que l'objet de la linguistique est différent de ceux des autres sciences. Les éléments chimiques, les planètes ou les organismes vivants nous sont donnés d'avance, comme autant de substances individuelles, abordables selon plusieurs points de vue, subsumables sous plusieurs concepts. L'objet de la linguistique, lui, est le concept même en tant qu'il est forgé par une opération de l'esprit qui consiste en une définition créative. C'est cette définition qui *fait* l'objet en question, au double sens de le produire et de lui donner son essence.

Nous venons de rappeler la thèse de Saussure selon laquelle le signe n'existe « qu'en vertu de la *différence des signes* ». Elle coule de source, en effet, dans sa perspective. Car, s'il avait dit qu'il existe en lui-même, c'est-à-dire en vertu de certains traits positifs, qu'il posséderait et qui le distingueraient des autres entités, il serait tombé dans une contradiction flagrante avec l'assertion même dont il part. Certes, on peut objecter qu'un signe est tout de même quelque chose de positif, puisque nous pouvons le prononcer et nous en servir. Mais cette objection ne repose pas sur la considération du signe comme *unité linguistique*, mais sur le fait que nous l'imaginons isolément, en dehors du système dont il fait partie. Opération aussi absurde que celle de s'interroger sur le sens qu'aurait le cavalier en dehors du jeu d'échecs.

Dans ses *ELG*, Saussure développe ainsi cette analogie entre la langue et le jeu d'échecs : « De la même façon que dans le jeu d'échecs il serait absurde de demander ce que serait une dame, un pion, un fou, ou un cavalier, si on le considérait hors du jeu d'échecs, de la même façon il n'y a pas de sens, si l'on considère vraiment la *langue*, à chercher ce qu'est chaque élément par lui-même. Il n'est rien d'autre qu'une pièce valant par son opposition avec d'autres selon certaines conventions[18]. »

Le terme qui nous arrête dans cette citation est celui d'*opposition*. Il ne s'agit pas d'une opposition qui s'établit en vertu des traits que chaque objet possède en propre et qui lui permettent de subsister par lui-même, hors de l'opposition en question. Ce genre d'opposition est une forme de relation secondaire, ou si l'on veut consécutive à l'existence de l'objet ; elle n'est pas constitutive de cette existence même. Prenons en revanche le mot « courir ». Il est indifférent en français de le prononcer « par *r* grasseyé non roulé, ou par *r* grasseyé roulé, ou par *r* dental (roulé ou non roulé)[19] ». Ces sons constituent cependant, dans d'autres langues, des entités aussi parfaitement distinctes que le sont, en français, le « b » et le « p » dans « bond » et « pont ».

Par conséquent, nous n'avons pas affaire, dans la langue, à des objets *différents en eux-mêmes*, mais en fonction du système linguistique auxquels ils appartiennent. En un mot, toute différence ici est arbitrairement déterminée par le système. Et on ne peut comprendre la prévalence de la différence dans la linguistique de Saussure, si on ne la rapporte au principe de l'arbitraire du signe dont elle découle. Principe qui n'a rien à voir, d'ailleurs, avec je ne sais quelle sujétion de Saussure au « signifiant maître », mais indique simplement le manque de nécessité, bref la contingence.

Ce qui précède se résume dans ces lignes des *ELG* : « Il semble que la science du langage soit placée à part : en ce que les objets qu'elle a devant elle n'ont jamais de réalité *en soi*, ou *à part* des autres objets à considérer ; n'ont absolument aucun substratum à leur existence hors de *leur différence* ou DES différences de toute espèce que l'esprit trouve moyen d'attacher à LA différence fondamentale [...] mais sans que l'on sorte nulle part de cette donnée fondamentalement et à tout jamais négative de la DIFFÉRENCE de deux termes, et non des propriétés d'un terme[20]. »

Deux idées principales se dégagent de ce texte. La première est que les unités linguistiques présentent entre elles DES différences de toute espèce, mais qui ne sont des *différences* que dans la mesure où l'esprit les entérine comme telles, c'est-à-dire les subsume sous le concept fondamental de LA différence. On a annoncé la bonne nouvelle que LA femme n'existe pas, mais LA différence, elle, existe toujours. La deuxième idée est que ces unités de langue n'existent qu'en vertu des différences ainsi établies entre elles. En dehors de ces différences, toute unité linguistique perd, je ne dirais pas son existence tout court, mais son existence en tant qu'objet pour la linguistique.

Par diverses voies, nous voilà donc conduits à ce que l'on peut appeler « le concept des concepts » dans la linguistique saussurienne : LA différence, sous laquelle se subsume toute différence. Saussure l'indique comme une « donnée fondamentalement et à tout jamais négative ». Cela nous fait sentir que nous avons affaire ici à une conception de la différence très particulière. Et bien plus profonde que celle qui en fait un terme simplement contraire à celui de l'identité. Car « identité » et « différence » ne s'opposent, d'ordinaire, que grâce à l'usage que nous faisons des diverses modalités de la négation, que le langage met à notre disposition à des fins de contradiction. Or, *la négativité dont il s'agit ici n'est pas la négation*. Elle est une *différentiation première*, créatrice d'éléments dont chacun se pose simplement comme l'autre de l'autre, et par là génératrice du pur et simple multiple, avant toute entrée en scène de l'Un. C'est ce qui fonde Saussure à soutenir, comme on l'a vu, que : « Dans la langue, tout est différence. »

Puisque c'est sur le fond de cette différence-là que se détachent secondairement les uns.

Rien n'éclaire mieux ce point que les encoches, gravées sur un os magdalénien, qui arrêtent Lacan dans son séminaire sur *L'identification*, et où l'on sent l'émerveillement qui ponctue la surprise de l'intuition. Ces encoches sont l'illustration immédiate de la phrase de Saussure : « tout est différence ». Elles ne tirent leur existence que de leur simple différence, au sens de l'altérité qui relativise chacune au regard des autres. Je dirais qu'elles étaient là, multiples, en attendant l'Un, à partir de la question : combien ? L'homme de l'époque magdalénienne ne savait pas encore compter. Or, compter est l'acte d'un sujet, lequel ne peut accomplir cet acte qu'avec les moyens que le langage met à sa disposition. Et de fait, toutes les langues connues contiennent un système numérique, fût-il limité à trois. Ces encoches sont donc comme la preuve de l'antériorité logique et chronologique de la différence, source de la multiplicité, par rapport à l'entrée des uns-nombres dans la langue.

La primauté canonique de l'Un sur le Multiple est liée au privilège accordé par Aristote à la substance individuelle comme étant ce qui existe en premier et dont tout le reste se dit. On se demande, en effet, où serait pour nous une substance qui ne se laisse pas dénommer ni, du moins, indiquer par un pronom démonstratif. Quoi qu'il en soit, *l'un* n'est *un* qu'à la condition d'être identique à lui-même. D'où la question de l'identité de ce qui change, que les Grecs ont épinglée comme étant celle de la galiote de Thésée. Les Athéniens ont en effet gardé pendant près de mille ans ce vaisseau « en ôtant toujours les vieilles pièces de bois, à mesure qu'elles pourrissaient, et en y remettant des neuves en leur place : tellement que depuis, dans les disputes des philosophes touchant les choses qui augmentent, à savoir si elles demeurent une, ou si elles se font autres, cette galiote était toujours alléguée comme exemple de doute[21] ».

On reconnaît là les réflexions de Saussure sur l'identité et ses exemples célèbres : l'Express Paris-Genève de 9 h 45, la rue rebâtie, la robe rapiécée. Ces questions se posent de ce que nous imaginons la substance hors de tout signifiant. En fait, la galiote de Thésée est restée au fil des siècles « la galiote de Thésée », où les Athéniens voyaient toujours le vaisseau consacré à Apollon, qui est immortel. De même, l'Express Paris-Genève de 9 h 45 est toujours « l'Express Paris-Genève de 9 h 45 », quels que soient les changements de ses wagons et de leur combinaison. Certes, la première partie de la proposition précédente se réfère au train réel, alors que sa mise entre guillemets indique qu'il s'agit simplement de sa dénomination. Mais la question qui se pose, en l'occurrence, ne porte pas sur la *réalité* de l'objet mais sur son *identité*, qui subsiste en deçà et au-delà de tout changement matériel. Sous cet angle, nous réalisons que c'est parce que nous en parlons que les objets deviennent des éléments constitutifs de ce que nous appelons des « états de fait » ; et qu'il n'y aurait aucun fait s'il n'y avait d'abord celui du langage. De même, la rue rebâtie est toujours la rue *Victor Hugo*. On objectera que même si on change son nom en l'appelant la rue du *Moulin*, elle restera toujours la même. Certes. Mais cette objection nous conduit simplement à reconnaître que « Victor Hugo » ne tire sa valeur d'usage (comme nom de rue) que de son opposition aux autres termes dont se compose le système signalétique propre à une localité donnée. D'où découle la possibilité de son remplacement par un autre terme qui entrerait dans le même ensemble d'oppositions. C'est pour autant que le signe est un nœud de différences que l'on peut dire que, loin d'être une propriété de la chose, l'identité vient du signe.

À en croire Kurt Gödel, la loi du tiers exclu serait une image idéalisée, forgée afin de nous permettre de prouver des théorèmes d'existence en mathématique. De même, on peut dire que la loi de l'identité est une image idéalisée, forgée afin de nous construire une logique qui prétend découvrir les lois de l'être. Mais à la place de la substance individuelle et de son identité à elle-même, la philosophie du langage de Saussure substitue cette relation que toute relation suppose – à savoir LA différence.

Une telle remise à plat de nos catégories les plus vénérables soulève bien sûr toutes sortes de questions. On peut se demander, notamment, quelles en sont les conséquences relativement aux théories de l'essence et de la définition précédemment évoquées dans ce chapitre (question étroitement liée à celle de la distinction entre valeur et signification). Et, surtout, ce que des analystes ont à gagner à ces développements relatifs à la linguistique de Saussure.

Commençons par la célèbre figure de la barre avec le signifié d'un côté, le signifiant de l'autre, le tout enfermé dans une courbe. Barre d'union, aurait dit Saussure ; de séparation, dit Lacan. Ces deux interprétations sont aussi sommaires l'une que l'autre. Puisqu'il n'y a pas de forme qui s'articule sans sens qui en émerge, ni de sens qui ne soit le contenu d'une forme. Cela est vrai même dans le cas de ce phénomène exemplaire de l'inconscient qu'est le rêve.

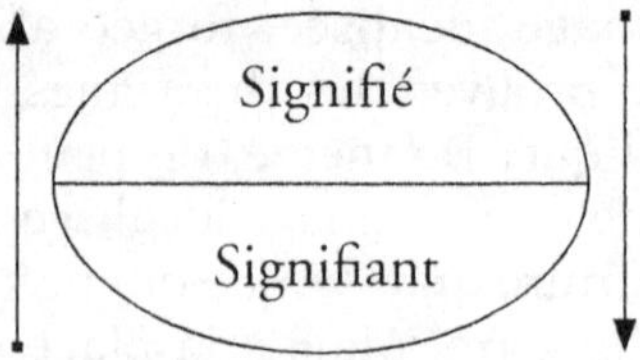

Rappelons que pour Freud le rêve, c'est le récit du rêve. Or ce récit fait toujours sens, par exemple : *j'ai vu mon père sur son lit de mort, je ne sais plus s'il avait un œil fermé ou les deux*. C'est ce que Freud appelle le « sens manifeste », sens qui assigne sa limite à ce dont le sujet peut se prévaloir par ailleurs comme sujet de la connaissance. De ce point de vue, proprement psychanalytique, nous pouvons parler d'une barre de séparation, à laquelle se mesure la division du sujet entre le sujet de l'énoncé et celui de l'énonciation. Mais il faut bien avoir à l'esprit les limites du schéma ci-dessus et de ses variantes saussuriennes. Car même la figure plus concrète dont se sert Saussure pour illustrer l'union entre le signifié ou le concept de l'arbre (ou plus exactement l'objet qui le représente) et le signifiant ou l'image acoustique « arbre » n'a qu'une portée didactique. De fait, le signe « arbre » est alors ici considéré en lui-même, c'est-à-dire hors du système dont il fait partie, ce qui, selon Saussure lui-même, le vide de tout sens. Pas plus qu'un autre mot, celui d'« arbre » n'a de sens propre ou « en soi ». Saussure insiste inlassablement sur ces thèmes et multiplie les exemples qu'il analyse fort soigneusement. Je me contenterai d'un seul, celui du mot « lune ».

On peut dire : il y aura bien des *lunes* avant que telle chose arrive. Or, il saute aux yeux que ce n'est que dans une langue qui connaît l'opposition entre le singulier et le pluriel que *la lune* peut se mettre ainsi au pluriel. On dit encore : *la lune se renouvelle*, ce qui n'a de sens qu'aux yeux de sujets parlants familiers du calendrier et des dates, avec ce que cela implique d'opposition entre *passé* et *présent*, *l'année dernière* et *cette année*. De même, *la lune croît* n'a de sens que par son opposition à *décroît*. Mais on peut pousser cet exemple encore plus loin que ne le fait Saussure. Comment une personne peut être *dans la lune* sans l'opposition entre *distrait* et *attentif* ? Ou *promettre la lune* sans celle entre le *possible* et l'*impossible* ? Y aurait-il *lune de miel,* si l'*amer* ne s'opposait au *doux* ? Insensiblement, nous voyons que « tout ce que nous mettons dans *lune* est absolument négatif, ne vient pas d'autre chose que de l'absence d'un autre terme[22] ». C'est pourquoi, dans un passage des *ELG* intitulé « De l'essence », Saussure conclut que vouloir épuiser les idées contenues dans un mot est une entreprise parfaitement chimérique[23]. Nous touchons ici à ce qu'un philosophe romantique allemand, Jakob Friedrich Fries, appelle « la primordiale obscurité de la raison ».

Ajoutons qu'une multitude d'autres langues « exprimeront par des termes tout à fait différents des nôtres les mêmes faits où nous faisons intervenir le mot *lune,* exprimant par exemple par un premier mot la lune dans ses phases mensuelles, par un deuxième la lune comme astre différent du soleil, par un troisième la lune par opposition aux étoiles, par un quatrième la lune comme flambeau de la nuit, par un cinquième le clair de lune par opposition à la lune même. Et chacun de ces mots n'a toujours de valeur que par la position négative qu'il occupe par rapport aux autres[24] ». Quand un mot se rapporte à un objet matériel – ce qui est loin d'être toujours le cas –, ce qui dicte les expressions où nous l'utilisons n'est, à aucun moment, une idée positive de ce qu'est cet objet. Et cela quelle que soit l'idée en question, c'est-à-dire aussi juste ou fausse soit-elle. La langue aborde l'objet sous des angles arbitrairement choisis, constituant par là ce qu'on peut appeler une « physique sauvage », sans laquelle d'ailleurs on se demande d'où la physique tout court prendrait son départ.

De plus « le nom du même objet servira pour beaucoup d'autres : ainsi *lumière, la lumière de l'histoire, la lumière d'une société savante*. Dans ce dernier cas, on se persuade qu'un nouveau sens (dit figuré) est intervenu : cette conviction part purement de la supposition traditionnelle que le mot possède une signification absolue s'appliquant à un objet déterminé ; c'est cette présomption que nous combattons[25] ». Et Saussure poursuit, en insistant sur le fait que « c'est depuis le premier moment » que le mot aborde l'objet selon une idée tout à la fois parfaitement insuffisante du point de vue de la *compréhension* (c'est-à-dire, au regard d'une connaissance qui lui serait adéquate), et infiniment vaste du point de vue de l'*étendue*, si l'on considère les possibilités de ses applications hors de l'objet.

Concluons ces développements en rappelant la thèse principale de la linguistique de Ferdinand de Saussure : la langue ne consiste pas en un ensemble de valeurs *positives* et *absolues*, « mais dans un ensemble de valeurs *négatives* ou de valeurs *relatives* n'ayant d'existence que par leur opposition[26] ». Considéré abstraitement, hors de cet ensemble, le signe reste donc vide de tout contenu assignable, telle une pièce de monnaie qui subsisterait après la disparition du système monétaire au sein duquel elle circulait. Remis dans l'ensemble, il reçoit sa signification du fait de son opposition réciproque avec les autres signes. Le terme « valeur » désigne, pour Saussure, le signe considéré sous l'angle de son appartenance au système de la langue ; celui de « signification » désigne son fonctionnement et ses effets effectifs à l'intérieur de ce système.

Il est remarquable que, quelle que soit la multiplicité discernable des significations d'un signe à l'intérieur d'un système linguistique, celle-ci n'épuise pas sa fécondité sémantique. En raison de sa nature essentiellement différentielle, un signe quelconque reste, en effet, toujours susceptible d'engendrer des significations inédites, selon les contextes et les nouveaux régimes d'opposition où l'engagent ses emplois. À cet égard, on comprend que Lacan ait pu aller jusqu'à énoncer (au congrès de Rome en 1974) : « Je me fais fort de faire dire dans une phrase à n'importe quel mot, n'importe quel sens[27]. » On voit aussi qu'une telle affirmation était bien moins provocatrice qu'il n'y paraît, et qu'en cela Lacan restait purement et simplement saussurien.

Valeur, signification et emploi sont donc les modes selon lesquels l'existence du signe s'atteste comme étant celle de l'unité foncièrement duelle que nous avons vue au départ. Bien sûr, l'imagination ne manque pas de substantifier cette unité sous la forme qui apparaît dans le schéma bien connu du signe, dont le *Cours de linguistique générale* fait tellement cas. Une telle prise sur les signes, par l'intermédiaire de l'imagination positivante, est inévitable. Elle est par ailleurs un recours nécessaire pour le linguiste (comme l'admet Saussure lui-même), qui risque autrement de perdre toute maîtrise de son objet en n'y considérant que de pures différences. Mais il n'empêche que toute son œuvre est là pour nous obliger à rester vigilants sur ce point. Pour nous rappeler, d'abord, que tout signe est une différence, qui n'a de valeur positive qu'en vertu de ses oppositions réciproques avec les autres signes du système auquel il appartient. Et pour nous rappeler aussi que le système de la langue n'est pas une simple « nomenclature » figée, mais le milieu où aucun élément n'est admis sinon au titre de *valeur*. En substituant ainsi LA différence à L'être identique à lui-même, Saussure a forgé la théorie de la langue qu'appelaient les avancées de la mathématique à son époque. Par là, il a introduit une mutation décisive dans l'histoire de la pensée occidentale

À ma connaissance, Freud est le seul épistémologue qui reconnaît pleinement et explicitement la valeur du langage ordinaire comme étant tout ensemble point de départ et point d'arrivée de la théorisation scientifique. On trouve ses ultimes méditations sur ce sujet dans son *Abrégé de psychanalyse*, qui est le dernier ouvrage où il présente l'ensemble de sa doctrine, peu avant sa mort. Au chapitre VIII, qui porte sur « Le monde extérieur », il réfléchit sur ce qu'il appelle « le langage de nos perceptions » et aboutit à une définition du réel qui me paraît on ne peut plus convaincante. Par « réel », Freud entend cette part de l'inconnu qui se profile à l'horizon de la connaissance et sur laquelle s'échafaude la construction de la réalité. Or, il me semble que c'est cette définition du réel qu'il faut avoir à l'esprit pour bien comprendre ce que Freud nous dit, par ailleurs, sur la femme dans ses *Nouvelles conférences sur la psychanalyse* : « Il appartient à la psychanalyse non pas de décrire ce qu'est la femme – tâche irréalisable –, mais de rechercher comment l'enfant à tendance bisexuelle devient une femme. »

On voit dès lors où je voulais en venir dans ce chapitre. De fait, c'est précisément ici, dans ce point de jonction du « décrire » freudien et de la différence sexuelle, que notre long détour saussurien initial trouve sa justification fondamentale. Car la théorie du signe de Saussure, et la subversion ontologique qu'elle implique, permettent précisément de comprendre les raisons générales qui rendent « irréalisable » toute tentative de description ontologique particulière de ce genre.

Nous avons vu que, dans le cadre du paradigme saussurien, nulle idée positive de l'objet ne fonde les signes de la langue. Et que celle-ci découpe le réel selon des idées parfaitement arbitraires. Nos signes sont mêmes si défectueux sous l'angle de la compréhension qu'ils ne retiennent « théoriquement » de la chose nommée aucune essence assignable, à part celle de la différence qu'ils véhiculent du fait de leur opposition aux autres signes du système. Dans un tel paradigme, où l'être est subordonné au langage, on ne voit donc guère comment le réel particulier de la différence sexuelle pourrait échapper à l'emprise langagière de LA différence. On le voit d'autant moins que tout indique, au contraire, que c'est précisément cette différence-là qui en donne le « la » !

Mais pour mieux nous convaincre de ce point, le plus simple, et le plus instructif, est de prendre les choses à l'envers. Que se passe-t-il, en effet, lorsqu'on tente de faire l'économie du langage et de saisir directement, pour ainsi dire « à pleine main », l'essence du féminin ? Autrement dit, à quoi aboutissons-nous, en l'occurrence, lorsqu'on se place dans un paradigme qui subordonne le langage à l'être ? Un auteur a poursuivi ce projet avec une rigueur sans concession : Otto Weininger. Et c'est pourquoi son livre, *Sexe et caractère*, qui fit sensation en son temps, mérite aujourd'hui encore une étude attentive. Notamment parce qu'il permet de cerner l'écart entre le phallus comme incarnation du *logos* (attribut essentiel du sexe masculin) et le phallus en tant qu'il fonctionne comme manque – sur le plan de l'avoir, selon Freud, sur celui de l'être, d'après Lacan.

Chapitre II

LE PHALLUS

Sexe et caractère a été publié en 1903[1]. Et s'il a suscité tant de bruit à l'époque, c'est, entre autres, parce que son auteur n'avait que vingt-trois ans, et qu'il s'est suicidé, trois mois après sa publication, dans la maison où Beethoven lui-même est mort. La race aryenne était à ses yeux la race masculine par excellence ; les juifs, eux, étaient comme les femmes, des entremetteurs : « Leur but est de confirmer l'homme dans son péché[2]. » Face à l'impossibilité d'assimilation qu'il a dû constater (comme juif converti au protestantisme), son suicide était sans doute un geste de protestation contre son temps, « qui n'est pas seulement le plus juif, mais le plus féminin de tous les temps[3] ».

Ce livre a également eu des répercussions sur la relation de Freud à Fliess. Car l'auteur y fait grand cas de la notion de bisexualité, dont Fliess s'attribuait la paternité. Comme il savait qu'un certain Swoboda était à la fois ami de Weininger et patient de Freud, Fliess a deviné que ce dernier avait parlé à son patient de la découverte dont il lui avait fait part à titre personnel. Freud a fait ce qu'il a pu pour s'expliquer, mais ses relations avec Fliess, déjà refroidies, ont pris fin là-dessus.

Selon Weininger, la bisexualité représente, non pas simplement une disposition embryonnaire, mais une règle, qui veut que seules existent réellement des combinaisons de masculin et de féminin, des approximations de ces deux types. L'homme en soi et la femme en soi sont deux essences ou plutôt, si l'on considère leur réalité constituante, deux substances, réparties entre les individus selon des proportions variables, sans que jamais le coefficient d'aucune soit égal à zéro. Comment conçoit-il ces substances ?

Se référant à un zoologue danois, Steenstrup, il soutient que le sexe ne se manifeste pas seulement dans les caractères sexuels primaires et secondaires ; le sexe est reconnaissable dans le corps tout entier. Ce n'est pas une idée aussi abracadabrante qu'il paraît. Elle supporte la comparaison avec ce que Freud dit par ailleurs, à savoir que le corps tout entier représente une zone érogène, au même titre que ses subdivisions. On peut la rapprocher également de ce que Lacan indique dans *Subversion du sujet et dialectique du désir*. Où il précise que c'est précisément du fait d'être un corps que le sujet se trouve à la place de cette jouissance dont le défaut rend vain l'univers. Pour Weininger, tout homme, toute femme, résulte donc de la combinaison en proportions variables de deux substances : l'une mâle – l'« arrhénoplasme », l'autre femelle – le « thélyplasme ». Ces proportions définissent l'idioplasme concret de chaque individu, son dosage sexuel propre. Elles ne sont pas fixes, mais se modifient tout au long de la vie. L'attraction sexuelle repose dès lors sur ceci que l'homme idéal à 100 % (qui n'existe pas) tend toujours à se reconstituer. Un homme empirique, qui n'est homme qu'à, disons, 75 %, est poussé à trouver son complément chez une femme qui détient la part de 25 % de masculin qui lui manque. De même, une femme à 60 % sera attirée par un homme à 40 % féminin.

Jusque-là nous avons parlé des hommes et des femmes considérés sous l'angle de leur sexualité, laissant de côté le fait que c'est l'*être humain* qui se retrouve homme ou femme. Cet être, que la vie psychique manifeste continuellement, est l'objet même de ce que Weininger appelle la « caractérologie », à laquelle il va consacrer la suite de son ouvrage. Il serait fastidieux de suivre tout ce qu'il dit sur ce point. Je me contenterai de relever deux idées :

1. « L'homme, écrit-il, a la faculté de se comporter à l'égard de la sexualité de manière autonome ; il peut [...] la refuser ou l'accepter. [...] Pour exprimer cela grossièrement, l'homme a le pénis, mais le vagin possède la femme[4]. »

2. L'autre notation concerne sa réponse à la question fondamentale que son livre a laissée longtemps en suspens : « Celle de savoir ce que signifie être homme et être femme, ce que signifie l'être-homme et l'être-femme. Les femmes sont dépourvues à la fois d'essence et d'existence, elles ne SONT pas et ne sont RIEN. On est homme ou femme DANS LA MESURE OÙ ON EST OU ON N'EST PAS[5]. »

Cette conclusion découle de ce que l'essence de l'homme réside dans le *logos*, que seul l'homme incarne ; la femme, elle, n'est que sexualité. C'est une idée que nous trouvons déjà dans l'antiquité grecque. Sans remonter à Aristote, on la trouve par exemple chez Philon, philosophe connu pour le zèle qu'il mit à propager le sens des Saintes Écritures juives dans les milieux hellénistiques de l'Alexandrie du premier siècle de notre ère[6]. D'après lui, seul le *logos* définit l'homme, chez qui la sexualité ne rentre qu'à titre accidentel, mais du coup il lui fait jouer un rôle principiel dans la dualité masculin-féminin. Il y a là un préjugé où il est aisé de tomber, en croyant pouvoir s'appuyer sur la conception de Freud selon laquelle la libido est masculine. Celle-ci étant en effet toujours active, on peut y voir une confirmation du lien entre le phallus et le *logos*.

D'après certains auteurs, notamment Élisabeth Badinter dans son livre *XY. De l'identité masculine*[7], Lacan aurait été victime de ce préjugé. Elle en veut pour preuve ce qu'il dit dans le dernier paragraphe de *La signification du phallus*. Après avoir fait l'éloge de Freud, pour son intuition selon laquelle il n'y a qu'une seule libido, conçue comme de nature masculine, il termine avec cette phrase : « La fonction du signifiant phallique débouche ici sur sa relation la plus profonde : celle par où les anciens y incarnaient le *noûs* et le *logos*[8]. » Bien que, considérée en elle-même, la critique d'É. Badinter soit juste, elle ne rend pas justice à Lacan. Car, à le considérer comme une signification de la métaphore paternelle, le phallus ne désigne nullement ce que l'homme est ou a, pour Lacan. Il fonctionne comme indice d'un manque à être chez le sujet parlant comme tel, quel que soit son sexe. Cette conception est indépendante de la nature masculine de la libido, sur laquelle, d'ailleurs, Freud lui-même est revenu par la suite.

Certes, tous ceux qui ont essayé de définir l'être-homme et l'être-femme n'ont pas abouti à des conclusions aussi sauvages que celles que nous venons de voir. Weininger ramenant la différence sexuelle à rien de moins que celle entre l'être et le néant. Et Philon d'Alexandrie y lisant la différence entre l'état d'innocence et celui de péché. Quant aux analystes, bon nombre d'entre eux donnent à cette différence une réalité ni métaphysique, ni religieuse, mais plus modestement biologique. Pourtant, ce n'est pas sans raisons que Freud a insisté sur le fait que « décrire ce qu'est la femme » était une tâche irréalisable. Et la principale réside justement dans l'indépendance de l'être-femme par rapport à la biologie, qu'il souligne sans ambages dans la préface de la troisième édition (1915) des *Trois essais sur la théorie sexuelle* : « Il faut que je souligne, au titre de caractère de ce travail, son indépendance délibérée à l'égard de la recherche biologique. J'ai soigneusement évité d'importer des attentes scientifiques venues de la biologie sexuelle générale ou de celle d'espèces animales particulières dans l'étude de la fonction sexuelle de l'homme qui nous est rendue possible par la technique de la psychanalyse. Il est vrai que mon but était d'explorer l'étendue de ce qu'on peut deviner quant à la biologie de la vie sexuelle humaine par les moyens de l'investigation psychologique ; je me suis autorisé à signaler des connexions et des concordances qui résultaient de cette exploration ; mais je n'avais pas à me laisser déconcerter quand la méthode psychanalytique conduisait, sur bien des points importants, à des manières de voir et à des résultats qui s'écartaient sensiblement de ceux qui n'ont d'étai que biologique[9]. »

Mais alors, quelles sont les découvertes propres à la psychanalyse en matière de sexualité ? Qu'est-ce que Freud a apporté de neuf dans ses *Trois essais* ? La sexualité infantile n'était pas vraiment une découverte en elle-même, et Freud le savait. En revanche, la théorisation qu'il en proposait changeait radicalement la donne épistémologique. « Il est vrai qu'on trouve dans la littérature des indications occasionnelles à propos d'une activité sexuelle précoce chez les petits enfants, à propos d'érection, de masturbation et même d'agissements semblables à des coïts, mais toujours cités seulement au titre de processus exceptionnels, de curiosités ou d'exemples dissuasifs de dépravation prématurée. Autant que je sache, aucun auteur n'a clairement reconnu en quoi la pulsion sexuelle obéissait dans l'enfance à une loi ; et dans les écrits sur le développement de l'enfant qui se sont multipliés, le chapitre "développement sexuel" est le plus souvent sauté[10]. »

Avec cette idée de « loi », en effet, on passait

des anecdotes ou de l'ordre du particulier à l'ordre du général, autant dire à la science, si tant est qu'il n'y ait de science que du général, comme dit Aristote. Par conséquent, si cette sexualité infantile, encore éloignée du génital, revêt des formes perverses, et s'il y a quelque chose d'inné au fondement de ces perversions, alors ce sera « quelque chose *qui est inné chez tous les humains*[11] ». Bref, on est passé, avec Freud, de la sexualité infantile à « l'infantilisme de la sexualité ».

Mais les *Trois essais* contiennent des thèses encore plus subversives. Telle celle qui s'exprime en ces termes : « La psychanalyse considère bien plutôt l'indépendance du choix de l'objet à l'égard du sexe de celui-ci [...] comme l'originaire à partir duquel se développe, par limitation d'un côté ou de l'autre, tant le type normal que le type inverti[12]. » Voici donc les humains habités par une sexualité qui ne les guide pas nécessairement vers l'objet qui assure la perpétuation de leur espèce, qui est indifférente au sexe de cet objet, dont elle laisse le *choix* aux soins de chacun. De fait, pour la psychanalyse, *nous sommes la seule espèce animale qui n'est pas équipée d'un instinct de procréation*. La phase génitale n'est pas inscrite dans notre programme génétique. On ne saurait aller plus loin dans le sens du « libéralisme sexuel », et l'on sait que Freud s'est opposé à ses proches sur ce point.

Jones voulait ériger en principe l'incompatibilité de l'exercice de la psychanalyse avec le fait d'être homosexuel. Et en cela il avait la « troïka » berlinoise (Abraham, Eitingon et Sachs) de son côté, autant dire la majeure partie du Comité, contre laquelle Freud a dû peser de tout son poids. J'en fais état pour souligner que la question de l'exercice de la psychanalyse par des analystes homosexuels est importante. Et d'autant plus qu'elle nous renvoie à la théorie psychanalytique de la sexualité en général. Aucune réponse ferme n'a encore été donnée à cette question jusqu'à présent. Ce qui a acculé certaines sociétés à la résoudre par le vote !

Ce n'est pas tout. Car, avec Freud, ce n'est pas seulement le lien entre la pulsion et le sexe de l'objet qui se desserre, mais encore son lien à l'objet tout court. En effet, nous nous figurons d'ordinaire le nouage sexuel de la pulsion à l'objet d'une façon trop étroite. Or, il est probable que « la pulsion sexuelle commence par être indépendante de son objet et que ce n'est pas non plus aux [stimulations] de celui-ci qu'elle doit sa genèse[13] ». Mais alors, d'où vient la pulsion sexuelle, si ce n'est pas l'objet sexuel qui la fait naître ? Freud répond : « C'est autre chose qui, dans la pulsion sexuelle, constitue l'essentiel et la constante[14]. » On ne saurait exprimer d'une façon plus catégorique la déchéance principielle de l'objet de la pulsion. Alors même que les *Trois essais* montrent, par ailleurs, la richesse et la variété d'un tel objet. Non seulement il devient inessentiel et éphémère, mais encore, là où il paraît orné d'une valeur qui fait son *Reiz*, son « charme », il ne fait que la recevoir « d'autre chose ». Disons – quitte à ce que l'avenir nous corrige, si telle n'est pas tout à fait l'expression qui convient – que c'est toujours au titre de semblant que se constitue l'objet sexuel.

Cette référence freudienne à « l'autre chose » fait venir au premier plan de la doctrine analytique la notion de l'objet foncièrement perdu. Cet objet, Freud l'identifie à une perte corporelle, qui fait acquérir à l'enfant la représentation d'un dommage narcissique, « à partir de la perte du sein maternel après la tétée, à partir de la remise quotidienne des fèces et même dès la naissance à partir de la séparation d'avec le corps maternel[15] ». Dans ces conditions, on comprend que, pendant longtemps, les psychanalystes n'aient pas eu de difficulté particulière à concilier la notion de « l'autre chose », ou de l'objet perdu, avec les phases libidinales qui précèdent la phase génitale, et à travers lesquelles s'accomplit le développement de chacun. Le problème, avec cet objet, n'a vraiment commencé à surgir qu'avec l'introduction de la phase phallique.

On ne voit pas, en effet, où serait ici le dommage corporel que le sujet est censé ressentir comme une blessure narcissique, et on ne saurait non plus attribuer au développement biologique une idée, celle d'un manque d'organe, que la réalité biologique dément. Une opposition matérielle (féminin-masculin) se trouvait donc remplacée par une opposition logique (phallique-non phallique), mais on ne savait qu'en faire, sinon l'ignorer ou la nier. Abraham, qui est l'auteur, au dire de Freud, d'un article inégalé sur les manifestations de la castration chez la femme, ne niait pas la phase phallique. Mais il la considérait – non sans s'appuyer sur certains textes de Freud lui-même – comme la première étape de la phase génitale terminale. Une étape, si l'on peut dire, adaptée à la mentalité infantile. Jones admettait également le caractère cliniquement attesté de la phase phallique, mais il ramenait cette promotion du phallus à un mécanisme de défense. Il y voyait le moyen de contrer un danger redoutable chez les deux sexes, celui de la disparition du désir sexuel, voire de sa destruction – en raison de la rivalité avec le père chez le garçon, avec la mère chez la fille. Karen Horney, quant à elle, a d'abord admis la valorisation phallique chez la fille, en raison du caractère voyant du pénis qui donne plus de satisfaction à la pulsion scoptophilique. Mais elle a fini par considérer la thèse de la phase phallique comme le signe de l'adhésion de Freud à l'idéologie masculine.

Comment procéder pour avancer sur cette question controversée ? Je pourrais continuer à aligner les prises de position, ou étudier en détail certaines d'entre elles. Mais je propose de procéder autrement, et d'examiner un ouvrage qui reflète bien la « pensée moyenne » en l'occurrence, en tout cas celle qui était en vogue à l'époque de Freud.

L'ouvrage en question fut publié sans indication de maison d'édition, et s'intitulait *Introduction to the Psychoanalytic Theory of the Libido*. Son auteur est Richard Sterba, un analyste qui avait commencé à participer aux réunions de la Société psychanalytique de Vienne dès 1924. Il fut le seul analyste *goy* à avoir refusé de rester à Vienne après l'invasion des nazis. Aussitôt la famille Freud partie à Londres, il partit avec la sienne aux États-Unis. C'est au cours de son séjour dans ce pays qu'il a publié son livre, afin d'endiguer la vague du « culturalisme », lancée notamment par Karen Horney et Erich Fromm. Une telle conception épargnait, selon lui, à un monde conformiste la peine de reconnaître « la toute-puissante mélodie des forces instinctives », comme Adler et Jung l'avaient fait trente ans auparavant au bénéfice de la vieille Europe.

Sa présentation se réclame explicitement de la théorie d'Abraham, qui distingue deux niveaux séparés au sein de chaque phase libidinale. Par conséquent, il considère la phase phallique comme la forme première de la phase génitale ; celle qui apparaît chez l'enfant et où les objets investis sont les membres de la famille. Suit une période de latence, qui dure jusqu'à la puberté, laquelle représente le moment où s'achève la maturation organique, appelant de nouveaux objets. Seul le sujet névrosé ne parvient pas à atteindre l'objet naturel de sa libido génitale, à le reconnaître comme autre (comme femme s'il est homme, comme homme s'il est femme) et à lui réserver un amour sans ambivalence. Dans ce cas, c'est en raison de la viscosité de sa libido que le névrosé reste attaché aux objets interdits. Avec un grain de sel, je dirais que si, pour Sterba, l'attachement à la mère empêche l'accès à la femme, pour Freud au contraire, c'est justement cet attachement qui lance l'homme dans l'opération de la retrouvaille. Quoi qu'il en soit, on voit que la problématique de « l'autre chose », ou de l'objet perdu, est totalement escamotée dans la spéculation abrahamienne.

On a donc là un très bon exemple de la méconnaissance d'une dimension majeure de l'érotologie freudienne. À laquelle vient s'ajouter, et ce n'est sans doute pas un hasard, une deuxième méconnaissance : celle de l'indépendance du primat phallique par rapport à la biologie. Dans une lettre sur la sexualité féminine adressée à Carl Müller-Braunschweig, le 21 juillet 1935, Freud pointe la méconnaissance de cette indépendance, et cela dans les termes les plus catégoriques qui soient : « Je m'inscris en faux contre vous tous [Horney, Jones, Rado, etc.], autant que vous êtes, parce que vous ne faites pas une distinction nette et claire entre ce qui est psychique et ce qui est biologique, parce que vous essayez d'établir un parallélisme facile entre les deux, et que, ce faisant [...], vous êtes amenés à considérer comme réactionnelles ou régressives beaucoup de choses qui sont de toute évidence primaires[16]. »

Cette insistance sur la séparation nette et claire entre la psychologie et la biologie ne doit pas nous étonner. Après tout, quelle part a joué la biologie dans la découverte de l'Œdipe ? Or, la phase phallique est contemporaine du complexe d'Œdipe ; et c'est à la menace de castration que Freud assigne la régulation du désir, tant chez l'homme que chez la femme. Plus précisément, c'est la menace de castration qui conduit à la disparition du complexe d'Œdipe chez le premier. Alors que, chez la fille, c'est la reconnaissance de sa castration qui détermine l'entrée de celle-ci dans l'Œdipe proprement féminin.

Chapitre III

LE CRISTAL PARFAIT DE L'ŒDIPE

Le mercredi 19 mai 1909, au cours d'une réunion de la Société psychanalytique de Vienne, Freud a prononcé une conférence intitulée *D'un type particulier de choix d'objet masculin*. En 1910, il a publié un article qui traite le même sujet. Cet article ne nous dispense pas de lire le texte de la conférence initiale, publié dans le deuxième volume des minutes de la Société de Vienne. Dans cette conférence, en effet, Freud s'explique plus amplement, du moins sur certains points. Par ailleurs, celle-ci a été suivie d'un débat animé, qui a continué pendant la séance suivante, celle du mercredi 26 mai. Et les questions soulevées alors, comme les réponses apportées, peuvent nous aider à mieux peser les idées en jeu.

Ce type de choix est caractérisé par quatre traits. Ces traits, nous ne les rencontrons pas toujours ensemble, avec le même degré de clarté. Pas plus que nous ne rencontrons de cristal parfait. Ce que nous rencontrons le plus communément, ce sont des cristaux où des facettes manquent, et où les autres ne se présentent pas toujours avec le même degré de clarté et de netteté. Il n'empêche que cette comparaison me paraît éclairante, en ce qu'elle nous suggère qu'avec ces quatre traits, pris ensemble, nous avons le cristal parfait de l'Œdipe. C'est ce qui explique, à mon avis, le fait que Freud se soit donné la peine d'étudier ce type, bien qu'il note qu'il ne s'agit pas d'un type qui se fasse remarquer par sa fréquence. Il ne l'a rencontré que chez quelques personnes de sa connaissance, qu'il ne considérait d'ailleurs pas comme des névrosés, ce qui enlèverait à leur étude toute portée clinique.

Le premier trait est une condition : l'objet d'amour de ces hommes doit être la femme d'un autre. Ces hommes tombent donc plus facilement amoureux de femmes mariées que de jeunes filles, et de celles-ci seulement lorsqu'elles sont sur le point d'appartenir à un autre. Cette condition s'explique d'elle-même, dit Freud, « comme cas de la mère ». Le moins que l'on puisse dire est que cette notation lapidaire appelle de plus amples développements. Dans l'article, Freud décrit cette contrainte comme tournant autour du *tiers lésé*. Elle pourrait, sans doute, facilement se combiner avec la tendance sadique d'un homme, même si le fait qu'elle soit satisfaite ne peut être considéré automatiquement comme un triomphe sadique. De fait, j'ai connu deux ou trois hommes correspondant à cette description. Ils tenaient beaucoup à ce qu'on ne sache rien de leurs liaisons, surtout les tiers lésés. Et l'on se demande, alors, quelle est cette sorte de sadisme qui tient à rester ignoré de la personne sur laquelle il devrait s'exercer ! On pourrait, certes, m'objecter qu'en procédant ainsi, ces personnes prenaient simplement en considération le principe de réalité, qui recommande l'évitement du scandale social. Et que, pour le reste, elles jouissaient bel et bien de leur sadisme « en leur for intérieur ». Cependant, on sent bien que quelque chose cloche ici, et on aimerait bien ajouter à cette explication dynamique, certes recevable, une autre explication à caractère plutôt logique.

Le deuxième trait est que ces hommes sont très fidèles aux femmes dont ils sont épris et s'en détachent bien difficilement. Même s'ils tendent à répéter avec l'une l'expérience faite avec l'autre, de manière à former une série, ce qui est en contradiction évidente avec la fidélité. Cette contradiction se résout pourtant sur un autre plan, en ce sens que ces femmes se remplacent parfaitement l'une l'autre, au point qu'elles sont, en fait, identiques. Identiques à quoi ? Freud répond : « La grande fidélité correspond à la grande signification de la mère, à l'attachement à elle, etc.[1] » Impossible ici de ne pas s'interroger sur cette « grande signification de la mère ». Mais, pour le moment, limitons-nous à citer la suite des propos de Freud : « Chez ces personnes, on peut assez régulièrement déceler le fantasme de mariage. Certes, elles ne se marient pas facilement, mais quand elles tombent amoureuses, le fantasme du mariage est toujours là, bien qu'en règle générale, il s'agisse de femmes qu'elles ne peuvent pas épouser. Les rêves et les fantasmes de ces personnes révèlent la "ligue secrète" de leurs années de petit garçon, qui signifie, en dernier ressort, toujours le mariage[2]. » Quant à la formation de la série, elle est due à l'attente de trouver avec celle qui succède la satisfaction qui a manqué avec la précédente.

Le troisième trait de notre cristal œdipien est celui qui paraît aux yeux de Freud le plus intéressant et le plus énigmatique, en raison du contraste qu'il présente avec l'image de la mère. En fait, Freud se réfère ici à une forme de séparation sur laquelle il reviendra ultérieurement, en 1912, dans ses *Considérations sur le plus commun des ravalements de la vie amoureuse*. Il s'agit de la séparation entre l'amour psychique et l'amour sensuel. On observe souvent chez les jeunes hommes, lorsque leur sensualité devient assez forte, qu'elle perce « à côté », c'est-à-dire sous restriction de ne pas toucher aux femmes pour lesquelles ils éprouvent un grand respect. Ils n'ont donc de rapports sexuels qu'avec des femmes qui sont méprisées. Une telle sorte de femme, à la réputation douteuse, offre l'avantage d'un compromis, qui permet une réunification des tendances qui ont marqué « le clivage originel de la vie amoureuse ».

Le quatrième et dernier trait semble être une conséquence secondaire du point précédent, mais en réalité il ne l'est pas. Ce point paraît particulièrement intéressant aux yeux de Freud, qui estime que cela vaudrait la peine de faire un jour un petit travail intitulé : « Motifs de salut et de rédemption dans le fantasme et la névrose ». Se référant à la jeunesse de Rousseau, et à ce que nous savons de sa relation avec Mme de Warens, Freud note que nous trouvons souvent, chez les névrosés, le fantasme selon lequel la mère devrait se donner au fils, afin qu'il puisse se libérer de la masturbation. En ce point, Freud fait une distinction entre la rédemptrice individuelle et le rédempteur du monde, le sauveur de l'humanité. La première de ces figures, qui apparaît aussi dans *Le vaisseau fantôme* de Wagner et ailleurs, dans la littérature, « a toujours son origine dans la mère qui, dans le fantasme, vient réaliser le désir de son fils, et le délivrer de la masturbation[3] ».

Il reste que l'explication d'une conduite par un fantasme ne saurait être tenue pour une explication de ce fantasme même. Surtout lorsque ce dernier est marqué par une contradiction aussi criante. Freud va donc ajouter une autre explication. Se référant à l'ouvrage de Rank, *Le mythe de la naissance du héros*, il conclut que le complexe du salut a quelque chose à faire avec l'enfantement. Et que le salut est le témoignage de reconnaissance envers les parents pour avoir été mis au monde. Ce motif acquiert un autre sens par rapport au père et par rapport à la mère. Par rapport au père, c'est le fantasme de sauver le père (l'empereur ou le roi). Ce fantasme devient conscient pendant une période de rébellion contre le père, lorsque le fait même de lui devoir la vie devient « gênant ». Le motif acquiert donc ici une connotation hostile, alors que, pour la mère, il prend une connotation de tendresse. Dans les termes de l'analyse du symbolisme de l'eau, le fantasme de sauver une femme de l'eau signifie faire un enfant à sa mère, en échange du don de la vie fait au fils.

Dans l'article de 1910, Freud écrit sans ambages : « Ce choix d'objet bien particulier et ce comportement amoureux si étrange ont la même origine psychique que ceux que l'on rencontre dans la vie amoureuse du sujet normal[4]. » Il est vrai que Freud ajoute aussitôt une distinction entre le normal et le moins normal : « Dans la vie amoureuse normale, il ne reste que peu de traits qui trahissent indubitablement le prototype maternel du choix d'objet – par exemple la prédilection d'hommes jeunes pour des femmes déjà mûres ; la libido s'est détachée relativement vite de la mère. Dans notre type au contraire, la libido s'est attardée si longtemps chez la mère, même après le début de la puberté, que les objets d'amour ultérieurement choisis conservent l'empreinte des caractères maternels et deviennent tous des substituts matériels facilement reconnaissables. La comparaison avec la conformation du crâne du nouveau-né s'impose ici : après un accouchement prolongé, le crâne de l'enfant doit se présenter comme un moulage du détroit inférieur du bassin maternel[5]. »

Autrement dit, la normalité est fonction du complexe d'Œdipe, et la différence entre le normal et le moins normal s'accentue en proportion qu'on se détache de ce complexe ou qu'on s'y attarde. C'est pourquoi Freud dit avoir observé le comportement sexuel qu'on vient de voir « chez des sujets en gros normaux ou même chez des hommes exceptionnels ». *En gros normaux*, parce que ce n'est tout de même pas un comportement si conforme au judicieux principe de plaisir, ou même de réalité, que de n'aimer une femme qu'à de telles conditions. Au prix des tourments de la jalousie, ou en voulant la sauver de la condition pour laquelle on l'aime justement ! Quoi qu'il en soit, ce type de choix d'objet indique incontestablement, au même titre que la forme du crâne du bébé au moment de l'accouchement, une position particulièrement imprégnée par la figure maternelle. En cela, il nous confronte avec plus d'acuité que tout autre à la question de la signification de l'Œdipe et de sa disparition.

Nous avons donc intérêt à voir de plus près les textes de Freud concernant ce type particulier de choix d'objet masculin, qui se caractérise, nous l'avons dit, par quatre traits. Reprenons-en la logique cristalline plus en détail.

La première caractéristique, qui consiste en ce que certains hommes aiment *toujours* des femmes mariées, signifie que l'objet de leur désir se reconnaît à son appartenance à un tiers. C'est à ce trait que leur désir se réveille, comme au premier jour. Il est vrai que le Décalogue interdit la concupiscence qui nous fait convoiter la femme de notre voisin. Mais comment faire lorsque sans voisin (comme dans notre cas), il n'y a pas de femme convoitable ? Plus précisément, comment faire lorsqu'on ne peut désirer une femme que lorsqu'elle est celle d'autrui ? Car ici le « tiers lésé » n'est pas la conséquence du choix, comme le présume Freud, il en est la condition. L'hétérosexualité chez ces hommes surgit donc sur un fond d'homosexualité, non seulement sociale mais quasiment religieuse, qui noue leur désir à la faute, et en repêche l'objet là où ils sont pécheurs.

La portée de cette mise au point réside en ce qu'elle nous interdit de simplifier l'explication de la condition du tiers lésé. Par exemple en faisant appel au principe qui veut que le désir soit désir de l'objet que le petit autre, mon frère, a ou veut avoir. Car l'avoir qui est en balance dans le rapport au tiers lésé n'est pas synonyme de la simple jouissance de l'objet, mais de celle-ci en tant qu'elle se définit sur le plan de la légalité propre aux sociétés humaines, comme *droit à la jouissance*.

On touche peut-être ici à l'origine de l'idée même de droit. En effet, l'échange est la substance de l'existence sociale. Or, tout échange met en jeu des objets préalablement admis comme la propriété des agents. De fait, on a repéré une des racines de l'écriture dans les marques inventées pour indiquer la propriété individuelle ou collective (un territoire, une cabane, une arme, un outil, etc.). Ces marques équivalent en quelque sorte à des noms propres, qui indiquent à qui appartient l'objet, lequel devient de ce fait un bien. Il le devient, mais peut-être pas si rapidement que ça, ajouterais-je par digression. Car ce droit à la jouissance, qui définit la propriété privée, ou collective, ouvre la porte à une ambiguïté fatale pour le désir.

De deux choses l'une en effet. *Soit* on jouit de

l'objet, au sens de s'en servir pour la réalisation de tel ou tel but, conformément au principe de plaisir ou de réalité. Et c'est dans ce sens que Lacan peut dire qu'il n'y a de bien que ce qui paye le prix d'un désir. *Soit* on jouit de son pouvoir sur l'objet, et de ce que cet objet représente pour soi. Sans aller jusqu'à gloser sur l'avare et sa cassette, ni sur les milliards qui s'accumulent dans les paradis fiscaux, on peut songer, plus simplement, au brave obsessionnel qui jouit de la supériorité que sa voiture lui donne sur le piéton. Position qui lui permet de jouer, à l'occasion, le rôle du seigneur auprès de ce dernier, en lui cédant la priorité.

La deuxième caractéristique de ce type de choix est la contradiction entre la fidélité ou la force de l'attachement, et la tendance à la répétition ou à la formation d'une série. Freud l'explique par l'équivalence des unités qui constituent cette série : ces femmes répètent la même figure qui se retrouve dans toutes, celle de la mère. Dès lors, devient compréhensible la constitution d'une série infinie, « parce que chaque substitut fait regretter l'absence de la satisfaction vers laquelle on tend ». Maintenant, de quoi s'agit-il dans cette figure de la mère ? Revenant, dans l'article de 1910, sur le premier trait, celui qui consiste à choisir des femmes qui ne sont pas libres, Freud soutient que son explication est une tâche facile : « On comprend immédiatement que pour l'enfant qui grandit dans sa famille le fait que la mère appartienne au père devient un élément inséparable de l'essence maternelle et que le tiers lésé n'est personne d'autre que le père lui-même[6]. » Autrement dit, avec l'émergence de la sexualité précoce, le désir humain se présente génétiquement comme désir d'un objet dont l'interdiction est incluse dans sa définition même. La mère est ainsi l'incarnation de la jouissance refusée. Partant, si le sujet tient à retrouver cette figure, *c'est qu'il s'attache à retrouver cette perte dont sa libido tire son énergie de retrouvaille.*

Se référant à la prohibition du choix d'objet incestueux, Freud écrit, dans *Malaise dans la civilisation*, que cette prohibition « constitue la mutilation la plus drastique jamais subie par la vie érotique de l'homme ». Dans le paragraphe qui suit, il fait la remarque que ce n'est pas seulement la pression de la civilisation, mais quelque chose dans la nature de la fonction elle-même qui nous refuse la pleine satisfaction et nous aiguille vers d'autres chemins. On voit la connexion entre les deux idées. C'est parce que rien n'est plus angoissant, pour le sujet parlant (à l'âge où pointe précocement la sexualité phallique), que la pleine satisfaction attendue du Souverain Bien incarné par la mère, que la *civilisation* impose cette « mutilation drastique ». La répétition qui caractérise le choix d'objet étudié par Freud est une répétition où s'assure l'impossibilité d'une jouissance qui, en allant au-delà du bien, est le mal même.

Pour ce qui est de la troisième caractéristique, le choix de femmes à réputation douteuse, on remarquera qu'il ne s'agit probablement pas ici du doute comme position cognitive. Comme s'il s'agissait pour le sujet de maintenir sa relation en attendant de savoir s'il a affaire à une femme irréprochable, ou à une « artiste de l'amour ». Nous avons plutôt affaire à un doute de style obsessionnel, qui recouvre une double certitude : que l'objet de l'amour est tout à la fois une femme digne de respect et une putain. C'est cette contradiction qui est à expliquer.

Je rappellerai à ce sujet qu'après la seule visite qu'il a rendue à Freud accompagné de son père, le petit Hans a raconté à ce dernier cette histoire : « Je suis allé avec toi dans le train, et nous avons cassé la fenêtre et l'agent de police nous a amenés avec lui. » Freud y voit l'indice que Hans est arrivé à concevoir la barrière de l'inceste, « mais il le considérait comme interdit *en lui-même*[7] ». Or, le fait est que l'inceste est bel et bien interdit en lui-même, si l'on entend par là que cette interdiction a une valeur universelle. Mais la phrase de Freud prend sens si l'on considère que Hans pensait que sa mère, elle, était interdite *en elle-même*. On voit ici le problème auquel se heurte le petit garçon : interdite en elle-même, sa mère est au-dessus de l'amour sensuel ; mais si elle le fait avec l'un, c'est qu'elle le peut avec tous. La sainte image maternelle se renverse en celle de la putain.

La dernière caractéristique du cristal œdipien est le besoin de sauver l'objet d'amour de la déchéance morale. Freud évoque ici tout un ensemble de fantasmes qui visent à sauver la vie du père, aussi bien que celle de la mère. On a vu, notamment, que le fantasme de sauver le père (l'empereur ou le roi) « devient conscient durant une période de rébellion contre le père, quand on commence à trouver gênant de lui devoir la vie[8] ». On a vu aussi que le fantasme de sauver la mère (ou tel substitut maternel), notamment de l'eau, signifie le désir de lui donner un enfant, en échange de la vie reçue d'elle. « Le salut, remarque joliment Freud, est le cadeau offert en échange du don de la vie[9]. »

Pour ma part, je n'ai jamais rencontré dans l'inconscient l'idée d'une dette de gratitude contractée envers les parents, en échange de la vie qu'ils ont donnée. Cela ne prouve rien d'ailleurs. Il y va peut-être d'une résistance ou d'une surdité de ma part. À chacun d'en appeler ici à son expérience de l'inconscient. En revanche, ce qu'on peut assurer à bon droit, c'est que le désir, dans son articulation à la loi, où il se constitue comme faute ou comme péché, représente ce qu'on peut appeler « le premier temps de la subjectivation de la loi ». Celui qui caractérise l'ordre même de la culture, ou encore la première prise du sujet dans une Alliance qu'il n'a pas demandée – pas plus que le peuple juif n'a demandé l'Alliance pour laquelle Dieu, lui, l'a choisi[10]. Cette opération de dette sans contrat, d'alliance sans choix, qui constitue, rappelons-le, la mutilation la plus drastique de notre vie érotique, est une opération constitutive du sujet comme tel. En ce sens, elle correspond à un refoulement originaire, générateur d'un sentiment de faute qui imprègne le désir, tant que la dette symbolique reste impayée. Si les hommes dont Freud étudie le choix d'objet mènent leur vie amoureuse sur un mode qui rappelle le vaudeville, plutôt que la tragédie, c'est que le besoin de salut n'apparaît chez eux que sous la forme inversée d'un besoin de sauver.

Avant de conclure ce commentaire des textes freudiens relatifs au type purement œdipien de choix d'objet masculin, je m'arrêterai sur un point d'ordre terminologique.

On a vu que Freud estimait, non sans quelques réserves, que ces hommes étaient des gens normaux. C'est que le terme « normal » a deux sens. Il y a le normal de la « pathologie universelle », en tant qu'elle réside dans le caractère foncièrement perdu de l'objet cause du désir, ce qui nécessite la médiation de la fonction de la castration pour assurer le choix d'objet. Il y a aussi le normal conforme au principe de plaisir ou de réalité. Du premier point de vue, la sexualité de ces hommes est normale, au sens où elle est enracinée dans la nécessité de l'interdit comme médiation. Mais, en même temps, cette normalité « laisse à désirer », c'est le cas de le dire, du second point de vue, celui du principe de réalité. Car un tel principe appellerait plutôt un désir qui ne se dérobe pas à la reconnaissance.

Revenons maintenant, une dernière fois, au complexe d'Œdipe tel qu'il apparaît au prisme du cristal parfait auquel Freud a consacré les études que nous venons de commenter. La question se pose de savoir comment en sortir, quel sens a, dans ce cas, la « disparition du complexe d'Œdipe » ? Cette disparition mine-t-elle les assises mêmes du choix de l'objet, ou bien représente-t-elle, au contraire, comme on le pense couramment, la condition du choix normal, sans conséquences névrotiques ? Un temps d'arrêt s'impose ici sur les écrits de Freud, relativement à cette question.

Dans l'article de 1924, « La disparition du complexe d'Œdipe », Freud évoque une première conception selon laquelle « le complexe d'Œdipe sombrerait du fait de son échec, résultat de son impossibilité interne[11] ». Possibilité intenable, puisque l'Œdipe coïncide justement avec l'apparition du désir proprement sexuel, à un moment qui antécède la maturation organique dont dépend sa satisfaction. Une deuxième conception stipule que la dissolution du complexe d'Œdipe est une chose programmée par la nature « tout comme les dents de lait tombent quand poussent les dents définitives[12] ».

« On ne peut contester à ces deux conceptions, écrit Freud, leur bon droit[13]. » Cette affirmation laisse à redire. Pour ce qui est de la première conception, attribuant la disparition du complexe d'Œdipe à son impossibilité interne, on peut se demander si un facteur symbolique, nommément celui de l'interdiction de l'inceste, ne joue pas en l'occurrence. En ce sens qu'il ferait de cette impossibilité même la condition du choix de l'objet. Sans l'impossible, en effet, il n'y a pas de possible qui vaille. Quant au rapprochement entre le complexe d'Œdipe et les dents de lait, nous sommes en droit de nous étonner encore plus. Freud n'a-t-il pas été le premier à avoir noté la coïncidence de ce complexe avec un phallicisme qui n'a rien d'un phénomène biologique ? Comment peut-il, dès lors, assimiler un tel complexe à un phénomène qui tombe de lui-même, conformément à un ordre naturel. Mais comme, tout en admettant ces conceptions, Freud estime qu'« il n'en reste pas moins intéressant de suivre la façon dont ce programme inné est exécuté[14] », suivons-le dans cette démarche.

Son premier pas consiste à rappeler la phase phallique, qui est en même temps celle du complexe d'Œdipe. Le fait-pipi n'en reste pas à la fonction qui lui donne son nom, mais se met en érection et suscite des sensations qui incitent le garçon à le « manipuler généreusement ». À moins de l'attribuer à la « bonté de la nature », comme le suggère Freud non sans humour, l'investissement narcissique extraordinaire dont cet organe est alors doté n'est pas très clair. Peut-être le petit garçon ressent-il obscurément que c'est par là qu'il sera un jour l'égal de son père. Quoi qu'il en soit, la masturbation, aussi bien que l'habitude de mouiller son lit, attirent pour le garçon la menace de castration de son pénis ou de sa main, proférée par l'entourage, le plus souvent féminin. Bien qu'il ait déjà eu l'expérience de la séparation des parties précieuses de son corps, comme le sein et les fèces, qui sont narcissiquement investies, le garçon ne croit pas à ces menaces, ni n'y obéit. Chaque nouvelle expérience fait que le garçon commence à compter avec la possibilité de la castration : « mais là encore en hésitant, à contrecœur et non sans s'efforcer de réduire la portée de sa propre observation[15] ».

« L'observation qui finit par briser l'incroyance de l'enfant, écrit Freud, est celle de l'organe génital féminin. Il arrive un beau jour où l'enfant, fier de la possession de son pénis, a devant les yeux la région génitale d'une petite fille et est forcé de se convaincre du manque d'un pénis chez un être si semblable à lui[16]. » On peut dire qu'à partir de ce jour-là, l'être « si semblable » tombe victime du narcissisme de la *grosse* différence !

Mais allons doucement. Le complexe d'Œdipe comporte deux possibilités de satisfaction. L'une, active, qui fait que, sur un mode masculin, le garçon veut remplacer son père et avoir commerce avec sa mère. Le père est alors ressenti comme un obstacle. Mais à partir du moment où la menace de castration est devenue représentable, *ce père obstacle subit une transformation profonde*. Il n'est plus un rival qui prend sa revanche, quitte à ce que cette revanche prenne forme de castration, mais un père qui punit. Et c'est à titre de *punition*, dit Freud, que la satisfaction active entraîne la castration comme conséquence. Ce qui implique que la menace de castration s'articule à un sentiment de légitimité, celui que donne le droit.

Quant à l'autre possibilité de satisfaction, passive ou féminine, où l'enfant veut remplacer sa mère auprès de son père, elle implique maintenant la castration au titre de condition préalable. Bref, de quelque côté qu'on l'envisage, la satisfaction sexuelle coûte le pénis. Du coup, un conflit se crée entre l'intérêt narcissique pour cet organe et l'investissement libidinal des objets parentaux. Dans ce conflit, la première de ces forces l'emporte : « le moi de l'enfant se détourne du complexe d'Œdipe[17] ». En somme, l'enfant se détourne de ses objets incestueux pour sauver son pénis. On remarquera que Freud ne tient pas compte du fait que la menace de castration, entérinée comme « punition », comporte une reconnaissance de la dette symbolique. Dès lors, la relégation du complexe d'Œdipe dont il parle reste douteuse. Se « détourner » du complexe d'Œdipe, ici, revient donc simplement à dire qu'entre les objets de son désir, tout incestueux qu'ils soient, et son pénis, le garçon préfère ce dernier. Mais pour rendre justice à la pensée de Freud, abordons de plus près les explications plus développées qu'il donne quant à la façon dont ce détournement s'accomplit.

Freud reprend, en l'occurrence, les idées déjà développées dans *Le moi et le ça*, à savoir que les investissements d'objet sont abandonnés et remplacés par des identifications. « L'autorité du père ou des parents, introjectée dans le moi, y forme le noyau du surmoi, lequel emprunte au père la rigueur, perpétue son interdit de l'inceste et ainsi assure le moi contre le retour de l'investissement libidinal de l'objet[18]. » Les tendances incestueuses sont en partie désexualisées et sublimées, et en partie changées quant au but en motions de tendresse. Quant à l'organe génital, on peut dire qu'il a d'un côté été sauvé, mais que, d'un autre côté, il a été supprimé dans son fonctionnement. Là commence le temps de latence. Le développement sexuel de l'enfant est alors interrompu jusqu'à l'avènement de la puberté. Moment où s'accomplit la découverte de l'organe génital féminin, ainsi que la synthèse des pulsions partielles et leur subordination au primat des organes génitaux. « L'établissement de ce primat au service de la reproduction est donc la dernière phase parcourue par l'organisation sexuelle. »

Le procès que Freud vient de décrire représente, à ses yeux, non pas un simple refoulement, mais une destruction et une suppression du complexe d'Œdipe. Il ajoute : « Nous sommes portés à admettre que nous sommes tombés ici sur la ligne frontière, jamais tout à fait tranchée, entre le normal et le pathologique[19]. » Ce *jamais tout à fait tranchée* correspond au fait que nous avons toujours affaire dans les analyses, fussent-elles « didactiques », à des Œdipes plus ou moins ratés. C'est-à-dire à des exemples plus ou moins réussis, jamais tout à fait, de normativation œdipienne. Ce que Freud exprime comme une ligne frontière entre le normal et le pathologique représente plutôt une séparation entre la réalité et l'idéal.

Quoi qu'il en soit, avec sa conception de la puberté comme phase où la sexualité reprend sa fonction naturelle, au service de l'espèce, Freud se rapproche dans une large mesure des thèses d'Abraham sur le développement de la libido. Seule subsiste sa volonté tenace de marquer (envers et contre tous, Abraham compris) le caractère primaire, psychologique et non biologique, de la phase phallique et de la menace de castration. Cela ne l'a d'ailleurs pas empêché de faire appel à la phylogenèse pour expliquer cette menace. Mais, tout imaginaire qu'elle soit, elle va dans le sens de la reconnaissance de la dette symbolique. À telle enseigne que Lacan a pu dire que la castration, c'est l'interprétation de la menace de castration. En d'autres mots, la dette symbolique se consomme là où la signification de la menace en question devient restituable. Ce point gagne en clarté si l'on regarde les choses du côté du complexe de castration chez la fille.

Sans doute en raison de son adhésion à la théorie de la bisexualité de Fliess, Freud insiste lourdement sur le caractère initialement masculin de la fille, qui précède sa perception d'elle-même comme fille. Avant son Œdipe féminin, elle se comporte tout à fait comme un garçon, et son clitoris lui-même « se comporte tout à fait comme un pénis ». Ce qui veut dire sans doute qu'il se prête à la même « manipulation généreuse » évoquée par Freud à propos du garçon. Puis elle aperçoit un jour, comparaison aidant, que c'est « un peu court ». D'où naît le sentiment de manque ou encore, plus précisément, d'« infériorité organique ».

Plusieurs possibilités se dessinent alors ici. 1) Une réaction de désaveu, au sens de refus d'admettre le manque, refus qui peut conduire à l'homosexualité. 2) Une négation du manque, mais qui n'empêche pas l'assomption de la féminité comme mascarade. 3) Le manque est admis et le complexe d'Œdipe se met en route. « La fille renonce au désir de pénis pour le remplacer par le désir d'enfant et, dans ce *dessein*, elle prend le père comme objet d'amour[20]. » Dans son article de 1925, « Quelques conséquences psychiques de la différence anatomique entre les sexes », Freud tire de ces développements la conclusion suivante : « *Tandis que le complexe d'Œdipe du garçon sombre sous l'effet du complexe de castration, celui de la fille est rendu possible et est introduit par le complexe de castration*[21]. »

Comme nous avons soutenu que le complexe de castration ne détruit pas le complexe d'Œdipe, il est intéressant de voir comment prennent fin les analyses menées par Freud. Précisément parce qu'elles échouent, toutes, tant celles des hommes que celles des femmes, sur cette question de la castration.

Dans « L'analyse avec fin et l'analyse sans fin », Freud décrit dans des termes qu'on peut dire pathétiques la vanité de nos efforts « lorsqu'on veut inciter les femmes à abandonner leur désir de pénis comme irréalisable[22] ». Or, si elles tiennent au désir de pénis en tant qu'irréalisable, c'est qu'elles tiennent à assurer un manque qui ne se réduit pas à celui du pénis, même s'il s'articule dans ces termes. La preuve en est que Freud aboutit au même échec, lorsqu'il veut convaincre un homme qu'une position passive envers un autre homme n'a pas toujours la signification de la castration. Et l'on découvre, en effet, d'après sa description, qu'on a affaire à une passivité parfois fort active. Et qui va jusqu'au refus de tout recevoir, fût-ce la guérison, comme pour préserver, *au titre d'un au-delà du don*, un manque où réside l'essence de la subjectivité. Le phallus est ce manque ou cette castration même. Et la névrose réside en ce que le sujet veut en jouir, en pensant trouver dans le pénis son correspondant positif.

On touche ici du doigt le fait que le concept du phallus comme manque ne pouvait manquer d'entraîner une reprise de la théorie freudienne de la sexualité. Mais pour mieux comprendre justement les déplacements opérés par Lacan sur ce point, nous avons intérêt à faire encore un dernier détour, dans le temps cette fois-ci, pour parcourir le champ des significations de la « différence sexuelle ».

Dans son livre *La fabrique du sexe*[23], Thomas Laqueur avance deux affirmations qui appellent notre attention.

La première est que « pendant des millénaires s'était imposée comme un lieu commun l'idée que les femmes avaient les mêmes parties génitales que les hommes si ce n'est que, suivant les mots de Némésius, l'évêque d'Émèse au IVe siècle, "les leurs sont à l'intérieur du corps, non pas à l'extérieur". Galien, qui au IIe siècle de notre ère élabora le plus puissant et le plus résilient des modèles d'identité structurelle, mais non spatiale, des organes de reproduction mâles et femelles, s'attacha longtemps à démontrer que les femmes étaient au fond des hommes chez qui un défaut de chaleur vitale – de perfection – s'était soldé par la rétention, à l'intérieur, de structures qui chez le mâle sont visibles au-dehors[24]. »

L'auteur n'a pas de peine à montrer que les explications de la biologie antique, qui ne reconnaissait qu'un seul sexe, reflétaient la réalité métaphysique sur laquelle, pensait-on, reposait l'ordre social. La nouvelle biologie « avec sa quête de différences fondamentales entre les sexes, dont faisait partie l'interrogation torturée sur l'existence même du plaisir sexuel des femmes [...] apparut au moment précis où les fondements de l'ancien ordre social se trouvèrent définitivement ébranlés[25] ». De fait, c'est précisément au XVIIIe siècle que fut inventé, selon l'auteur, le sexe tel que nous le connaissons. « Des organes qui avaient partagé le même nom – ainsi les ovaires et les testicules – se trouvèrent désormais distingués au niveau linguistique. Des organes que l'on n'avait pas encore distingués par un nom propre – le vagin, par exemple – s'en virent attribuer un. Des structures que l'on avait crues communes à l'homme et à la femme – le squelette et le système nerveux – furent différenciées de manière à trouver une correspondance avec le mâle et la femelle dans la culture. Le corps naturel lui-même devenant l'étalon-or du discours social, le corps des femmes – l'autre pérenne – devint ainsi le champ de bataille de la redéfinition de l'antique et intime relation sociale fondamentale : celle de la femme et de l'homme. Dans sa concrétude corporelle, scientifiquement accessible, dans la nature même de ses os, de ses nerfs et, surtout, de ses organes de reproduction, le corps des femmes en vint à supporter un nouveau poids de significations tout à fait considérable. Autrement dit, on inventa deux sexes afin de pourvoir le genre d'un fondement nouveau[26]. »

Est-ce à dire que le sexe biologique n'a aucune réalité en dehors du genre ? Je ne pense pas que l'auteur va jusqu'à cet extrême, qui frôle la dénégation. Si je le comprends bien, son opinion serait qu'on ne peut rien dire du sexe qui échappe à nos préjugés sociaux relativement au genre. Je reviendrai ultérieurement sur ce point, qui sera autrement plus approfondi chez Lacan. Mais j'aimerais auparavant faire état de certaines observations de l'auteur. Elles fondent la deuxième affirmation qui nous intéresse ici, et concernent la thèse freudienne de l'émigration de la sexualité féminine d'un clitoris masculin vers un vagin indubitablement féminin.

La première observation est celle selon laquelle, avant 1905, nul ne pensait qu'il y eût une autre espèce d'orgasme féminin que le clitoridien. La deuxième observation qui, écrit l'auteur, « intéresse plus directement le thème de cet ouvrage, c'est qu'il n'est rien dans la nature qui nous dise comment interpréter le clitoris. De toute évidence, ce n'est pas un pénis féminin, et il n'est pas non plus évident qu'il s'oppose au vagin[27] ». De là découle cette affirmation au sujet de Freud : « Tout se passe comme si Freud avait découvert dans l'anatomie la base de tout l'univers du genre au XIXe siècle. Dans un âge soucieux jusqu'à l'obsession de pouvoir justifier et distinguer les rôles sociaux des hommes et des femmes, il semble que la science ait trouvé dans la différence radicale du pénis et du vagin, non pas un simple signe de différence sexuelle, mais son fondement même[28]. » Bref, Freud ne ferait pas exception à la règle qui veut que le discours sur le sexe n'échappe pas à l'idéologie relative au genre. Qu'avons-nous à dire là-dessus ?

Pour ma part, je trouve que, sur ce point, Laqueur a raison. Et qu'on peut considérer avec lui que nos cogitations au sujet de la différence des sexes reflètent les idées politiques, économiques, métaphysiques, qui règnent au sein de la société. Personne n'échappe donc à la référence au discours social et, partant, au langage. Freud pas plus que quiconque. Or, nous avons vu que chaque langue aborde le réel selon un angle qui lui est propre, et qu'elle y introduit un système de différences qui ne coïncide pas avec celui d'une autre langue. Par exemple, nous pouvons imaginer, avec Wittgenstein, une population dont la langue distingue deux espèces de douleurs, que nous autres ne distinguons pas. L'une serait liée aux blessures visibles et inciterait les gens à prodiguer leurs soins. L'autre, due au mal à l'estomac, serait juste matière à plaisanterie. Pourtant, là où il s'agit de la différence entre les sexes, *toutes les langues s'y prennent de la même manière*. Elles font du pénis le signifiant du masculin, et nous laissent sans aucune prise sur le féminin, simplement défini par sa simple altérité. Ce qui nous met au plus proche de la définition que Lacan donne du sujet. Je m'explique, même au risque d'une trop longue digression.

Au début de son enseignement, Lacan se référait souvent à l'idée commune selon laquelle l'objet aurait moins de dignité que le sujet, puisque « un objet en *vaut* un autre ». Mais il ajoutait aussitôt que la condition du sujet est encore pire puisque « un sujet *en est* un autre ». En effet, en règle générale, si vous nommez quelque chose, il tombe tout entier sous le coup de cette nomination. En revanche, aucun sujet ne saurait être tout entier épuisé dans ou par telle dénomination. Au contraire, toute dénomination d'un sujet fait surgir une dimension de singularité s'y soustrayant. Et, dès lors, il est toujours possible qu'un autre signifiant que celui de la dénomination de départ glisse sous ce dernier pour représenter le sujet qui est là, pur effet du nom, auprès d'un autre signifiant. Bref, à la fonction identificatoire de la nomination, s'ajoute ici la génération de l'altérité. Peut-être est-ce là le ressort de l'intérêt que nous portons à cette altérité qui hante les êtres humains, et qui fait que nous sommes tous, sans distinction de sexe, concernés par la question de cette pure altérité que représente le féminin.

On dira que ce n'est pas parce que le langage n'inscrit le féminin que sous une forme purement négative, que nous devons nier sa « spécificité », cette spécificité que Luce Irigaray défend aussi vaillamment qu'intelligemment dans son livre *Ce sexe qui n'en est pas un*[29]. Seulement le vrai problème ici n'est pas cette spécificité elle-même, *mais ce que l'on peut en dire*. Or, à la question qu'on lui a posée : « Qu'est-ce qu'une femme ? », Luce Irigaray a répondu : « La question "Qu'est-ce que ?", c'est la question métaphysique – à laquelle le féminin ne se laisse pas soumettre[30]. » C'est une insoumission à laquelle je souscris volontiers. Là où j'ai du mal à la suivre, en revanche, c'est quand on lui repose la même question, mais en d'autres termes : « Par-delà la déconstruction de la théorie freudienne de la féminité, peut-on (pouvez-vous) élaborer un autre concept de la féminité ? » Car sa réponse est alors : « Dans un langage de femmes, le concept comme tel n'aurait pas lieu[31]. » On se demande, en effet, à quoi pourrait bien ressembler un tel « langage de femmes », aconceptuel. Ne contiendra-t-il que des noms propres ? Et faudra-t-il un jour établir une loi de ségrégation langagière, comme il y en a une pour la ségrégation urinaire ?

Mais, pour en revenir à la spécificité du féminin, on ne saurait contester certaines des propositions de Luce Irigaray. Je pense notamment à celle-ci : « On sait maintenant que l'ovule n'est pas aussi passif que Freud le prétend et qu'il se choisit un spermatozoïde autant, sinon plus, qu'il n'est choisi par lui[32]. » D'ailleurs nous venons de voir avec Thomas Laqueur à quel point, depuis le XVIIIe siècle, le corps des femmes – l'autre pérenne – est devenu le champ de bataille de la redéfinition des relations femme-homme. Relations que l'on peut considérer, tout à la fois, comme les plus intimes et les plus fondamentales, d'un point de vue social. Cependant, y a-t-il une femme qui s'identifie en tant que telle à son ovule en activité, pour choisir son spermatozoïde ? Le fait est que la biologie ne nous donne pas la clé de la différence sexuelle, pas plus qu'elle ne nous donne celle du vivant, malgré la virtuosité dont elle fait montre dans la manipulation des mécanismes de la reproduction.

À la vérité, je suis persuadé que nos discours sur la femme, l'homme et leur différence ne volent guère plus haut que la dispute que Lacan a portée à notre connaissance dans « L'instance de la lettre ». Il y montre deux enfants assis face à face dans le même train, côté fenêtre. Le train s'arrête à la gare. Regardant les portes des toilettes, le garçon s'écrie : « On est à Hommes ! » La fille rétorque : « Imbécile, tu ne vois pas qu'on est à Dames ! » C'est un conflit qui n'est pas près de se résoudre, faute d'une idée du féminin qui s'imposerait d'elle-même aux deux parties. Et une telle idée n'existe pas. Pas plus qu'il n'existe une idée de la justice indépendante de celle à laquelle se réfère chaque partie d'un litige, dans la défense de ses intérêts.

Chapitre IV

NOM DU PÈRE
ET FONCTION PHALLIQUE

Reprenons maintenant la question de l'Œdipe sous un autre angle. Et essayons de répondre à la question que nous avons effleurée au chapitre précédent. L'Œdipe est-il aussi destructible que le dit Freud ? Je commencerai par une citation : « Il peut avoir été agencé correctement et au bon moment, chez certains sujets. Il peut avoir été travaillé, remanié, voire conscientisé chez d'autres. Il ne parvient tout au plus qu'à être plus ou moins solidement aménagé pour être intégré au quotidien sans produire trop de dégâts. Mais il ne se résout jamais et il n'est jamais dépassé. Pas même chez les psychanalystes patentés. Lacan disait d'ailleurs en privé qu'il n'était pas certain que Freud ait rendu un grand service à la psychanalyse en partageant ce concept[1]. »

Ce passage est d'Aldo Naouri, et je ne doute pas de la solidité des sources auxquelles il se réfère en parlant de ce que Lacan disait en privé. Seulement, la non-disparition du complexe d'Œdipe ne signifie pas la non-résolution de ses effets pathologiques. Lacan a parlé plus d'une fois du lieu où

« se lave la faute ». Le processus qui mène à ce lieu, nous pouvons le décrire de multiples façons. Choisissons celle-ci : la faute se lave à mesure que se consume le deuil de l'amour maternel, et avec lui le mirage de l'être qui a son origine dans cet amour même. La mère, en effet, aime son enfant pour lui-même. Pour elle, indépendamment de ce qu'il dit ou fait, il est toujours « lui », ce lui qui n'est en fin de compte qu'un morceau d'elle. Ce processus est le même que celui grâce auquel le désir s'allège de son narcissisme, faisant place nette au désirant – ce en quoi s'accomplit la reconnaissance de ce que Lacan appelle la « dette symbolique ». Mais on peut tout aussi bien parler pompeusement, quitte à en mesurer par la suite le sens exact, de l'accomplissement du message du nom du père[2].

Le nom du père est un concept lacanien. Pour ma part, j'étais préparé à le recevoir en raison de tout ce que Lacan avait dit avant de l'introduire, dès le début de son enseignement, concernant les trois registres de la paternité : symbolique, imaginaire et réel. J'y ai souscrit parce qu'il répondait à de nombreuses questions, qui se posaient au cours des analyses. On remarquera, au passage, qu'il transfigurait, à lui seul, la structure œdipienne, puisque de ternaire celle-ci devenait discrètement quaternaire. Ce qui m'évoque ce mystique musulman qui décrit Dieu en disant : « Jamais trois [personnes] ne se réunissent sans qu'Il soit leur quatrième[3]. »

Mon propos ne sera pas d'étudier les diverses

significations que Lacan donna à ce concept au fil de son enseignement. Il existe d'ailleurs déjà beaucoup d'excellents ouvrages sur ce point[4]. En revanche, je voudrais préciser en quel sens je l'entends et l'usage que j'en fais.

Quelle que soit la différence entre la religion et le pouvoir, l'un n'exclut pas une certaine complicité avec l'autre. Elle réside sans doute en ce que seule la première donne à la loi le mirage de légitimité dont elle a besoin. Je ne dirai pas tout haut que « les prisons sont faites avec les pierres de la loi, et les bordels avec les briques de la religion[5] ». Mais il y a assurément en jeu une sorte de « ventriloquie » transcendante, comme dit Lichtenberg. C'est celle qui fait croire aux gens que des choses qui ont été dites sur terre descendent du ciel, et le nom du père est à mon avis le concept fondamental qui nous permet de voir de quoi il retourne dans cette ventriloquie. Je m'explique.

Frege dit qu'un conquérant détruit une ville, mais non pas le nom de la ville. Il n'empêche que la ville n'en *subsiste* pas moins dans le nom. Troie est toujours là. Pour en parler, on est obligé de lui octroyer un certain être, indépendamment de son existence[6]. Aussi, parler du nom du père revient-il à parler du père de ce nom, au sens du père qui *y gît* – ce que l'on appelait autrefois le « père symbolique ». Ce père symbolique a ceci de commun avec Dieu que, comme lui, il *est* sans aucun doute, mais cela ne prouve pas son existence. Seules existent les créatures en chair et en os qui portent ce nom.

Passons aux exemples. Il existe un rêve rapporté par Freud, où l'un de ses patients parle avec son père, lequel était cependant mort sans savoir qu'il l'était. Et Freud de remarquer que le rêve devient intelligible, si l'on ajoute à la dernière phrase la clause « selon son vœu », c'est-à-dire selon le vœu du fils. Notons d'abord que Freud parle bien d'un *Wunsch*, c'est-à-dire de quelque chose qui est ce qu'il y a de plus éloigné du désir, en tant que le désir est au principe de l'acte. Croire qu'avec son Œdipe, Freud a découvert des familles qui produisent des fils meurtriers de leur père est une sottise, qui repose sur une confusion entre péché et crime.

Il reste que l'interprétation de Freud laisse à redire. Car en rêvant que son père parlait alors qu'il était mort, et qu'il ne le savait même pas, le sujet ne pouvait assurément pas aller plus loin dans le sens de l'élimination de toute interposition moïque du côté de son père. Interposition qui aurait pu rendre suspecte cette parole paternelle, ou qui inviterait à se demander ce qu'il y a là derrière. S'il y a un désir auquel ce rêve renvoie, c'est bien le désir d'entendre de la bouche de son père une parole pure, au sens d'une parole véritablement digne de foi. Mais quelle espèce de parole ? Un témoignage de l'amour paternel, une remontrance, un conseil, autre chose encore ?

Je ferai ici état d'une histoire assez significative. Le premier jour où on le mit à l'école, un petit garçon de quatre-cinq ans s'est retrouvé avec beaucoup d'autres, tous assis en rangs, les uns à côté des autres. En face, était assise à sa table madame l'institutrice, tout absorbée dans ce qu'elle était en train d'écrire. Après un moment, le garçon se leva, alla vers elle et lui demanda : « Comment tu t'appelles ? » Elle lui répondit : « Reviens à ta place. » Il revint, mais sans savoir si elle s'appelait « Reviens à ta place » ou si elle lui donnait l'ordre de regagner sa place. Dans cette incertitude, il fit pipi.

Il est clair que la justesse de cette réponse ne pouvait qu'échapper au jeune garçon, à savoir que le nom « Reviens à ta place » était justement celui qui lui donnait sa place. Non pas celle de sa majesté bébé, mais celle qui était désormais la sienne, à côté de ses petits camarades. Et l'incertitude pénible qu'elle a engendrée était le coût de sa socialisation. Grâce à une ambiguïté sémantique, nous avons là l'exemple d'un nom propre où se fait sentir une règle. Et de fait, cette perplexité de l'enfant ne laisse pas d'en évoquer une autre. Celle où nous met la réponse qu'un jour, à Horeb, Dieu a donnée à Moïse, en lui révélant son nom : « Je suis qui je suis. »

Il s'agit bien, ici aussi, de la révélation d'un nom, puisque Moïse s'en autorisera pour dire à son peuple : « *Je suis* m'envoie vers vous. » Mais même si nous allons jusqu'à affirmer que « le nom, c'est Dieu même » (ne serait-ce qu'en raison de l'équivalence entre agir selon sa volonté et agir en son nom), nous n'irons pas jusqu'à entendre par là que toute la réalité de l'être divin est enfermée dans son nom. Le dieu d'Abraham, Isaac et Jacob est encore un dieu vivant. Non seulement Il est vivant, mais Il est, en outre, l'auteur de son nom, comme de tout le reste. À ceci près que son nom a cette propriété unique entre les noms propres : nous révéler l'essence même du nommé, cette essence n'étant rien de moins que l'être même. Du coup, par rapport à Lui, tous les autres « étants » sont frappés au coin d'une moindre valeur d'être, sinon renvoyés au néant. Tous, y compris les autres dieux, ou *a fortiori* nous autres humains.

Certes, cela n'a pas empêché l'un d'entre nous de s'aventurer à dire : « Je pense, donc je suis. » Mais de là à dire : « Je pense, donc je suis qui je suis », il y a une sacrée marge. Si une relation reste cependant possible, entre nous et Yahvé, c'est que le dieu du tétragramme est un dieu qui parle, et qui a établi, entre Lui et nous, une alliance fondée sur une promesse. Or, il se trouve que c'était justement une promesse que le patient de Freud attendait de la bouche de son père. Et que son rêve était, à n'en pas douter, un rêve de transfert. Voyons cela de plus près.

Au chapitre XX de son livre admirable, *La jouissance et le trouble*[7], Jacques Le Brun se penche sur un *lapsus calami* ayant échappé à la plume de Fénelon et qui fut une source d'embarras pour lui. Dans son *Explication des maximes des Saints*, Fénelon évoque la passion du Christ sur la croix, considérée comme le modèle des ultimes épreuves du mystique : « L'homme se sent, et est réellement, perdu, abandonné : il expérimente un désespoir, une mort ? » Une séparation est alors faite entre les deux parties de l'âme, la supérieure et l'inférieure : la supérieure, c'est-à-dire l'intellectuelle et la volontaire, est dans la paix et la béatitude, alors que l'inférieure se trouve en un « trouble entièrement aveugle et involontaire[8] ». Fénelon récuse ce terme d'*involontaire* qu'il attribue à une erreur de copiste ; lui, il a écrit *volontaire*. La différence est de taille.

En effet, que le trouble, en Jésus-Christ, soit volontaire revient à affirmer qu'il est le résultat d'une décision salvatrice libre, hors de laquelle nulle partie ne saurait être soumise au trouble du fait de l'union hypostatique. Il est vrai que le trouble devient dans ce cas une sorte de *mimesis* de trouble, et que, dès lors, la question se pose de savoir s'il ne perd pas sa pointe, qui vise la volonté même du Père. Mais le qualifier d'*involontaire* comporte une conclusion ruineuse pour la théologie, qui place une intention, une volonté salvatrice, au cœur même du mystère du Fils. De quelque façon qu'on s'y prenne, « la théologie bute sans cesse sur l'énigme du *Eli, Eli lamma sabacthani, Deus meus, Deus meus, ut quid dereliquisti me ?*, pris à la lettre, question posée au Père dont la volonté est mise en cause par le délaissement où il a plongé le Fils[9] ».

Or, cette énigme n'est pas une création gratuite du christianisme. Au contraire. On peut même y trouver une raison de considérer ce dernier comme la seule vraie religion. C'est une énigme à laquelle nous confrontent, ici sur terre, certains rêves : pères qui rêvent de leurs fils, ou fils qui rêvent de leurs pères morts. Ce n'est pas un hasard si aucun lecteur de la *Traumdeutung* n'oublie le rêve que Freud rapporte au moment de conclure le travail de deuil que ce livre représentait pour lui : « Père, ne vois-tu que je brûle ? » – rêve où se pose manifestement au père la question du délaissement du fils.

Mais pour ne pas laisser d'obscurité sur ce que j'entends par « promesse », reprenons le rêve que Freud lui-même a fait la nuit qui a suivi la mort de son père. Il s'agit d'un rêve dont il fait état afin d'expliquer la signification de l'alternative dans les rêves. Freud écrit donc l'un des deux termes au-dessus d'une ligne, l'autre au-dessous. Voici le texte de ce rêve :

$$\textit{Mon père est sur son lit de mort, } \frac{\textit{un œil}}{\textit{les deux yeux}} \textit{ fermé(s).}$$

Dans un travail écrit il y a longtemps, j'ai considéré cette alternative comme l'expression d'un jugement d'impossibilité : on ne peut pas, tout à la fois, fermer un œil et les deux yeux. Sous-entendez : on ne peut entretenir tout ensemble l'ignorance de quelqu'un et lui demander de pardonner cela même qu'il ignore. Dans cette perspective, le rêve concernerait le désir du sujet dans sa relation à son père. Mais on peut dire également qu'il s'agissait d'une question qui mettait en cause la volonté de ce père gisant sur son lit de mort : va-t-il pardonner (sous-entendez : le vœu de mort comme composante du désir à son éclosion), ou bien va-t-il continuer à n'en rien vouloir savoir[10] ?

D'une manière générale, le désir de l'enfant réside en ce que son désir soit reconnu, d'une façon à lui faire entendre qu'il a l'avenir pour lui. Rien n'empêche que la mère puisse apporter cette reconnaissance, et les analystes savent bien que la mère du petit Hans a fait exactement le contraire, en se moquant de son désir alors qu'elle n'admirait que trop son fait-pipi. Lacan assigne au père réel la fonction de l'agent de la castration symbolique, celui auquel est réservé le droit de satisfaire le désir de la mère. Du coup, s'ouvrent là, pour l'enfant, les portes vers sa propre satisfaction à venir – ce qui se traduit par la mise en place de l'idéal du père. *Les deux fonctions, castration et promesse, sont les deux faces de la même pièce.*

Que le père réel soit l'agent de la castration symbolique veut dire qu'il lui appartient de faire en sorte que son fils ne s'enlise pas dans la question sans issue du désir de l'Autre. Tel était le cas d'Hamlet, qui ne cessait de s'étonner de ce que sa mère ait trahi un père porté aux nues, pour une créature aussi basse que son oncle. Son opinion des femmes traduisait sa façon de les voir à travers le prisme maternel, comme le montrent les insinuations parsemées dans ses propos à Ophélie. En ce sens, on peut dire que Hamlet était assurément un exemple frappant de « l'abaissement de la vie amoureuse ». Ce n'est pas un hasard si la scène centrale de sa tragédie se déroule dans la chambre de sa mère. Seule l'apparition du fantôme paternel empêche le passage à l'acte du trouble meurtrier du fils envers sa génitrice, même si cette intervention ne suffit pas à le détacher de la question proprement névrotisante de son être, pour agir dans un sens qui décide de son avenir.

Il ressort de ces développements que le père exerce ses fonctions en vertu de l'autorité que lui donne le nom qu'il porte. Pas plus qu'un autre, le nom du père, comme signifiant de la loi de la prohibition de l'inceste, n'a d'autorité en lui-même, bien que l'autorité ne se fonde que de s'y référer. L'expression « la loi du père », que l'on invoque volontiers pour s'insurger contre ladite loi et son auteur, recouvre une confusion entre la fonction normativante du père, qui est universelle, et la *potestas* que lui confère la forme particulière de la famille patriarcale, avec ce qu'elle comporte de subordination de la femme à l'homme.

En fait, nous savons maintenant que la famille nucléaire, réduite à sa forme la plus restreinte (le père, la mère et les enfants) existait déjà en Égypte sous l'Ancien Empire, en particulier sous les IIIe et IVe dynasties. « Et cette famille restreinte, écrit Jacques Pirenne, ne forme même pas une unité juridique ; elle est formée de personnalités distinctes. Le mari et la femme sont placés sur un pied d'égalité absolue. Chacun possède son patrimoine, l'administre, en dispose en toute liberté. Pas d'autorité maritale, pas de tutelle sur les femmes[11]. » Pourtant personne n'ira jusqu'à dire que ces pères de l'ancienne Égypte ne jouaient aucun rôle, ni n'avaient aucune responsabilité dans la vie de leurs enfants. Quelle que soit la place que les institutions sociales assignent au père (j'entends le père en chair et en os), sa fonction dépend des significations que son nom représente, et en tout premier lieu celle, universelle, de l'interdiction de l'inceste.

Il y a des constellations familiales où, loin de contribuer à la normativation de l'enfant, le personnage du père aggrave la pente névrotique de ce dernier, sinon le pousse vers la délinquance ou la folie. Inversement, les vicissitudes de l'existence amènent parfois une femme à s'occuper seule de l'éducation de ses enfants, qui, toutefois, ne présentent rien de névrotique. C'est que la mère est une personne qui a précédé l'enfant dans l'intégration de l'ordre symbolique, et c'est à elle que s'adresse en premier la prohibition de l'inceste. Tout dépend ici du poids que cette loi a dans son comportement. Il est plausible que ce sera au cours de ses échanges avec sa mère que l'enfant en viendra à connaître, dans son corps propre, les formes diverses, dites perverses, de la sexualité. Dès lors celles-ci ne peuvent manquer de constituer des points de « fixation » sous l'empire desquels peut succomber le sujet, pour autant que la mère s'y délecte[12].

Il y a longtemps, Lacan a remarqué que le désir entraîne un certain quantum d'amour, de même que l'amour entraîne un certain quantum de désir. Or il y a des femmes chez qui ce quantum d'amour, entraîné par le désir, s'exprime en des soins attentifs, qui reproduisent en quelque sorte ceux où se signifiait jadis l'amour maternel. Mais il y en a d'autres chez qui cette expression maternante de l'amour fait parfaitement défaut. On serait tenté de dire, par une espèce de passage à la limite, que l'idéal serait que la mère adopte vis-à-vis de son enfant une position inverse de celle qui caractérise cette dernière variété de femmes : une richesse de soins où se signifient l'amour et un retrait de toute jouissance. Mais à bien y réfléchir, c'est là un idéal aussi impossible que peu souhaitable. Car, après tout, c'est la mère qui, grâce à son amour et ses contacts avec son enfant, érotise ce dernier, et on ne peut pas le lui reprocher, comme Freud le remarque opportunément. Le problème, en effet, ne réside pas en cette érotisation, il consiste en ce que celle-ci ne se transforme pas en assujettissement. En outre, il est tout aussi important que le délestage de la jouissance, du côté de la mère, ne soit pas ressenti comme un caprice parmi d'autres, mais qu'il y aille de l'expression d'une loi invariante, quelle que soit par ailleurs la variété des structures sociales.

Nous touchons ici à la question de la métaphore paternelle, qui occupe une place si importante dans la doctrine psychanalytique de Lacan. De fait, elle l'a conduit à un remaniement du complexe d'Œdipe, en lui assignant pour centre de gravité la fonction phallique.

Le premier pas dans cette direction consiste à soustraire la métaphore à toute dépendance à l'égard de la signification, fût-elle celle de la ressemblance, et de la situer, selon une indication de Jakobson, sur l'axe paradigmatique du langage, celui sur lequel fonctionnent les opérations de substitution. Dans cette perspective, le propre de la métaphore apparaît alors en ceci qu'elle est une substitution génératrice d'une signification inédite.

Ce n'est pas parce qu'elle ressemble à l'astre du même nom que Roméo affirme : « Juliette est le soleil. » Cette métaphore nous signifie que son amour lui a donné une valeur telle qu'elle est devenue le centre lumineux de son univers. D'ailleurs ce terme d'« univers », dont je viens de faire usage, est lui-même une métaphore, venue au gré de la plume, le signifiant élidé étant celui de « pensée ». Mais la métaphore n'en garde pas moins ses vertus, puisque le rapport entre le sujet et la pensée se renverse : loin que celle-ci soit incluse dans la tête du sujet, c'est ce dernier qui s'y englobe.

Arrêtons-nous, avec Lacan, sur la métaphore de Victor Hugo dans *Booz endormi* : « Sa gerbe n'était point avare ni haineuse[13]. » Car mieux que toute autre, elle introduit la signification phallique. Tout ce que nous savons sur la paternité tardive de Booz, comme sur l'interrogation de Ruth, couchée à ses pieds, qui se demande ce que Dieu veut d'elle, permet de saisir sans difficulté quel est le signifiant élidé sous la métaphore de « sa gerbe ». Mais nous voyons aussi à quel point cette substitution rehausse l'organe génital, lui attribuant la fécondité généreuse qu'offrent sans compter les champs de la terre, et grâce à laquelle :

> « Le vieillard, qui revient vers la source première,
> Entre aux jours éternels et sort des jours changeants. »

On ne saurait trouver plus bel exemple de la transfiguration phallique du pénis. Aussi est-ce justement en raison de ses humbles attaches terrestres que le phallus fait aussi bien la matière du comique que celle du tragique, sans parler de son rôle dans les mystères. On n'oubliera pas, enfin, dans l'analyse de cette métaphore, que Booz, lui, ne savait rien de la figure de son destin qui l'attendait à ses pieds, là où s'était couchée Ruth. Laquelle, à son tour, « ne savait point ce que Dieu voulait d'elle ». Mais elle se demandait :

« Quel dieu, quel moissonneur de l'éternel été
Avait, en s'en allant, négligemment jeté
Cette faucille d'or dans le champ des étoiles. »

Cette faucille d'or à laquelle toute gerbe se plie est, apparemment, le symbole céleste d'une castration. Sans être la cause d'une atteinte organique, elle est pourtant celle d'un manque où le désir prend sa source, tant chez Booz que chez Ruth, et à l'insu de l'un comme de l'autre. Or, notre question concerne justement la nature du rapport entre le désir et cette symbolisation inscrite dans le champ des étoiles. Lacan répond que ce rapport est celui qui se noue par le biais de la métaphore paternelle. Expliquons-nous.

Au cours de la sexualité précoce, au moment où celle-ci prend une forme phallique, l'enfant ne reconnaît qu'un seul organe sexuel. Et son manque, qu'il interprète comme castration ou coupure, caractérise à ses yeux le sexe féminin, sans faire exception de sa mère, jusque-là aperçue comme une toute-puissance. On conçoit que, mû par son narcissisme, le garçon se prévale d'être le porteur de l'objet du désir de l'autre sexe, sa mère en premier. Comme on conçoit que, partageant la même méprise, la fille puisse lui envier cet avoir. En fait, fille ou garçon, le sujet parlant est ici la victime du langage ordinaire, qui fait de l'absence de l'organe masculin le signe, sinon la définition, du sexe féminin.

Or, l'idée de jouir de l'autre sexe, universellement ramassé sous le vocable de LA femme ou de « toute femme », comporte un refoulement que la psychanalyse met au jour. Elle montre qu'aucun homme n'a la moindre chance d'accéder à *une* femme, sauf dans la mesure où, du côté de la mère, l'organe masculin est reconnu comme étant l'objet dont le détenteur est le père comme tel, c'est-à-dire celui qui porte ce nom. C'est là qu'on touche à la véracité de l'adage, qui veut que la satisfaction de chacun soit dans la satisfaction de tous. Ce qui peut se décliner au moins de trois manières différentes. La première est que l'appartenance au père fait partie de l'essence maternelle. La seconde est qu'avec la menace de castration, le père apparaît comme agent d'une punition, et non comme un obstacle, selon les formulations de Freud. Et la dernière est que le pénis ne joue un rôle dans le complexe d'Œdipe que lié à une valeur qui justifie sa désignation comme phallus symbolique. Opérateur que Lacan écrit Φ, et qu'il considère comme un équivalent du nom du père : puisque l'un comme l'autre impliquent l'exclusion du sujet d'une jouissance souveraine.

Au point où nous en sommes, il est important de marquer une pause et d'éclaircir certains points.

Car la castration qui nous intéresse ici a beau être symbolique, elle ne manque pas de résonner *aussi* sur le plan imaginaire. Où elle apparaît justement sous la forme de l'objet clé de la jouissance souveraine, que Lacan désigne par le sigle -φ.

Le premier objet perdu par l'être humain à sa naissance est le placenta, cette partie de lui-même faite de ses propres tissus, et non pas de ceux de sa génitrice. Suit le sein, en tant que l'enfant en a été sevré comme d'une partie de lui-même, puis l'objet anal, destiné au rejet. Loin de nous empêcher d'agir, la perte de ces objets organiques nous habilite, au contraire, à fonctionner. Elle fournit la substance même de notre énergie libidinale, toujours en quête de ses objets, *sans pour autant les trouver, sinon dans le champ du langage*. Quant à cette quête elle-même, elle apparaît comme étant celle d'une complétude imaginaire, dont la perte a été le prix à payer pour exister comme sujet parlant.

Grâce aux substitutions qu'autorise l'axe paradigmatique du langage, la pulsion orale est à même de trouver matière à se satisfaire dans un autre objet, n'ayant rien de comestible, un objet vocal par exemple. Ne dit-on pas des paroles d'une idole qu'on les *boit* comme du petit-lait ? De même, sur un autre registre, Rabelais s'offre le luxe d'écrire : « C'est bien chié ! » pour exprimer l'idée que c'est bien dit. Formule où il est peut-être permis d'entendre un écho lointain de l'accueil jadis réservé par l'Autre à nos premiers dons. En outre, il n'est pas exclu que l'activité propre d'une pulsion se déplace sur une autre pulsion. C'est ainsi que le regard, où s'exprime la pulsion scoptophilique, peut se laisser infiltrer par la pulsion orale, jusqu'à devenir un regard plein de dévoration, où l'œil mange.

Une fois déblayé le terrain pour pouvoir le situer correctement, nous pouvons revenir maintenant à cet objet imaginaire, qui donne accès à la jouissance absolue. Lacan le désigne par le sigle -φ pour souligner sa soustraction au champ spéculaire, tout imaginaire qu'il soit. Il constitue le point de manque à la place duquel se bousculent les objets prégénitaux qui, par là, le recouvrent et en même temps se sexualisent. Par une espèce d'arrangement trompeur, « manger », par exemple, devient ainsi susceptible de signifier « baiser », comme l'indique l'expression « un repas sans fromage », qu'on utilise pour épingler une rencontre à laquelle manque le sel de l'érotisme.

On voit le bouleversement que cette conception représente par rapport à la thèse classique. Dans une telle perspective, en effet, la phase génitale ne vient pas couronner le développement libidinal, reléguant ainsi les objets prégénitaux à l'arrière-plan de la préhistoire du sujet. L'idée que la femme pourrait être enfin saisie comme un objet total n'a aucun sens. La relation de l'homme à la femme est toujours animée, sinon guidée, par ses fantasmes. La seule question qui se pose est celle du caractère hétéro ou homosexuel de son choix. Quelques remarques préalables sont nécessaires pour préciser le sens de cette question.

À la lumière des indications que nous avons données jusqu'à présent, nous pouvons ajouter tout d'abord que -φ se retrouve partout dans le langage. Il ouvre même des possibilités de substitution telles que leur extension confirme, à elle seule, l'impossibilité saussurienne de distinguer entre sens propre et métaphorique. Mais il s'y retrouve tout en demeurant rebelle à toute articulation. Car, toute dénomination le réduit au rang de l'objet commun, celui qui est à la portée du don, comme de la demande. En un mot, il s'y retrouve au titre de l'indicible, où se ressource la rhétorique du dicible. Ce qui n'est pas sans rappeler, on le remarquera au passage, l'idée hégélienne du vide comme cause du mouvement.

Cette situation de -φ, eu égard au langage, se reproduit d'une façon symétrique dans le champ spéculaire. Indicible sous le premier rapport, il est invisible sous le second. Seule apparaît son absence, qui transcende les différences anatomiques entre les sexes. Victime de l'insu de l'efficacité symbolique de la métaphore, la jeune fille, laissée en proie aux apparences, voit dans son miroir la « réalité » de son manque. Alors que, de son côté, le jeune garçon se voit, par le même miroir, confronté à son insuffisance. Et cela quelle que soit l'ardeur narcissique avec laquelle « la bonté de Dieu » freudienne a voulu qu'il investisse son organe.

Dans son rapport au phallus, le garçon est, par ailleurs, bien loin de se douter que c'est son insuffisance même qui l'empêche de succomber à la puissance exclusive de la libido narcissique. De fait, dans la mesure où il est impossible d'atteindre une image du corps propre où le phallus, au sens de -φ, se positive, cette impossibilité est vécue comme un manque, sur le plan de l'avoir autant que sur celui de l'être. Et comme l'appartenance à la vie collective, aussi entière soit-elle, ne résorbe pas ce manque, la fécondité de ce dernier se vérifie dans la génération des symboles, qui ponctuent les rituels de la puissance, que celle-ci soit politique ou religieuse.

Pour clore ce chapitre, il me semble important d'insister sur le fait que Lacan a fini par transformer radicalement le complexe d'Œdipe. En définissant, tout d'abord, le désir par le désir de l'Autre, et en faisant de l'Autre un lieu du langage, dont la mère est la première à occuper la place. Puis en mettant en relief, avec sa théorie de la métaphore paternelle, la dimension symbolique, présente chez Freud dans des indications éparses. Plus précisément, l'Œdipe est devenu, avec Lacan, *synonyme* de la fonction phallique. Et cette fonction déterminante du désir est celle-là même de la castration symbolique, pour autant que le sujet y engage ce qu'il est et pas seulement ce qu'il a. Du même coup, la question freudienne du choix de l'objet, elle aussi, s'est déplacée et a changé de statut. Car, dans la perspective lacanienne, il s'agit alors de savoir comment le sujet, indépendamment de son sexe réel, s'y prend à l'endroit de cette fonction, de façon à avoir un désir hétéro ou homosexuel.

Chapitre V

DE LA SEXUATION MASCULINE

Lacan a répondu à la question du choix de l'objet en forgeant quatre formules, dites « mathèmes de la sexuation ». Elles font partie de sa tentative de préciser le sens des concepts psychanalytiques, au point de les représenter par des lettres et de traduire leurs relations sous une forme transmissible. Ces mathèmes reposent sur une logique pas moins décisoire, ni moins autoconsistante, que celle d'Aristote. Et ils se présentent, pour l'essentiel, comme une autre lecture de son célèbre carré des propositions.

a) La proposition affirmative universelle, symbolisée par A, par exemple : « tous les hommes sont blancs ».

b) La négative universelle (E) : « aucun homme n'est blanc ». A et E sont deux contraires : elles ne peuvent pas être vraies ensemble, mais elles peuvent être, toutes les deux, fausses.

c) La particulière négative (O) : « quelques hommes ne sont pas blancs ». Elle est la subalterne de E et la contradictoire de A. On lui donne une signification existentielle (au moins un), parce qu'on suppose, avec Aristote, que démontrer la fausseté d'une universelle équivaut à exhiber *au moins un* objet auquel elle ne s'applique pas, ou qui y fait objection. Selon Aristote, cet objet réfute A, alors qu'il la fonde selon Lacan. J'y reviendrai.

d) La particulière positive (I) : « quelques hommes sont blancs ». I est la subalterne de A et la contradictoire de E. On lui attribue aussi une signification existentielle, parce que réfuter qu'aucun homme n'est blanc revient à montrer *qu'au moins un* l'est. I et O sont dites « subcontraires ». Elles peuvent être vraies ensemble, mais elles ne peuvent pas être, toutes les deux, fausses. Car l'idée de ces jeux d'opposition repose principalement sur la répartition de la qualité entre les deux pôles, positif et négatif, censés épuiser le champ de l'universel, à l'exclusion du tiers.

Cette dernière remarque concerne le ressort des oppositions aristotéliciennes. Elle est due à Robert Blanché. Dans son ouvrage, *Structures intellectuelles*, il se propose justement de remplacer le carré des oppositions d'Aristote par un diagramme hexagonal, à ses yeux plus efficace, ne serait-ce que parce qu'il nous aide à mieux résoudre les problèmes des modalités[1].

La critique que Blanché adresse au dispositif aristotélicien repose sur une remarque concernant l'usage du mot « quelque ». « Dans toutes les langues de notre civilisation occidentale, et aussi bien dans l'usage littéraire que dans l'usage commun, le mot qui correspond au français "quelque" et au latin "*aliquis*" a ordinairement un sens restrictif non moins qu'existentiel. Sans perdre son sens affirmatif, il est même plutôt senti, en général, dans son opposition à "tous". [...] Si je dis que *quelques soldats ont échappé à l'encerclement*, ou que *la tempête a abattu quelques arbres*, ou qu'*il reste quelques places disponibles*, j'entends bien signifier par là une limitation, et même une limitation assez sévère, autant qu'une affirmation : il n'est pas indispensable, pour faire entendre cette restriction, d'ajouter la précision du "seulement" ou du "ne... que". [...] Il s'agit donc d'un concept partiellement affirmatif et partiellement négatif, qui n'est exclusivement ni l'un ni l'autre, et qu'on devrait situer sur une ligne de partage entre l'affirmation totale et la négation totale[2]. »

Pour expliciter le statut de ce « quelques », il fait appel à la voyelle Y, qui signifie pour nous la négation conjointe de A et de E : quelques oui et quelques non, ni aucun ni tous. Si on ajoute à Y sa négation, que l'auteur n'a pas de difficulté à définir, et qu'il symbolise par la lettre U, on obtient bien alors un diagramme hexagonal, au lieu du carré d'Aristote.

Blanché ne manque pas de souligner qu'à partir du moment où il s'agit de fixer conventionnellement le sens d'un terme dans un vocabulaire technique, il n'y a rien à reprendre à sa démarche. « Toutes les sciences, écrit-il, empruntent ainsi à la langue commune des vocables auxquels elles confèrent une signification distincte[3]. » Puis il ajoute, quelques pages plus loin, ceci que : « La vraie question est de savoir lequel de ces deux partis, également légitimes d'un point de vue purement logique, nous fait suivre l'ordre le plus conforme à la raison[4]. » Mais alors, que faut-il entendre par « raison » ?

Blanché fait ici appel à l'aveu du logicien J. N. Keynes, qui reconnaît que beaucoup de logiciens « n'ont pas su voir les pièges qui entourent le mot *quelque* [...] et l'on pourrait citer bien des passages où ils adoptent manifestement le sens : *quelques-uns mais non pas tous*[5] ». Comme le remarque Blanché, cet aveu amène Otto Jespersen à se demander pourquoi les logiciens s'amusent à se tendre ainsi des pièges, en employant des mots usuels dans des acceptions qui s'écartent de l'usage commun. Dans son livre *The Philosophy of Grammar*, ce dernier insiste énergiquement sur la différence entre le sens ordinaire (*ordinary meaning*) que le mot *quelque* (*some*) a dans l'usage commun (*natural speech*), et celui que lui prêtent les logiciens[6].

De fait, la différence est telle que la question de Blanché relative à la rationalité de nos choix en l'occurrence perd tout sens. Après tout, en dehors de la langue commune, où est la raison, sinon justement dans les décisions que nous prenons en vue de construire nos langages techniques, voire nos métalangages lorsqu'il s'agit de rendre compte des langages naturels ou formels ? Dans ce genre de contexte, la décision n'a pas à être conforme à la raison ; elle est la raison en plein exercice.

Revenons maintenant aux quatre propositions d'Aristote et à leurs différents sens. Nous n'allons pas considérer ce système de différences comme relevant du vrai ou du faux, ni comme conforme ou non à la raison, mais comme résultat d'une série de décisions, adaptées aux questions qu'on se pose, ou aux buts qu'on se propose. Nous trouvons d'ailleurs chez Aristote lui-même un exemple assez éloquent là-dessus, et qui concerne toujours le quanteur « quelque ». Ce n'est en effet pas un hasard si le logicien anglais Venn a qualifié les particulières de « *troublesome propositions* ». Ce que l'on peut entendre, avec Jacques Brunschwig, en ce sens qu'elles posent des « problèmes épineux », mais en y ajoutant la nuance de « vexatoires » ou d'« assommants ».

Après avoir établi sa théorie des syllogismes valides, Aristote voulait déduire les syllogismes non concluants. Or, il avait à choisir entre deux sens de « quelque » : (a) un sens très vaste, qui autorise son application au cas où un seul élément répond au prédicat (c'est le cas existentiel du « au moins un »), comme à celui où « tous » y répondent : ce qui est vrai pour *tous* l'est à plus forte raison pour *quelques*. C'est le sens que Brunschwig appelle « minimal », parce qu'il contraint le moins[7]. L'autre sens (b), dit « maximal », est plus restrictif en ce qu'il interdit cette extension à *tous*. Conformément à l'usage courant, « quelque » signifie alors au moins un mais « pas tous ». Malheureusement, ce deuxième sens, si familier soit-il, rendait impraticable toute entreprise de déduction des syllogismes concluants. Aristote a donc opté pour le sens minimal.

Revenons maintenant aux formules de la sexuation de Lacan. Que peut-on en tirer ? L'expression de « sexuation masculine » s'impose en raison de l'absence d'une essence de la féminité, qui serait commune à toutes les femmes et se présenterait en chacune d'elles, comme l'amour maternel, selon Hugo, se partage sans diminuer. Cela ne signifie pas, d'ailleurs, qu'une telle essence existe pour les hommes. Si on peut dire néanmoins « tous les hommes », c'est, nous le verrons, pour des raisons d'ordre logique. Il reste que le point de départ, le fait crucial, en l'occurrence, est l'absence d'une essence qui fonderait l'identité sexuelle. Car, dès lors, le rapport de chaque sujet parlant à cette identité devient une affaire de questionnement, et finalement de choix, dont les formules lacaniennes visent à expliciter les présupposés et les conditions logiques.

Deux choses frappent particulièrement dans ces formules, dont nous verrons plus loin l'écriture. La première est la position de l'exception comme *condition* de la formation de l'universelle. La deuxième est le sens que Lacan donne au quanteur « pas-tout » qui, selon lui, n'implique nullement l'existence d'un au-moins-un qui y contredit. Pour donner toute sa portée à l'universelle sous condition de Lacan, je m'arrêterai sur la théorie de l'état d'exception de Carl Schmitt. Car dès le début des années vingt du siècle dernier, ce juriste a développé une doctrine politique qui souligne, précisément, la valeur de l'exception comme fondement de la règle, et non comme sa réfutation. Cet examen nous aidera à mieux cerner la portée de l'idée d'exception, dans le champ logique défini par les formules de la sexuation.

Dans sa *Théologie politique,* Schmitt énonce d'emblée sa définition principale : « Est souverain celui qui décide de la situation exceptionnelle[8]. » Le cas d'exception est le cas non défini dans l'ordre juridique en vigueur. D'où découle que la décision d'exception est une décision en un sens éminent. « Car une norme générale telle qu'elle est présentée par la proposition juridique normalement en vigueur ne comprendra jamais une exception absolue, et c'est pourquoi elle ne pourra non plus totalement fonder la décision qui veut qu'on soit en présence d'une vraie exception[9]. » Le souverain décide du cas de nécessité extrême, ainsi que des mesures à prendre pour y mettre fin. Il est en marge de l'ordre juridique normalement en vigueur, tout en en faisant partie, ne serait-ce que parce que c'est à partir de cet ordre même (et non pas d'« un vide juridique » peuplé par je ne sais quelles lois naturelles) qu'il se met en marge pour décider de l'exception. L'essentiel est que « l'état d'exception révèle avec la plus grande clarté l'essence de l'autorité de l'État. C'est là que la décision se sépare de la norme juridique et, pour le formuler paradoxalement, l'autorité démontre là que, pour créer le droit, il n'est nul besoin d'être en son bon droit[10] ».

L'évocation ici de la norme, par opposition à la décision, est une allusion manifeste à l'autre grand juriste de l'époque, à savoir Kelsen. Je reviendrai bientôt sur ce point, mais je voudrais citer, tout d'abord, la conclusion que Schmitt tire de sa doctrine concernant le rapport entre l'exception et la règle. « L'exception, dit-il, est plus intéressante que le cas normal. Le cas normal ne prouve rien, l'exception prouve tout ; elle ne fait pas que confirmer la règle : en vérité la règle ne vit que par l'exception[11]. » Pour transposer cette idée dans un vocabulaire qui nous est plus familier, je dirai que *la règle est un résultat qui se recueille sur le plan de l'énoncé, et où s'occulte l'acte de l'énonciation comme décision de l'exception*. Encore un cas où le dire « s'oublie dans le dit ». Mais, pour aller doucement, je m'attarderai d'abord sur ce qui fait pont entre Kelsen et Schmitt, au-delà de ce qui les oppose sur la norme et la décision.

Il est vrai que Kelsen vise à fonder l'ordre juridique sur une théorie des normes. Néanmoins, la seule assise qui donne à la norme son efficacité réside, selon lui, dans la croyance. Au terme d'un long dialogue entre un père et son fils, qu'il imagine pour illustrer sa pensée, le père ne trouve rien d'autre à répondre à son fils, qui lui demande pourquoi il doit aimer son ennemi, que l'évocation de notre devoir d'obéir au commandement de Jésus. Et pourquoi le devons-nous ? C'est ainsi[12]. Au fond, la théorie de Kelsen est, elle aussi, une théorie de la décision. À ceci près qu'il y va pour lui d'une décision ayant sa source dans la sphère religieuse (l'*imperator* se nomme Jésus, ou Moïse ou encore Mahomet) et non dans l'ordre juridique. Les deux juristes sont également persuadés que « le libéralisme métaphysique réside dans son aspiration à être ou à paraître dégagé de tout parti pris métaphysique[13] ». Selon Carl Schmitt, « il n'y a pas de critères de rationalité qui transcendent les idéologies particulières et les contextes à l'intérieur desquels apparaissent les chocs entre des communautés ayant chacune son idéologie particulière. Les libéraux réclament une autorité de décision qui reste dans l'espace délimité par le libéralisme ». Goguenard, Schmitt estime que face à la question de Ponce Pilate : « Jésus ou Barabbas ? », les libéraux demanderaient un temps de réflexion ou la constitution d'une commission d'enquête. La position de Kelsen n'est guère différente. Son livre majeur sur la théorie des normes a suscité beaucoup d'hostilité. La raison en est, selon lui, que ce livre va à l'encontre de notre habitude bien ancrée de fonder nos attentes et demandes politiques sur une autorité objective. Or celle-ci ne saurait être que largement subjective, même si nous nous référons, en toute bonne foi, aux valeurs absolues de la religion, de la nation ou de la classe. De fait, on peut considérer sa doctrine comme l'annonce de la chute du sujet supposé savoir.

Ce serait aller trop loin que de dire, avec Dyzenhaus, que Schmitt et Kelsen partagent le même irrationalisme. Mais il est vrai qu'ils rompent tous deux avec le rationalisme aristotélicien, fondé sur la postulation des essences. Après tout, ce n'est peut-être pas un hasard si de telles philosophies du droit ont vu le jour après la révolution logique introduite par Frege. Lui qui, pour la première fois depuis des millénaires, a osé rompre avec la division aristotélicienne de la proposition entre sujet et prédicat, pour lui substituer celle entre fonction et argument[14]. Il n'en reste pas moins que si le dernier mot dans l'ordre juridique est laissé au souverain, qui décide de l'état d'exception, alors tout cet ordre est suspendu, en dernière instance, au désir dudit souverain. Et de même, si nous nous tournons vers Kelsen, nous constaterons que le même ordre y est suspendu à un phénomène lui aussi éminemment « subjectif », à savoir la croyance. D'où la question : ce subjectif serait-il étranger à toute loi, au même titre que le désir du souverain ?

C'est là que nous récupérons la balle, nous autres analystes, celle de la loi du désir masculin. Lacan, adoptant l'analyse frégéenne de la proposition, l'écrit sous cette forme : $\forall x.\Phi x$.

Plus précisément, il s'agit de la loi qui régit le choix du désir masculin, et qui énonce que tout sujet est soumis à la fonction phallique. Bien sûr, si nous avons gardé à l'esprit l'affirmation de Schmitt, selon laquelle « la règle ne vit que par l'exception », il semble difficile d'éviter la question : qui est donc le souverain en l'occurrence ? Mais c'est là une question qui repose peut-être sur une erreur. Il n'est pas sûr, comme le postule Schmitt, que l'idée de l'exception implique *toujours* celle du souverain. Ce que, en revanche, nous devons aborder en premier, c'est la question de la formation de la proposition affirmative universelle. C'est une question sur laquelle Lacan est revenu à plusieurs reprises. Dans son séminaire sur *L'identification*, il fait état du schéma à quatre quadrants proposé par Peirce, pour montrer que la proposition « tous les traits sont verticaux » reste vraie dans le cas où il n'y a aucun trait.

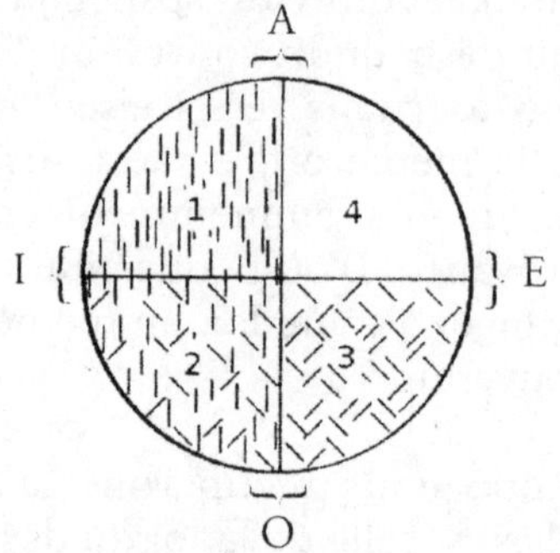

La thèse de Peirce ne tombe pas du ciel. Pas plus que ces quadrants, variante du carré aristotélicien, où l'on retrouve les quatre schémas de formules : A, E I, O, et leurs diverses instances possibles. Leibniz remarquait déjà que la proposition « tout homme parfaitement bon est heureux » est vraie, même si aucun homme parfaitement bon n'existe. Affirmation qui se traduit, dans la logique contemporaine, par la formule hypothétique : « Si *x* est un homme parfaitement bon, alors *x* est heureux. » C'est ainsi que du statut antique de science du nécessaire, la logique est devenue aujourd'hui une science du possible. Lacan déduit du diagramme de Peirce que la classe des traits verticaux ne repose pas sur un recensement de tous les traits pourvus de verticalité, mais sur la mise en avant de la fonction « vertical ». Autrement dit, c'est ce trait de verticalité, en tant qu'il fait défaut ou qu'il s'exclut, qui autorise le sujet à décréter qu'il y a une classe où, universellement, il ne peut y avoir manque de ce trait même. Par là est mise en évidence la fonction de la différence ou de ce qui s'excepte dans l'établissement de l'identique. Lacan en trouve une confirmation inattendue dans l'expression du quanteur « tout » en chinois courant. « Je peux vous dire que *Tous les soldats ont péri*, ils sont tous morts, se dit en chinois *Soldats sans exception kapout*[15]. » De fait, on ne voit pas comment un tout peut s'enfermer dans son cercle, s'il n'y a pas un objet différent à l'extérieur par rapport auquel se fait cette clôture en le niant.

Dans son séminaire *...ou pire*, il revient sur la proposition $\exists x.\overline{\Phi x}$, selon laquelle il en existe au moins un qui transcende la fonction phallique. Et sur laquelle repose l'affirmation universelle $\forall x.\Phi x$, selon laquelle tout mâle est serf de cette fonction. Il remarque alors : « Il est singulier que ce ne soit qu'avec le discours analytique qu'un universel puisse trouver son fondement véritable dans l'existence de l'exception. L'universel ainsi fondé se distingue en tout cas de tout usage rendu commun par la tradition philosophique dudit universel[16]. » En réalité, nous venons de voir, avec Carl Schmitt et Hans Kelsen, que l'ordre juridique a également trouvé son fondement dans l'existence de l'exception. Ce qui est singulier, en l'occurrence, c'est plutôt le fait que ce ne soit qu'avec le discours psychanalytique que l'exception s'atteste à l'état pur, débarrassée de toute implication du souverain. C'est donc la question du sens de l'exception, dont l'existence s'affirme dans le mathème $\exists x.\overline{\Phi x}$, qui vient maintenant au premier plan de notre attention.

Ici entre en jeu la principale découverte de la psychanalyse. Elle consiste en ceci que l'identification sexuelle de l'homme ne consiste pas à se croire homme, mais à tenir compte du fait qu'il y a des femmes, au point d'accepter la castration symbolique – que j'identifie avec l'inscription même de la métaphore paternelle. Car, sauf à en passer par là, l'homme n'a aucune chance de jouir de la femme, autrement dit, de faire l'amour[17]. Nous avons vu que Lacan « mathématise » cette interférence de la fonction de la castration à laquelle tout homme est soumis sous la forme $\forall x.\Phi x$. L'idée de castration symbolique, que ce mathème désigne, est à entendre au sens d'un manque rebelle à toute récupération narcissique. C'est une logicisation d'une formule jadis proposée par Lacan afin de traduire la constitution du désir chez le sujet de sexe masculin : « Il n'est pas sans l'avoir. » Formule qui comporte ce que Michel de Certeau a appelé une « rupture instauratrice[18] ». Rupture sur le plan de l'être, mais qui conditionne l'affectation du phallus au corps propre chez l'homme.

Comme la castration symbolique représente la signification la plus concrète de la métaphore paternelle, je voudrais en profiter pour insister sur ce dernier aspect. Le point important est que tout nom, qu'il soit celui d'une substance (le cheval ou la licorne), ou bien celui d'une relation (le père ou le fils), produit un nommé dont l'être réside justement dans son être de nom. Dès lors se pose la question de l'existence ou de la non-existence de l'objet qui y correspond. Je pourrais me référer ici à la tradition vénérable selon laquelle « le Nom, c'est Dieu même ». Mais nous nous contenterons de poser que le père symbolique est le père en tant qu'il a son siège dans le nom qui le produit. À la rigueur, on pourrait dire qu'il représente l'Idée du père au sens platonicien du terme, à ceci près que cette Idée n'a pas besoin de résider dans un quelconque ciel intelligible. Elle a sa place dans le langage, ou plus exactement dans le système synchronique propre à chaque langue, où chaque signifiant reçoit sa signification pré-établie de son opposition différentielle aux autres signifiants du système. À ce titre, Lacan décrit cette Idée du père comme « le signifiant qui dans l'Autre, en tant que lieu du signifiant, est le signifiant de l'Autre en tant que lieu de la loi[19] ». Autant dire qu'il est le signifiant qui fait que l'Autre n'est pas fou.

Cette référence à la loi attire notre attention sur une autre considération concernant le langage. Loin que la désignation des objets extérieurs soit sa fonction première, il est d'abord, en effet, une machine à créer des fictions. Celles sur lesquelles repose notamment, selon Bentham, l'ordre juridique. Mais c'est là une thèse que nous pouvons généraliser, en allant jusqu'à dire que, au-delà du seul ordre juridique, c'est tout l'ordre humain de nos relations morales, affectives, etc., qui repose sur de telles fictions.

Au premier rang de ces fictions, je mettrais celles relatives à la transmission des biens matériels et immatériels entre les générations, dont se motive l'intervention de la société dans la vie sexuelle de ses membres. Là-dessus s'échafaudent les lois du mariage, que Lévi-Strauss considère comme celles de l'échange des femmes, *donc* de l'interdiction de l'inceste. Le psychanalyste, quant à lui, préfère renverser ce rapport, et parler des lois de prohibition de l'inceste, *donc* de l'échange des femmes. Il est guidé en cela par la considération de la façon dont se structure le désir. Et plus précisément par le fait que, s'il veut s'ancrer dans le langage, le sujet parlant ne peut que demander à être privé de quelque chose. Mais quelle que soit la perspective adoptée, en l'occurrence, ce qui reste indubitable, c'est que l'inceste mère-fils reste l'inceste par excellence. Celui dont la prohibition a une valeur incontestablement universelle, qui ne tolère aucune exception : $\forall x.\Phi x$, cet x fût-il un roi !

Contrairement à l'affirmation de Schmitt, une telle règle ignore tout souverain. Et de même, contrairement à la doctrine de Kelsen, une telle norme est indépendante de tout acte de volonté. Ici, à tout le moins, « la loi c'est, selon l'expression d'Aristote, la raison libérée du désir[20] ». Ce qu'on peut ajouter à ce *dictum* d'Aristote, c'est que l'idée d'une loi libérée du désir n'est guère plus vraisemblable, d'ordinaire, que celle d'un énoncé sans énonciation. Il est difficile d'imaginer une loi qui ne recouvre pas un désir, une loi dénuée de toute finalité cachée ou avouée, honnête ou malhonnête. Sauf, justement, dans le cas bel et bien exceptionnel, et qui se distingue par ce caractère « singulier », où la loi est celle dont le désir lui-même se fonde.

Cette loi, nous l'avons vu, tient son fondement du père symbolique, pour ne pas dire que celui-ci la « promulgue », en ce sens que le texte, ou l'énoncé de la loi, prend son autorité non pas de la personne du père mais de son nom. Dans cette perspective, parler du complexe d'Œdipe, c'est parler du père – mais du père en tant qu'il est lié par son nom à la loi de l'interdiction de l'inceste. Et à condition de ne pas oublier que la substitution métaphorique dont nous avons déjà parlé est une opération qui se déroule tout entière du côté de la mère, pour autant que c'est elle qui sanctionne le nom du père comme signifiant de la loi.

Une remarque s'impose ici. Si le signifiant « mère » désigne la génitrice naturelle, celui de « père » se dit de l'homme auquel la société reconnaît le droit de porter ce nom. En passant de la mère au père, nous sommes donc transportés de l'ordre du savoir à celui d'une reconnaissance, qui n'a d'autre assise que la foi. Et la référence à la nature est alors remplacée par une fiction, à proprement parler juridique. C'est ce qui nous autorise à considérer le nom du père comme le pilier de tout l'ordre de la culture. C'est aussi ce qui permet de comprendre pourquoi il n'y a rien d'étonnant dans le fait que certaines sociétés aient séparé le principe de la paternité de la fécondation naturelle. Et que, fiction pour fiction, elles aient préféré à celle du père celle d'un esprit ou bien d'un passage par tel roc ou telle fontaine.

Que les enfants aient une intelligence aiguë des significations « fictives » n'a non plus rien d'étonnant. Il suffit de songer à leur sensibilité qui s'atteste généralement dans leur capacité d'entrer dans le langage. À cet égard, le fait que la mère appartienne au père devient donc, tout naturellement, pour l'enfant un élément inséparable de « l'essence maternelle », comme le dit Freud. Et d'autant plus naturellement que, quelles que soient ses complications ultérieures, la notion de propriété se trouve *déjà* disséminée dans les pronoms possessifs dont aucune langue n'est dépourvue.

À ce propos, il est instructif d'ouvrir le livre de Mikhaïl Xifaras[21]. Son ouvrage est riche en aperçus sur la question de la propriété, sa dilution dans des notions plus larges comme celles de justice ou de micro-pouvoir, et sa complication propre, qui fait que nous ne savons plus exactement ce que désigne ce terme. Il commence par ces lignes : « Dans le langage ordinaire, le mot "propriété" désigne le droit de posséder exclusivement quelque chose et d'en user à sa guise, une intuition très générale, et par conséquent très indéterminée, du *mien*. » Au fond, ce *mien* est le fondement de la relation d'objet. La preuve la plus éloquente en est que c'est justement l'intuition de ce que Freud appelle « l'essence de la mère » qui fait naître chez le fils de l'homme le désir que cet objet soit *sien*. *Sien*, « exclusivement », c'est-à-dire avec le droit d'en priver les autres. *Sien*, non pas comme objet d'amour (cela, si j'ose dire, est désormais de la préhistoire), mais comme objet de jouissance à proprement parler sexuelle. Sur ce terrain, l'enfant a donc à faire l'expérience que la jouissance est inséparable du droit qui l'autorise, et que ce droit lui est refusé là où l'objet du désir est précisément la mère.

Très bien, me dira-t-on, le droit de jouir de sa mère est « refusé » à l'enfant, mais par qui au juste ? La question se repose, car le problème pour Freud venait justement de ce que la loi de l'interdiction de l'inceste mère-fils transcende, non seulement les formes de la famille, mais encore l'ordre des générations. Par ailleurs, cette loi reste liée au nom qui donne leur autorité à ceux qui le portent, et il n'était pas question pour Freud de mettre en cause la dépendance du signifiant (en l'occurrence celui de la paternité) par rapport à la signification (celle de la castration). Il a donc été conduit à ce mythe unique en son genre d'une loi issue, non pas de la volonté d'un père originel, castrateur, mais de son meurtre.

La question se pose tout à fait différemment chez Lacan. Il ne s'agit plus de la recherche de l'origine, mais de la construction de la proposition affirmative universelle. Laquelle requiert la position de l'exception, de même que nous ne pouvons pas construire la série des nombres sans poser le zéro, pour introduire ensuite la fonction successeur. D'après Lacan, Freud a forgé son mythe pour répondre à cette contrainte logique. Loin d'être un « reflet patriarcal », le père de *Totem et tabou*, affirme Lacan, « nous fait apparaître par où la castration pourrait être serrée d'un abord logique, et d'une façon que je désignerai d'être numéral[22] ».

Toutefois, le fait que Freud ait écrit *Totem et tabou* pour répondre à une nécessité logique n'explique pas, aux yeux de Lacan, pourquoi il a fait justement de cette idée du meurtre du père le centre de son mythe. On entend parler de toutes sortes de meurtres, mais rarement, ou presque jamais, du meurtre du père par son fils ; meurtre dont l'idée semble dépasser l'imaginaire policier ou mythique. Pour répondre à cette question, accordons à Lacan sa définition du névrosé par « l'évitement de la castration[23] ». Et rappelons, en outre, avec lui, que c'est avec les hystériques que Freud a découvert la psychanalyse, sa réflexion théorique ayant toujours été liée à leur analyse.

Or, si « l'évitement de la castration » signifie le refus de ne pas être le phallus, il est permis de penser qu'il y a plusieurs façons d'éviter la castration. « L'hystérique, dit Lacan, a ce procédé simple, c'est qu'elle l'unilatéralise de l'autre côté, du côté du partenaire. Disons qu'à l'hystérique il faut le partenaire châtré[24]. » Ce dont Lacan conclut que c'est sous la dictée de ce qui se profile ainsi à l'horizon du discours de l'hystérique que Freud a élaboré, non pas l'Œdipe, mais son mythe. Ce mythe répondrait, en somme, au désir hystérique de détruire le mâle. Lequel désir me paraît assez ambigu : désir de détruire ce par quoi le mâle se donne des airs, mais aussi ce par quoi il séduit, voire pervertit certaines femmes. Pensons, par exemple, à une femme comme sœur Jeanne des Anges, qui s'est vouée à un mariage mystique[25]. Ces significations n'impliquent pas, à mon avis, un quelconque *penis-neid*. Quoi qu'il en soit, si l'hypothèse de Lacan est juste, il faudrait en conclure que, dans la fabrication de son mythe, Freud a été « téléguidé » par le désir des hystériques.

On peut aussi déchiffrer autrement l'évitement de la castration. Et y lire une allusion au père mythique de Freud, à ce *x* qui figure dans le mathème $\exists x.\overline{\Phi x}$, et qui fait, d'après Lacan, exception en ce qu'il possède *toutes* les femmes. L'évitement propre au névrosé aurait alors le sens du refus qu'*une* jouissance lui soit refusée. Dans cette perspective d'ailleurs, la genèse, dans l'esprit de l'enfant, de cette idée du père-qui-les-possède-toutes est aisée à concevoir. De fait, si son père jouit de celle-là même dont la jouissance lui est refusée, c'est que, pour lui, rien n'est interdit. Lacan évoque Don Juan et ses *mille e tre*, à propos de ce terme de « *toutes* ». Un Don Juan chinois dirait, j'imagine : « Les nanas, sans exception, à la casserole. » D'après Lacan, ce personnage est sorti d'un « rêve de femme », nommément le rêve que LA femme existe. « S'il y avait un homme pour qui la femme existe, ce serait une merveille, on serait sûr de son désir. C'est une élucubration féminine[26]. »

En fait, une femme peut se sentir flattée, ou

même rehaussée, de ce que son homme séduise les femmes, pourvu qu'il garde sa préférence pour elle. Même si elle conduit à des résultats comparables, je veux dire au lit, la séduction est une chose, le désir en est une autre. Or, Don Juan est, de son côté, exclusivement occupé à faire la preuve de son droit à jouir de toutes les femmes. Il est donc incapable d'accomplir cette opération accessible au plus commun des mortels et qui consiste, à l'instar du pauvre Masetto, à choisir sa Zerlina. C'est pourquoi Lacan décrit Don Juan comme un personnage sorti d'un « rêve de femme », non d'un désir de femme. Rêve où s'exprime, peut-être, le désir d'une certitude. Celle qu'au-delà des arguments multiples dont il est la fonction, l'ensemble *femmes* soit également fondé en compréhension. Car ainsi, la clôture de l'universel LA femme ne serait pas simplement redevable de la position de l'*x* freudien supposé les posséder toutes. Elle s'autoriserait, en outre, d'une saisie de l'essence présente en chaque femme.

On voit où nous mène une telle « forme » de la femme, qui serait donc l'homologue de la forme aristotélicienne propre à chaque espèce et présente en chacun des individus qui la composent. Autant parler, en effet, de la certitude que le désir hétérosexuel chez l'homme soit *vraiment* hétérosexuel, au sens où il viserait la femme dans son être même, et non dans sa dimension fantasmatique. Mais, quoi qu'on pense d'un tel désir, il n'en reste pas moins qu'en admettre l'existence est une chose. Autre chose est de s'imaginer qu'une femme serait comblée de trouver l'homme qui la mette, « entre toutes », dans son harem. Le personnage repris par Mozart et Da Ponte est le plus beau démenti de cette certitude relative au désir hétérosexuel de l'homme. Car la thématique du tiers lésé (Don Octavio, Masetto, sans parler du père de Dona Anna) y est assez palpable pour nous rappeler qu'on n'obtient la femme que *quoad matrem*. C'est-à-dire justement sur le fond de la configuration fantasmatique dont se borde, grâce à la loi, le manque essentiel de l'homme.

Ce qui fait, malgré tout, la grandeur de Don Juan, c'est d'être fidèle à la loi de son désir (cette fois au sens subjectif du génitif). Et de le rester jusqu'au bout, quitte à en supporter toutes les conséquences. À l'heure de rendre des comptes, et de clore notamment celui tenu par Leporello, Don Juan persiste dans son refus obstiné de se repentir. La statue du commandeur lui réserve alors une mort qui n'est pas sans rappeler celle d'Œdipe. Il disparaît dans un trou mystérieux. Que peut-on dire de mieux de la mort, après tout ?

Pour conclure cette série de remarques au sujet de Don Juan, je voudrais revenir sur un point avancé par Lacan. On peut se demander, en effet, si la figure du père comme étant l'au-moins-un non soumis à la fonction de la castration symbolique est bien, comme l'affirme Lacan, une « élucubration féminine ». Car une telle élucubration reviendrait, en somme, à remettre en scène la figure d'exception qui les a toutes. Alors que la position féminine repose justement, selon Lacan lui-même, sur sa négation. À la lumière des considérations qui précèdent, la figure du père, comme étant l'au-moins-un non soumis à la fonction de la castration symbolique, apparaît bien plutôt comme un fantasme typiquement masculin. Cette hypothèse est d'autant plus soutenable que, comme nous l'avons vu, la genèse de ce fantasme se conçoit aisément côté masculin.

Avant de passer au chapitre suivant, c'est-à-dire aux mathèmes relatifs au désir féminin, nous devons faire quelques pas en arrière. Le premier consiste à nous rappeler que l'écriture de tous ces mathèmes ne s'impose, aux yeux de Lacan, qu'afin de suppléer à l'absence du rapport sexuel. Mais en quel sens faut-il entendre cette affirmation : « il n'y a pas de rapport sexuel ». Et sur quoi se fonde-t-elle ?

On peut faire valoir, tout d'abord, que « le rapport sexuel, comme tout autre rapport, ne subsiste [...] que de l'écrit[27] ». Cette thèse de Lacan s'éclaire si on note que, tout en reliant deux choses entre elles, un rapport quelconque n'est pas une chose en lui-même. C'est seulement grâce à la puissance fictionnalisante du langage, ou, si l'on veut, à sa créativité, que nous parlons du plus grand, du plus petit ou encore de l'égalité. Certes, nous en parlons ainsi indépendamment de toute arithmétique. Mais ce n'est que grâce aux signes que ces relations *subsistent*, au sens de devenir maniables de façon à permettre l'élaboration d'une arithmétique. Un rapport aussi simple que celui de l'égalité en témoigne clairement. Qu'est-ce qui détache l'égalité comme telle de toutes les choses égales que renferme la création, si ce n'est le regard d'un esprit qui déjà la voit s'isoler dans un signe ? De même, le mouvement, au sens de la translation, est un phénomène que nous constatons partout et sans cesse, et du coup nous parlons de choses qui bougent plus vite que d'autres. Mais la vitesse en soi ne s'isole et ne se conceptualise distinctement (y compris par rapport à l'accélération) que dans sa formule bien connue, où la barre de division vient mettre élégamment en rapport la distance au temps.

Inversement, que se passe-t-il si nous nous proposons d'écrire le rapport sexuel ? Le projet s'avère aussitôt impossible. Puisqu'il faudrait décrire préalablement la femme, pour pouvoir l'inscrire dans un tel rapport, et que c'est là une « tâche irréalisable », comme Freud a dû le constater, alors qu'il était tout près de la fin de sa vie[28]. On répondra : « D'accord, mais nous pouvons tout de même faire des rapprochements avec d'autres oppositions. Par exemple le doublet activité-passivité pourrait éclairer ce rapport. » Mais là-dessus, Freud a été tout aussi catégorique : « Je crois, dit-il dans le même ouvrage, que cette conception est erronée et inutile, car elle ne saurait rien nous apprendre. »

Lacan a encore radicalisé cet agnosticisme. Pour lui, toutes les oppositions dont on s'est servi pour dire le rapport sexuel (actif-passif, forme-matière, esprit-corps, ciel-terre, etc.) tombent à côté. Et pas seulement parce qu'elles ne sauraient fonder la différence sexuelle. Mais parce que, tout au contraire, c'est cette différence qui les fonde, qui les colore de l'intérieur, les sexualise. Cette différence est même si fondamentale qu'elle sexualise le langage lui-même. Nous touchons ici à un point qui appelle un second retour en arrière.

Dans son séminaire sur *La psychose*, Lacan fait la remarque que l'opposition entre le jour et la nuit est une opposition médiatisée, en ce sens qu'il y a d'abord la nuit et la non-nuit ou l'absence de la nuit. Et c'est dans cette absence de la nuit que se loge le jour. Si nous nous tournons maintenant vers la différence sexuelle, nous constaterons que l'homme, lui, est défini par un trait, celui justement qui entraîne sa soumission à la fonction de castration. Alors que la femme, elle, est simplement décrite par l'absence de ce trait : le jour de la femme ne se lève pas, si je puis dire. On remarquera, au passage, qu'il en va de même de l'opposition autour de laquelle tourne la logique, celle du vrai et du faux. Ce dernier est défini d'une manière purement négative, comme le non-vrai.

Mais à supposer que nous sachions de quoi nous parlons lorsque nous parlons de « tous les mâles » (nous avons vu que la construction de cet universel est possible), qu'entendons-nous par les « non-mâles » ? Cela veut-il dire *absolument tout* ce qui ne tombe pas sous le concept de mâles, y compris, mettons, le livre que vous tenez entre les mains, ou bien cela veut-il dire précisément les femelles ? Les abîmes qui s'ouvrent sous notre recours confiant dans le principe de contradiction ne peuvent que nous interroger, comme le remarque Lacan, sur ce que ce recours « peut lui-même contenir d'implication sexuelle[29] ». À cet égard, le moins que l'on puisse dire est que la définition psychanalytique de la femme (par l'absence du trait phallique) est pour le moins aussi fondamentale, sinon plus, que la définition du faux par l'absence du trait « vrai ».

Il y a plus. D'après Lacan, la femme n'est pas seulement inconnue, elle l'est doublement. « D'abord en ceci que la représentation de sa représentation est perdue, on ne sait pas ce que c'est que la Femme. En ceci, ensuite, que ce représentant, si on le récupère, est l'objet d'une *Verneinung*. Qu'est-ce d'autre qu'une dénégation que de lui attribuer comme caractère de ne pas avoir ce que précisément il n'a jamais été question qu'elle ait ? Il n'y a pourtant que sous cet angle que la Femme apparaît dans la logique freudienne[30]. »

L'introuvable du rapport sexuel signifie que la fonction imaginaire, en tant qu'elle répond de l'accord du mâle et de la femelle dans le règne animal, a été perdue chez l'être humain. Car l'enveloppement d'un vivant dans le langage, dans le système des signifiants, « a sur lui cette conséquence, que les images sont toujours plus ou moins marquées chez lui d'être assumées comme significations[31] ». D'où la nécessité d'une autre médiation dans le lieu de l'Autre, pour suppléer à cette absence du rapport sexuel, une médiation à proprement parler symbolique : celle de la loi. C'est ici qu'on mesure la différence entre un rapport naturel qui ferait loi (naturelle) et « une loi cohérente à tout le registre de ce qui s'appelle le désir et de ce qui s'appelle l'interdiction[32] ».

Cette sorte de loi « de cohérence » est justement celle de la fonction phallique, Φx. Ayant souligné l'inanité des oppositions auxquelles on essaie de réduire la différence sexuelle, Lacan en profite pour faire une mise au point, où il ne laisse pas de place à la moindre ambiguïté sur la singularité de la structure logique de la relation sexuée. Il me paraît important de lire ce passage en entier. « Faisons donc attention à ces contaminations qui nous rendent si aisé de recouvrir une fonction, dont tout l'essentiel nous échappe peut-être, avec la position du plus ou du moins en mathématique, voire celle de l'un ou du zéro en logique. Faisons-y d'autant plus attention que, justement, la logique freudienne, si je puis dire, nous indique bien qu'elle ne saurait fonctionner en termes polaires. Tout ce qu'elle a introduit comme logique de sexe ressortit à un seul terme, qui est vraiment son terme originel, qui est la connotation d'un manque et qui est la castration. Ce moins essentiel est d'ordre logique, et sans lui rien ne saurait fonctionner. Pour l'homme comme pour la femme toute la normalité s'organise autour de la passation d'un manque. Voilà ce qui en est de la structure logique, telle qu'elle découle de l'expérience freudienne[33]. »

Un tel passage est aussi précieux en ce qu'il nous suggère cette question : comment joue, chez les deux sexes, ce tiers terme que nous concevons comme « passation d'un manque » ? Pour y répondre, rappelons que cette passation est justement ce en quoi consiste la métaphore paternelle. Car c'est bien celle-ci qui engendre la signification phallique. Ce *phallus* que nous symbolisons soit par -φ, qui désigne un objet imaginaire mais rebelle à la spécularisation ; soit par un phi majuscule : Φ. Et dans ce cas, il y va de cet objet qui, s'agissant de la jouissance de la mère, doit être reconnu à celui qui porte le *nom du père*.

Aussi Lacan n'a-t-il pas hésité à identifier, finalement, ces deux termes : *phallus* et *nom du père*. « L'identification de ces deux termes a en son temps scandalisé de pieuses personnes[34]. » À partir de ces prémisses, on conçoit que -φ renvoie la fille à ce qu'elle n'a pas, ce qui du coup lui épargne la menace de castration et oriente son désir vers son père. Quant au garçon, il est renvoyé à son pénis qui, du coup, se trouve visé dans son rapport à la jouissance et l'introduit à ce que Lacan appelle « la question de ses rapports à la vérité ».

Tout le jeu de la passation du manque chez les deux sexes se résume en ces termes : « De la façon dont elle se trouve effectivement intervenir dans ce que l'on peut appeler le rapport sexué, il est sûr que la fonction du phallus n'est en aucun cas autre chose qu'une fonction tierce. Elle représente – soit ce qui se définit d'abord comme ce qui manque, c'est-à-dire fondant le type de la castration comme instituant celui de la femme, soit, au contraire, ce qui, du côté mâle, indique, d'une façon ô combien problématique, ce que l'on pourrait appeler l'énigme de la jouissance absolue. De toute façon, il ne s'agit pas là de repères corrélatifs, ni distinctifs. Un seul et même repère domine tout le registre de ce qu'il en est de la relation du sexué[35]. »

Avant de clore ces développements relatifs aux mathèmes de la sexuation masculine, ou plutôt « masculinisante », j'aimerais insister sur ce fait : la fonction phallique réside dans la passation d'un manque. Pourquoi Lacan prête-t-il au manque toute cette importance ? Pour répondre à cette question, il faut revenir au début du siècle dernier, plus précisément au moment où Freud publie les *Trois essais* et introduit la notion de « première satisfaction ». Cette première satisfaction est en effet un mystère. Que veut-elle dire ? Comment peut-elle capter toute l'énergie libidinale (au point qu'on veuille la retrouver sans cesse), alors même que l'objet d'une telle satisfaction ne répond plus à aucun besoin ? On ne peut en comprendre la fonction, sinon comme visant à produire un objet essentiellement manquant, un objet qui ne sert qu'au titre d'*assurance-manque* comme on dit « assurance-vie ». Mais alors une autre question surgit : pourquoi cette assurance, à quoi sert-elle ?

La réponse est que, pour le sujet parlant, l'être n'est pas un fait, mais une question. Revenons encore une fois au début du siècle dernier, qui est également l'époque de la publication de *L'interprétation des rêves*, où s'affirme pour la première fois l'existence de pensées inconscientes. Il faut bien mesurer le défi que cela représente par rapport à toutes les traditions culturelles et académiques précédentes. On peut dire que pensées inconscientes et pulsions sont, et resteront, les deux découvertes où réside l'essence du freudisme, celles contre lesquelles tous les livres noirs de la psychanalyse ne pourront jamais rien.

Sur la première découverte, nous devons à Lacan la mise en relief et la théorisation de la place centrale que la question de l'être occupe dans le champ des pensées inconscientes. De même, sa notion corrélative du sujet mériterait, à elle seule, une étude séparée. Mais en attendant, on peut utiliser ce terme comme synonyme d'une opération de pensée qui se déroule hors et avant toute prise de conscience, dans un refoulement primordial. En ce sens, le sujet de l'inconscient pense avec son corps propre ou, plus exactement, avec ce qu'il perd comme objets faisant partie de son corps propre, à commencer par le placenta. Cette perte fournit le biais qui lui permet de s'ancrer dans le langage comme désir causé, non pas par l'objet, mais par sa perte. Pour le sujet parlant, la question de l'être se résout donc dans l'être du désir comme manque à être, et sans un tel désir, le sujet ne serait que la marionnette vivante de l'Autre.

Pour ce qui est de la seconde découverte, on a vu que Freud avait d'abord voulu construire sa conception du psychisme dans les limites de l'hédonisme, puis senti qu'il fallait aller au-delà. Car la mise en œuvre de l'objet de la pulsion, c'est-à-dire de l'objet cause du désir, fait flamber la libido d'une énergie qui outrepasse de telles limites. Or, là encore, on peut dire que la psychanalyse s'est réinventée avec Lacan, qui a introduit une clarification capitale dans son séminaire sur *L'éthique*, en proposant le concept de « jouissance », sur lequel j'aurai l'occasion de revenir plus loin.

À titre d'analogie, on dira que l'objet-cause de la pulsion est bien au-delà des objets communs, de même que l'Un de Plotin est au-delà de l'être, qui en procède. On m'objectera peut-être que tout ce que j'avance ici se tient au niveau d'objets dont la perte fait partie de l'ordre naturel des choses. Mais comment est-ce possible avec la pulsion génitale ? Quelle perte la cause ? La réponse est que c'est justement cette absence de perte réelle qui distingue la causalité pulsionnelle, c'est le fait que la biologie n'offre pas de manque à ce niveau-là (les organes sont là, prêts à l'emploi). Une telle soustraction est ce qui fonde la nécessité de la mise en œuvre du symbolique, pour introduire le manque à être qui fait l'être même du désir.

En guise de conclusion à ce chapitre, je reviendrai sur la façon dont le repère phallique joue chez l'homme, pour en ramasser les éléments essentiels. Ce jeu se traduit par ces deux mathèmes :

$$\exists x.\overline{\Phi x}$$
$$\forall x.\Phi x$$

Dans un premier temps, s'affirme l'existence d'un au-moins-un qui fait exception au manque organisé par la métaphore paternelle. Cette exception est celle d'un père qui a toutes les femmes, et que Freud a cru trouver dans le mythe du père de la horde primitive. En fait, il s'agit, comme le montre Lacan, d'une contrainte logique, sans laquelle on ne saurait passer du premier mathème au second, où s'affirme que nul homme n'est un père de cette taille. En ce sens, être homme, c'est se ranger dans l'ensemble, ou dans l'espace universel, qui inclut tous les hommes soumis à la fonction phallique en tant que castration symbolique.

Reprenant l'allusion de Lacan à Don Juan, j'ai ajouté cette remarque que le premier mathème ne va pas sans une identification au père-exception, qui constitue ce qu'on peut appeler le fantasme de base chez l'homme. C'est bien cette identification qui se traduit par la rivalité avec le phallus et par son corollaire, à savoir la menace de castration. Reste à voir, maintenant, la façon dont le même repère phallique fonctionne chez la femme.

Chapitre VI

LE DÉSIR AU FÉMININ

La logique est une science qui repose sur quelques idées de base, dont celles de l'Un et du tout, de la négation et de la vérité, sans oublier celle de l'existence. Lacan a remis en chantier ces concepts, qui nous sont transmis, encore aujourd'hui, à travers diverses disciplines, depuis l'école jusqu'à l'université, et sur lesquels nous avons des idées communes qui datent de la constitution du sujet de la connaissance. C'est pourquoi, avant de développer la logique du désir féminin, nous avons intérêt à prendre tout d'abord un peu de recul et à considérer pour elle-même, en général, cette remise en chantier psychanalytique du champ logique.

Le tout est généralement considéré comme l'expression d'une coordination unitive. Il renvoie donc à l'Un, lequel est le principe ultime auquel tout participe et dont procède l'être même : toute chose est *une* chose. Nous reconnaissons là la thèse des néoplatoniciens, qui font de l'Un un principe, qui transcende tout à la fois l'être et le langage. Nous ne pouvons rien en dire sans l'altérer et lui faire perdre sa simplicité. Il suffit de dire « l'Un est », selon la deuxième hypothèse de Parménide, pour que l'Un cède sa place à un tout composé de l'Un et de l'être – sans parler des autres contradictions que Platon tire de la même hypothèse, et dont on ne voit comment sortir. L'Un est donc ineffable et reste enseveli dans le silence. Certains néoplatoniciens, notamment Damascius, vont plus loin[1]. Selon eux, la transcendance elle-même est un mode de coordination. Or, le principe est au-delà de tout et incoordonné à tout. Partant, ce principe est l'ineffable lui-même, dont notre âme a l'intuition, tout en demeurant vouée à rester dans le sanctuaire de son silence extraordinaire.

C'est pour obvier aux complexités léguées par cette tradition millénaire que Lacan a lancé son iconoclaste « il y a de l'Un ». « De l'Un », et non pas « l'Un », comme on dit « il y a du whisky à gogo ». De quoi s'est-il autorisé pour lancer cette formule ? Il nous faut revenir ici à Saussure et à sa définition de l'unité linguistique. Laquelle ne tient pas sa nature d'unité de sa participation à l'Un, pas plus qu'elle ne tire son être de sa participation à l'être. Bien plutôt, elle procède du non-être : elle est de n'être pas ce que les autres sont. Il s'agit donc d'un non-être relatif, qui fait du langage un système d'oppositions ou d'exclusions réciproques. On a vu que l'analogie avec le jeu d'échecs est un artifice pédagogique parlant, en l'occurrence, et auquel Saussure fut le premier à avoir recours. On peut remplacer le cavalier par n'importe quel autre objet (une bille, un caillou, etc.) à la seule condition que cette nouvelle pièce reste différente de toutes les autres. Le même principe de substituabilité différentielle s'appliquant, bien sûr, à toutes les pièces.

La pure différence, et non pas l'Un, est le principe à partir duquel on peut envisager avec Lacan l'idée d'une logique du signifiant. « Il y a de l'Un » introduit le même registre logique que « il y a de l'eau » ou encore « il y a du pain ». Un morceau de pain n'est pas la baguette entière, et la baguette n'est pas une ficelle ni un pain. Et si nous remontons à l'idée même du pain, nous obtenons en fait un signifiant, qui n'a de sens qu'en fonction de sa place à l'intérieur d'une batterie de noms. Place qui, elle-même, n'est définie que par le jeu de ses relations différentielles avec celles des autres noms du même champ sémantique. Partant, ce n'est pas l'Un, mais l'exclusion, qui fonde le tout, au sens du concept ou de l'universel, bref de l'*eidos* platonicien. Il n'y aurait pas d'êtres vivants qui se spécifient d'être des mammifères, s'il n'y en avait d'autres où le trait « mamme » fait défaut. Il n'y a pas de nombres pairs sans les impairs, et l'Un lui-même est d'abord l'un manquant dont se constitue l'ensemble zéro. L'Un se dit de l'individu comme de l'espèce, de la partie comme du tout, parce que la pure différence est partout. Y compris là où on l'attendrait le moins, à savoir dans l'amour.

Nul n'a mieux célébré le mariage entre l'Éros et l'Un que William Shakespeare dans son poème *The Phoenix and the Turtle* dont voici le septième quatrain :

« *So they lov'd, as love in twain*
Had the essence but in one ;
Two distincts, division none :
Number there in love was slain. »

De fait, l'affinité de l'Éros avec l'Un semble éternelle. Comme la manière dont le premier « assassine le nombre », en aspirant à ne faire plus qu'UN avec l'objet primitif de son élan. Une telle affinité passe depuis toujours et partout pour l'évidence même quant à ce dont il retourne dans l'amour. Il n'empêche qu'en y déplaçant le curseur du manque de l'objet à l'être, Lacan s'est retrouvé amené à défaire ce nœud immémorial. Plus précisément, il a pointé dans le *manque à être* la condition sans laquelle le sujet ne saurait s'enraciner dans le langage. Et a fait de l'assomption de ce manque la condition de l'accès à l'objet. Or, ce faisant, il a bel et bien ramené l'Un à ce qu'il est en vérité, à savoir le fantasme par excellence. Celui où le manque à être rêve de sa positivation accomplie.

On se souvient peut-être d'une remarque de Lacan que j'ai déjà rapportée, et où il s'étonnait qu'il ait fallu le discours psychanalytique pour donner à l'universel son « fondement véritable » dans l'exception. Je me suis arrêté sur ce « véritable », lui préférant « fondement logique ». Mais, dans le cadre de la logique du signifiant, l'adjectif « véritable » s'avère approprié. Car, en matière de fondement on ne peut pas aller plus loin que le langage, lequel déborde de toute façon toute logique. Comme l'exprime Lacan : « Pas plus que de physique qui s'étende, comme la bonté de Dieu, à toute la nature, pas plus de logique qui enserre tout le langage[2]. »

Passons maintenant à ces deux notions logiquement inséparables : la négation et la vérité.

Dans les livres de logique, la négation se présente généralement comme une opération ou fonction qui s'applique aux propositions et donne lieu à un renversement de leurs valeurs de vérité. La négation d'une proposition vraie donne une fausse ; celle d'une fausse donne une vraie. Mais ces valeurs ne s'attribuent pas seulement aux propositions simples, on les applique également aux propositions conditionnelles, lesquelles se composent d'une proposition antécédente (ou *protasis*) et d'une conséquente (ou *apodasis*). Et là on assiste à un phénomène assez curieux. Car en logique, la distribution canonique des valeurs de vérité stipule que le faux ne découle jamais du vrai. Une proposition conditionnelle, qui se compose d'une antécédente « vraie » et d'une conséquente « fausse », est donc une proposition fausse. Mais alors, si le faux ne vient jamais du vrai, d'où vient le vrai quant à lui ? Eh bien, il vient du faux tout aussi bien que du vrai. Illustrons-le par un exemple emprunté à Quine :

1) si la France est en Europe, alors la mer est salée.

2) si la France est en Australie, alors la mer est salée[3].

Dans la première conditionnelle, la conséquence vraie se rattache à une prémisse vraie et l'ensemble est une proposition vraie. Dans la deuxième, la même conséquence vraie se rattache à une prémisse fausse, et la conditionnelle est globalement tout aussi vraie. En établissant les tables de vérité des fonctions propositionnelles, comme la négation, ou le si… alors…, et en étudiant les lois de leur calcul, le logicien poursuit certes un but bien défini. Il s'agit, pour lui, de faire en sorte que, quelle que soit sa complexité, on puisse toujours s'assurer qu'une formule propositionnelle est (ou n'est pas) tautologique, c'est-à-dire est vraie (ou non) *uniquement* en vertu de sa forme logique. En quoi il est clair que son travail est motivé par des considérations tout à fait indépendantes du moindre regard jeté sur la réalité. De fait, le *x* qui occupe la place de l'argument dans une fonction propositionnelle Fx quelconque est, pour lui, une pure variable, l'équivalent d'une place vide indexée, où l'on peut mettre n'importe quoi, pourvu qu'il s'agisse d'une proposition.

Notre angle d'attaque ici sera que le « vrai » et le « faux » figurent, en matière de logique, comme des attributs de la proposition considérée en elle-même, indépendamment de toute énonciation. Il y a là un point de vue comparable à celui d'une personne qui, regardant le jeu du *Fort-Da*, auquel se livrait le petit-fils de Freud, aurait décidé de ne voir dans le *Fort* que la simple absence, ou la non-présence, qu'il symbolise. Et d'oublier qu'une telle absence est *provoquée*, un « dire-que-non » au *Da* symbolisant la présence – quitte à le faire revenir dans un deuxième temps. Il suffit, en effet, d'élargir notre point de vue, de façon à réintroduire le sujet parlant, ou même balbutiant, dans notre logique, pour que la perspective change radicalement. De fait, si on considère la négation, non plus en tant que pure fonction propositionnelle, mais en tenant compte du dire-que-non, alors son sens se multiplie et se diversifie de manière étonnante. Ce dont témoigne le chapitre sur la négation de n'importe quel livre de grammaire. On n'y a que l'embarras du choix des exemples qui montrent à quel point la conception logique de la négation est une simplification, opératoire sans doute, mais grossière, au regard des subtilités de la significativité.

Pour en revenir aux formules de la sexuation, et à la manière dont la négation y fonctionne, on notera que le *x* qui figure dans la formule $\exists x.\overline{\Phi x}$ représente un sujet parlant. C'est-à-dire un sujet qui n'est pas seulement situé en dehors du champ de la fonction de castration, mais qui dit que non à cette fonction, qui s'y oppose. L'existence de ce sujet est liée à son dire, et on en reconnaît le modèle premier dans celui qui porte le nom du père. Celui que ce nom, si je puis dire, « auréole », ne serait-ce que parce qu'il donne sa réponse au désir de la mère.

Le premier mathème de la sexuation féminine ($\overline{\exists x}.\overline{\Phi x}$) met lui aussi en jeu le signe de négation. Et le fait qu'il y figure ne signifie nullement que le mathème correspondant, concernant le désir masculin, soit faux. Une femme peut d'ailleurs choisir de poser, elle aussi, l'existence d'un au-moins-un qui dit non à la fonction de la castration. Et s'engager, à partir de là, dans un désir ayant le même objet que celui de l'homme, autrement dit devenir homosexuelle. Revenons, par exemple, sur le cas de « la jeune homosexuelle » de Freud. L'enfant qu'elle attendait de son père, voilà que celui-ci le donne à sa mère. À quoi bon, dès lors, avoir renoncé à l'amour qu'elle avait conçu pour celle-ci ? Elle reprend donc son amour, pour le diriger vers une Dame qui n'était pas sans avoir sa cour de chevaliers. Mais voilà que son père, l'ayant rencontrée en compagnie de la Dame, ne lui cache pas sa désapprobation. Comment sortir d'une telle situation impossible ? La jeune femme n'avait guère d'autre solution que de mettre en scène cette impossibilité, et de se jeter d'un pont à proximité, dans un acte apparemment suicidaire. C'est cet « accident » qui a conduit son père à faire appel à Freud. Il s'agit donc là d'un cas d'homosexualité dû à l'intolérable déception infligée à un désir féminin auparavant constitué.

Or, la constitution de ce désir, chez la fille, dépend justement de la reconnaissance de la castration comme étant une chose faite, tant pour sa mère que pour elle. Faire une exception n'a aucun sens du point de vue d'un désir homosexuel féminin. Le signe de négation qui figure sur le mathème existentiel d'un tel désir n'est pas un signe de contradiction à l'égard du mathème correspondant de la sexuation masculine. Pas plus qu'il n'implique une négation de la fonction de la castration. Ce signe signifie, en l'occurrence, que l'admission de l'exception à la fonction de la castration ferait obstacle à la constitution d'un tel désir.

Supposons que quelqu'un me propose des vacances dans un pays dont il vante la beauté et les prix économiques. Je suis persuadé de la véracité de ce qu'il dit, mais je lui réponds « non », parce que j'ai déjà un autre projet. Mon dire que non n'est pas un démenti. Il signifie que sa proposition fait obstacle à ce que je prépare par ailleurs. C'est le sens que donne Lacan aux mathèmes en question : « Il ne s'agit pas du tout de faire de l'un la négation de l'autre, mais au contraire de l'un l'obstacle à l'autre[4]. »

Avant de passer à la conséquence que Lacan tire de ce mathème, qui met également le signe de négation sur le quanteur existentiel, $\overline{\exists x}$, notons que le langage fait de la pure différence la définition même du sexe féminin. Autant dire qu'il fait de la femme l'*hétéros* par excellence, LA différence où s'incarne le principe de la pure différence qui préside à l'institution des unités linguistiques. La femme ne figure dans la logique tierce du phallique, où le discours psychanalytique retrouve le langage ordinaire, qu'au titre d'un manque. Bien paradoxal certes, puisqu'il n'a jamais été question qu'elle possède ce dont elle est censée manquer. Nous avons ici affaire à un contraste saisissant entre, d'une part, l'ambiguïté qui touche à tout ce qui s'inscrit de la dualité mâle-femelle au niveau du signifiant, et, d'autre part, ce qui, à nous en tenir à ce que nous savons au niveau biologique, distingue les sexes radicalement. Ce contraste nous invite à prolonger la remarque négative déjà citée de Lacan, selon laquelle « il n'y a pas de logique qui enserre tout le langage », en y ajoutant – « et pas plus de langage qui enserre tout le réel ».

On touche ici à ce que certains mystiques arabes, notamment Al-Hâllaj, appellent le « voile des noms ». « Les noms propres, écrit Massignon, désignent à l'homme les créatures dont il peut disposer, pour autant que l'usage lui en a été concédé. Ils les lui présentent comme différentes de lui, isolées de Dieu, séparées les unes des autres ; existences interdépendantes ; ils ne lui fournissent pas immédiatement toute la réalité, – la nature, ils la lui voilent, il faut qu'il la cherche[5]. » Et de fait, comme pour un mystique l'idée de connaissance est inséparable de celle du désir, nous ne serons pas étonnés de lire ces lignes chez Al-Hâllaj : « Le voile ? C'est un rideau, interposé entre le chercheur et son objet, entre le novice et son désir, entre le tireur et son but[6]. »

Il est permis de penser que le voile, qui fait partie des traditions de certaines sociétés islamistes, ou islamisantes, est peut-être un artifice qui remplace le « voile des noms » par un autre voile – qu'il suffirait de laisser tomber pour faire croire à l'homme qu'il accède enfin à la femme. Il n'est pas exclu que nos spectacles de *strip-tease* participent de cette même technique de faire-croire. Quoi qu'il en soit, la vérité, elle, reste toujours du côté de la femme, telle que Wedekind en a tracé un portrait mémorable dans sa célèbre pièce *Lulu*. Lulu a poussé comme une herbe, elle n'a pas été « éduquée », ce qui lui donne cet avantage que ses paroles coulent comme de source. Ses amants n'ont pas manqué de lui donner chacun un nom, au gré de leurs fantasmes : Lulu, Poppi, Mignon, Ève, etc. Mais cette multitude de noms ne l'a pas rendue plus instruite quant à ce qu'elle est comme femme, indépendamment de ces fantasmes auxquels elle sait pourtant répondre, gracieusement ou fatalement... ou les deux à la fois.

Rien n'est plus instructif à ce sujet que les portraits que quelques peintres, parmi les plus grands, ont faits sur le thème de la femme au miroir. Laissons de côté ceux qui, mettant l'accent sur le « narcissisme de la femme », nous la présentent absorbée dans son rituel cosmétique, face à son miroir. Intéressons-nous plutôt au seul portrait de femme que Giovanni Bellini a peint au cours de sa longue carrière, tout près de la fin de sa vie, à l'âge de quatre-vingt-cinq ans. Ce portrait qui s'intitule *Jeune femme au miroir* est un nu. Mais il est curieusement dénué de toute sensualité, comme l'ont remarqué certains historiens, qui y ont vu le signe de l'attachement de Bellini à l'idéal de la chasteté. Cette opinion fait abstraction du message de ce tableau, qui se situe au niveau de ce qui se déroule entre la jeune femme et le miroir. Il s'agit en effet d'une femme très jeune, qui est encore assez proche de l'adolescence. Sa beauté calme s'épanouit dans l'ovale parfait de son visage. Derrière elle, il y a un miroir reflétant l'arrière de sa coiffure. Mais elle se regarde dans un petit miroir qu'elle tient dans sa main droite, et dont on ne voit que l'envers. Son regard est dépourvu de toute complaisance, même de ce minimum de complaisance narcissique qui permet à chacun de se présenter au monde. L'absence de sensualité ne fait que refléter son absence à tout. Elle est *toute*, si j'ose dire, dans le regard interrogatif qu'elle adresse à son miroir. Comme si elle y attendait l'apparition miraculeuse qui lui révélerait le secret de ce qui, de sa féminité efflorescente, reste en dehors de la logique phallique.

Cette attente infinie fait écho à la *Vénus au miroir* de Vélasquez. Vénus y est représentée par son dos, « le plus beau de l'histoire de l'art[7] ». Certaines suffragettes britanniques n'ont pas hésité à l'égratigner, en plus d'un endroit, en 1914, mais on a réussi à le restaurer. Il est mis par Vélasquez sur un plan parallèle à celui du tableau. Vénus, dont on ne voit donc pas le visage, regarde un miroir qui médiatise son rapport à l'espace intérieur du tableau et qu'un cupidon tient pour elle. Mais rien n'apparaît dans ce miroir, sinon un reflet si embrouillé et flou que les commentateurs se perdent en interprétations, aussi peu sûres les unes que les autres. Certains historiens estiment que Vélasquez voulait empêcher la reconnaissance d'une femme réelle à travers le reflet. On a même parlé à ce propos de la femme dont le mari aurait commandé le tableau, et qui était, paraît-il, une belle femme. Mais si telle était son intention, Vélasquez aurait pu mettre dans le miroir un visage parfaitement imaginaire. Il est plus probable qu'il savait que l'application stricte des lois de la perspective ne pouvait donner lieu à l'apparition d'aucun reflet du visage de Vénus, mais seulement d'une autre partie de son corps. D'où le passage de « pas de reflet » à un reflet rebelle à toute identification. Bref, de même que, pour l'homme, le « φ » dans le sigle -φ de Lacan, ne se sépare jamais de son signe « moins » pour apparaître dans l'espace spéculaire, de même, masqué comme il est par le voile des mots, le féminin ne saurait être capté par aucun miroir.

Cette inaccessibilité du féminin, tant au visible qu'au dicible, paraît déjà indiquée dans l'art de l'ancienne Égypte. On sait que le buste de Néfertiti, qui est pourtant considéré par certains comme preuve de l'universalité du beau, représente la reine avec un œil laissé en blanc. Certains historiens estiment que ce buste était un modèle, appartenant à un maître sculpteur, et utilisé pour initier les apprentis à l'art d'incruster les pupilles. Cette incrustation devait sans doute être une opération aussi précise que délicate. Car à en juger par d'autres bustes de la famille royale, comme ceux de Ti, la reine mère, le regard correspondait à une double opération observable. Tout en se dirigeant vers un point invisible et lointain, il devait réapparaître en même temps, par une sorte de voie de retour, dans l'éloignement solitaire de la reine.

On est tenté alors de faire l'hypothèse que l'époque d'Akhénaton fut celle de la révélation d'un double mystère, celui du Dieu Un et celui du féminin. Et certes ce rapprochement est séduisant, mais il ne doit pas nous faire oublier ce qu'il peut y avoir comme différences en jeu.

D'abord, il n'est pas sûr que le point de fuite

vers lequel se dirige le regard, dans ces sculptures de l'Égypte ancienne, représente une essence ou un réel qui se dérobe. Il est tout aussi soutenable qu'il représente l'objet ultime du désir de l'hystérique. Lacan s'explique là-dessus en ces termes : « Ce que l'hystérique refoule, dit-on, c'est la jouissance sexuelle. En réalité, elle promeut *le point à l'infini* [c'est moi qui souligne] de la jouissance comme absolue. Elle promeut la castration au niveau de ce Nom-du-Père symbolique, à l'endroit duquel elle se pose comme voulant être, au dernier terme, sa jouissance. Et c'est parce que cette jouissance ne peut être atteinte qu'elle en refuse toute autre qui, au regard de ce rapport absolu qu'il s'agit pour elle de poser, aurait un caractère de diminution, ce qui est vrai en plus, de n'avoir rien à faire que d'externe, de n'être que du niveau de la suffisance ou de l'insuffisance[8]. »

Dans *Le langage ordinaire et la différence sexuelle*, j'aboutis à la même thèse[9]. J'y insiste sur le fait que ce père symbolique, si tant est qu'il puisse s'objectiver ou paraître réalisé dans une figure, investira celle du père de la première identification. Une reine peut être une hystérique, ce qui n'implique pas que toutes les hystériques soient des reines. C'est le moment de ne pas oublier Anna O., l'hystérique à laquelle on doit la naissance de la psychanalyse, la mère de tous les analystes. Elle fomente son fantasme de grossesse au moment où l'imminence de la mort de son père engendre chez elle le désir de lui donner une progéniture qui l'immortalise[10]. Loin d'avoir été la cause de ce désir, comme il en a eu le fantasme, Breuer n'en a été que l'objet passager, au gré de la « cure par la parole ». C'est à se demander si nous autres analystes ne restons pas, jusqu'à nouvel ordre, les otages de ce désir hystérique accroché à la jouissance de l'union dont s'assure l'immortalité.

Nous voilà ramenés, en quelque façon, à notre hypothèse de départ sur la conjonction du Dieu Un et de la femme, que nous a suggérée l'époque d'Akhénaton. L'*autre* différence en jeu ici est que, côté Dieu, il est sûr qu'il *est*, mais cela ne prouve pas son existence. Alors que, côté femme, nous sommes par contre sûrs de l'existence de la différence sexuelle, sans savoir en quoi elle consiste. Je parle de la position de l'analyste, qui est l'inverse de celle du mystique à l'endroit de Dieu. En effet, pour celui-ci, l'existence de Dieu comme l'Autre incommensurable ne prête pas au doute, seule se voile son essence, à laquelle il accède cependant dans une expérience qui défie le dicible.

Reprenons maintenant les mathèmes lacaniens de la sexuation féminine.

$$\overline{\exists x}.\overline{\Phi x}$$
$$\overline{\forall x}.\Phi x$$

On a vu que, selon la logique classique, l'existence du au-moins-un qui fait exception interdit la formation de l'universel. Alors que, selon Lacan, ce au-moins-un non seulement n'interdit pas cette formation, mais constitue une condition requise pour sa constitution. S'il en est ainsi, c'est qu'un changement de principe a eu lieu. La logique classique repose sur l'Un. Chaque objet ou chaque *x* est un *un*, et le tout est un *un* supérieur, qui tient les éléments ensemble et fait de l'ensemble un tout fermé, délimité, représentable par un cercle d'Euler. La logique des mathèmes de Lacan renvoie à un autre principe, celui de la pure différence. Dans cette logique différentielle, aucun *un*, aussi sublime soit-il, n'est posable qu'au regard d'un autre *un* qui lui est extérieur. Les ensembles ne sont constructibles qu'au prix de l'impossibilité de construire « l'ensemble de tous les ensembles », celui en dehors duquel il n'y a rien. Par conséquent, la négation de l'existence de l'exception, ou de l'exclusion, qui s'articule dans le premier mathème de la sexuation féminine entraîne la négation de ce « tout ». Nous obtenons ainsi le second mathème : *pas-tout x* est soumis à la fonction de la castration, $\overline{\forall x}.\Phi x$. Comment faut-il comprendre ce quanteur *pas-tout* ?

Dans la logique classique, *pas-tout* est synonyme de « quelques », qui est le quantificateur opposé à l'universel « tout ». Selon cette logique, deux propositions particulières, l'une positive (quelques hommes sont blancs), l'autre négative (quelques hommes sont non-blancs) peuvent être vraies ensemble, mais elles ne peuvent pas être toutes les deux fausses. Prenons, en effet, n'importe quel *x, any x,* comme disent les Anglais. Si cet x n'est pas blanc, il tombe dans le non-blanc, et il ne peut pas tomber en dehors des deux. S'il tombe dans le non non-blanc, il revient au blanc, puisqu'il n'y a que ces deux valeurs : le vrai et le faux qui le nie.

Or, la conception de Lacan se rapproche des mathématiciens intuitionnistes. Elle récuse la dualité du vrai et du faux, exclusive du tiers[11]. Quant aux logiciens, ils n'ont pas méconnu les chicanes relatives au pas-tout. Prenons l'exemple célèbre : « Tout ce qui brille n'est pas or. » On peut considérer que le sujet de cette proposition est celui qui s'indique dans l'expression « tout ce qui brille », et que la négation sépare nettement ce tout de (celui de) l'or. Sujet et prédicat sont alors représentables par deux cercles extérieurs l'un à l'autre. Mais ce n'est pas dans ce sens-là que nous entendons ordinairement cette proposition. Nous l'entendons plutôt en ce sens, que tout ce qui brille n'est pas *toujours* de l'or. Autant dire que nous y entendons plutôt l'affirmation de l'impossibilité de faire de ce qui brille une totalité identique à celle de l'or. La négation frappe le quanteur plus que le verbe : *pas-tout* ce qui brille est de l'or. C'est à ce quanteur, que les logiciens n'ont pas méconnu, mais sans lui accorder une considération spéciale, que Lacan va consacrer le plus clair de sa réflexion.

D'après lui, le pas-tout n'implique pas l'existence d'un au-moins-un qui dit non à la fonction de la castration, contredisant par là d'emblée le premier mathème. Le fait est que la femme est pleinement soumise à la fonction de la castration, grâce à laquelle le manque passe chez elle sous les espèces du non-avoir. Seulement, elle n'est prise dans cette fonction que pour autant que le langage la prend avec les pincettes de la pure différence. En d'autres mots, elle n'y est *pas-toute*. La castration ne s'applique pas positivement à son corps comme elle s'applique au corps de l'homme, qu'elle serre d'une manière autrement plus substantielle. Le *pas-toute* affirme la non-impossibilité que la femme soit prise dans la fonction phallique, mais c'est dans la contingence qu'elle s'y présente en matière d'argument.

En résumé, on peut dire que deux interprétations du quanteur lacanien sont en jeu ici. Dans la première, la femme n'est pas *toute* dans la fonction de la castration. Elle n'y est prise que d'une manière contingente, langagière, puisque c'est seulement en vertu du langage que le « non-avoir » peut prendre effet. Dans la seconde, l'universel *toutes*, qui se signifie dans l'article défini, LA femme, est non inscriptible dans son cas, faute de poser l'exception qui le conditionne. Les deux façons d'entendre le *pas-tout* (qu'il annule le tout au niveau de chacune ou au niveau de l'ensemble) ont même racine : le statut de la féminité hors du langage, où la sexuation ne se fait que par le biais de la fonction phallique.

Quelle direction prend le désir ainsi constitué de la femme ? Côté homme, on a vu que son désir se polarise vers la femme grâce aux fantasmes qu'il projette sur elle. Qu'en est-il du côté de la femme ? Pour aborder ce point, j'en appellerai, encore une fois, à l'ancienne formule lacanienne de la formation du désir masculin, dont la « rupture instauratrice » me semble inépuisable : « Il n'est pas sans l'avoir. » Je dirai que la femme est surtout attentive à la part de cette rupture, de cet *il n'est pas*, dans l'habilitation de l'avoir. Rappelons que le poinçon central qui figure dans l'écriture lacanienne du désir : $ ◊ *a*, dénote plusieurs relations : conjonction, disjonction, plus grand et plus petit – mais non pas l'identité. Dans l'algèbre lacanienne, cette formule indique où il nous faut placer l'accent du désir. Côté homme, l'accent du désir porte sur le *a* qui, rabattu sur les significations articulées dans les demandes, lui sert à l'occasion d'objet où son narcissisme trouve son assiette. Alors que, côté femme, l'accent du désir porte avant tout sur le $. En ce sens, on peut dire que les femmes sont les analystes naturelles des hommes.

La psychanalyse ayant vu le jour à la fin du XIXe siècle, nous avons assez de recul pour percevoir le conflit sourd, irrémissible, qui n'a cessé de grandir entre l'homme et la femme. Ce conflit n'était assurément pas sans lien avec la richesse considérable que la civilisation industrielle a apportée à l'Occident moderne. Les bourgeois croyaient qu'ils devaient leurs avoirs à leur excellence d'hommes. Cela n'empêchait pas un bourgeois d'aimer sa femme, de l'adorer même. Mais il lui était attaché comme il l'était au reste de ses propriétés, à ceci près, peut-être, qu'il faisait d'elle sa propriété la plus chère. L'énoncé « tu es ma femme » n'était pas le message reçu du destinataire sous une forme inversée où se signifiait le don, mais l'assertion d'un droit reconnu par Dieu et les hommes. Diplomate, la femme répondait parfois à cet amour en condescendant au désir, voire y mettait sa contribution en idéalisant son mari. Mais sauf à s'abêtir complètement, il lui suffisait d'un peu de lucidité pour découvrir que le vrai objet de cet amour narcissique n'était pas elle en fin de compte, mais lui, le mari aimant. C'est pourquoi, en fait de désir, seul celui qui habite un homme à son insu touche immanquablement la femme, à qui ce désir s'adresse. Car elle ne manque pas de s'en apercevoir, elle. Et si elle en est touchée immanquablement, ce n'est pas parce que ce désir lui donne la certitude que l'homme aime LA femme, et l'aime à ce titre, mais parce qu'elle a alors la certitude d'être, elle, l'objet de ce manque, à l'abri de toute *infatuation*.

J'utilise ici ce mot au sens où, s'adressant à Dieu, Hâllaj lui dit : « Ton voile est ton infatuation », selon une traduction géniale de Massignon. Je dis « géniale » car elle est assez éloignée du sens qui vient à l'esprit, au premier abord, à la lecture du mot arabe (*i'jabuka*). Il fallait Massignon pour trouver cela. D'après Hâllaj, Dieu, cet Un dont on sait combien l'islam revendique l'unicité, ne peut se connaître, ni s'aimer, sans se diviser entre créateur et créatures offertes à son auto-contemplation. Dieu est ce voile même des créatures qui lui permet de donner satisfaction à son infatuation. Si on lit les grands romanciers et dramaturges du XIXe siècle, on voit les femmes y aboutir à la même conclusion. Dans *La maison de poupée* d'Ibsen, par exemple, c'est quasiment dit dans les mêmes termes. *Middlemarche*, de George Eliot, aborde de manière encore plus minutieuse et approfondie le même thème.

Chapitre VII

LA JOUISSANCE SUPPLÉMENTAIRE

(ÉPILOGUE)

Le précédent chapitre laissait en suspens une question. De ce que la femme n'est pas-toute dans la fonction de la castration, est-ce qu'il s'ensuit qu'elle a une autre jouissance ? Une jouissance qui serait donc « supplémentaire » par rapport à celle, phallique, qui s'atteste dans le discours psychanalytique ? À cette question, Lacan répond qu'il le « croit[1] ». Et s'il ne peut que « croire » à l'existence chez la femme d'une autre jouissance que la jouissance phallique, ce n'est pas sans raison. Car à vouloir « faire connaître l'ineffable par un discours, on entraîne son discours dans l'impossible [...] si bien que, si jamais il y a une définition de l'ineffable, elle ne cesse pas de se renverser elle-même et de se combattre elle-même[2] ». Mais cela n'empêche pas la spéculation, au sens de se prononcer sur l'existence de ce qui paraît vraisemblable, compte tenu de ce que nous savons.

Or, si nous passons en revue ce que nous avons dit à propos de la sexualité, d'abord chez Freud puis chez Lacan, qui a, comme dit François Perrier, « révolutionné le freudisme pour le tirer de ses impasses posthumes[3] », nous sommes bel et bien conduits, avec lui, à cette conclusion spéculative.

Par une nécessité équivalente à celle de la production du sujet parlant, le langage ne se contente pas de régler ce que le rapport sexuel comporte de naturel, il subvertit l'ordre même du naturel, en créant un manque à être. C'est ce que Lacan appelle le désir, lequel tend, non pas vers le plaisir que procurent les biens, mais vers la jouissance d'un Bien au-delà des biens. Et ce Bien suprême n'a pas d'équivalent négatif, qui serait l'au-delà du Mal, puisqu'il est… le Mal même. Dans ce cadre, nous pouvons alors nous demander si la jouissance, ainsi prise dans le *logos*, s'accommode d'une autre jouissance, qui serait basée, non sur le manque à être qui prive le sujet de son *vrai nom* (ou, si l'on veut, de son *self*), mais sur la *finitude même de l'existence*, sur notre manque d'immortalité.

Si nous appelons « petite mort » l'espèce de jouissance qui couronne « la poésie de faire l'amour », il faudra alors noter que cette poésie a quelque chose d'élégiaque. En elle-même, cette jouissance n'est pas nécessairement ineffable. Ce qui l'est, c'est son fondement ultime. Car qu'y a-t-il de plus ineffable que l'expérience de la mort au moment où son heure sonne, ce moment que l'art baroque s'est employé si génialement à apprivoiser avec la métaphore de la libération de l'âme de sa prison terrestre ? Mais dès lors, que dire de la jouissance mystique, qui outrepasse toute finitude ?

Considérons la sculpture que le Bernin a faite pour la chapelle Cornaro, à l'église de Santa Maria della Vittoria, à Rome. Cette sculpture représente sainte Thérèse d'Avila dans l'état de jouissance extatique, état qu'elle avait décrit elle-même dans son autobiographie, que le Bernin avait lue. La sainte en parle fréquemment comme d'une « suave agonie ». Il en va de même si nous dirigeons notre attention vers la dernière sculpture d'art religieux du Bernin, celle qu'il a faite à la fin de sa vie, à l'âge de quatre-vingts ans, et qu'on peut voir à l'église San Francesco a Ripa. Elle représente la *beata* Ludovica Albertoni « au moment où son âme quitte son corps ». De fait, si nous faisons abstraction du caractère flamboyant de la sculpture de la chapelle Cornaro, nous retrouverons, plus adoucis, le même visage et la même expression : la tête rejetée en arrière, les lèvres ourlées de la bouche mi-ouverte, les yeux mi-fermés. Et surtout la même « absenciation » extraordinaire de l'être qui déjà n'est plus là.

Pour sainte Thérèse, la mort est une libération de l'âme. Le Bernin la représente sur un nuage qui signifie la porte du Ciel dans la rhétorique picturale. Et toute la sculpture est d'une telle fluidité de lignes qu'elle contribue grandement à l'impression d'une lévitation libérée de la gravitation. De signature de la réalité mortelle, la jouissance mystique revêt donc ici un caractère absolu, aussi incommensurable par rapport à toute jouissance terrestre que l'éternité au regard de la vie. Comme telle, elle est ineffable – ineffable comme jouissance de l'union de l'âme avec son essence divine, comme mariage de la sainte (épouse des blessures du crucifié au point de faire de son corps un « lieu théologique[4] »), ou encore comme jouissance de ce mariage avec le corps ressuscité du Christ. Le Bernin partageait cette même conception du sens de la mort. Il était l'ami des jésuites et l'un des premiers sculpteurs, sinon le premier, de son époque à sculpter le squelette tout entier sur le tombeau[5].

Pour sainte Thérèse, la suavité de sa douleur « n'était autre que Dieu lui-même ». Et c'est bien cette suavité que le Bernin exprime dans ces deux sculptures de l'art religieux[6]. Toutefois, le dépouillement de la *beata* Ludovica Albertoni des références exaltées de la sculpture de la chapelle Cornaro donne à cette ultime œuvre religieuse une noblesse et une grandeur à part. Au point qu'on peut soutenir que c'est « sur cette figure sublime et non pas sur sainte Thérèse, que son droit [celui du Bernin] d'être reconnu comme l'égal des plus grands artistes italiens doit finalement reposer[7] ».

En contrepoint de la jouissance mystique, cette suavité qui s'éprouve dans la souffrance même, il n'est pas sans intérêt d'entendre un autre son de cloche féminin. Et notamment ce que nous dit de l'âme et du corps une femme comme Marina Tsvetaïeva, qui n'est pas une mystique, elle, mais une poétesse : « L'âme ne se voit jamais aimée comme le corps, au mieux – elle est louée. C'est avec mille âmes que le corps est aimé. Qui s'est jamais damné pour une *âme* ? Et même si quelqu'un le voulait – impossible : aimer une âme jusqu'à la damnation – cela veut dire être déjà un ange. On nous escroque de l'enfer tout entier ![8] »

Le contraste entre ces deux discours est on ne peut plus grand. Il n'empêche que l'amour, qu'il soit céleste ou terrestre, pour ne pas dire infernal, aspire toujours à l'union ou à la reconstitution de l'Un, qui supprime toute coupure. Que ce soit celle qui sépare l'âme de son dieu, ou celle qui sépare le corps propre de l'objet perdu, dont seule la récupération assure la jouissance absolue. Tel est l'amour de l'amant ou de l'amante, qui n'est qu'une tranche d'être coupée de son autre, qu'il ou qu'elle quête frénétiquement. Et tout cela parce que Zeus, cédant à sa fureur contre l'orgueil démesuré des humains, a un jour scindé en deux les êtres sphériques que nous étions originairement. Telle est aussi l'union de la mère et de l'enfant, qui évoque, chez Ferenczi, l'eau primitive qu'il voit circuler, si l'on peut dire, sous le nom grec de *thalassa*. Union dont se motive en dernier lieu, selon lui, la pulsion génitale, celle qui trouve dans la copulation (pour autant que le pénis symbolise l'homme entier) une satisfaction à la fois réelle et symbolique, quoiqu'éphémère.

Restons encore un peu à nous instruire auprès des peintres. Face à ce caractère expansif de l'amour, quel enseignement trouvons-nous chez Rembrandt ? Car ce peintre appartenait à une société réformiste, très différente. Et il avait, en outre, trop le sens des limites de l'existence humaine pour admirer sans réserve le Baroque italien, et ses visions glorieuses de l'union mystique.

« Rembrandt, écrit Marcel Brion, ne croyait pas à l'immortalité ; si elle était pour lui, peut-être, l'objet d'une foi religieuse, elle n'était pas devenue pour cela une certitude humaine, active et consolante. C'est l'origine de ses angoisses. Et comme il ne pouvait pas transcender ce sentiment de la mortalité, comme il ne pouvait pas projeter dans un au-delà surhumain la continuité de ce qui s'arrête ici-bas, il est resté prisonnier de ses rêves immenses et de sa chair mortelle, inapaisables, irréconciliables. L'espace et le temps sont donc devenus pour lui les "dimensions" d'une cellule. Il n'a cessé d'en mesurer avec une âpre jouissance la tyrannie, comme si le pressentiment de l'infini n'était que la conscience, devenue plus douloureuse, de notre fini[9]. »

Ce sens aigu de la vie, inséparable de celui de sa finitude, s'atteste dans la révolution que Rembrandt a introduite dans l'art du nu. Tournant le dos à la recherche de la perfection, selon l'idéal de l'époque, il n'a tenu compte d'aucune interdiction dictée par les conventions. Certains de ses contemporains regrettaient qu'un peintre aussi génial que lui se refuse à chercher son modèle de la beauté dans quelque Vénus grecque, et préfère la dénicher dans une serveuse ou une laveuse de vaisselle. Mains difformes, pieds lourds, seins flasques, ventres rebondis, rides, plis de graisse, toutes ces misères du corps humain sont là, dans ses gravures, comme des choses naturelles, d'autant plus ennoblies que « dépourvues d'orgueil », selon une expression de Kenneth Clark[10].

La soumission à la finitude, à laquelle Rembrandt s'exerce dans ses gravures, n'a rien à voir avec le jugement religieux de la vanité de toute chose. J'en veux pour preuve les deux tableaux de *Bœuf écorché* que Rembrandt a peints, dont l'un se trouve au musée de Glasgow, l'autre au Louvre. Dans l'un comme dans l'autre, on voit un bœuf accroché par deux pattes aux poutres du plafond. Celui de Paris représente, sur un plan légèrement en recul par rapport à celui du bœuf, une femme qui apparaît dans l'entrebâillement d'une porte. Classiquement, ce genre de tableau était considéré comme une admonestation religieuse, portant sur la vanité de la chair. Mais Marcel Brion est beaucoup plus proche de ce dont il s'agit, lorsqu'il estime que « le *Bœuf* de Paris est une puissante et mélancolique rêverie sur le thème de la mort[11] ». Les analystes préféreraient parler ici de castration. Non sans raison. Car dépossédé de l'organe de la fécondation, l'homme est cloué à la finitude de la vie, sans même cette échappatoire qui lui permet de se reproduire et de signer sa paternité. Dès lors, prend tout son sens cette femme qui « apparaît à peine dans l'entrebâillement de la porte et jette un coup d'œil prudent, presque effrayé, dans la pièce où flambe cette carcasse d'or, de pourpre et de cramoisi, au milieu d'une solitude qu'aggrave la pénombre funèbre de l'abattoir[12] ». J'imagine, en effet, qu'une femme est la première à savoir qu'en donnant la vie, elle donne aussi une pâture à la mort. C'est peut-être là le fondement du réalisme de la femme. C'est en tout cas une hypothèse dont j'ai fait part à Catherine Vanier, et qui lui a paru soutenable. Elle m'a appris que, lorsqu'une femme accouche d'un enfant qui n'est pas fait pour vivre, elle s'en aperçoit vite. Alors que le père ne voit rien ou réagit par dénégation. Il est vrai que la femme n'est pas concernée directement par la castration, mais elle l'est par l'intermédiaire de l'homme. Une femme ne manque pas de s'angoisser lorsqu'elle observe, chez son mari, l'apparition de symptômes attestant de régressions graves.

Le coup d'œil « prudent, presque effrayé » de la femme du *Bœuf écorché* du Louvre va vers le spectateur qui, du coup, se trouve pris, lui aussi, dans « la pénombre funèbre de l'abattoir ». Plane ici la menace de castration, comme barrière qui entoure le corps de la mère, et qui interdit la jouissance absolue qu'apporterait la reconstitution de l'Un. À cet égard, la théorie fusionnelle de Ferenczi concernant la copulation comme retour réel et symbolique à « l'eau primitive » apparaît pour ce qu'elle est : un fantasme. Où s'occulte la vérité de la jouissance phallique qui est, en définitive, celle de notre finitude même. On touche ici à ce qui a fait de Rembrandt un grand maître : le fait d'avoir été si bien pénétré du sentiment de la limite dont se fonde le désir humain. Que l'on songe, par exemple, à la *Bethsabée* du Louvre. Ce nu monumental, où une femme absorbée dans une méditation tourmentée tient une lettre mystérieuse à la main, et qui a fait dire à Kenneth Clark : « Le miracle [...] de ce corps nu transfiguré par la pensée, ne se renouvela jamais[13]. » Sans doute parce que, séjournant dans son lieu pictural, ce corps nu nous livre d'autant plus suavement à notre désêtre qu'il le recouvre de sa calme splendeur.

Mais alors qu'en est-il de cette jouissance « supplémentaire » que nous cherchons à cerner ici ? Il semble que notre détour par les peintres nous ait tout autant rapprochés qu'éloignés d'elle. Qu'elle soit, pour une part, ineffable ne veut pas dire qu'elle soit de la même nature que la jouissance mystique. La jouissance mystique, elle, se place toujours dans l'ordre du sacré, et la tradition mystique, partout où elle se trouve, n'est jamais séparée de la religion. En outre, si rien n'indique que la nature a fait du corps féminin un « lieu théologique », tout indique, au contraire, qu'il demeure celui où la vie exerce l'art mystérieux de sa créativité. Il n'est donc pas exclu qu'un tel lieu soit la source d'une autre jouissance, différente de celle dont l'histoire se déroule comme une « passation de manque ». Peut-être trouvera-t-on un jour des phénomènes qui ne s'expliquent *que si* l'on pose l'existence de cette jouissance ineffable. Quoi qu'il en soit, cette jouissance proprement féminine ne saurait avoir un rapport de complémentarité avec la jouissance masculine. C'est pourquoi Lacan préfère la qualifier de « supplémentaire ».

Au-delà de l'affirmation de son existence, cette jouissance nous pose encore un certain nombre de questions. La première est celle de savoir si elle a un objet et lequel, ou bien s'il y va d'une jouissance en quelque sorte auto-érotique. En outre, comment faut-il comprendre cette jouissance qualifiée de « proprement féminine » ? Est-ce que cela signifie qu'elle est réservée aux femmes, ou bien est-elle accessible à quiconque s'inscrit dans la moitié dite « femmes » – fût-il un homme ? Ces questions semblent condamnées à rester sans réponse. D'abord, parce qu'il s'agit en l'occurrence d'une jouissance ineffable. Mais aussi, et peut-être surtout, parce que les principales intéressées elles-mêmes ne savent pas qu'elles l'éprouvent – ce qui, comme le suggère Lacan, serait le cas dans la frigidité féminine.

Elles le savent pourtant « lorsque cela leur arrive », dit Lacan, non sans ajouter que cela ne leur arrive pas à toutes, ce qui soulève la question des conditions dont dépend cette « arrivée ». Par ailleurs, même là où elles l'éprouvent, cette jouissance reste ineffable. Tous les témoignages que les femmes, psychanalystes ou non, nous donnent de leur jouissance restent confinés dans les limites de ce que Lacan nomme, en remarquant que c'est bien le cas de le dire, des « conneries ». On songe, notamment, aux discussions oiseuses sur la jouissance clitoridienne et la jouissance vaginale. Bref, la jouissance supplémentaire est une jouissance qui ne quitte les ténèbres de l'insu que pour retomber dans celles de l'ineffable. Elle nous laisse dans la position inconfortable d'un comptable qui voudrait évaluer le montant d'un compte bancaire appartenant à une personne qui ne sait pas qu'elle l'a, et qui serait, de plus, provisionné en une monnaie n'ayant pas de valeur d'échange.

Que peut-on conclure de notre discussion de l'hypothèse de Lacan ? On ne peut guère faire plus qu'y « croire » avec lui, en tout cas au point où en est la psychanalyse aujourd'hui. L'existence de la jouissance supplémentaire, celle que l'Autre, l'*heteros*, peut avoir dans son altérité même, n'est pas exclue, elle est même théoriquement probable, mais elle n'est pas certaine. Il faut bien voir que le « je crois » de Lacan, relativement à cette existence, n'a rien à faire avec je ne sais quel « *je crois* en Dieu ou à la liberté de la pensée » ; il ne relève pas d'un besoin effréné de certitude. Il manifeste, tout au contraire, le sentiment épistémologique le plus juste des limites que le discours assigne à la certitude.

Reste à prendre la mesure, ici, du chemin que nous avons parcouru dans cette seconde partie. C'est-à-dire à examiner les conclusions qui se dégagent de la théorie psychanalytique de la vie sexuelle et de ses fondements logiques.

Les *Trois essais* de Freud apportaient une double découverte : (a) une conception de la pulsion qui recouvre une théorie générale du désir arrimé au manque ; (b) une théorie du désir plus particulièrement génital, d'après laquelle celui-ci, loin d'être programmé comme instinctif, se révélait une formation œdipienne. La découverte de la phase phallique constitue la troisième découverte freudienne. Et son importance ne le cède en rien à celle des deux précédentes. Elle posait la question de la relation entre le père et la castration.

Question à laquelle Freud a répondu en forgeant le mythe auquel il a consacré *Totem et tabou*.

L'éclairage de Lacan a tout d'abord porté sur le désir, qu'il a noué à la seule loi qui soit souveraine sans un souverain dont elle exprimerait la volonté. Il en a conclu que la vertu du mythe freudien résidait en ce qu'il nous permettait de resserrer le lien entre l'Œdipe et la castration, en lui ouvrant un abord logique. Cela ne veut nullement dire que Lacan aurait forgé une logique nouvelle, donnant lieu à un autre calcul propositionnel ou à une science déductive propre. Une telle entreprise est exclue du fait que le *x* qui figure en position d'argument dans ses mathèmes n'est pas une pure variable qui signifie « n'importe quoi », *any thing*. Elle dénote le sujet parlant en tant qu'il a à choisir l'objet de son désir sexuel. Lacan le dit clairement : « Ce n'est pas parce que j'ai usé d'une formulation faite de l'irruption des mathématiques dans la logique, que je m'en sers tout à fait de la même façon. Et mes premières remarques vont consister à montrer qu'en effet la façon dont j'en use est telle qu'elle n'est aucunement traduisible en termes de logique de propositions. Le mode sous lequel intervient la variable, à savoir ce qui fait place à l'argument, est ici spécifié par la forme quadruple sous laquelle est posée la relation de l'argument à la fonction[14]. »

Le point de départ de cette « forme quadruple » est le mathème qui pose l'existence du au-moins-un : $\exists x.\overline{\Phi x}$. Le quanteur $\exists x$ recouvre un sens particulier, qu'il importe de saisir pour donner aux autres mathèmes leur portée exacte.

La clé de cette conception est dans cette phrase de *L'étourdit* : « Qu'on dise reste oublié derrière ce qui se dit dans ce qui s'entend[15]. » Du coup, la question de l'existence se déplace : il ne s'agit plus de l'existence objective, celle qu'on affirme, mais de celle qui reste oubliée dans le lieu du langage où elle se pose comme fonction d'un dire. Lacan le précise ailleurs en toutes lettres : « Le $\exists x.\overline{\Phi x}$, c'est-à-dire la négation de Φx, désigne depuis longtemps – depuis assez longtemps pour qu'on soit confondu que Freud l'ait ignoré – l'*au moins un*. C'est l'Un tout seul qui se détermine d'être l'effet du *dire que non* à la fonction phallique. Afin que l'histoire de *Totem et tabou* soit autre chose qu'un mythe, il faut que nous mettions là tout ce qui s'en est dit jusqu'à présent. [...] Il ne s'agit pas d'événement, mais de structure[16]. »

Cet au-moins-un qui dit non à la fonction phallique, et que Freud a cru trouver dans la préhistoire que décrit *Totem et tabou*, est un fantasme, un effet du symbolique dans l'imaginaire. C'est même, on l'a vu, le fantasme originaire de la sexuation masculine. Nous avons vu aussi que sa négation, chez la femme, ne signifie pas que son affirmation est fausse. La vraie vérité, dit Lacan, serait de nier que la fonction phallique soit ce qui fonde le rapport sexué. Ce serait, par exemple, d'affirmer avec la théorie biblique, à laquelle Jones est resté attaché jusqu'à la fin de ses jours : « Dieu les a créés homme et femme. » Sinon, les deux phrases qui suivent de Lacan restent incontestables : « La castration relie de fait comme lien au père, ce qui dans chaque discours se connote de virilité. Il y a donc deux dit-mensions du pourtouthomme, celle du discours dont il se pourtoute et celle des lieux dont ça se thomme[17]. »

En termes freudiens, on pourrait dire que le fait de se considérer comme un homme comporte un renvoi (équivalent à un lien de castration) à l'instance symbolique de l'idéal du père, par rapport auquel tout homme se situe comme tel. Mais j'ajouterai, pour ma part, à la lumière de l'apport de Lacan, que pour autant qu'il se place dans le discours où il se « pourtoute », l'homme est un Priape plus ou moins mal taillé, qui renvoie au phallus qui s'érige invisiblement dans les lieux où il se « thomme »[18]. Et j'irai même jusqu'à suggérer que les « lieux dont ça se thomme », ceux où s'érige l'idéal du père, à distinguer du père idéal qui en est le semblant, sont ceux du discours maternel.

Récapitulons maintenant les principales innovations de Lacan en matière de logique. Celles qui lui ont permis d'écrire sous forme de mathèmes le lien entre l'Œdipe et la castration, d'une part, et la formation des désirs masculin et féminin, d'autre part.

L'abord logique préconisé par Lacan revient à faire un certain usage de l'analyse de la proposition introduite par Frege en termes de fonction et d'argument. Mais la question se pose de savoir quelle conception du carré des propositions découle de cet usage. On ne sera pas étonné s'il en résulte un carré très singulier. Et qui, tout à la fois, présente un divorce complet avec celui d'Aristote, et partage avec la logique mathématique l'accent mis sur les quanteurs. Le voici :

$$\begin{array}{c|c} \forall x.Fx & \forall x.\overline{Fx} \\ \exists x.Fx & \overline{\exists x}.Fx \end{array}$$

Logique des quantificateurs[19]

Dans cette façon d'écrire, précise Lacan, « tout tient à ce que l'on peut dire à propos de l'écrit ». $\forall x.Fx$ indique qu'on peut dire de tout *x* qu'il satisfait à ce qui s'écrit Fx. $\exists x.Fx$ dit qu'il y a de l'inscriptible, c'est-à-dire qu'il existe des *x* que nous pouvons faire fonctionner dans Fx. $\forall x.\overline{Fx}$ est une formule que l'on peut lire ainsi : quel que soit *x*, il n'est jamais F. Elle dit que l'universelle négative n'a aucune valeur de vérité inscriptible : que de quelque *x* que vous parliez, vous ne pouvez écrire Fx. Avec $\overline{\exists}x.Fx$, il est simplement dit que *x* n'est pas inscriptible.

Quant à la barre verticale qui sépare les deux ensembles de propositions, sans signe de négation d'un côté et avec ce signe de l'autre, elle représente certes une coupure, mais là encore tout à fait particulière. Et c'est ici qu'apparaît le caractère original de la conception lacanienne de la validité logique. Car la barre de Lacan ne sépare pas le vrai du faux, ni ce qui est de ce qui n'est pas, mais l'inscriptible du non-inscriptible. Partant, nous pouvons formuler comme suit le problème auquel Lacan avait affaire. Quels sont, en termes de fonction et d'argument, les mathèmes inscriptibles relativement au lien entre la castration et le père ? Autrement dit, comment passe-t-on de la fonction quelconque Fx à Φx ?

Le premier résultat de sa réflexion a été, on l'a vu, de prendre ses distances par rapport à la logique d'Aristote, et de faire de l'au-moins-un exclu le fondement véritable de la proposition affirmative universelle. Lacan a même paru s'étonner de ce qu'il ait fallu attendre la psychanalyse pour s'aviser de la nécessité de l'exception dans la fondation de l'universelle. Une telle nécessité découle du principe saussurien de la pure différence. Un tout qui serait totalisant au point de ne rien laisser en dehors de lui ne saurait, en effet, figurer dans un système où l'être de chaque élément réside dans sa différence même. Il nous conduirait tout droit à l'Un ineffable promu par la logique sans concession des néoplatoniciens.

Lacan s'est avancé à écrire qu'avec son signifiant et son signifié, Saussure n'était guère allé plus loin que les stoïciens et saint Augustin. Il n'empêche qu'il était autrement plus averti de l'importance de l'enseignement du maître genevois. Car le principe de la négativité constitutive des unités linguistiques était déjà assez tangible dans le *Cours* de Saussure, bien avant que ce principe soit pleinement mis en lumière dans ses *Écrits*, publiés en 2002. On ne saurait comprendre sans cela l'émotion que Lacan a éprouvée à la vue de traits gravés sur un os magdalénien. Que pouvait-il y voir d'autre, en effet, sinon une écriture avant la lettre de la pure différence, se manifestant dans la simple répétition des mêmes traits ?

Son second résultat, le plus décisif, a été la

production d'un quanteur inédit, jamais détaché auparavant : $\overline{\forall x}$. D'ordinaire, le signe de négation est mis sur l'ensemble de la proposition. Cela nous laisse sans savoir si la négation opère sur le verbe ou le quanteur. Et dans la mesure où l'on se focalise sur ce dernier, on donne au *pas-tout* qui en résulte le sens de la particulière positive ; laquelle entraîne la particulière négative, en vertu du principe du tiers exclu. Les intuitionnistes estiment que ce principe, admissible dans le cas des ensembles finis, ne l'est pas dans celui des ensembles infinis. Lacan, qui n'a jamais caché ses sympathies pour les intuitionnistes, souscrit à leur réserve, et pour cause. On voit ce que donnerait une lecture « classique » du mathème de la sexuation féminine : $\overline{\forall x}.\Phi x$. Elle impliquerait que quelques femmes sont soumises à la fonction de la castration, quelques autres non – ce qui n'a aucun sens. C'est pourquoi Lacan a donné à $\overline{\forall x}$ un sens complètement neuf, à savoir que, s'agissant de la femme, *toutes* n'est pas inscriptible.

Depuis Tarski, il est convenu de réserver le terme de « formalisation » à la construction des sciences déductives, avec ce qu'elles impliquent d'une distinction entre langage objet et métalangage[20]. Dans cette perspective stricte, on ne saurait donc parler de formalisation lacanienne, et la portée épistémologique des mathèmes de la sexuation semble faible. Mais il est clair que ceux-ci relèvent à tout le moins d'une science « formelle », puisqu'ils représentent une écriture composée de lettres ayant des significations bien définies. Et que celles-ci permettent d'écrire des expressions propositionnelles exprimant, de manière réglée, les relations qu'entretiennent ces significations. Grâce, notamment, à sa distinction canonique entre le symbolique, l'imaginaire et le réel, Lacan est arrivé à épurer les signifiants freudiens, à lever les ambiguïtés qu'ils tenaient de leur polysémie dans le langage courant. Certes, les résultats auxquels il a abouti nous laissent encore loin d'une science déductive, mais ils s'inscrivent assurément dans la grande tradition de l'*ἐπιστήμη*.

LA SAGA LACANIENNE

Chapitre premier

CE QU'ENSEIGNER VEUT DIRE

Après ce qu'il a lu dans la première partie sur Rank et Ferenczi, le lecteur ne sera sans doute pas très étonné si je lui confie que je considère Jacques Lacan comme le troisième, et le plus grand, des dissidents de l'IPA. Je ne reviendrai pas, ici, sur cette institution qui est devenue, depuis le congrès de Nuremberg, en 1910, une inter-association de corporations professionnelles, la forme institutionnalisée de ce que Daniel Sibony appelle le *Peuple « psy »*[1]. En revanche, comme il s'agit d'éclairer le chapitre qu'a ouvert Lacan dans l'histoire de la psychanalyse, je voudrais prendre le temps de revenir sur mon parcours personnel.

Il se trouve, en effet, que j'ai été l'élève de Lacan, avec lequel j'ai fait des analyses de contrôle pendant de longues années, entre fin 1949 et fin 1953, puis entre début 1959 et 1974 ; et que j'ai assisté régulièrement à ses séminaires, de 1951 à 1966. Je ne vois donc guère comment je pourrais faire abstraction de cette longue expérience, à laquelle je dois l'essentiel de ma formation d'analyste.

La première question à laquelle je dois répondre est celle des raisons qui m'ont amené à le choisir comme analyste de contrôle. Et surtout à poursuivre ce contrôle pendant tant d'années, alors que ceux que j'ai faits avec deux autres didacticiens, plus réputés que lui à l'époque, n'ont guère duré que quelques mois.

Ce choix devient compréhensible si l'on considère l'époque et le lieu où j'ai été élevé. Dans mon pays natal, l'Égypte, les hommes étaient passionnés par les grandes œuvres de la littérature arabe classique, sans doute en réaction à l'occupation anglaise et grâce à la grande diffusion des journaux et des revues littéraires. Ils excellaient dans l'art de la récitation, tant en vers qu'en prose, et truffaient leurs discours de citations célèbres ou moins célèbres. Néanmoins, ce n'était pas l'érudition qui caractérisait ces hommes en premier lieu, mais l'espèce de créativité que manifestaient leurs bons mots. Aussi cette époque a-t-elle été désignée par un vocable assez difficile à traduire (*'asr alzo-rafaa*) mais qui cumule, en gros, les deux sens de « lettré » et de « lutin ». Un groupe donnait son style à l'époque tout entière, dont les saillies se répandaient dans le pays à la vitesse de l'éclair. Il était composé de Ahmad Shawki et Hafez Ibrahim, les deux plus grands poètes de l'arabe moderne. Auxquels s'ajoutait Sheik A. El-Bishri, un professeur éminent d'Alazhar, la plus grande université d'études islamiques du monde arabe. Ces trois hommes se rencontraient le soir, régulièrement, dans un café appelé, en français, « Sans Soucis ».

Je garde encore présent à l'esprit le souvenir d'un de leurs mots. Il concerne un autre Sheik, professeur à Alazhar et collègue de El-Bishri, mais qui n'avait rien à faire avec notre trio. Il était venu dans une de ces soirées pour voir ce qui s'y passait. Ne résistant pas à sa curiosité, il avait demandé le sens des lettres inscrites sur la bouteille de cognac dont se servaient les autres : x.o. Le lecteur ne sait peut-être pas que certaines sourates du Coran commencent par de telles suites de lettres, comme « l.m.n. », etc. Ces lettres n'ont aucun sens, mais elles n'ont pas manqué d'user la virtuosité de tous les interprètes pour leur en trouver un. Comme il n'y a de meilleure explication que celle qui rapproche l'inconnu du connu, El-Bishri n'a donc rien trouvé de mieux, pour satisfaire la curiosité de son pieux collègue, que de le renvoyer à ces suites de lettres coraniques. Une telle comparaison avait un petit côté blasphématoire : c'était un peu comme si El-Bishri avait versé le cognac sur le Coran. Mais le plaisir que les gens prenaient au bon mot était tel, à l'époque, qu'ils pardonnaient de bon gré l'irrévérence et jusqu'au blasphème. Il m'est arrivé de raconter récemment cette histoire, dans une réunion à laquelle assistaient bon nombre de journalistes arabes. Aucun d'eux n'a osé la publier, de crainte de la réaction publique.

Mon père et quelques-uns de ses amis formaient un groupe de cet acabit. Un jour (j'avais entre dix et douze ans), il m'est arrivé de les accompagner au moment du retour à la maison, à l'heure du déjeuner. La chaleur était à peine supportable. L'un d'eux a eu l'idée bienvenue d'ouvrir son parapluie, pour avoir un peu d'ombre. Un autre a exprimé son approbation admirative par un vocable qui a déclenché un éclat de rires unanime et retentissant. Il m'a jeté dans la perplexité, car je ne comprenais pas la raison de ce rire. Un moment après, j'ai fini par réaliser que le vocable-stimulus renvoyait à une racine à trois consonnes qui, en arabe parlé égyptien, cumule les sens de l'ombre et de la faute. Il permettait ainsi l'expression d'un remerciement ambigu : pour nous avoir donné de l'ombre ou bien pour nous avoir égarés. Si quelqu'un affirmait qu'un mot entendu pendant le jeune âge peut colorer toute l'existence du sujet, je le croirais volontiers.

Pour faire des jeux de mots, on n'a pas besoin d'une formation de linguiste, encore moins de philosophe ou de psychanalyste. Je voulais simplement dire que ces jeux faisaient vraiment le sel de la société égyptienne d'alors, celle des années vingt et trente. Le langage n'est devenu l'objet explicite de ma réflexion qu'au cours de mes études de philosophie, à l'université d'Alexandrie. Pour l'histoire de la philosophie grecque, j'ai eu comme maître M. Yossef Karam, qui avait fait la plus grande partie de ses études à l'université jésuite de Paris. Et j'en ai gardé l'impression que tout ce que la pensée avait produit hors des chemins tracés par Aristote et saint Thomas n'était, à ses yeux, qu'égarement. Pour lui, rien n'était plus aberrant que de croire que le langage fait l'être, alors qu'il est précisément fait pour le dire.

À la même époque, le Dr M. Ziwar nous enseignait la psychanalyse. Il était rentré en Égypte à cause de la guerre, après avoir terminé ses études de médecine et commencé son analyse avec Laforgue à Paris. Son livre favori était *Psychopathologie de la vie quotidienne,* qu'il commentait, tout en essayant de nous donner des exemples en arabe, plus ou moins comparables à ceux de Freud. L'un d'entre eux m'a marqué. Il concernait une jeune femme qui ne trouvait plus le nom du pays où elle avait passé sa lune de miel, au moment où elle voulait en parler. Ce pays était la *Bosnie,* vocable où une oreille arabo-égyptienne entendrait l'invitation à une bise. Il y avait de quoi rester bouche bée devant les équivoques du langage. Et, eu égard aux responsabilités aristotéliciennes du langage, on se demandait si notre arabe était fait pour dire l'être ou pour en rire.

Mon troisième maître fut le Dr A. Afifi, un *Cambridge man* accompli. Il avait fait son *Ph.D.* sur le mystique arabe Ibn Arabi, sous la direction de Nicholson, dont il avait épousé la fille. Il était particulièrement épris de Russell, et notamment de ses *Problems of Philosophy,* que nous avons étudiés avec lui pendant à peu près un an. Bien qu'il ait probablement commencé ses études avant 1929, année qui marque le début de l'enseignement de Wittgenstein, il n'était pas sans avoir une idée du *linguistic turn* qui se préparait à l'époque, et auquel nous fûmes introduits par un de ses représentants éminents. John Wisdom vint, en effet, enseigner à l'université d'Alexandrie pendant un ou deux trimestres, vers la fin de la guerre.

C'est ainsi qu'à côté des propositions vraies et des propositions fausses, nous avons entendu parler d'une troisième variété : celles qui sont dépourvues de sens.

À mesure que la fin de la guerre approchait, l'université préparait l'avenir en recensant les étudiants susceptibles de poursuivre leurs études à l'étranger et de pourvoir à ses futurs besoins d'enseignants. Les plans du Dr Afifi à mon égard correspondaient à ce que je pouvais souhaiter de mieux. Il prévoyait mon inscription à Cambridge pour la préparation d'un *Ph.D.* en logique formelle. Mais le bureau responsable du contact avec les universités étrangères, qui devait prendre en charge mon inscription, n'est pas arrivé à obtenir une réponse de Cambridge. Et ce n'est qu'au bout de quelques mois d'attente, après la fin de la guerre, que nous avons compris pourquoi. Les grandes universités anglaises accordaient une priorité absolue à l'inscription des jeunes Britanniques ayant combattu ; mon attente risquait donc de se prolonger indéfiniment. En revanche, l'inscription à la Sorbonne ne posait aucun problème. Pourquoi ne pas choisir Paris ? Lalande, Bréhier et surtout Koyré avaient enseigné à l'université du Caire, où leurs noms n'étaient pas encore éteints. Et j'avais suivi, pour ma part, le cours de philosophie générale du Dr Naguib Baladi, un vieux sorbonnard, comme la plus grande partie des enseignants universitaires en Égypte. Il avait une grande connaissance des travaux de Bachelard et de Poirier, pour lesquels il avait une admiration non moins grande. Et comme j'attachais du prix à son jugement, la suggestion du directeur du Bureau des boursiers m'a donc paru mériter considération. Mon hésitation a d'ailleurs duré d'autant moins longtemps que la capitale de la France était, après tout, me disais-je, plus proche de Cambridge qu'Alexandrie.

Arrivé à Paris au début de janvier 1946, j'ai rencontré quelques jours après l'attaché culturel d'Égypte, lequel m'a assuré fermement que, pour préparer une thèse de doctorat d'État, il était fort souhaitable, voire nécessaire, de passer d'abord une licence. Je me suis donc inscrit à la Sorbonne et ai commencé à assister aux cours et aux travaux pratiques, pour constater aussitôt qu'on va à la Sorbonne comme on va au marché. On y prend ce dont on a besoin pour les examens, mais on n'a pas plus de rapport avec M. Le Senne, ou M. Étienne Souriau, qu'avec le fromager. En revanche, les liens avec les autres étudiants étaient d'autant plus multiples, et faciles, que les camarades communistes et catholiques faisaient de louables efforts pour recruter les sans-parti, surtout ceux du tiers-monde. Mais nos échanges n'avaient rien à faire avec ce que nous entendions dans les amphithéâtres ; ils avaient plutôt un caractère politique et social. C'est à cette époque que je retrouvais un ami égyptien, le Dr Hassan Zaza, qui avait fait ses études en langue sémitique entre Jérusalem et Le Caire, où il était l'élève du grand orientaliste Kraus. Zaza préparait une thèse de doctorat sur le serment chez les Sémites, sous la direction de Dhorme. Il m'apprit qu'il venait de faire la connaissance d'une femme qui était une rescapée des camps de concentration. Ce fut la première fois que j'entendis parler d'une politique d'extermination du peuple juif. Je note la chose, au passage, parce qu'elle peut paraître aujourd'hui invraisemblable. Certes, j'avais des souvenirs encore frais de l'incendie du Reichstag et de la nuit de cristal. Pour nous, étudiants du Caire et d'Alexandrie, qui nous rangions plus ou moins du côté de Marx, le nazisme était ce qu'il disait être : une dictature ennemie de la culture, décidée à faire la guerre. Mais nous ne savions rien du crime qui se tramait en Europe, malgré les multiples bulletins d'information que nous entendions tous les jours en plusieurs langues. Annie, à qui Zaza m'a présenté quelques jours après m'en avoir parlé, en était, pour moi, la première preuve vivante ou plutôt survivante.

Bref, Paris n'avait pas une université dont dépendait la vie de la ville. C'était, au contraire, une ville dont la vie se déroulait en dehors de l'université. De plus, on pouvait y voir presque chaque soir une pièce de théâtre, ou y entendre un concert, qui aurait été un événement dans une ville comme Alexandrie. Et cela, malgré les prestations périodiques de l'Opéra de Rome et du *Palestine Symphonic Orchestra*. Le résultat ne se fit pas attendre, en ce sens que je ne retrouvais plus du tout les conditions de travail dont dépendait la mobilisation de mon énergie universitaire. Cette apraxie devenant à la fin un sérieux motif d'inquiétude, j'en parlai au Dr Ziwar, qui était revenu en France pour poursuivre ses recherches sur la médecine psychosomatique. Il me conseilla vivement d'entreprendre une analyse. Connaissant bien les noms des membres de la Société psychanalytique de Paris, il me donna celui du Dr Marc Schlumberger, que j'allai aussitôt consulter. Mon analyse commença vers la fin avril 1946.

Le Dr Marc Schlumberger était apparemment un homme qui avait des goûts littéraires assez prononcés. Les œuvres de Joyce avaient une place prééminente dans sa bibliothèque, qui m'a également appris les noms de maints auteurs que je ne connaissais pas et que je me suis empressé de lire : Queneau, Jouhandeau, Blanchot, Leiris, etc. Au cours de l'analyse faite avec lui, il n'a jamais prétendu m'informer des significations à haute température, ou des fantasmes, dont mon inconscient était le siège. Sans mesurer pleinement la profondeur et l'étendue de leur domination occulte, tâche qui me paraît difficilement réalisable au cours même de l'analyse, j'ai pourtant pris connaissance de deux fantasmes, par le biais de rêves décalqués sur des locutions courantes que j'ignorais totalement. C'est Schlumberger, à qui ces rêves s'adressaient apparemment, qui m'a appris, non sans étonnement, leur caractère de plagiat onirique.

S'il y a un fait qui ne s'est jamais démenti au cours de mon activité analytique, c'est bien celui-là : l'adhésion immédiate que toute interprétation faisant appel au témoignage de la langue ne manque jamais de gagner chez l'analysant. J'ajouterai que Schlumberger était assez averti pour savoir que le fantasme trouve sa satisfaction où il peut. Et parfois plus dans l'interprétation que l'analysant fait du matériel qu'il apporte que dans ce matériel même. La méthode la plus « classique » pour ébranler sa certitude est de garder le silence. Mais Schlumberger n'hésitait pas à vous faire remarquer, le cas échéant, que l'interprétation que vous faisiez de tel symbole ne valait guère mieux que l'interprétation exactement contraire. De même, quand l'occasion lui permettait de vous faire sentir que, tout en vous adressant à lui, vous vous trompiez de personne, il la saisissait avec un tact exemplaire.

Mon analyse a duré trois ans. Au cours de la troisième année, j'ai commencé à assister aux conférences scientifiques de la Société psychanalytique de Paris (SPP). Lacan y prenait souvent la parole. J'ai lu son article sur les complexes familiaux, où il souligne, pour la première fois me semble-t-il, la fonction normativante du père. En 1949, j'ai assisté à une conférence sur le langage qu'il a faite à Sainte-Anne, dans le service d'Henry Ey. Je n'en ai rien retenu de mémorable, mais cette conférence avait un caractère philosophique indéniable. Déjà, à cette époque, Lacan n'était pas un inconnu pour les philosophes. Au cours de l'une de ses leçons à la Sorbonne, Bachelard s'est référé à « un jeune psychiatre qui n'a pas la réputation qu'il mérite : Jacques Lacan ». C'est lors de cette même année que j'ai demandé que mon analyse soit considérée comme une analyse didactique. L'influence du Dr Ziwar est ici indéniable. Pourtant, je crois que cette influence serait restée sans effet, si mon analyste avait suivi des méthodes analogues à celles prônées par d'autres maîtres, avec lesquels j'ai plus tard fait des analyses de contrôle. De fait, Schlumberger était lacanien à son insu ; ce qui a indéniablement donné une certaine homogénéité à ma formation.

Si mon analyse a pris fin au bout de trois ans, c'est parce que j'avais le sentiment que la continuer ne devait pas me mener plus loin. Ayant posé à Schlumberger, à la fin d'une séance, la question de savoir ce que devient le père à la fin de l'analyse, il m'a répondu par une métaphore franchement expéditive qui signifiait sa disparition, sinon sa dissolution. Peut-être l'entendait-il au sens qu'il n'exerçait plus ses effets menaçants et surmoïques. Il n'empêche que cette réponse m'a paru trop « décomplexée » pour que je m'en contente. Sans avoir aucun moyen de juger si cette idée est vraie ou fausse, il me semble parfois que j'ai choisi la profession analytique, avec tout ce que cela impliquait comme changement du cours de ma vie, parce que j'ai pris alors à ma charge la réponse à cette même question.

Mais alors comment nier que je n'aurais strictement rien compris, si jamais mon analyste m'avait donné la réponse que j'ai fini par retenir au bout de quelques décades ? En effet, je tiens que le père symbolique est le principe de raison sans lequel aucun accès n'est possible au foyer du désêtre que nous avons tous en partage. Et si je devais m'appliquer, maintenant, à imaginer comment les choses ont dû se passer de son côté, je parierais qu'il a estimé, à très juste titre, qu'il s'était bien acquitté de sa tâche.

Une analyse était considérée comme didactique à partir du moment où l'analyste était persuadé que l'analysant avait fait suffisamment de travail pour être lui-même persuadé de l'existence de l'inconscient. Nous avons là, d'ailleurs, le seul critère pratique qui reste généralement en usage jusqu'à présent. On ne demande pas à un candidat qui se propose de faire une analyse de contrôle s'il a traversé son fantasme fondamental, ou s'il assume sa réalité mortelle. Mais on peut lui demander de dire quelque chose qui prouve qu'il est analyste, c'est-à-dire qu'il touche à la réalité de l'inconscient.

Ayant été autorisé à commencer une analyse de contrôle, après les entretiens que j'avais eus avec Sacha Nacht, Bouvet et la princesse Marie Bonaparte, les trois membres de la commission d'enseignement de l'époque, j'ai adressé ma demande à Lacan. Il a accepté. Mais comme il ne voyait pas encore très bien quelle heure il pouvait m'attribuer, je l'ai laissé sur la promesse de me le dire plus tard. J'ai aussitôt commencé l'analyse d'un jeune ouvrier, que Pierre Marty m'avait adressé, et suis resté quelques semaines ainsi, sans avoir le rendez-vous attendu. J'ai alors téléphoné à Lacan pour lui dire que j'avais déjà plus d'une douzaine de séances derrière moi. Sa réponse ne s'est pas fait attendre : « Venez tout de suite. »

En règle générale, à cette époque, et j'imagine qu'il en va toujours de même aujourd'hui, demander un contrôle, c'était demander à un didacticien de vous apprendre comment conduire « correctement » une analyse. En vous apprenant *comment faire*, il vous apprenait du coup comment *il* faisait. Lacan, qui avait sans doute lu saint Augustin et saint Thomas sur l'enseignement, sans parler du *Ménon*, était une exception. Non seulement il n'a jamais prétendu m'apprendre « comment analyser », mais il a toujours gardé ses façons d'agir en retrait. Lorsque j'ai rencontré les membres du comité désigné par l'IPA en vue de l'appréciation de la demande d'affiliation de la Société française de psychanalyse (on verra plus loin comment elle fut fondée), ils m'ont interrogé sur ce point. Ils m'ont demandé ce que je pensais des méthodes de Lacan. Je leur ai répondu que je n'en savais rien. C'était la vérité même. Pourtant, ma réponse leur a paru rien de moins que scandaleuse. Étonnés, ils m'ont interpellé : « Mais vous êtes un *training analyst* ! » Je leur ai répondu que j'avais effectivement en contrôle deux analystes qui étaient en analyse chez Lacan, et que je trouvais leur travail fort approprié. Réponse qui, m'a-t-il semblé, n'a fait que les confirmer dans leur sentiment d'avoir affaire à un être aussi inféodé que nul.

L'étonnant est que ce fut ce maître, chez qui je n'ai à aucun moment senti l'interférence du désir d'enseigner, ni de transmettre, qui m'a le plus permis d'apprendre ce que j'ai pu en matière d'analyse. Lacan a affirmé qu'il n'avait jamais parlé de la formation des analystes, mais des formations de l'inconscient. Rien n'est plus facile que de trouver maintes références qui prouvent exactement le contraire. Pourtant, son affirmation est fondamentalement vraie. Il m'a considéré comme son élève, oui. Mais sa règle d'or, en matière de formation, était de mettre entre parenthèses le désir de former. Ma formation fut, à mon insu, une leçon sur le désir de l'analyste, ou plus exactement sur le vrai sens de sa « neutralité ».

On voit ce qu'avaient de loufoque les demandes d'analyse de contrôle qui se formulaient parfois, et qui étaient motivées par le seul intérêt qu'avait le praticien d'être renseigné sur ce que « Lacan aurait fait », selon l'avis du superviseur, dans telle ou telle situation. C'était se trouver, sans le savoir, dans une position ridicule. Aussi ridicule que celle du joueur qui, au jeu du pair et de l'impair, penserait arriver à deviner ce qu'il en est du nombre de pistaches que son adversaire cache dans sa main, en reproduisant au plus près sa mimique. On peut considérer que l'enseignement de Lacan a définitivement déboulonné la théorie de l'identification à l'analyste comme fin de l'analyse. Qu'il ait pourtant fini par favoriser ainsi le fantasme de l'identification au maître, comme fin de l'être analyste, n'est donc pas le paradoxe le moins cruel du legs lacanien.

Mais restons au niveau du paradoxe relatif à mon expérience. Comment peut-on avoir tout appris auprès d'un maître qui n'a jamais voulu vous apprendre quelque chose en particulier ? La moindre des choses qu'un didacticien est en droit d'attendre d'un candidat – une chose si simple qu'elle est oubliée de tous – est que celui-ci soit désireux d'apprendre quelque chose de l'expérience dans laquelle il s'est aventuré. Désir dont la question constitue la forme d'expression la plus élémentaire. Là, le maître répondait. Exemple : lui ayant rapporté un fantasme de mon premier analysant, qui consistait en une relation de fellation avec un inconnu qui était là, je me suis demandé si l'inconnu n'était pas l'analyste. Et Lacan de me faire remarquer qu'il n'y avait pas que moi dans la pièce ; ajoutant : « Il y a aussi lui. » Cette réponse fut le point d'impact où j'ai mesuré la profondeur de la puissance érotique, qui suspend le sujet à l'image de son corps propre, et qui fait du moi un réservoir libidinal.

Cet analysant travaillait dans un atelier spécialisé dans la *menuiserie* des voitures. Et cette profession n'était peut-être pas sans rapport avec sa sexualité, qui gardait la trace de l'attendrissement qu'il ressentait à regarder les vêtements d'enfant de la marque *Petit Bateau*. Quoi qu'il en soit, il en vint à me parler, au cours de l'une de ses séances, de la visite que le fils de son patron avait faite dans son atelier. Je me souviens parfaitement de ma sidération devant la force sans bornes de la haine qui s'est alors emparée de lui. Au point de le réduire à un état quasi hypnotique, où s'entendait uniquement la description du fils en question, n'épargnant aucun détail de l'apparence de cette « tapette », de son allure insolente, jusqu'aux boutons dorés de ses manches. Puis il s'est affaissé d'un coup, disant : « C'est comme si je venais de me masturber. »

Or, cet analysant avait un complexe fraternel tenace, qui permettait l'hypothèse d'une erreur sur la personne, le fils du patron représentant le frère. Mais même admise par l'école, une telle hypothèse était décidément trop obtuse au regard du matériel rapporté. Elle comportait même une telle dose de méconnaissance de ce qui faisait le trait le plus vif de ce cas, que Lacan s'en agaça. Il dut *m'apprendre*, pour une fois, que je ferais mieux de m'arrêter sur la phrase avec laquelle l'analysant avait conclu son récit. Ce fut une leçon marquante : la même mobilisation libidinale peut être tout aussi bien haine qu'amour.

Si tant est que j'aie appris quoi que ce soit sur la façon dont Lacan conduisait ses analyses, ce fut par des voies indirectes. Mon deuxième analysant était un jeune homme qui avait consulté Lacan à Sainte-Anne et m'avait été envoyé par lui. Son analyse a commencé d'une façon particulièrement brillante. L'ayant noté, Lacan m'a demandé si j'en savais la raison. J'ai répondu que c'était sans doute parce qu'il s'agissait d'un analysant qui m'avait été envoyé par lui. Réponse qui m'a valu le petit compliment d'« être présent à mes propres mouvements ». Toutefois, un autre moment survint par la suite, où l'analyse semblait sombrer dans un calme plat. L'analysant s'est alors adressé de nouveau au Dr Lacan, se plaignant de ce que son analyste ne lui renvoyait aucun écho de ce qu'il disait. Puis il est revenu vers moi, avec la réponse du Dr Lacan : « qu'il ne disait peut-être pas ce qu'il fallait pour avoir un écho ! » Réponse qui m'amène à me demander ce que cela peut bien vouloir dire, pour un analyste, que d'avoir du « tact », si ce n'est être un dialecticien astucieux.

Cet analysant était un commis de commerce. Il avait une phobie des moyens de transport, qui ne le laissait tranquille que lorsqu'il conduisait sa propre voiture. L'estampille de ses relations sociales – en fait réduites au quatuor composé de lui-même, sa femme, son beau-frère et sa belle-sœur – était la nausée qui l'envahissait parfois. Notamment lorsqu'il s'agissait de manger « du vivant », comme les huîtres par exemple. Comme le suggèrent les célèbres descriptions de Sartre, la nausée était bien, en l'occurrence, ce que Lacan appelait une « ponctuation » du retrait de l'investissement libidinal de l'objet. Retrait qui le faisait apparaître dans sa matérialité crue, sur le mode d'un simple être-là, quasi intrusif – ce qui n'excluait pas son lien, chez l'analysant, avec un fantasme de dévoration, dont l'objet était son père absent.

Le trait déroutant de cette analyse consistait dans le contraste entre les effets néfastes d'un surmoi particulièrement sévère, et le fait que l'analysant n'avait pas le moindre souvenir de son père – dont ce surmoi était censé cependant être l'héritier. La mère de l'analysant était morte alors qu'il avait à peine deux ans et demi ; et son père avait aussitôt disparu de sa vie, laissant le soin de son éducation à sa grand-mère. Il ne l'avait plus jamais revu. Nous étions aux alentours de

1951, au moment où Lacan commençait à faire son séminaire. Et la première surprise qu'il nous offrit fut, justement, sa distinction entre le père symbolique, le père imaginaire et le père réel. La preuve était faite qu'un problème psychologiquement impossible à résoudre ne devait ce caractère qu'à ce que Lacan appelle « le manque d'invention », cette capacité qui consiste à savoir tirer parti de tout, et jusqu'au défaut de toute solution.

J'ai considéré Lacan, et je le considère toujours, comme un maître. Et pas seulement pour ce que j'ai appris avec lui en tant qu'analyste – domaine où, par ailleurs, il n'a jamais parlé comme un homme fort de son savoir. Il m'est arrivé, au cours de ma vie, d'entendre de la bouche de quelques personnes, parfois très proches, des paroles qui ne m'ont pas laissé être le même après qu'avant. Elles furent toutes de nature à rompre je ne sais quel aveuglement chez l'auditeur. De Lacan, j'en ai entendu plus d'une. Un exemple me vient particulièrement à l'esprit.

En 1953, je préparais mon retour, m'apprêtant à reprendre mon travail dans une université égyptienne. Le Dr Ziwar m'avait fait part des responsabilités qu'il entendait me donner, et qui me paraissaient écrasantes. J'en avais parlé à Lacan sur un ton où la protestation se mêlait à la plainte. Il m'a simplement dit : « Ne refusez pas ce qu'on vous offre. » Cette réponse a déclenché un remaniement de mon rapport à la demande. Le plus beau est que Lacan m'a dit ce qu'il a dit, alors qu'il ne savait rien de l'épisode de mon enfance auquel je devais la formation de la position qui était la mienne en l'occurrence. Celle qui avait déterminé, jusque-là, mes partis pris en ce domaine de l'offre et de la demande. Il faut croire que si la mémoration n'explique pas la structure, toucher à celle-ci peut très bien favoriser la remémoration.

Au cours d'une rencontre qui a eu lieu en 1968, chez Gennie et Paul Lemoine, et à laquelle Lacan assistait probablement à l'improviste, Luce Irigaray lui a demandé s'il n'avait pas de mépris pour les hommes. Il lui a répondu que le sien était bien moindre que celui de Freud. Je n'ai rien à dire sur ce chapitre. Je suis sûr en revanche que, pour Lacan, personne n'avait d'autre poids que celui que lui donnait sa parole. C'était sans doute en réponse à la reconnaissance dont je l'avais investi qu'il m'a compté d'emblée parmi ses élèves, y compris parmi ceux qu'il avait personnellement conviés à son séminaire. Je dis « personnellement », car son enseignement ne figurait pas, à ma connaissance, dans les programmes de la SPP. Cette relation maître-élève n'a rien du suivisme qui transparaît dans les *Lacan-a-dit*, comme dans la croyance zélée qu'être analyste ne serait rien d'autre qu'être un spécialiste de Lacan, ou des Lacan chronologiquement successifs. Encore moins voit-on en quoi elle appelle le sacrifice d'une quelconque originalité. On ne peut, en effet, que souhaiter à quiconque pense en avoir d'être à la hauteur de sa prétention. Il s'agit bien plutôt d'un choix radicalement personnel, et dont les répercussions sur le destin se mesurent au rapprochement, fait par Lacan lui-même, entre la formule de ce choix et celle qui préside au choix d'une femme.

Le séminaire du 3 rue de Lille m'a, pour la première fois, donné l'occasion de faire la connaissance d'autres collègues. Didier Anzieu, l'homme le plus fraternel et le plus généreux que j'aie connu, épris d'un idéal universitaire exaltant, qui n'était apparemment pas du goût de Lacan, comme successeur de Janet, de Piéron et de Guillaume. Serge Leclaire, dont seule l'amitié inébranlable égalait la grande intelligence ; et dont les sympathies intellectuelles avaient une étendue qui ne le cédait pas à la ferveur avec laquelle il accueillait tout ce qui lui paraissait digne d'être lu ou entendu. Quant à Octave Mannoni, sa verve, son humour et son intelligence critique sont devenus légendaires. La science théologique de Louis Beirnaert s'alliait à un bon sens si frappant que ses avis faisaient référence. Bien d'autres ont disparu ; seule mon amie Andrée Lehmann tient encore la route avec moi.

C'est au cours de la deuxième année du séminaire, en 1952-1953, que le désaccord au sein de la SPP a pris des proportions telles qu'on ne pouvait s'abstenir d'en parler, même pendant le séminaire. À cette époque-là, j'étais à mille lieues d'apprécier l'importance de la question de la formation et de son institutionnalisation. Mon indifférence était d'autant plus grande que j'avais déjà commencé la préparation du mémoire que je devais soumettre à la SPP, pour y être admis comme membre associé. Ma formation au sein de cette société était donc pratiquement achevée (c'était avant la mise en place de l'Institut). Qui plus est, je savais déjà que je devais rentrer en Égypte à la fin de l'année. Cependant, le souvenir me reste d'une phrase que Lacan a lancée, au cours d'un échange de propos autour d'un verre de vin, qu'il avait offert à la suite d'un séminaire. « Un jour, a-t-il dit, ils viendront avec leurs voitures attendre à la porte de mon séminaire. » *Ils* voulait apparemment dire Nacht et ses lieutenants : Serge Lebovici, Sauguet et Benassy. Tout amusante qu'elle fût, cette phrase, qui évoquait immanquablement les célèbres conférences de Bergson auxquelles affluait le Tout-Paris, avait quelque chose d'intrigant. Je ne m'y suis pas attardé sur le moment, mais elle m'est revenue à l'esprit lorsque le séminaire de Lacan est devenu un événement parisien. À en juger par son effet initial, il faut croire que l'élève avait des difficultés à admettre que le maître était un homme qui tenait à en découdre.

La dispute au sein de la SPP a fini par aboutir à un vote de confiance, qui mettait en jeu la responsabilité de Lacan comme président de la société. Ce vote a eu lieu en juin 1953. La majorité était contre Lacan. Aussitôt ce résultat déclaré, Lagache a annoncé l'existence de la Société française de psychanalyse (SFP), fondée par lui avec Mme Favez-Boutonier et Françoise Dolto. Je n'ai pas participé à ce vote, n'étant pas encore membre associé. Mais j'attendais les résultats de cette réunion à l'extérieur, avec d'autres camarades, dont notamment Pujol. Pour sa part, il considérait comme une victoire la fondation de la SFP, qui drainait, selon lui, « tous ceux et celles qui travaillaient sérieusement au sein de la SPP ».

Une réunion eut lieu le soir même chez les Dolto, comprenant, outre les trois fondateurs, Jacques Lacan ainsi que les membres de la future troïka, Perrier, Leclaire et Granoff. Je ne sais quelle part ils avaient joué dans ces démêlés, mais j'imagine qu'ils étaient à la tête des candidats de la SPP qui avaient protesté contre les statuts de l'Institut proposés par Sacha Nacht. Je n'avais pas été convié à cette réunion. Et je crois bien me souvenir que c'était François Perrier qui me l'avait signalée et m'avait demandé de l'accompagner. Sans doute emporté par l'exubérance régnante. Si je m'attarde sur ces détails, c'est en raison d'un fait qui m'a laissé perplexe. En effet, au milieu d'un échange qui était amical, détendu et agréable, et d'autant plus qu'il mettait fin à une tension oppressante, le professeur Lagache a saisi l'occasion pour souligner, comme une chose allant de soi, que « cette histoire des séances à vingt-cinq minutes, c'est terminé ». Lacan a gardé le silence. Je n'en ai tiré aucune conclusion prophétique mais, par la suite, cet épisode m'est lui aussi revenu à l'esprit.

Lacan a repris son séminaire à l'hôpital Sainte-Anne, dans le cadre de l'enseignement de la SFP. Son audience s'est élargie. J'ai assisté à sa première leçon avant mon départ pour l'Égypte, fin 1953.

Pendant mon séjour dans ce pays, mes relations avec la SFP se sont limitées au règlement de ma cotisation et à la lecture de *La Psychanalyse*, la revue de la nouvelle société, que je recevais. Par ailleurs, j'ai fait la connaissance de Greimas, qui enseignait à l'université d'Alexandrie et élaborait alors les rudiments de sa sémantique structurale. Il s'intéressait beaucoup aux écrits de Lacan touchant le langage ; et nous avons peut-être passé autant de temps à lire « L'instance de la lettre » que le *Cours de linguistique générale*. Un autre collègue, Charles Singevin, qui a publié un *Essai sur l'un* aux éditions du Seuil, partageait cet intérêt. Comme il passait ses vacances d'été en France, il n'oubliait pas d'apporter avec lui, à son retour, les écrits récents sur le structuralisme, tout particulièrement les ouvrages de Roland Barthes.

Nous avons constitué un groupe, auquel ont participé deux autres amis. La première était Hilde Zaloscher, une historienne de l'art chrétien en Égypte, spécialiste des portraits du Fayoum. Elle avait fait ses études à l'université de Vienne, et, sans son soutien, je n'aurais jamais surmonté les difficultés que j'ai rencontrées dans la traduction en arabe de *L'interprétation des rêves*. J'ai traduit avec elle *La mort de Danton* de Büchner, ainsi qu'un petit roman traduit en allemand d'un auteur russe, Andreïev si je ne me trompe. J'ai laissé ces dernières traductions en Égypte et ne les ai jamais retrouvées. Le cinquième membre de notre groupe était Chrysso-Verghi, un helléniste mathématicien. Sa compétence en arithmétique et sa connaissance de l'œuvre de Cantor étaient incontestables, mais cela ne l'empêchait pas de considérer comme des sophismes tout ce que les mathématiciens avaient inventé après Euclide et Eudoxe. L'expérience du travail au sein de ce groupe de cinq, sans Plus-un à la Lacan, a duré pendant les cinq ans de mon séjour dans l'Égypte nassérienne. Elle est restée pour moi une expérience unique, qui ne s'est jamais répétée, malgré mon immersion ultérieure dans la SFP, ou même dans l'École freudienne de Paris (EFP).

Je suis rentré en France début janvier 1959. C'était l'année du séminaire sur *Le désir et son interprétation*. Ce qui m'intéressait le plus était de rattraper le temps perdu ; j'étais peu pressé de reprendre la pratique analytique, après le travail que j'avais poursuivi en Égypte jusqu'à la veille de mon départ. Lacan m'a donc proposé la formule inédite d'un « contrôle théorique ». J'ose dire que j'ai lu sous son contrôle l'écrit sur « La lettre volée », dont il m'a expliqué, crayon à la main, les arcanes des plus et des moins symbolisant la présence et l'absence, avec une patience dont je n'avais qu'à me féliciter. À part « L'instance de la lettre », « La lettre volée » est le seul écrit de Lacan que j'ai étudié de si près. Car le fait est que mon goût, en matière d'écriture, était et est resté on ne peut plus éloigné du gongorisme de Lacan. Dans la mesure où quelque chose de l'ordre de la transmission a eu lieu, en travaillant sous sa direction, je dirais que mon apprentissage avec Lacan a eu un caractère éminemment oral. Par exemple, lui ayant posé une question qui concernait ce qu'il était en train de dire dans son séminaire sur le désir et son interprétation, il m'a répondu en souriant : « J'ai dit que le désir *est* son interprétation. » Il l'a dit sur un ton qui signifiait : je suis allé jusque-là. Cette réponse m'a finalement – je ne dis pas immédiatement – conduit à toucher du doigt ce qui me paraît le fait le plus assuré de l'expérience psychanalytique, à savoir que *le désir se reconnaît dans la reconnaissance que l'Autre lui apporte*.

Chapitre II

LE SÉMINAIRE DE SAINTE-ANNE

LACAN ET SES ÉLÈVES

Il me semble que le rapport de Lacan à ses élèves a changé à mesure qu'il avait la certitude de faire un enseignement sans rival et sans prix. Il en est venu à concevoir une crainte comparable à celle qu'avait Freud, qui s'inquiétait de la disparition de la psychanalyse après sa mort. J'ai à l'esprit la hantise qu'il avait que son enseignement ne reste « ce monument désert qu'on appelle mon œuvre », comme je l'ai entendu dire plus d'une fois. Il n'avait pas de prince héritier, tel Jung pour Freud. Mais il s'adressait à ses élèves comme à ses porte-parole et à ses messagers, voire comme à ses apôtres et prophètes.

Au cours d'une petite réception au 3 rue de Lille, en l'honneur de Roman Jakobson, il lui a présenté l'un de ses élèves en lui disant : « Celui-ci est mon saint Jean. » Ce qui a invité l'éminent linguiste à rappeler les difficultés qu'on avait, au Moyen Âge, à trouver un homme qui veuille jouer Judas dans les drames de la Passion. Alors que pour saint Jean, on n'avait que l'embarras du choix. On ne pouvait imaginer un écho ironique plus fraternel, au regard de cette envolée. Jacques-Alain Miller (JAM) a écrit que Lacan avait catégoriquement refusé de confier la publication de ses Séminaires à qui que ce soit de ses élèves, avant 1973. C'est une invention. Lacan était heureux, au contraire, chaque fois que l'un de ses élèves se chargeait de présenter ne serait-ce qu'un modeste compte rendu de ce qu'il enseignait. Et on en a vu plus d'un, notamment des agrégés, sur lesquels il a parié pour cette tâche.

Tous ceux qui ont eu la chance d'entendre *L'éthique de la psychanalyse* se souviennent de ce séminaire comme d'un événement dans leur vie. Pour la première fois, dans l'histoire de la psychanalyse, on a entendu parler d'un objet qui *n'est pas* sur le plan des représentations, et dont se détermine pourtant le sujet désirant. Sujet qui ne s'affirme, comme tel, que pour autant qu'il s'est dégagé du mirage des représentations qui répondent aux signifiants de la demande, avec lesquelles il s'imagine détenir les clés de la jouissance de l'Autre. Comme c'était le premier séminaire auquel j'assistais entièrement, après mon retour d'Égypte, et comme je voulais être sûr que « j'y étais », j'en ai rédigé une version écrite, que j'ai soumise à Lacan. Il l'a montrée à Serge Leclaire et à Pierre Kaufman, qui m'en ont parlé dans des termes que j'ose dire élogieux. Lorsque j'ai vu Lacan ensuite, il m'a dit que Mme Lacan avait aussi apprécié ce travail, dont il envisageait la publication. Je lui ai dit que, dans ce cas, une révision s'imposerait. Il m'a répondu qu'il ne fallait surtout pas toucher « à la fraîcheur du premier jet ». Cette expression n'est pas de mon cru. Je l'ai entendue de sa bouche, sur le palier de son appartement, au moment de mon départ. Il ne m'en a plus parlé par la suite mais, pour moi, il s'agissait d'une affaire classée : ce travail était un exercice d'école. Quelques années plus tard, il a évoqué cette histoire en parlant de quelqu'un qui avait fait de ce séminaire « un écrit à lui » et qui était prêt à le publier si lui, Lacan, l'avait voulu. C'était parfaitement exact.

À la vérité, le « désert » était plutôt du côté de la salle où avait lieu le séminaire, malgré la multitude qui y assistait. La moyenne d'âge des auditeurs de Lacan, à cette époque, était la trentaine. La plupart avaient des responsabilités hospitalières, universitaires ou religieuses ; sans parler des autres, qui étaient déjà des noms dans les domaines de l'édition et de la presse. Une majorité des auditeurs exerçait la psychanalyse. Tous reconnaissaient ce que l'enseignement de Lacan apportait de neuf et ses effets extraordinairement stimulants. Mais chacun ne pouvait prendre de cet enseignement que ce dont il avait besoin dans sa pratique. Ou ce qui s'accordait avec une pensée et une formation intellectuelle déjà avancées, qu'elles soient bien ou mal orientées. Bref, aucun des auditeurs de Lacan, à l'hôpital Sainte-Anne, ne pouvait envisager de prendre en charge un travail d'édition qui, quelle que fût la richesse de ses promesses intellectuelles, était, selon toute apparence, celui de toute une vie.

J'imagine que l'absence de la réponse qu'il attendait de la part de ses « élèves » – et qui, par ricochet, on l'a vu, étaient devenus ses porte-parole, ses messagers et ses adeptes – n'a pas été sans effet sur Lacan lui-même. Et qu'elle a accru, chez lui, le besoin qu'il avait d'affilier la SFP à l'IPA, qui constituait le milieu où sa doctrine pouvait produire ses effets de rénovation, tant de la psychanalyse que des psychanalystes.

En évoquant ce besoin, je pense à une réunion curieuse qui a eu lieu au cours de la dernière année de l'existence de la SFP, en 1962-1963. Au terme d'une série de négociations longues et tortueuses, l'IPA a remis aux représentants de la SFP, Serge Leclaire, Wladimir Granoff et François Perrier (désormais regroupés sous le terme de « troïka »), une liste de treize conditions, dont la dernière stipulait la suppression des noms de Jacques Lacan et de Françoise Dolto de la liste des didacticiens. Alors que toutes sortes de rumeurs couraient à ce sujet, Lacan, qui était le président de la SFP cette année-là, convia à une réunion tous ses membres, associés et didacticiens. Elle eut lieu dans le bureau de son domicile et en présence de la troïka, dont les membres étaient assis à ses côtés. Ce fut la seule fois où j'entendis Lacan tenir un discours qui déconcerta son public.

Il commença par nous prévenir que nous n'étions pas là pour faire des propositions, mais pour exprimer des souhaits. Puis il décrivit les louables efforts de nos camarades négociateurs, qui avaient obtenu des conditions ne jurant en rien avec nos propres principes. Jusqu'au moment où, alors qu'ils s'apprêtaient à prendre l'avion pour rentrer à Paris, Turquet – oh surprise ! – fit son apparition pour leur remettre, on aurait dit en guise d'appendice, la treizième et dernière condition. « Que vouliez-vous qu'ils fissent ? », interrogea-t-il. Est-ce que nous voulions qu'ils rouvrissent leur bagage pour rester à Londres et reprendre les négociations ? Je ne pense pas avoir été le seul à penser : et pourquoi pas ? Mais il n'était que trop clair que ce discours était destiné à imposer le silence.

Au bout de quelques minutes, Robert Gessain, qui était le directeur du musée de l'Homme, a pris la parole, pour remarquer qu'on savait les raisons pour lesquelles l'IPA demandait la suppression du nom de Lacan de la liste des didacticiens. Mais pourquoi Dolto ? Aucune réponse. Comme le silence risquait de se prolonger dans l'embarras de tous, je me suis aventuré à dire que, puisque nous étions là pour exprimer des souhaits, j'en profitais pour en exprimer deux. Le premier était que l'affiliation à l'IPA ait lieu sans l'exclusion de personne. Le deuxième était que le premier soit partagé par tous. Tous ont souri, puisque tous savaient que ce deuxième vœu était déjà irréalisable.

Cette réunion a mal servi Lacan. Je connais quelques collègues qui auraient voté contre la treizième condition, et qui ont changé d'avis par la suite. « Pourquoi voulez-vous qu'on vote contre l'affiliation, m'a dit l'un d'eux, alors que lui-même y tient tellement ? » À mon avis, Lacan avait une confiance aussi inébranlable que méritée en Serge

Leclaire. Et celui-ci, de son côté, aimait on ne peut plus sincèrement Lacan. Il était séduit par la rénovation éthique de la psychanalyse qu'il apportait, et qui était aussi une rénovation psychanalytique de l'éthique. Sachant le désir qu'avait Lacan de rentrer dans le giron de l'IPA, il était décidé à obtenir ce résultat ; et restait confiant dans ses capacités à lever cette difficulté, même après la treizième condition ajoutée à la dernière minute par le « dindon », Turquet. En un mot, dans le discours curieux qu'il nous servit lors de cette réunion, Lacan tablait sur l'espoir de Leclaire, qui était aussi le sien.

À tort, car l'IPA a maintenu intégralement ses conditions, et un vote a eu lieu, au sein de la SFP, qui a donné la majorité à l'affiliation. Une nouvelle direction a donc été constituée, sans Lacan. Leclaire a invité les lacaniens à constituer un groupe d'étude de la psychanalyse, présidé par Jean Clavreul et fonctionnant au sein de la SFP. Mais Mme Favez-Boutonier a fait remarquer, à juste titre, que la création d'un groupe ainsi intitulé revenait à officialiser la division de la Société, dont la dissolution a été votée peu de temps après, au soulagement de tous et au regret de quelques-uns.

Le retour à Freud, c'est-à-dire à ses textes, était un acte dont l'urgence s'imposait. Notamment face à l'hégémonie de l'*ego psychology* prônée par le trio Hartmann, Kris et Loewenstein. Un groupe qui était, tout à la fois, secondé et parrainé par la légataire de Freud : sa fille Anna. La critique impitoyable de cette psychologie du moi, qui répétait en quelque sorte celle autrefois adressée par Freud à Adler, était une critique de l'« annafreudisme ». Lacan savait sans doute qu'il rompait ainsi avec un tabou, lequel protégeait un pouvoir d'autant plus intouchable qu'il se prévalait de la volonté de Freud.

On a vu que Freud, précisément parce qu'il avait voulu donner à la psychanalyse sa place dans le monde, avait dû se plier à la nécessité d'une institutionnalisation, même si celle-ci ne pouvait produire que des « perroquets chroniques[1] ». Mais c'était, selon lui, le prix à payer pour avoir la garantie qu'à sa mort, son œuvre ne serait pas enterrée avec lui. Il n'avait pas compté avec la possibilité d'une déviation de cette œuvre, qui proviendrait, non pas de l'extérieur, mais de l'intérieur du mouvement ainsi codifié. Avec son enseignement et sa pratique, Lacan pensait tracer les voies d'une formation de l'analyste. Ou du moins pensait-il aider ainsi quiconque se propose d'exercer cette profession « impossible », bref, contribuer à ce qu'il y ait du psychanalyste[2]. Ce qui est étonnant, c'est la naïveté avec laquelle il semblait s'attendre à un débat scientifique, à l'intérieur d'une institutionnalisation fondée justement sur l'exclusion d'un tel débat. Or, accepter l'affiliation de la SFP, avec un Lacan figurant sur la liste de ses didacticiens, revenait à entériner la validité de tout un ensemble de théories et de pratiques. Et dont la portée, comme tous les négociateurs le sentaient (même si personne n'en parlait), menaçait non seulement l'orthodoxie régnante, mais encore le confort qu'elle assurait à chacun. Le désaveu de l'IPA n'a donc pas été sans conséquences. Pour mettre le doigt là où le bât blesse, je dirais que Lacan a désormais considéré comme son devoir de combattre pour *la cause freudienne*.

Tous ceux qui ont refusé de voter pour les conditions imposées par l'IPA se sont réunis, en juin 1964, chez François Perrier, au 14 rue de l'Observatoire. C'est là qu'ils ont entendu l'acte de fondation de Lacan, qui commençait par cette phrase : « Je fonde – aussi seul que je l'ai toujours été dans ma relation à la cause psychanalytique – l'École française de psychanalyse[3]. » Cet *aussi seul* n'a pas été du goût de tout le monde. Non sans raison. En effet, bon nombre d'analystes présents ce jour-là (Perrier, Leclaire, Valabrega et quelques autres) étaient au premier rang de la résistance que les candidats-« élèves » de la SPP ont opposée aux statuts de l'Institut, qui devait se charger de leur formation, et dont la création était envisagée par cette société depuis le début des années cinquante.

Le problème était que ces statuts n'étaient guère différents de ceux qu'avait rédigés, sans doute avec l'approbation de Freud, son *fat millionnaire* d'Eitingon. L'opposition parisienne constituait donc une première dans l'histoire du mouvement psychanalytique, qui prétendait tirer son autorité et son prestige du nom de Freud[4]. Dans la mesure où Lacan était totalement en désaccord avec ces statuts, et voyait mieux que quiconque leur incompatibilité avec leur but (la production de l'analyste), les insurgés parisiens l'ont considéré comme leur porte-parole. Et ils n'ont pas manqué de renouveler la reconnaissance de leur dette à son égard, en renonçant à la respectabilité et au prestige indiscutables que l'affiliation à l'IPA apportait à ses membres, à l'époque. En un mot, ils estimaient que la dette de Lacan à leur endroit n'était pas moindre que celle qu'ils reconnaissaient avoir envers lui.

Il me faut bien admettre que je ne prêtais alors aucune attention aux questions relatives à l'institutionnalisation de la psychanalyse. Seul m'intéressait l'enseignement de Lacan qui, après chaque surprise, ne cessait d'en ajouter une autre. Mais rétrospectivement, je crois mieux comprendre ce qui s'est passé lors de cette réunion de 1964, chez Perrier. Il me semble, en effet, que les camarades mécontents n'ont pas suffisamment pris en considération le fait qu'avec son école, Lacan pensait apporter une conception radicalement originale de l'institutionnalisation analytique, au point de tenir pour néant les régulations en cours de l'IPA, rabattues au rang de « simples habitudes ». D'un autre côté, il est vrai que l'énoncé *aussi seul que je l'ai toujours été*, etc., a quelque chose de la lourdeur d'une définition que s'octroie l'énonciateur, et qui lui donne une substantialité propre, indépendante de toute reconnaissance. Ici, nous devons considérer de plus près la relation maître-élève.

Certains auteurs ont complaisamment critiqué cette relation comme l'exemple même du suivisme où, par la grâce du transfert, l'élève fait du maître une idole à laquelle il sacrifie toute l'originalité que ses talents, aussi limités soient-ils, lui auraient permis de mettre en œuvre. Cette critique correspond effectivement à ce qui se passe dans maintes institutions sociales, aussi bien que dans les institutions analytiques. On peut toutefois se demander si elle ne reste pas prisonnière d'une conception du maître qui n'y voit que le corrélatif de l'esclave. Or, il y a des langues où le terme traduit par « maître » désigne en fait un homme dont le savoir est, tout à la fois, nécessaire à l'exercice de tel ou tel art (par exemple la menuiserie ou la peinture), et largement reconnu. Quant à « élève », on le traduit plutôt par *apprenti*.

Dans le domaine des arts relatifs à la vie spirituelle et intellectuelle, le disciple se nomme en arabe le « désirant » ou le « voulant » (*al-mourid*). À garder ces significations présentes à l'esprit, on dira que, s'il y a quelqu'un qui ne s'autorise que de lui-même, c'est bien l'élève lorsqu'il se choisit un maître. La reconnaissance du maître ne peut être qu'un effet de retour, un message reçu du destinataire sous une forme inversée, et dont la portée, qui est loin d'être mince, réside en ce qu'elle authentifie l'option de l'élève. Mais il demeure que, de la part de l'élève, la reconnaissance du maître constitue un acte des plus singuliers. Un de ces actes où s'atteste le sujet comme tel, au sens de son irréductibilité à l'Un qui, tout en s'opposant au Multiple, n'en préside pas moins à sa constitution.

Ce n'est pas un hasard si, à l'exemple de la reconnaissance du maître, Lacan associe étroitement celui où le sujet fait reconnaître son désir tout court. Or, un maître peut certes reconnaître plus d'un élève ; c'est même là qu'on peut dire, avec Baltasar Gracián, que « celui qui enseigne est débiteur de tous[5] ». Cependant, le fait de les regrouper sous la dénomination de « mes élèves » revient à méconnaître que les élèves ne sauraient constituer une classe, encore moins un club. Ayant passé du singulier au pluriel, le désir d'enseignement et de transmission de Lacan a pu se laisser libre cours. Être de ses élèves est devenu, pour lui, synonyme de militer pour la cause. Et les pressions qu'il exerçait sur eux, dans ce sens, ont fini par rappeler celles des didacticiens de l'IPA sur leurs partisans, dans leurs guerres intestines. Ce qui a conduit certains de ses analysants à parler de sa « passion immaîtrisée pour la maîtrise », dans une motion qui a été lue au cours d'une réunion mémorable de la SFP.

Lacan a sans doute fondé son école en pensant avoir trouvé des méthodes et des conceptions susceptibles de parer aux méfaits de toute institutionnalisation qui ne s'inspire pas des principes mêmes de la psychanalyse. Mais il n'était manifestement pas fait pour diriger une école. Par conséquent, il ne pouvait ni s'astreindre à mettre en place une bureaucratie charismatique, qui prenne son relais ; ni exercer cette fonction autrement qu'à la manière d'un prince autocrate. Cet exercice pouvait d'ailleurs l'amuser à l'occasion – par exemple lorsqu'il appelait tels de ses collaborateurs ses « ministres ». Serge Leclaire en a tiré et dénoncé la conséquence, au cours du congrès de Deauville sur *La passe*, qui eut lieu en 1978. Selon lui, chacun des « uns » trouve son être un dans une structure imaginaire, celle qui se ramène en définitive à l'image spéculaire où il a jubilatoirement accueilli son unité pour la première fois. Lacan, qui était capable de dominer toutes considérations personnelles, voire ses propres passions, dès lors qu'il s'agissait de juger de la qualité d'un travail, y a souscrit. Rien d'étonnant à ce que le congrès de Deauville ait marqué la date à partir de laquelle la question de la dissolution s'est invitée à l'ordre du jour.

Curieusement, loin de contribuer à rectifier quoi que ce soit, cette critique de Leclaire a, au contraire, contribué à faire prévaloir le sens on ne peut plus monolithique que certains ont par la suite donné à « la cause psychanalytique ». Pour ce qui me concerne, cette expression n'avait pas d'autre sens que la référence aux tâches auxquelles se trouve confronté quiconque s'occupe de psychanalyse. Et j'ai la quasi-certitude que ni Jenny Aubry, ni Françoise Dolto, ni Piera Aulagnier, sans parler des Mannoni et des autres collègues dont j'ai déjà cité quelques noms, n'ont jamais entendu cette expression comme un appel au militantisme, à la mobilisation au service de je ne sais quel idéal.

Pourtant, c'est bien cette signification de l'idéal, dont les militants se pressent à porter le drapeau et qui assure leur groupement, que Jacques-Alain Miller (lui dont les talents d'organisateur ne faisaient en revanche aucun doute) prêtait à cette même expression de « cause psychanalytique ». Se référant à l'acte de fondation de l'EFP, il écrit :

« Lacan s'avance et se présente non pas comme un sujet qui se propose lui-même comme Idéal, mais comme un sujet qui a un rapport à un Idéal, comme les autres qu'il invite à le rejoindre dans son école. Ce n'est pas une annulation de l'Idéal. Il n'y a pas d'annulation de l'Idéal dans l'École. S'il y avait une annulation de la fonction de l'Idéal, il n'y aurait pas de communauté d'École[6]. »

Cette série d'assertions aurait pris un sens si l'auteur nous avait dit en quoi consiste « l'Idéal » dont il parle, d'autant plus que ce terme ne figure pas dans l'acte de fondation. Néanmoins, je n'exclus pas l'hypothèse qu'en fondant son école, Lacan pensait répondre à la nécessité de défendre la psychanalyse. Et aussi bien d'ailleurs contre la menace de sa réduction à une psychologie insipide, que contre sa pétrification interne, sous la forme d'une orthodoxie s'allouant le droit de l'excommunication. Auquel cas, on peut dire qu'au fait irréfutable de son enseignement, une sorte de plus-value aura été ainsi ajoutée : celle de l'idéalisation de cet enseignement, devenu en outre une mission.

Jetons maintenant un regard rapide sur les idées directrices de cet acte de fondation, et ce qu'il apportait de neuf.

Dès la première page, Lacan déclare sans ambages son intention : supprimer le principe de la hiérarchie sur laquelle reposait le fonctionnement de l'IPA et lui opposer une organisation circulaire. Pour ce faire, les membres de l'École devaient travailler en petits groupes nommés « cartels », composés d'un minimum de deux et d'un maximum de cinq personnes ; « PLUS UNE chargée de la sélection, de la discussion et de l'issue à réserver au travail de chacun ». En réponse à une question concernant la raison pour laquelle il tenait à écrire PLUS UNE en lettres majuscules, Lacan répondit que c'était d'abord « pour qu'on le voie ». Mais cela ne répondait pas à la question de savoir ce qui habilitait une personne à l'exercice de cette fonction. Car, à partir du moment où le sort réservé au travail de chacun dépendait de ladite PLUS UNE, le fait d'exercer une telle fonction, fût-ce à une échelle réduite, sur un mode provisoire et commutatif, ne réduisait en rien son importance.

Lacan a sans doute pensé que trois ou quatre analystes ne devaient pas trouver plus de difficulté à choisir une PLUS UNE, qu'à choisir le thème qui les intéresse assez pour le travailler ensemble. Il pouvait donc proposer son idée d'autant plus tranquillement qu'il avait précisé qu'il n'était pas question que les PLUS UNE forment une classe, et encore moins que celle-ci finisse par s'organiser en chefferie. Il n'empêche que cette fonction a été ressentie comme un privilège, du même acabit que ceux qu'on accorde communément à quiconque occupe la fonction de chef. En effet, priver quelqu'un d'avoir un chef, c'est le priver de son moi idéal, sans lequel le sien propre ne peut que le décevoir. Telle est la domination de cette fonction dans les esprits qu'on peut dire que, loin de la supprimer, la PLUS UNE n'a fait que la démocratiser. Aussi n'y a-t-il rien d'étonnant à ce que cette idée ait fait l'objet d'un débat incessant.

Un échange particulièrement significatif a eu lieu, à ce sujet, entre Lacan et Daniel Sibony à l'occasion du congrès de l'EFP sur l'enseignement. Malgré l'intérêt des propos échangés à ce sujet, on en est ressorti sans savoir au juste si, dans un groupe de mathématiciens, la PLUS UNE serait la mathématique elle-même ou bien un mathématicien concret, plus compétent que les autres, voire plus imbu de l'esprit mathématique.

Quant au domaine auquel les « travailleurs décidés » (les élèves de l'École) devaient consacrer leurs efforts, il était divisé en trois sections. Je me concentrerai sur la première, qui était présentée dans ces termes :

« 1) – SECTION DE PSYCHANALYSE PURE, soit praxis et doctrine de la psychanalyse proprement dite, laquelle est et n'est rien d'autre – ce qui sera établi en son lieu – que la psychanalyse didactique. »

En attendant l'étayage annoncé dans la phrase entre deux traits, cette définition était crûment posée comme une vérité non pas prouvée, mais décrétée. À ma connaissance, Jean Clavreul n'a pas été le seul à n'avoir jamais digéré cette définition. Ce qui ne l'a nullement empêché de garder sa fidélité au maître. Car il était persuadé que cet énoncé avait un autre sens que celui qui s'y articulait apparemment. Pour ce qui me concerne, cette définition m'a rappelé que, bien des années auparavant, Lacan avait parlé de « l'intentionnalité aveugle » des associations libres. Dans ses *Études sur l'hystérie*, Freud avait déjà remarqué le caractère apparemment chaotique de ces associations. Tout en notant qu'on pouvait néanmoins les représenter par l'entrecroisement de lignes en zigzag, tels les mouvements du cavalier sur un échiquier. Et que ceux-ci n'étaient pas sans réaliser une progression vers le foyer pathogène que représentait alors, à ses yeux, le souvenir de l'événement traumatique.

J'en ai conclu que l'analyse didactique serait une analyse où le didacticien ne se soumet qu'à la seule finalité de l'expérience psychanalytique comme expérience de l'inconscient. Comme Lacan le dit lui-même, par ailleurs, toutes les mesures de tempérament, auxquelles on a parfois recours dans les analyses thérapeutiques, n'y seraient pas de mise. Ce n'est qu'au fil des années, et à mesure que j'ai eu moi-même à m'occuper des didactiques, que j'ai réalisé que les idées clés, en l'occurrence, se sont dégagées de la pratique des psychanalyses thérapeutiques. Je pense, ici, à l'idée ferenczienne de la fin naturelle de l'analyse comme aperception du fantasme ; et à l'idée freudienne d'un terme au-delà duquel il n'y aurait que le désert de l'analyse sans fin. Ce qui posait une question embarrassante. Une psychanalyse « pure » aurait-elle une fin indépendante de ce dont l'analysant a besoin pour se débarrasser de ce qu'il considère comme ses symptômes ?

Je me suis étendu sur ce point pour noter que l'acte de fondation n'a pas été sans susciter aussitôt questionnements et opinions divergentes, voire critiques virulentes. Je présume que cet état de fait n'a pas été étranger à l'initiative de Piera Aulagnier et Jean Clavreul qui, avec Conrad Stein, ont fondé alors la revue *L'Inconscient*, en dehors de l'École. Quel accueil Lacan a-t-il réservé à cette initiative ? Je l'ignore car je ne lui ai jamais parlé de cette revue, laquelle a de toute manière cessé de paraître en 1969. Selon les trois rédacteurs-fondateurs, cet arrêt était dû aux difficultés qu'ils ont rencontrées en cherchant à surmonter leurs désaccords. Connaissant les positions divergentes de Piera Aulagnier et de Jean Clavreul sur la passe, j'imagine que cette question fut la principale pierre d'achoppement.

La notion de « passe » a joué un rôle décisif dans le destin de l'EFP. Il s'agissait d'une notion qui avait apparemment une importance doctrinale considérable, mais dont on ne savait pas exactement le statut. Représentait-elle un idéal scientifique concernant la fin de l'analyse, ou un concept spéculatif, comme celui de l'analyse « pure » ? Ou bien encore, s'agissait-il d'un fait décisif, qui détermine l'exercice professionnel de l'analyse ? Dans ce dernier cas, l'incapacité d'en articuler quoi que ce soit qui vaille serait à considérer comme le signe d'un double échec. Car au-delà de l'échec du cartel qui avait été constitué à cette fin, sous la dénomination de « jury d'agrément », c'est l'ensemble de l'École qu'on devait considérer comme ayant échoué en l'occurrence. Et la dissolution d'une telle institution devenait dès lors inéluctable. Toutefois, comme l'examen de cette question de la passe ne saurait être détaché de l'évolution de l'École de Lacan et de ce que l'on peut en penser, je commencerai donc par là.

Chapitre III

L'ÉCOLE FREUDIENNE DE PARIS

La diversité des courants qui ont partagé les membres de l'EFP, au moment de sa fondation, n'avait rien d'extraordinaire. Elle était comparable à ce que l'on peut constater au sein des sociétés scientifiques. Mais celle-ci s'est peu à peu muée en une guerre de factions analogue à celle qui déchire si souvent les partis politiques. Cette mue est allée de pair avec l'étonnant succès de l'EFP. Il n'est pas exagéré de qualifier ce succès de « foudroyant ». Les quelques dizaines de membres, qu'on pouvait compter au départ, sont devenues quelques centaines au bout de trois ou quatre ans. À la fin, on était près de mille et l'on imagine, avec l'expansion du nombre, celle des enjeux de la puissance.

Dans son acte de fondation, Lacan fait état de son indifférence au nombre ; ce qu'il voulait surtout, c'était des « travailleurs décidés ». Mais tout s'est déroulé par la suite comme si le simple fait de s'adresser à l'École, pour en être membre, était déjà la preuve qu'on était un tel travailleur. Un tel gonflage n'était pas seulement un défi pour toute société, tout institut ou école prétendant être un lieu où des analystes pouvaient se former. Il allait surtout à l'encontre des ambitions de Lacan, ou de ses souhaits auparavant exprimés. Clavreul nous a fait une description éloquente de cette évolution, dans son intervention au cours des assises de l'EFP sur *La passe*, en janvier 1978[1]. Je me contenterai ici d'en reprendre un extrait :

« Au début, l'intention clairement exprimée par le fondateur [...] était que l'École rassemble des personnes concernées dans leur travail par le discours psychanalytique, c'est-à-dire non seulement des psychanalystes mais aussi d'autres, venus d'autres disciplines, qui n'étaient pas des analystes et n'avaient pas l'intention de le devenir. De fait, au début, l'École comptait environ un tiers de ses membres n'exerçant pas la psychanalyse. Aujourd'hui, il en va tout autrement ; quand le directoire doit décider d'une admission il s'agit de quelqu'un qui est presque toujours en analyse, et la plupart du temps, qui pratique l'analyse, qui est en contrôle. »

Quel fut le résultat de cette évolution ? Clavreul le dégage clairement. De plus en plus de personnes intéressées par le travail de l'École ont été amenées à la considérer comme un cercle professionnel fermé, voire ésotérique. Et dès lors, l'École, dont le principe de regroupement était, au début, le discours psychanalytique, est devenue elle-même, de plus en plus, un organisme corporatiste.

À la vérité, Félix Guattari avait déjà pointé ce glissement corporatiste, huit ans auparavant, en avril 1970, au cours du congrès de l'École consacré à l'enseignement. « Quelles garanties, notait-il, devrait se donner l'École pour ne pas venir toujours à se fermer sur elle-même, ne s'offrant aux autres que comme sujet supposé du savoir psychanalytique, incarnation d'une suprême jouissance, alors qu'en réalité, elle n'est que le lieu où tout un chacun se repaît en cachette du plaisir d'être dans un "groupe à la pointe", derrière un Maître... [...] Faute d'instance, d'une structure radicalement autre que celle du groupe corporatif, d'une amicale que sais-je, du groupe de pression, l'École s'interdit tout enseignement mis à part celui de Lacan *qui n'est pas celui de l'École*, développe une pédagogie du mimétisme, diffuse des trucs sur l'analyse[2]. »

Lacan voyait parfaitement la justesse de ces critiques et de bien d'autres du même acabit, notamment celles de Roustang. Mais les choses ont fini par atteindre un point qui rendait imminent le moment de conclure. Et notamment lorsque, prenant la parole lors des journées sur *La passe*, en 1978, Serge Leclaire a mis le doigt sur un fait capital. Le fait que l'EFP produisait *in fine* des résultats exactement contraires à ceux qu'elle devait obtenir en tant qu'école lacanienne : elle liait au lieu de délier.

Le point de départ de Leclaire était l'affirmation de l'existence des *sujets non identifiés* (SNI), lesquels sont infiniment plus inquiétants que les OVNI (objets volants non identifiés). Ils sont aussitôt soumis aux pressions les plus vives pour supporter une désignation reconnue et s'astreindre à une assignation à résidence. Ils sont traîtres à la puissante conjuration des *sujets-qui-se-prennent-pour-un*. « Un clivé, bien sûr, en autant d'uns, mal barrés ! Une femme, un homme, un père, une mère, un fils qui se prennent pour un analyste, un AE, un membre du jury d'agrément ; ou encore, un marginal, un "dissident", un dingue ! » Bref, ce un serait « le minimum exigible pour refaire tout-un-tout-pareil, le noyau d'une horde ordinaire où se perpétue, sous l'égide de Saint Même, *l'inique rapport d'un à un* ». Et Serge Leclaire de terminer sur cette question : « Inventer des passes, en instituer des modes, ne serait-ce pas, au bout du compte, affermir l'Enceinte-Même et concourir à l'œuvre de la Sainte Alliance ? »

Les journées sur la passe ont pris fin avec cette remarque de Lacan : « Comme l'a dit Leclaire, il y a des sujets non identifiés et c'est précisément de ça qu'il s'agit ; les sujets non identifiés, nous ne nous en occupons pas, les sujets non identifiés, c'est bien ce qui est en question, comme Leclaire nous l'a expliqué. Le sujet non identifié tient beaucoup à son unité ; il faudrait quand même qu'on le lui explique qu'il n'est pas un, et c'est en ça que l'analyste pourrait servir à quelque chose. »

Dès lors, il me paraît impossible que Lacan ne se soit pas posé la question : est-ce que l'École ne va pas dans le sens contraire de ce à quoi l'analyste pourrait servir ? Le moins que l'on puisse dire est qu'elle n'a pas répondu au souhait, qu'il avait exprimé, en 1970, à la fin du congrès sur l'enseignement : « J'ai toujours en moi souhaité, c'est un *Wunsch*, à savoir que quelqu'un me relaie, prenne la trace, il n'y a pour ça pas besoin de faire preuve d'originalité, quelqu'un qui cavalerait en avant, je ne vois pas en quoi ça diminuerait son originalité d'être parti de mes bases. » En 1978, il a fait encore une fois allusion à ce souhait non réalisé.

Or, cette idée d'un relais à prendre fait abstraction de beaucoup de choses. Et d'abord du style de l'œuvre qui, étant l'homme même, disparaît fatalement avec lui. Mais elle fait aussi abstraction des conditions socioculturelles dans lesquelles une œuvre est produite, et dont le changement impose la nécessité d'une relance – ce qui fait le sens même de son caractère comme œuvre indépassable. Est-ce que Lacan lui-même aurait pu « prendre le relais » de Freud du vivant même de ce dernier ? D'ailleurs, il y a gros à parier qu'une œuvre psychanalytique, même si l'on pousse la précision de ses concepts jusqu'à la formalisation, ou la mise en mathèmes, se prêtera toujours à des développements différents, sinon opposés.

Pour ce qui est de la doctrine freudienne, il est clair que c'est l'ambiguïté de sa théorie du moi qui a permis le développement new-yorkais de l'*ego psychology*. Et on peut dire qu'avec sa théorie de la relation d'objet, Maurice Bouvet en a donné le complément sur le versant libidinal. De fait, c'est à chaque fois au public nouveau, celui qui découvre ces auteurs, qu'il appartient de valider ou non ce qu'on lui offre. C'est ainsi qu'en tant que lecteur faisant partie de ce nouveau public, je peux estimer que la théorie de Bouvet sur la « maturation génitale » de la pulsion ne fait qu'entériner le fantasme sur lequel repose la construction sociale des individus, conçus comme des donateurs-preneurs de femmes lévi-straussiens.

Il faut bien voir, en outre, que Lacan était tout autant homme d'action que théoricien. Il pensait donc devoir tirer de son œuvre théorique les principes d'une nouvelle institutionnalisation de la psychanalyse. Et ici se situe l'autre fait, non moins important, dont l'idée de « prendre le relais » fait abstraction. Alain Didier-Weill l'a on ne peut mieux exprimé : « Vieux comme le monde, écrit-il, est sans doute le problème du conflit naissant de la finalité d'une institution et des moyens qu'elle se donne pour parvenir à ses fins. Vieux comme le monde, certes, mais aussi éternellement actuel, quand par exemple, la naissance d'une jeune discipline telle que la psychanalyse nécessite pour sa pérennité la création d'une institution dont la finalité est ainsi désignée : rendre possible la transmission de la théorie et de la pratique[3]. »

Or, le conflit signalé par Alain Didier-Weill, et sur lequel il appuie ses réflexions concernant la SPP, prend toute sa force dans le cas de l'EFP. Comment une institution où nul n'a de place que d'être *un* (ceci ou cela) peut-elle transmettre sans la gauchir une pratique qui donne au sujet non identifié son plein droit à l'existence ?

À la vérité, le souhait de Lacan que quelqu'un prenne le relais évoque immanquablement celui du prince héritier de Freud, avec ce qu'il recouvre de crainte que l'œuvre ne tombe dans l'oubli, après la disparition de son créateur. Je me demande donc si c'est uniquement par hasard que, dans la même communication déjà citée, Serge Leclaire s'est étendu sur ce qu'on appelle *sa propre mort*. « Possession dérisoire et stupide s'il en est, qui fait cependant chacun prioritairement occupé par la gestion de son mausolée intime, le plus cher et le plus sacré d'entre tous, autour duquel s'édifie inlassablement, superbement "humaine", la gloire narcissique du statut d'un ; celui qui possède en toute propriété sa propre pourriture. Ce n'est pas à n'importe qui, que je dirais "pourriture", avait lancé Michel de Certeau, à Lille ; une injure pour familiers, en somme ! »

Je n'exclus donc pas l'existence d'une connexion entre le souhait exprimé par Lacan et la tirade aigre-douce de Leclaire. Elle était d'ailleurs précédée d'une invite à cesser de « continuer passionnellement et aveuglément à produire de nouvelles chaînes symboliques en sophistiquant indéfiniment notre arsenal théorique ». Mais si je n'exclus pas un tel lien, ce n'est pas parce que nous avons entendu l'un et l'autre pendant la même journée.

Leclaire a affirmé que personne ne l'avait jamais mieux entendu que Lacan. Dès lors, je ne serais pas fort étonné qu'il ait eu, de son côté, une intelligence tout aussi aiguë des paroles de Lacan. D'ailleurs, dans sa préface au volume 2 des *Écrits pour la psychanalyse*, Dany-Robert Dufour nous fait part de la confidence que Serge Leclaire lui a faite concernant la fin de son analyse : « J'ai cessé mon analyse avec Lacan le jour où nous nous sommes aperçus que c'était moi qui l'analysais[4]. » À moins de penser que le Dr Jacques Lacan pratiquait l'analyse mutuelle, à la Ferenczi, il nous faut admettre que nous avons là un exemple unique en son genre d'une analyse qui a pris effectivement fin avec le passage de l'analysant à l'analyste… de son propre analyste[5].

Quoi qu'il en soit, le *Wunsch* que quelqu'un prenne son relais, prolonge sa trace, était bel et bien un vœu pieux. À mon avis, Lacan n'a jamais exclu la possibilité de l'échec, pour ne pas dire qu'il le désirait. L'École était apparemment pour lui une expérience. Il ne s'agissait pas de tester un nouvel idéal de la cause, au service duquel il appelait les analystes à consacrer leurs efforts avec autant d'enthousiasme que d'ardeur, sous l'égide du nombre un. Ce qui l'intéressait était de tenter une nouvelle institutionnalisation de la psychanalyse. Et dont le pivot serait le principe de la responsabilité inaliénable du SNI de Leclaire, de ce sujet non identifié que le psychanalyste pouvait servir à accoucher. Mais toute la politique du plus grand nombre, dénoncée par Clavreul, allait là contre cette visée.

En revanche, autant Lacan n'était guère attaché à son école, autant il était attaché à son enseignement. Et s'il en parlait comme d'un « monument désert », c'est précisément parce qu'il craignait réellement que son œuvre, fruit de trente ans de travail acharné, ne soit enterrée avec lui, comme s'il n'avait jamais paru à la surface de la terre. Cette situation était d'autant plus poignante qu'aucun de ses auditeurs, ni de ses élèves, n'était en état de reprendre ce monument d'enseignement oral, pour lui donner une forme écrite qui assure son universalité et sa permanence. Aussi n'ai-je guère de doute que la rencontre de Jacques-Alain Miller a constitué, pour Lacan, un tournant majeur, dont on ne saurait exagérer l'importance. Car ce jeune normalien, philosophe épris de logique, était prêt à prendre en charge l'édition de ses séminaires, et lui avait donné la preuve de ses capacités à le faire.

Désormais, en effet, et dans la mesure où il a toujours œuvré pour qu'il y ait de l'analyste, sinon des analystes, Lacan pouvait être au moins sûr d'une chose : l'avenir de la psychanalyse dépendait bien plus de la publication de son œuvre que de tout ce qu'il pouvait attendre de son école. De fait, après quinze ou seize ans d'existence, cette institution, qu'il avait pourtant conçue et voulue comme compatible avec la formation de l'analyste, avait si bien échoué sur ce point qu'il lui a fallu se résoudre à la dissoudre.

Par quels chemins a-t-il été conduit à cette décision ?

Je ne suis pas en mesure de donner une réponse certaine, encore moins définitive, à cette question. Il est vrai que j'ai fait partie de l'EFP depuis sa fondation jusqu'à sa dissolution. J'étais même, peut-être avec Jean Clavreul, le seul analyste à participer constamment à l'activité du cartel dit « jury d'agrément », qui était censé recueillir les témoignages relatifs à l'expérience de la passe et dégager leur portée doctrinale. De fait, cette expérience a eu une telle importance pour Lacan et, partant, pour toute son école, voire pour le lacanisme tout court, que j'y reviendrai souvent. Quant à son échec, il a joué un tel rôle dans la décision de la dissolution, que je compte lui consacrer tout un chapitre, le dernier de ce livre. Mais je dois rappeler ici que je n'ai jamais fait partie de l'appareil administratif, nommé directoire, de l'EFP, ce qui m'aurait permis d'avoir une vue directe de son fonctionnement et de son organisation comme groupe.

À la vérité, j'avais déjà arrêté d'aller au « séminaire » dès avant mai 1968. Certes Lacan avait toujours quelque chose d'inédit à dire aux analystes. Mais, au fil des ans, son public me donnait plus l'impression de l'attendre comme un *seminator verbi* que comme quelqu'un qui enseignait quelque chose. Lui-même a posé la question de savoir si un enseignement qui s'adressait à sept cents personnes était encore un enseignement. La réponse, sans laquelle cette question n'aurait pas été posée, était évidemment négative. Mais quel critère avait-il pour sélectionner ceux qui voulaient l'entendre, de façon à redonner à son enseignement la forme d'un séminaire, tel qu'il l'entendait au départ ? Bref, les choses allaient dans un sens contraire à sa volonté sans lui donner pour autant une raison d'en changer le cours.

De mon côté, je n'en ai pas moins continué à suivre mon analyse de contrôle avec lui, d'autant plus que j'avais à m'occuper de quelques analyses dites didactiques, qui n'ont pas manqué de poser des questions inédites. On en était à ce moment où l'expérience de la passe battait son plein, si bien que les analysants étaient plus soucieux de savoir s'ils étaient « dans la passe » que de faire avancer leurs analyses. Pour donner une idée des questions qui pouvaient surgir dans ce contexte, je citerai l'exemple d'un analysant. Il n'était pas peu flatté par ses fantasmes de sauveur et de justicier, qui prend la revanche des opprimés en leur restituant leurs droits dérobés. Mais il avait toutefois suffisamment de rectitude pour reconnaître, finalement, que ces fantasmes couvraient son désir meurtrier vis-à-vis du personnage dont l'ombre a toujours pesé sur son existence.

Cette « traversée », au sens de l'acte de jeter le masque de ses fantasmes conscients, m'a fait jouer avec l'idée qu'il y avait peut-être là un « passeur » valable. Je reviendrai plus loin sur le dispositif très particulier de la passe, mais j'entendais par là (en gros) quelqu'un qui serait à même d'écouter un témoignage avec des oreilles à tout le moins nettoyées des tensions mortifères ordinaires, si prévalentes dans la relation avec nos semblables. Lacan me l'a nettement déconseillé, et la suite n'a pas tardé à montrer que la saisie du fantasme de la mort du quidam qui détient le pouvoir ne tue pas la passion pour le pouvoir qui dicte ce fantasme même. Pas plus qu'elle ne remet en cause la nécessité de préserver cette place du pouvoir, où le moi met la figure où il se retrouve tel qu'il aime être.

Mais, encore une fois, je dois souligner mon manque total d'intérêt pour les questions institutionnelles. Et reconnaître qu'il est certainement ce qui limite le plus la réponse que je peux donner à la question des raisons de la dissolution de l'EFP.

On a vu que les contestataires n'ont pas manqué au sein de l'École. Celle-ci n'a pas manqué, non plus, d'observateurs perspicaces, tels Octave Mannoni, Louis Beirnaert ou Xavier Audouard ; et, plus tardivement mais encore plus décisivement, Pierre Legendre et Daniel Sibony. Mais, par une espèce de surdité dont on aura peut-être une idée si je dis que mon premier symptôme n'était pas la phobie, mais la fugue, je ne m'arrêtais pas sur ce qu'ils disaient. Mon intérêt pour l'institutionnalisation de la psychanalyse n'a commencé qu'à la suite de la mort de Lacan. Il s'est traduit par un livre publié, en 1983, sous le titre *Jacques Lacan et la question de la formation des analystes*[6]. Il reste qu'une opinion qui ne prétend pas à la certitude peut avoir une valeur conjoncturelle, utile pour quiconque entend pousser plus loin sa réflexion. Je me contenterai donc de rappeler ici quelques moments clés, qui me paraissent avoir eu une signification particulière sur le chemin qui a conduit à la dissolution.

La vie de l'EFP a certes toujours été marquée par les divisions et l'agitation. Il n'empêche que tous ceux qui ont écouté l'acte de sa fondation ont admis avec enthousiasme que « didacticien » ne signifie pas un nom qui figure sur une liste établie par les voies impénétrables de la « cooptation des sages ». Mais désigne simplement le fait, pour un analyste, d'avoir conduit une ou plusieurs analyses qui se sont avérées didactiques. La question s'est néanmoins posée de savoir en quoi une *analyse pure*, qui n'était pas en elle-même une technique thérapeutique, pouvait bien préparer un sujet à en reprendre l'application à des fins thérapeutiques, question qui mettait en doute l'opportunité d'une distinction aussi tranchée que le voulait Lacan.

De même tous ont salué, avec non moins d'enthousiasme, la suppression du principe hiérarchique, et son remplacement par une « organisation circulaire, facile à programmer ». Mais, à ma connaissance, cette programmation n'a jamais vu le jour. Aussi le conseil d'administration de l'EFP, majoritairement composé des élèves et partisans les plus proches de Lacan, tels Serge Leclaire, François Perrier, Piera Aulagnier, Jean-Paul Valabrega et Guy Rosolato, est-il resté trois ans sans décerner de titres. Le seul titre qui avait cours au sein de l'EFP était celui d'analyste de l'École (AE), qui désignait les analystes déjà membres associés ou titulaires de la SFP, et qui avaient préféré le soutien de l'apport de Lacan à leur affiliation à l'IPA. À cet égard, on peut considérer que c'est la proposition du 9 octobre 1967 qui a mis le feu aux poudres.

Cette proposition était une tentative de répondre à la question de la nomination. L'idée principale en était la distinction entre la psychanalyse « en extension », considérée dans son rapport au monde, auquel elle est censée fournir des opérateurs ; et la psychanalyse « en intension », considérée dans son rapport à ce qu'elle est en elle-même, comme théorie de l'analyse didactique. Une telle théorie devait lever le voile que l'IPA entretenait sur la terminaison de l'analyse didactique, tout en s'autorisant à rayer le nom de Lacan de ses listes de didacticiens. Elle devait aussi permettre de savoir quel est le désir de l'analyste – celui en vertu duquel il choisit d'exercer l'analyse à son tour, et de le faire sans la gauchir. Cette distinction en appelait donc une autre. Celle entre les analystes qui s'intéressent particulièrement à l'exercice de l'analyse comme technique thérapeutique, auxquels sera donné le titre d'analyste membre de l'École (AME), et ceux qui s'intéressent avant tout à la théorie de l'analyse didactique. Ces derniers seraient, de ce fait, les mieux placés pour apprécier le fonctionnement de l'École et pour proposer les formes institutionnelles qui s'imposent, à la lumière de ce fonctionnement. Aussi Lacan proposa-t-il de leur réserver le titre d'« analystes de l'École » sans se demander quel « désir d'analyste » pouvaient bien avoir ceux qui ne se destinaient pas particulièrement à l'exercice de cette profession comme technique thérapeutique.

Dans sa proposition, Lacan indique (je l'ai déjà noté au passage) que la psychanalyse didactique est une analyse d'une rigueur telle que les « aménagements » auxquels nous avons parfois recours dans la conduite des analyses thérapeutiques n'y sont plus de mise. On s'est donc demandé si ces analyses-là étaient censées se dérouler sans se soucier du risque de l'émergence des angoisses et sans crainte de susciter des forces que l'analyste n'est pas toujours à même de contrôler. Mais l'attention de la plus grande majorité des membres de l'École, qui commençaient déjà à se compter par centaines, a été aussitôt focalisée par une autre objection. Celle-ci visait la procédure de l'expérience proposée par Lacan afin d'éclaircir la fin de la didactique.

Pour le dire aussi brièvement que possible, cette expérience consiste, essentiellement, à recueillir le témoignage de quelqu'un, nommé « passant », qui représente le point de finitude de la didactique, donc qui a franchi le passage qui va de l'analysant à l'analyste. Dans le dispositif conçu par Lacan, ce témoignage devait être recueilli par deux analysants, nommés « passeurs » et désignés par leurs analystes. Une telle désignation ne requérait pas nécessairement que les analystes en informent eux-mêmes leurs analysants. En revanche, ils devaient estimer que ceux-ci se trouvaient bien à ce moment de leur analyse où s'opérait, pour chacun d'eux, le passage en question. Le témoignage du passant devait, enfin, être transmis par les passeurs à un jury dit « d'agrément », qui avait à en juger.

L'objection consistait à souligner que la désignation d'un passeur était une idée irrecevable. Car elle revenait à officialiser en quelque sorte l'intervention du désir de l'analyste dans le cours de l'analyse, fût-il, ce désir, un désir de transmission, pour ne pas dire de recrutement. La didactique n'étant plus, dès lors, une analyse « pure », mais une analyse mise au service de l'École. On objectait, en outre, que les effets d'une telle sorte de désignation (ayant éventuellement lieu à l'insu de l'intéressé) ne manqueraient pas de compliquer considérablement son analyse, sinon de la fausser. Lacan admit que cette forme de désignation aurait des effets sur le cours de l'analyse, mais qu'il n'était nullement nécessaire qu'ils aillent dans le sens du pire. « Attendons voir », conseilla-t-il.

Il avait raison. Mais cela n'impliquait pas que les objections soulevées, notamment par Piera Aulagnier, François Perrier et Valabrega, étaient simplement dues au retour des « habitudes » néfastes qui avaient cours au sein de l'IPA « pour le confort de tous et les privilèges de certains », comme on disait en d'autres temps. Je crois qu'il faut prendre aussi la mesure du fait que ces différences d'appréciation, devenues litige sans arbitrage possible au terme d'une longue collaboration, n'étaient faciles pour personne.

J'ai assisté à une brève rencontre entre Lacan et Piera Aulagnier, qui lui a expliqué sa position une dernière fois. Lacan lui a dit alors : « Est-ce que vous savez que vous me mettez dans l'embarras ? » Elle lui a répondu qu'elle aurait préféré le lui éviter, mais qu'elle ne pouvait pas penser autrement. L'important est que la suite a montré que la désignation d'un passeur était, en elle-même, une opération très épineuse[7]. À telle enseigne qu'en dix ans d'expérience dite de « la passe », Lacan lui-même, si mon souvenir est exact, n'a désigné qu'un ou deux passeurs. Certains analystes le faisaient avec plus de facilité. Mais ils ne semblaient pas apprécier tout à fait le paradoxe inhérent à ce dispositif expérimental. Comment, en effet, pouvait-on désigner quelqu'un qui était « dans la passe », alors que nous ne savions pas encore de quoi il retournait exactement dans cette expérience ? Et si la passe était plutôt un critère de la fin de l'analyse (mettons la chute du sujet supposé savoir), ou bien plutôt une hypothèse relative à ce qui se produit à ce moment de la fin.

Nul n'a mieux décrit qu'Abdouchéli l'état de morcellement et de paralysie qui était celui de l'École à l'époque de ces débats. Tout en reconnaissant que la théorie de Lacan sur la passe constituait un apport capital, dont la mise à l'épreuve s'imposait, il notait l'existence d'une indiscutable réserve, pour ne pas parler d'une véritable fronde, au sein de l'École. Celle-ci s'exerçait « à l'encontre de tout ce qui, à tort ou à raison, viendrait évoquer une *hiérarchie* basée sur des titres et aboutissant, quelles que soient les intentions premières, à recréer l'équivalence d'une liste de "didacticiens" ». Et il ajoutait : « Quand bien même cette opinion ne serait pas fondée, elle doit être prise en considération, car son extension lui confère un effet de fascination imaginaire résistant à toutes les dénégations et propre à engendrer les pires effets de leurres. Il faut bien dire d'ailleurs qu'en reprenant les termes AE et AME, déjà chargés d'une signification hiérarchique dans notre École, la proposition du 19 décembre [présentée au vote par Lacan] n'a rien fait pour dissiper les appréhensions dans ce sens[8]. »

Abdouchéli en tirait cette conclusion : « Compte tenu de l'hostilité latente ou manifeste d'une grande partie de l'École freudienne, soit au principe de l'expérience proposée, soit à ses modalités pratiques (passeurs), soit à sa sanction pour un titre particulier, la proposition du 19 décembre, malgré le vif intérêt qu'elle présente, ne pourrait qu'aggraver la situation régnant dans l'École si elle était maintenue et ne pourrait aboutir à aucun résultat positif si elle était appliquée[9]. » La suite de l'histoire a confirmé ce raisonnement. Mais l'argument d'Abdouchéli ne pouvait en aucun cas infléchir Lacan, puisque l'expérience de la passe était devenue pour lui la raison d'être de l'École.

À la vérité, en dehors de cette expérience, qui devait conduire à discerner (si je puis dire) le *didacticien en soi*, par opposition à celui de la liste, Lacan n'attendait pas grand-chose de son école. Il avait peu d'estime pour la culture des analystes, victimes à ses yeux de leur formation scolaire et universitaire ; et guère aptes à se pénétrer de ce qu'apportaient de neuf la linguistique structurale, encore moins la renaissance frego-russellienne de la logique. Le déplacement de son enseignement à l'École normale, après l'arrêt de son séminaire à Sainte-Anne, lui a fourni un autre auditoire, épris de ces nouvelles ouvertures. Il est vrai, comme il le répétait, que son enseignement s'adressait aux seuls analystes. Il n'empêche qu'il a forgé au cours de son séminaire des concepts d'une portée beaucoup plus large, et qui devaient intéresser les chercheurs de bien d'autres domaines. Son nouvel auditoire représentait une génération beaucoup mieux préparée pour saisir ses innovations conceptuelles. Comme il m'a dit une fois qu'il savait quels étaient ceux qui pouvaient le comprendre, je lui ai demandé : « Qui ? » Il m'a donné cette réponse à laquelle je ne m'attendais pas : « Ceux qui sont dans les vingt-deux ans. »

Dans l'incertitude où il était quant à l'existence de l'analyste, il pouvait à tout le moins être sûr que sa pensée ne laissait pas indifférent quiconque s'intéressait à la psychanalyse.

Un autre point qui n'a pas peu joué dans le destin de l'EFP a été l'introduction de la psychanalyse lacanienne dans l'enseignement universitaire.

Comme je n'ai participé en rien à cette entreprise, je souscris volontiers à la version qu'en donne Serge Leclaire : « En 1968-1969, écrit-il, lorsque je créai à Vincennes le premier "département de psychanalyse" à exister de par le monde, on me fit bien savoir et sentir au sein du comité central [directoire] de l'EFP qu'il s'agissait là d'une transgression sacrilège, ce qui n'empêcha pas la même instance de tout mettre en œuvre pour récupérer dans son ordre ledit département qui, cela vaut d'être noté, est la seule institution qui ait traversé sans dommage la dissolution, et prospéré, comme l'on sait, à Saint-Denis Paris VIII[10]. »

L'assimilation du directoire au comité central ne me paraît pas être une simple allusion agressive. Le fait est que, par beaucoup d'aspects, le directoire a revêtu des traits qui rappellent ceux des bolcheviques au début du XXe siècle : dévouement total à la cause, absence totale de scrupules, cloisonnement. L'intervention massive de l'EFP dans la vie de l'université a d'ailleurs suscité l'indignation véhémente de Deleuze et Lyotard. Faisant allusion au sort de Serge Leclaire, et des enseignants qu'il avait choisis pour son département, et à leur remplacement par des fidèles, ils ont écrit :

« La procédure d'exclusion, le choix des exclus, le traitement des opposants, la nomination immédiate de remplaçants feraient aussi bien penser, toutes proportions gardées, à une opération stalinienne[11]. » Le meneur de cette opération était le Dr Lacan lui-même, sur les instructions duquel les nouveaux responsables ont agi tout à fait officiellement. De fait, Lacan ne faisait pas mystère de sa fureur contre l'enseignement de Leclaire. Il me l'a dit, ainsi qu'à quelques autres collègues, comme je l'ai appris par la suite. Quelle en était la raison ?

Serge Leclaire tenait mordicus à ce que j'appellerais la « virginité de l'*écoute* analytique ». C'est là un terme que les analystes ont tellement affectionné après les spéculations de Lacan sur la fonction de la parole, qu'il a fini par s'énerver rien qu'à l'entendre : « Et pourquoi ne parlent-ils pas du *regard* analytique ? » disait-il. Selon Serge, l'analyste devait protéger son écoute de tout savoir. Car « c'est sur la forclusion, c'est-à-dire sur quelque chose qui occulte une fois pour toutes le souci de la vérité que se construisent, que s'élaborent toutes sortes de savoirs variables selon le type de forclusion[12] ». Or, quoi qu'on pense de la forclusion ici évoquée, le fait est que l'ignorance simple n'avance à rien. Et que la naïveté elle-même, qualité de l'analyste hautement appréciée par Lacan, n'a de validité que dans la mesure où l'ignorance prend appui sur le savoir pour y puiser les raisons de sa nécessité.

Après tout, la distinction même entre savoir et vérité est une distinction docte, que nous devons à Lacan. Mais laissons-lui la parole ici : « On sait, dit-il, que j'ai insisté sur la différence entre savoir et vérité. Alors, si la vérité, c'est pas le savoir, c'est que c'est le non-savoir. Logique aristotélicienne – tout ce qui n'est pas noir, c'est le non-noir[13]. » Or, une telle méprise, aisément induite par le principe du tiers exclu, était aux yeux de Lacan un véritable péché. Seulement, était-ce une raison pour y répondre par une opération *politique* ?

Il aurait certes été plus profitable, pour l'EFP, de laisser l'un de ses membres enseigner ce qu'il pensait, là où il voulait, plutôt que d'y réagir comme si elle avait affaire à un attentat sacrilège. Quitte à engager avec lui un débat, tant oral qu'écrit, pour lequel les occasions n'auraient pas manqué. Après celui sur l'expérience de la passe, qui mettait effectivement en jeu l'existence de l'École, et après les démissions de Piera Aulagnier, François Perrier, Jean-Paul Valabrega (démissions que Leclaire considérait à juste titre comme une erreur), je présume que Lacan était sur ses gardes. Et qu'il tendait à considérer tout enseignement faussant sa pensée comme une menace contre la psychanalyse elle-même, telle qu'il visait à en assurer l'existence par son propre enseignement. Là encore, je n'exclus pas l'hypothèse que Lacan soit allé d'autant plus aisément dans ce sens que son directoire comptait parmi ses membres des analystes plus lacaniens que lui, comme ce fut déjà le cas de quelques freudiens.

La relation entre Lacan et Leclaire a connu d'autres épreuves, qui n'ont pas peu contribué au destin de l'EFP. Celle dont les membres de l'École ont pris connaissance à l'occasion du congrès de Lille (1977) concernait le programme de l'enseignement que Leclaire envisageait de faire à l'École, en collaboration avec Antoinette Fouque, et auquel Lacan a mis son veto. Mais le congrès de Lille avait été précédé par bien d'autres, dont chacun était pour Lacan l'occasion de jeter un regard sur sa création et de dire ce qu'il en pensait. L'un des congrès les plus significatifs, à cet égard, a été celui de La Motte (1973).

La question de la passe y a accaparé une bonne partie des échanges. Chacun des membres du jury d'agrément, dont je faisais partie, a dit son opinion sur cette expérience et les conclusions qu'il en tirait. Ce qu'ils disaient montrait que la même expérience n'avait pas le même sens pour tous. Ce qui n'a rien d'étonnant. Car nous avions eu, bien sûr, des échanges et des discussions au sujet des témoignages transmis par les passeurs. Mais nous n'avions pas songé à nous réunir pour voir de plus près les conséquences qu'un tel travail avait *sur nous*. Serge Leclaire n'a pas manqué de le souligner, tout en ajoutant une description satirique des réunions du jury, à laquelle Lacan a volontiers souscrit : il venait d'entendre ce que lui-même ressentait.

Ce résultat était certes décevant. Mais Lacan l'a en partie excusé, en raison de l'obligation où il était de choisir comme membres du jury des analystes qui, pour la plupart, n'avaient pas fait eux-mêmes l'expérience qu'ils étaient censés apprécier. Ce qui ne laisse pas de rappeler (remarquons-le au passage) l'obligation où s'était trouvé Freud de confier la constitution des sociétés chargées de former des analystes à des fidèles qui n'avaient jamais fait d'analyse. Néanmoins, c'est lors de ce même congrès que Lacan a trouvé l'occasion de tenir des propos dont il ressort, pour la première fois, que la passe appartient à un autre ordre que celui du savoir. J'y reviendrai dans le dernier chapitre.

En 1974, l'EFP a organisé un congrès à Rome, ville où la parole de Lacan avait déjà fait date, en 1953, lors du congrès organisé par la SFP. Et cette fois encore, le congrès s'est distingué par un discours qui a eu un effet de choc. Mais ce n'était pas celui de Lacan, c'était celui de JAM, le nouveau président du département de psychanalyse à Saint-Denis. S'adressant aux membres de l'École, il parla depuis la hauteur vertigineuse qu'il avait gagnée, en se mettant debout sur les épaules de son géant : Eux sont « des geais habillés de plumes de paon. Mais les geais restent les geais, et le paon reste le paon. » Eux sont « des sophistes, habiles dans l'art de simuler la pensée en parlant. À lui est réservé l'accent de vérité qui se fait entendre dans son discours. » Sur le maître-éducateur, l'orateur ne trouva pas de mot assez fort pour le décrire ; il appela Nietzsche à son secours. Et le maître au fauteuil enfin ? Eh bien, dites donc : « qui apparaît mieux dans son destin d'objet *a* ? »

Il est étonnant qu'un homme supposé alors être en analyse ait pu se livrer à un éloge si hyperbolique, sans soupçonner la part de narcissisme qui entre dans la fabrication de tels piédestaux. Mais il est vrai que Charles Melman, son analyste, partageait le même transfert sur le maître. Au point de reprocher à ses collègues du directoire, ainsi qu'à l'ensemble des membres de l'EFP, l'espèce d'ingratitude qui les empêchait de reconnaître qu'ils devaient « tout » à Lacan[14]. Aux yeux de son analysant, ce tout s'étendait jusqu'aux sous. Il était fermement persuadé que, sans le nom du maître, ses acolytes auraient perdu les moyens de gagner leur vie. À telle enseigne que chaque centime qui rentrait dans la poche d'un « lacanien » lui paraissait comme de l'argent volé à la caisse familiale.

Cette « adresse au congrès de l'École freudienne » a suscité des questions sur ce que ce genre de cérémonial voulait dire, ainsi que des inquiétudes concernant l'avenir de l'École. Daniel Sibony a pointé le caractère funèbre d'un éloge « fait avec des bruits de planche qu'on cloue et des accents d'oraisons ». Sans être un paon, ce qu'il a dit n'était pas dépourvu de tout accent de vérité. Mais je présume qu'en 1974, après avoir créé le département de psychanalyse à Vincennes, sous sa supervision et la direction de son gendre, Lacan attendait plus de l'université que de son école. Et cela quels que fussent par ailleurs ses commentaires volontiers caustiques au sujet du discours universitaire. Les pages qu'il a rédigées pour le premier numéro d'*Ornicar ?* étaient intitulées, rappelons-le, « Peut-être Vincennes ». Sous-entendez – puisque cela n'a pas été l'EFP.

La suite n'a rien apporté pour lui faire changer d'opinion. Bien au contraire. En 1976, l'EFP a tenu son congrès à Strasbourg. Il portait essentiellement sur l'*acting out* et le passage à l'acte, deux modes de l'agir qui se produisent sur les franges du discours analytique. Or, rien n'indique mieux le point où l'analyste en est de sa formation, pour autant que cette formation est sa pratique même, que sa façon de répondre à ces phénomènes. Organisé par l'École, ce congrès était donc censé attester en quoi une pratique analytique pouvait se dire lacanienne. Mais le résultat en a été assez troublant. Après le torrent d'interventions qu'il avait entendues, Lacan s'est en effet senti comblé au-delà de toute mesure. Au point d'en ressentir un « manque du manque » qui ne laissait pas, dit-il, de l'angoisser. À aucun moment il n'a paru soupçonner que ce manque du manque était peut-être dû à ce qu'il ne tolérait pas le manque.

Je ne saurais m'expliquer correctement sur ce point sans revenir sur l'opposition importante qui a surgi, pour la deuxième fois, entre Jacques Lacan et Serge Leclaire. J'ai, en effet, déjà signalé qu'en août 1977, ce dernier avait formé, avec Antoinette Fouque, le projet de poursuivre une partie de leur travail dans le cadre de l'École freudienne de Paris. Ce projet, bien accueilli par le secrétaire de l'institution, Christian Simatos, fut donc transmis à Lacan. Voici la réponse qui tomba :

« Bien cher,

Il n'est pas question que vous fassiez le séminaire dont Simatos m'a communiqué l'annonce, à l'École freudienne de Paris.

J. Lacan

Le 15.IX.77[15] »

Dans *Rompre les charmes*, Leclaire s'est livré à un commentaire vivement satirique de ce veto désinvolte. Mais l'affaire mérite d'être considérée de plus près. Leclaire a été le seul élève que Lacan a reconnu expressément comme analyste, et cela dès le premier congrès que la nouvelle Société française de psychanalyse a tenu à Rome, en 1953. Une telle reconnaissance a donc eu lieu dans des conditions lui donnant un caractère solennel, et ô combien ! Quel était donc le Lacan des années cinquante, celui que Leclaire avait choisi comme maître ?

Il était l'auteur du stade du miroir, celui qui a resserré le sens de l'investissement narcissique d'une façon telle que, sans saisir ce point, on ne saurait avoir une théorie cohérente du fantasme. Mais encore celui qui avait montré l'intrication de ce pan de l'imaginaire avec l'ordre symbolique dans la construction de la réalité. Et comment celle-ci se payait de l'exclusion d'une part du réel, celle dont l'existence écorne la satisfaction du sujet, et cela quelle que soit par ailleurs la satisfaction de ses besoins. Il était le seul à avoir repéré dans la « division du moi » de Freud la manière dont un sujet se partage entre un côté où il croit ferme à la castration, alors que de l'autre il n'y croit guère. Le seul aussi à avoir vu que cette division est celle-là même qui sépare le sujet de l'énoncé du sujet de l'énonciation, distinction qu'il reprenait donc aux linguistes, tout en lui donnant une profondeur insoupçonnée. Enfin, il était celui qui avait proposé la conception parfaitement inédite du sujet comme effet de la relation signifiante.

Quant à la pratique, le moins que l'on puisse dire avec certitude c'est que, contrairement à ce qu'on raconte d'un premier Lacan opposé au dernier, il n'a jamais fait appel à l'interprétation dite « herméneutique ». D'ailleurs maints analystes y avaient déjà renoncé à l'époque, tels Reik et tout particulièrement Ella Sharpe, qui a écrit un célèbre article sur ce sujet. Je tiens de Lacan lui-même l'affirmation que sa propre théorie de la métaphore était très voisine de celle de l'analyste anglaise. Sa vision de l'acte psychanalytique comme étant, non pas une interprétation qui rétablit la vérité, mais une réponse à un message, est déjà transparente dans son discours de Rome.

Dès lors, on entrevoit la question qui se pose. Est-ce qu'un élève qui avait volontiers reconnu cet apport magistral s'engageait du même coup à souscrire à tout ce que le maître devait énoncer par la suite ? Quelle serait alors la différence entre l'élève et l'adepte ? Je suis loin de souscrire à la thèse de Leclaire concernant le savoir comme forclusion de la vérité. J'admets que son séminaire à Vincennes laisse à redire. Et je n'ai aucune idée de son projet de travail avec Antoinette Fouque. Mais, à moins de renier sa reconnaissance comme analyste, je considère qu'avoir interdit son enseignement parce qu'il ne correspondait pas à la pensée du maître est une bévue. Et qui relève justement de ce que j'ai appelé « l'intolérance au manque ».

Mais revenons-en à l'École et à la suite de ses congrès, de plus en plus problématiques. Le congrès de Rome, version EFP, avait déjà invité plusieurs participants à s'interroger sur l'avenir inquiétant, sinon sinistre, qui attendait l'École. L'un d'entre eux évoqua même la théorie des catastrophes, et Sibony saisit l'occasion pour prévenir les analystes présents que la vraie catastrophe, la catastrophe absolue, serait le règne de l'harmonie.

Après les déboires du congrès de Strasbourg, j'ai entendu un membre éminent du directoire suggérer que la seule solution digne de Lacan serait le simple renvoi des membres de l'École devenus à leur tour – catastrophiquement – des modèles de ce que Jean-Paul Valabrega avait appelé le « candidat-candiraton ».

En 1977, a eu lieu le congrès de Lille, qui devait principalement porter sur la question de la féminité. À ce moment-là, le veto opposé au séminaire de Leclaire s'était déjà ébruité. D'après plusieurs témoignages que j'en ai eus, un sentiment de malaise diffus régnait au sein de ce congrès, auquel je n'ai pas assisté. Ce sentiment prend un caractère prémonitoire à la lumière de cette remarque de Leclaire : « Dès novembre 1977, il m'apparaissait évident qu'une révolution de palais couvait au sein de l'École freudienne de Paris. En cette institution, devenue à toute autre pareille, les enjeux du pouvoir s'avéraient déjà déterminants, sous couvert du noble projet d'assurer le salut des psychanalystes menacés d'hérésies déviationnistes[16]. »

Le terme de « dissolution » a fait son apparition

juste après la déclaration de l'échec de la passe, par laquelle Lacan a conclu les *Assises* de Deauville consacrées à cette question. C'était en 1978. Dans un entretien qu'il a eu avec deux collègues brésiliens, en juillet de la même année, et qui est paru dans le *Jornal do Brasil* du 5 août, Serge Leclaire estimait « que Lacan devrait lui-même dissoudre l'institution, l'École freudienne, pour qu'elle puisse être reprise d'une autre manière, lui continuant à être présent. Mais cela, ce n'est que mon fantasme ![17] » Cela l'était, en effet.

Sans parler de la fidélité siamoise qui rattachait ces deux hommes l'un à l'autre, Lacan n'était pas de ces maîtres capables d'ostraciser, de chasser, ceux qui s'opposaient à ses idées ou à ses méthodes. Mais il aurait préféré, ô combien, qu'ils partent de leur propre mouvement. Voici comment il s'exprimait au moment de conclure les journées de novembre 1975, portant principalement sur un thème dont il « attendait beaucoup », celui de la technique : « Alors je voudrais quand même, à la fin, vous faire une petite invocation. Je l'ai déjà dit tout à l'heure : comme tout le monde je suis névrosé, et par conséquent ce à quoi j'aspire, ce n'est pas une raison pour que je l'espère. Est-ce qu'il n'y aurait pas quelqu'un qui voudrait bien se charger d'inaugurer la prochaine scission ? Qu'est-ce que ça me soulagerait ! Ça me permettrait, là, devant quelque chose de réel, d'espérer que comme résultat je me casserais moins les pieds. Qui est-ce qui veut faire un cinquième groupe ? Vous savez avec quelle surabondance de soulagement, quel véritable frétillement de joie j'ai accueilli la fondation du quatrième. Pourquoi pas un en plus ![18] »

Mais Leclaire n'a pas fait de cinquième groupe. Il s'est limité à reprendre, au cours d'une journée d'études tenue à Nancy, les critiques qu'il avait émises à Deauville. En y ajoutant simplement qu'il n'avait plus l'intention de « suivre », mais que cela ne l'empêchait pas de poursuivre dans un autre lieu.

Chapitre IV

« UN AMOUR D'INSTITUTION »

Le dernier congrès de l'EFP porta ironiquement sur *la transmission*. Ce congrès a donc eu lieu, en juillet 1978, sans la participation de Leclaire et d'un certain nombre d'analystes qui partageaient sa position. Mais la « révolution de palais », dont il avait soupçonné l'existence dès 1977, était devenue à l'époque une vile campagne, dirigée contre Françoise Dolto, dont on incriminait la « bondieuserie ». En fait, Dolto était la seule analyste au sein de l'École qui avait un nom pouvant gêner les apprentis sorciers, ceux qui avaient déjà commencé à préparer l'*après*-EFP, en termes de relais ou encore d'héritage. Aussi n'y a-t-il rien d'étonnant dans le fait que bon nombre d'élèves de Françoise Dolto, de ses collègues et collaborateurs, aient tenu à assister à ce congrès. Ne serait-ce que pour exprimer leur reconnaissance envers ce qu'elle leur avait transmis, tant par son exemple que par son enseignement.

Dans le flot des communications qui se sont succédé, matin et soir, tout au long de ce congrès, on a peu entendu parler de la transmission. L'une des contributions les plus intéressantes, à cet égard, fut celle que Janine de la Robertie a présentée sous le titre : « Un séminaire est-il lieu d'enseignement pour la psychanalyse ? » La réponse à cette question a consisté à définir, tout d'abord, le séminaire « comme un collectif où chacun des participants a à produire quelque texte qui dépend conjointement de sa trajectoire individuelle analytique – partant de sa zone d'ombre – et de la trajectoire collective, non dans l'imaginaire d'une dynamique dite de groupe mais comme production serrée d'une sorte de conséquence de transmission ». Puis, à distinguer le séminaire ainsi présenté « comme un mode de transmission de la théorie psychanalytique, de l'enseignement théorique où cette théorie est présentée comme un savoir ». Cette contribution était en somme un rappel de ceci : qu'il ne suffit pas d'appeler un enseignement « séminaire » pour lui assurer des vertus de transmission qu'il n'a pas. Rappel trop tardif, car Lacan en était déjà arrivé au moment de conclure. Et aussi bien, nous le verrons, à propos de son œuvre que de son école.

C'est le discours prononcé par Pierre Legendre, juste avant celui de Lacan, qui a constitué l'événement fracassant de ce congrès. Humour enjoué et rigueur de l'analyse s'y sont alliés afin d'administrer une réfutation sans appel de l'institution dite « École freudienne de Paris ». Laquelle ne saurait, sous prétexte d'être psychanalytique, se soustraire au refoulement originel sur lequel repose toute institution comme telle. « Un amour d'institution. Remarques, sur le côté droit », tel était le titre de ce discours, auquel j'ai emprunté celui de ce chapitre et dont aucun résumé ne saurait communiquer la richesse et l'impact. Je me contenterai d'en souligner quelques points, qui me paraissent toucher au plus près du destin de l'entreprise lacanienne. Et rappellerai d'abord les trois « remarques » suivantes :

a) « Toute institution, fût-elle déclarée freudienne à la douane préfectorale où s'enregistrent les associations, toute institution fonctionne non seulement pour faire tout ce qu'on déclare à la douane, mais aussi pour faire quelque chose en douce, c'est-à-dire pour mettre du dogme à l'abri, et cela on ne le déclare pas. »

b) Contrairement à ce qui est le cas dans une analyse, où on ne sait pas où on va, ne pas savoir où on va dans une institution est très dangereux. « Alors, avec l'aide de la querelle savamment entretenue avec la presse désoppressante, on va fabriquer une Cause, une espèce de Statut de la Révolte. Pour ce genre d'entreprise, ça se bouscule, car la psychanalyse est convoquée par l'idéologie gestionnaire. »

c) On peut s'interroger sur ce qui adviendrait si le quiproquo était levé. Que deviendrait le Statut de la Révolte ? Legendre estime qu'on se fait du souci pour rien, car tout le monde a peur que le trucage centraliste ne fonctionne plus ; la révolte, ça reste effrayant pour tout le monde. « Le fantasme "aimons-nous entre *statu(e)s*", c'est-à-dire veillons sur le statut, soyons sages chacun à sa place et nous deviendrons des statues, ce fantasme fonctionne à merveille. Et pour la démonstration, ajoute-t-il perfide, pour les travaux pratiques si vous préférez, prière de se référer au spectacle de l'assistance aux Séminaires. »

L'autre question de Legendre était celle de la passe. Question qui n'était pas pour lui : qu'est-ce que la passe ? « Ce serait plutôt : qu'est-ce que l'École et qu'est-ce qu'on prétend faire avec ça, quand on prétend arriver là, arriver jusqu'à cette extrémité qui s'appelle la passe ? » Afin de mieux suivre ce que Legendre apporte sur ce point, il est important de noter que, depuis qu'ils existent, les analystes n'ont jamais parlé de la passe comme un moment important, sinon décisif, de leurs analyses didactiques. La passe est avant tout une « inscription d'École », et elle figure dogmatiquement dans sa textualité. Si la question qu'elle pose, telle que la formule Legendre, est évacuée, c'est qu'« *on évite d'avoir à s'affronter à la question délirante du Texte sans sujet*[1] » (souligné dans le texte). En effet, les considérations analytiques sur la passe « se préoccupent un peu trop de Lacan par-ci, Lacan par-là ; c'est trop insistant sur le thème “sauvons-nous, tirons-nous du fantasme de Lacan”, pour que ce ne soit pas suspect d'être un peu lourd sur l'histoire de n'en rien savoir. La façon la plus efficace pour s'en sortir à peu de frais, pour ne pas avoir à analyser ça, c'est évidemment de dire : le fantasme de Lacan, il n'y en a pas, c'est de La Psychanalyse qu'il s'agit. Autrement dit, la passe est entrée dans le code ; le passant-passé, c'est un article de code Napoléon ; ou, si vous préférez, c'est céleste, ça n'a pas d'auteur connu, c'est l'affaire de la lettre descendue du ciel qui recommence. On doit vivre et mourir pour ça[2]. »

Lacan a résumé son point de vue, à Deauville, en déclarant : « Bien entendu, c'est un échec complet cette passe. » Pierre Legendre, qui avait très bien entendu ce *bien entendu*, pointait là « un propos des plus sérieux – je veux dire : des plus sérieusement nostalgiques ». On ne saurait mieux faire entendre, en effet, qu'avec cette déclaration, Lacan faisait son deuil de l'idéal d'une transmission scientifiquement assurée grâce à la psychanalyse pure.

Les idées de Legendre n'étaient pas étrangères à Lacan. La seule passe où il est intervenu énergiquement pour recommander une réponse positive était justement la sienne, celle de Pierre Legendre, parce qu'il estimait que l'École avait beaucoup à apprendre de lui en matière d'institution. En outre, il l'a probablement invité plus d'une fois à assister aux réunions du directoire. Lui ayant demandé son opinion, Legendre lui a répondu sans détour qu'il était évident qu'il était le Christ pantocrate pour ces gens-là. Mais tout en confirmant l'idée de son échec, cet avis ne semble pas avoir invité Lacan à réviser sa conviction que cet échec était simplement dû à la psychologie des groupes. Vu sous cet angle, cet échec n'était d'ailleurs pas sans avoir son revers de réussite, puisqu'au moment de conclure le congrès, il a pu constater « qu'il représentait, avec cette salle pleine, quelque chose qui équilibre l'IPA ».

Mais l'importance, à mes yeux unique, de ce

discours de la fin réside en ce qu'il représente un document où Lacan nous confie les conclusions qu'il tirait de son œuvre en ce moment décisif de son existence.

La *première* est qu'au moment où il a instauré la passe, pour avoir quelque témoignage sur la façon dont on devient analyste après avoir fait une analyse, il pensait qu'il y avait une transmission de la psychanalyse. Mais : « Tel que maintenant j'arrive à le penser, la psychanalyse est intransmissible. C'est bien ennuyeux. C'est bien ennuyeux que chaque psychanalyste soit forcé – puisqu'il faut bien qu'il y soit forcé – de réinventer la psychanalyse. » Or, qu'est-ce à dire si ce n'est qu'il n'y a pas de formation scientifique de l'analyste ? Ce n'est pas tout. Car au paragraphe suivant, nous lisons : « Si j'ai dit à Lille que la passe m'avait déçu, c'est bien pour ça, pour le fait qu'il faille que chaque analyste réinvente, d'après ce qu'il a réussi à retirer du fait d'avoir été un certain temps psychanalysant, que chaque analyste réinvente la façon dont la psychanalyse peut durer. »

Autrement dit, Lacan n'a pas été déçu par la passe en raison de quelque carence des membres du jury d'agrément, ou de leur mode de travail, ni en raison des significations imaginaires prêtées à la nomination, etc. Répondant en quelque sorte à Pierre Legendre, il confirmait qu'il avait bien été, en effet, déçu, mais simplement parce que *la passe n'existe pas*, ou, plus précisément, parce que le passage de l'analysant à l'analyste reste de l'ordre de la contingence. Cette déception ne l'a pas d'ailleurs empêché d'essayer de donner à la psychanalyse « un peu de corps », qui interdise qu'on en parle en disant n'importe quoi. « Et c'est pour ça que j'ai inventé un certain nombre d'écritures telles que le S [qui désigne le signifiant] barrant le A, c'est-à-dire ce que j'appelle le grand Autre. »

Mais alors la question se pose : « Comment se fait-il que, par l'opération du signifiant, il y ait des gens qui guérissent ? Freud a bien souligné qu'il ne fallait pas que l'analyste soit possédé par le désir de guérir ; mais c'est un fait qu'il y a des gens qui guérissent, et qui guérissent de leur névrose, voire de leur perversion. » Le sujet supposé savoir est quelqu'un qui sait le truc, la façon dont on guérit la névrose. « J'aimerais bien savoir, dit Lacan, par quelqu'un qui en témoignerait dans la passe si un sujet [...] est capable de faire plus que ce que j'appellerai le "bavardage ordinaire" ; car c'est de cela qu'il s'agit. Si l'analyste ne fait que bavarder, on peut être assuré qu'il rate son coup, le coup est effectivement le résultat, c'est-à-dire ce qu'on appelle le symptôme. »

D'où l'on voit que, pour Lacan, la passe en tant qu'expérience mérite toujours, malgré tout, d'être poursuivie. Et c'est la *deuxième* conclusion capitale de ce *discours de la fin*. Mais poursuivie pourquoi faire ? Non pas pour nous renseigner sur je ne sais quel « point de passage » intrinsèque au mouvement autonome de la psychanalyse pure, mais pour pouvoir accéder aux résultats effectifs de l'analyse didactique, et plus particulièrement pour comprendre en quoi elle contribue à la formation du « savoir sur le truc ».

La *troisième* et dernière conclusion concerne la conjonction, jamais pensée auparavant, et à laquelle toute la psychanalyse conduit pourtant, entre la thématique du symptôme (qui désormais s'écrit sinthome) et celle du rapport sexuel (qui n'existe pas) : « Vous avez comme sinthome chacun sa chacune. Il y a un sinthome il et un sinthome elle. » En un mot, la relation tant idéalisée – y compris par les analystes – à l'objet que la nature met généreusement au service de notre pulsion génitale se ramène chez le parlêtre à une « relation intersinthomatique ».

Ce bref discours de conclusion, improvisé le dimanche 9 juillet 1978, à la fin du dernier congrès de l'École freudienne de Paris, explique largement la décision de la dissolution. En effet, après avoir fait allusion à la salle pleine du congrès, qui à tout le moins équilibrait l'IPA, Lacan a formulé deux remarques. D'un côté, cette assistance prouvait que son enseignement avait tout de même quelque poids, puisqu'il avait une telle audience. Mais d'un autre côté, cette « assistance » ne l'assistait pas du tout, il s'y sentait tout à fait seul. Pas un seul n'ayant fait apparition pour reprendre le fil de son travail, le développer et l'approfondir.

Ce travail, il l'avait mené pour qu'il y ait *du* psychanalyste – si parler *des* psychanalystes était trop espérer. La réalisation de ce but propre à tout enseignement psychanalytique digne de ce nom ne dépendait donc plus, Lacan en était alors persuadé, du troupeau de ses élèves, mais de l'ensemble des vingt-sept séminaires qu'il devait laisser derrière lui. Et plus précisément de l'*édition* de ses séminaires. C'est pourquoi, je n'ai aucun doute sur le fait que la rencontre avec JAM a été l'événement le plus décisif de la vie de Lacan, au moment où elle approchait de son terme. Son soulagement était d'ailleurs d'autant plus grand que cet éditeur était un militant et un organisateur hors pair, ce qui permettait de lui confier, cerise sur le gâteau, une foule d'adeptes voués à l'amour de l'institution, avides d'un chef.

Pendant l'année 1979, les contentieux qui divisaient l'EFP ont ouvertement pris l'aspect d'une lutte politique. Cette situation était d'autant plus ingouvernable que l'énergie physique et intellectuelle de Lacan était en déclin. Si mon souvenir est bon, il a participé aux réunions du jury d'agrément jusqu'à la fin. Il était plus silencieux, mais en aucun cas muet. Quand une question lui était adressée, il répondait brièvement mais adéquatement. En outre, quoi qu'il en fût d'une direction annoncée pour quatre ans dans l'acte de fondation, il est resté en fait le directeur naturel et permanent de l'École. À en croire Jean Clavreul, les réunions du directoire sont devenues de plus en plus des réunions administratives, qui suffisaient à peine à la considération de l'afflux des demandes d'inscription. Être membre d'une école qui déclare que l'analyste ne s'autorise que de lui-même était devenu un titre. Sans sentimentalité, pour ne pas parler de « vergogne », Lacan a démis de leurs responsabilités certains membres de sa vieille garde, les remplaçant par de jeunes bureaucrates, auxquels l'avenir avait donné une date :

le 5 janvier 1980. Ce jour-là, tous les membres de l'École freudienne de Paris, adeptes, contestataires ou indifférents, ont reçu une lettre qui, en écho lointain d'un *je fonde*, commençait par un *je dissous*.

Le bruit a aussitôt couru que cette dissolution avait été décidée à l'instigation de JAM et de Charles Melman. Ils étaient certes alliés, à l'époque, et persuadés de la nécessité de l'épuration de l'École comme seul moyen de réaliser cette « harmonie » que craignait Sibony, et à laquelle ils étaient, quant à eux, inconditionnellement attachés. Néanmoins, je rejette totalement cette allégation. Il est possible que l'un des deux partenaires se soit vanté d'avoir été « le premier à avoir soufflé le mot "dissolution" dans l'oreille de Lacan ». Il est également possible que l'autre ait admis qu'« on l'y a poussé un peu ». Mais il est certain que ces Iago n'auraient jamais eu l'oreille d'Othello si, dans l'esprit de ce dernier, le meurtre n'avait pas été déjà chose décidée.

Une fois les deux alliés devenus des ennemis jurés, une autre rumeur s'est mise à circuler, selon laquelle Lacan était devenu sénile. JAM aurait saisi l'occasion pour écrire des lettres apocryphes, sous le nom de son beau-père. Je ne nie pas que, lorsque j'ai rencontré Lacan à Caracas, alors que je ne l'avais pas vu depuis près d'un an, je me suis trouvé face à un autre homme. Mais on ne me fera pas croire que, sénile ou non, Lacan a pu signer des messages, tout en ignorant ce qui s'y disait. J'exprime là, je l'admets, des certitudes, non des raisons. Mais ces certitudes ne tombent pas du ciel non plus. C'est pourquoi je voudrais évoquer deux moments mémorables de mes rapports avec Lacan, tout en laissant au lecteur, ou à la lectrice, le soin d'entériner ou non le bien-fondé de la portée qu'ils ont eue à mes yeux.

Un jour de l'année 1971, j'avais rendez-vous pour une séance de contrôle avec Lacan, à 19 heures. Je suis arrivé avec un peu de retard, mais il attendait. J'avais à peine dit une ou deux phrases lorsqu'on a sonné. Paquita, qui remplaçait la secrétaire de Lacan en fin de journée, est allée ouvrir. Nous avons alors entendu un cri déchirant qui a fait se précipiter Lacan vers la porte. Une seconde après, je l'ai vu revenir sur ses pas, à reculons, le visage tuméfié, à la suite d'un coup de poing que lui avait asséné un homme bien bâti, assez jeune, qui le poussait d'une main, tout en traînant par terre la pauvre Paquita. Un deuxième homme le suivait, le visage masqué, revolver à la main. Ils ne voulaient pas faire de mal, rien que de l'argent, et plus vite ils l'auraient, mieux ça vaudrait pour tout le monde. Ils ne s'attendaient apparemment pas à trouver une autre personne, à cette heure, dans le bureau de M. Lacan. Et ils n'avaient surtout pas prévu son refus irrévocable de céder à leur chantage armé.

L'homme au pistolet a donc demandé à son compagnon d'aller fouiller dans l'appartement, à la recherche de l'argent. Pendant ce temps, je suis resté debout à côté de la cheminée et j'ai assisté à un dialogue des plus curieux entre Lacan et l'homme masqué. Ce dernier, qui avait sans doute commencé à se rendre compte qu'il ne suffisait pas d'un pistolet pour mettre le célèbre analyste à sa merci, lui dit qu'il regrettait d'en être réduit à cette extrémité, mais que c'était pour la Cause. À quoi Lacan lui répondit qu'on savait qu'il donnait beaucoup à la gauche, mais pas comme ça. Finalement, le jeune homme parti à la recherche de l'argent est revenu bredouille, aussi sidéré qu'incrédule : pas un sou, même pas un carnet de chèques ! Lacan en profita pour l'interpeller : « Mais qu'est-ce que vous croyiez ? Que je roulais sur l'or ? »

La situation commençait à devenir critique. Les deux compères se rendaient compte de l'impossibilité d'arracher à Lacan le trousseau de clés de son bureau. Mais ils n'arrivaient pas à se décider à repartir sans un sou. D'autant plus qu'ils avaient prévu de rafler un demi-million, à en croire les déclarations de l'apprenti gangster, qui ressemblait à un boxeur de foire défait. Pour mettre fin à tout doute dans l'esprit de ses agresseurs, devenus des interlocuteurs, Lacan leur dit : « J'ai soixante-dix ans. Qu'est-ce que vous pouvez me prendre ? Ma vie ? Prenez-la. » Loin de trahir une fatigue, cette phrase prouvait que cet homme n'était pas prêt à acheter sa vie au prix d'une lâcheté.

Que le lecteur se rassure. Je ne le laisserai pas suspendu à la question de savoir comment cette histoire rocambolesque a pris fin. Le moment de conclure m'ayant paru enfin venu, je suis donc intervenu. J'ai dit aux deux aventuriers égarés dans le gangstérisme au service de la Cause ce qu'ils savaient déjà : qu'ils n'avaient rien à attendre de Lacan. En revanche, afin qu'ils ne soient pas venus pour rien, j'étais prêt à leur donner ce que je pouvais. Après une brève négociation, nous nous sommes mis d'accord. Et j'ai remis au jeune homme, qui n'avait que son poing comme arme, un chèque de 1 200 francs, avec la promesse de ne pas y faire opposition. Sans me rendre compte de l'impossibilité de tenir cette promesse, une fois la police avertie. Après avoir serré la main du plus jeune, je m'apprêtais à serrer celle de l'autre, oubliant ce qu'il tenait. Mais il a refusé dédaigneusement, en me disant qu'il n'avait pas l'habitude de serrer la main de gens qu'il ne connaissait pas, et il a tancé son subalterne de l'avoir fait. Puis, ils sont partis tous les deux.

On pensera ce qu'on veut de cette anecdote. Pour ce qui me concerne, j'en garde l'impression qu'aucune force au monde ne peut mener un homme de cette trempe à signer un acte non conforme à sa volonté.

La deuxième expérience, qui fortifia la même conviction, fut celle de la rencontre à Caracas. J'ai dit que je n'ai pas reconnu Lacan, et je me demande si lui reconnaissait qui que ce soit, à part les personnes qui constituaient son entourage immédiat et qui prenaient soin de lui. Il était soutenu par sa fille, Mme Miller, d'un côté, et par sa secrétaire, Gloria, de l'autre. Dans l'embarras né du défaut de tout échange, car il me semble qu'il n'avait même pas reconnu le vieil élève que j'étais depuis déjà une trentaine d'années, Mme Miller a sauvé les apparences en rappelant ce qu'avait toujours d'imprévisible le Dr Lacan.

Pourtant, on avait bien prévu sa conclusion pour le lendemain, dimanche, en fin de matinée. Je vois encore cet homme assis, seul, à une table sur laquelle reposaient les pages écrites qu'il s'apprêtait à lire. Le moment venu, il s'est levé lentement, s'appuyant avec ses deux mains sur le bord de la table. Il a gardé un moment de silence. Toute l'assistance a retenu son souffle. Comme Lacan était une légende, on attendait son discours, mais ce vieillard était-il encore Lacan ? Puis il se mit à lire son papier, avec la détermination d'un homme qui lit son testament ; martelant chaque mot, comme s'il savait qu'il parlait pour la dernière fois. Il termina en déclarant sa fidélité de toujours : « Je suis freudien », sans méconnaître son propre apport : « C'est à vous de savoir si vous êtes freudiens ou lacaniens. » Il aurait mieux fait de nous demander si l'on pouvait être lacanien sans être freudien ou l'inverse.

Je l'entends encore évoquer la sainte Vierge, en l'occurrence celle de Bramantino, qui l'avait frappé parce qu'elle avait l'ombre d'une barbe, moyennant quoi elle ressemblait à son fils tel qu'on le peignait adulte. Si Lacan était devenu sénile, rendons grâce à sa sénilité de l'avoir rendu plus lacanien que jamais. Et notamment dans sa façon de se faire entendre, et d'adresser ses dernières paroles à ses adeptes latino-américains (lui qui pensait que le christianisme était la vraie religion), au moment où il était tout près de regagner la terre-mère.

Que ce texte ait été écrit par une autre main ne me paraît pas exclu. Il y a quelques décades, on lisait en première page du *Canard enchaîné* la colonne d'un éditorialiste de talent, qui savait si bien prendre le ton du général de Gaulle qu'on entendait sa voix rien qu'à le lire. Plus un style porte le poinçon de son auteur, plus facile est le pastiche. Mais, encore une fois, on ne me fera jamais croire qu'un homme ayant pris la parole avec un sens si aigu des circonstances ne faisait que débiter un écrit qu'il avait simplement signé, sans en avoir approuvé chaque mot. Je veux bien admettre que Jacques Lacan a passé les derniers temps de sa vie dans une régression plus ou moins placentaire. Mais il n'en reste pas moins que, jusqu'au dernier instant, le tout de Lacan, c'était l'œuvre de Lacan, le seul analyste qui pouvait parler de la Vierge à l'enfant comme il l'a fait ce jour-là.

Il est vrai qu'en réponse à une remarque d'Adnan Houbballah, qui lui rappelait l'existence de ses élèves, Lacan a dit, comme jadis le fils de l'homme : « Je ne les connais pas. » Il est vrai aussi qu'au lieu de l'amour trois fois répété d'un Pierre, Lacan a fait appel à un millier d'amoureux, qui équilibraient avantageusement l'IPA. On peut se plaire à y entendre l'écho d'identifications archaïques, de celles qui jettent leur ombre sur le moi, à la fin de la vie. Mais j'estime que, déjà dans son discours à la fin du congrès de 1978, Lacan avait la même conviction, qu'il a gardée jusqu'à sa mort. À savoir qu'à part les fruits attendus de son œuvre, son gain contre l'IPA ne serait jamais que numérique, mais cela suffirait pour préserver son œuvre et son nom.

Chaque fois que je reviens sur les avatars de la saga lacanienne, je me heurte à la même énigme. Car je n'ai rencontré aucun homme aussi avisé que Lacan, dont les appréciations à l'égard d'autrui (élèves, collègues ou amis) aient été aussi justes, les jugements dans les domaines politiques et idéologiques aussi libres de tout préjugé passionné. Mais, dès lors, comment un tel homme a-t-il pu méconnaître à ce point sa part de responsabilité dans les résultats de son enseignement ?

Déjà au temps de ses premiers élèves, quelques-uns l'avaient « trahi », préférant l'affiliation à l'IPA où certains ont effectivement grimpé jusqu'aux échelons les plus hauts. Et je me souviens l'avoir entendu alors se demander ce qu'il pouvait bien faire contre « l'homosexualité de salles de garde ». Ces disciples, affirmait-il, n'avaient aucune idée de la quantité de travail exigée pour la préparation de ce qu'il leur disait. Ils imaginaient que c'était facile. « On dirait que j'enlève mes paroles à leurs bouches. » Avait-il oublié que ces disciples étaient *aussi* en analyse avec lui ? Comment se fait-il qu'il n'ait pas aperçu l'impossibilité d'analyser leur transfert dans son bureau, tout en exerçant sur eux les effets de fascination et d'aliénation qu'il décrivait si bien, en tant que leur maître, à Sainte-Anne ? La seule réponse qui vient à l'esprit est qu'il avait une foi sans bornes dans les vertus salutaires de sa *parole*, tant pour la régénération de la psychanalyse que pour l'existence même du psychanalyste.

Quant aux séminaires d'après la fondation de l'EFP, le résultat en a été non pas la trahison, mais une fidélité encombrante. Il répétait qu'il parlait comme un analysant. Je le crois volontiers, même si cette affirmation laissait dans l'ombre l'objet de son transfert. Il a aussi affirmé que, lorsqu'il parlait, il ne baisait pas. Ce ne sont pas les tirades contre ses élèves, qui étaient dans leur grande majorité ses analysants, qui me donnent les raisons que j'ai de le croire. Ce qui en faisait des traîtres ou des assujettis relevait, selon lui, de la psychologie des groupes. Et on a vu qu'il semblait avoir trouvé une sorte de consolation amère, en notant que cette « assistance qui ne l'assistait pas » équilibrait à tout le moins l'IPA. Avait-il oublié qu'il tenait à damer le pion à cette IPA, qui avait rayé son nom de la liste des didacticiens ? Et cela, alors même que personne avant sa proposition du 9 octobre 1967 ne s'était soucié de savoir en quoi consistait l'analyse didactique.

Plus l'EFP recevait de demandes d'inscription, plus il y voyait la preuve que sa parole avait du poids auprès des gens. Clavreul nous a appris que c'était Lacan, seul, qui décidait en fin de compte de la réponse à donner à ces demandes. Comment a-t-il pu croire qu'une institution psychanalytique, qu'il s'agisse d'une école, d'une société, d'une association, ou de tout ce qu'on voudra, pouvait former ainsi des analystes par centaines ? Certes, il n'était pas sans savoir qu'il jouait le « Christ pantocrate » auprès de cette masse, et Legendre n'avait fait que le lui rappeler. Comment pouvait-il en être autrement du reste ? Puisque le maître, quelle que soit la solidité des bases sur lesquelles il avait fondé sa doctrine, considérait tout écart, qu'il soit bien ou mal orienté par rapport à son enseignement, comme un péché, sinon une atteinte *scientifique*.

Il reste curieux que Lacan ait cru, jusqu'au bout, que l'échec de sa tentative en vue d'une nouvelle institutionnalisation de la psychanalyse était dû à l'ascendance de la psychologie des groupes. Comme s'il pouvait y avoir une institutionnalisation qui échapperait à cette psychologie. Et comme s'il ne s'était pas chargé lui-même, avec son idée de la passe, de fournir ce que Pierre Legendre aurait appelé « l'assise dogmatique » que réclame cette psychologie. Une seule chose paraît évidente au regard d'une telle position : un groupe a d'autant plus besoin d'un chef qui soit l'exemple même du sacrifice, qu'il est fondé sur l'amour du même, et que l'amour ne refuse rien à l'aimé. Lacan avait ce chef : JAM.

Au cours d'une séance de contrôle, qui remonte au début des années cinquante, j'avais raconté à Lacan à quel point mon analysant était fasciné par son beau-frère. Ce qu'il commenta en souriant, me faisant remarquer qu'après tout, on se marie toujours avec son beau-frère. Cette boutade sonnait à l'époque comme une allusion humoristique aux lois de l'échange qui sous-tendent les alliances. Il reste qu'en dehors de cette homosexualité masculine sur laquelle repose l'échange, chaque homme est ce qu'il est. Lacan était un analyste. Et il a suscité chez son futur gendre un transfert qui lui interdisait de se détacher de cet au-moins-un sans pareil, paré d'autant de vertus qu'un paon de plumes, pour reprendre sa propre métaphore. Car il lui aurait fallu s'inclure dans la foule de tous les autres analystes. Tous ces « geais », qu'il ne pouvait regarder que dans une perspective comparative. Et qui en devenaient alors si petits qu'ils présentifiaient l'image même de la castration, dans ce qu'elle a de plus mortifiant : des gens auxquels on peut cracher impunément au visage.

Lacan a refusé la demande d'analyse que lui avait adressée JAM. Et s'il n'avait été son beau-père, opposer un tel refus, à quelqu'un qui se trompait si franchement de père, aurait été incompréhensible. Il a préféré lui conseiller l'un de ses élèves, tout en sachant qu'une analyse faite dans ces conditions, avec un autre analyste, était d'avance frappée d'inanité. Tout au plus pouvait-elle aider le sujet à aller dans le sens de ses ambitions, ou de ses autosuggestions. C'est pourquoi JAM a eu parfaitement raison de s'adresser à un autre analyste, de son choix, comme Charles Melman. Car Melman, on l'a vu, partageait son transfert hyperbolique. Au point de rappeler aux analystes présents lors du congrès de 1978 qu'ils devaient convenir que Freud leur avait été transmis par accident : « l'accident Lacan ». Affirmation dont le sens miraculeux apparaît mieux si l'on se souvient que Lacan a conclu, lui, le même congrès, en déclarant que la psychanalyse était intransmissible. Enfin, Lacan considérait Melman comme son homme de confiance, et en sa qualité de responsable de l'enseignement de l'EFP, il était assurément la personne la mieux placée pour reprendre en mains la direction de l'École, après Lacan et une fois l'épuration faite.

Lorsque Lacan a demandé à son gendre pourquoi il avait choisi Melman comme analyste, JAM a répondu que ce dernier l'avait coincé. Mais, à en croire un ami qui suivait de très près ce qui se tramait tant à Vincennes et à l'EFP qu'autour de la collection *Le Champ freudien*, c'est le contraire qui était vrai. Après tout, Charles Melman n'était pas un analyste né de la dernière pluie. Il savait parfaitement la vanité d'une analyse commencée avec un analysant qui portait son transfert sur un autre. Je présume que s'il a fini par accepter, c'est qu'une réponse positive présentait à tout le moins une occasion permettant au sujet de se mettre debout, alors qu'il n'y avait rien de positif à attendre d'un refus. Par ailleurs, les deux partenaires étaient liés par une alliance sans mystère, et où chacun a sans doute mis la partie la plus saine de son moi, en vue de l'instauration d'une école *toute* lacanienne et rien que *lacanienne*.

Il se trouve qu'en créant, en 1980, l'École de la Cause freudienne et en nommant Claude Conté à sa tête, comme directeur, Lacan avait en fait préparé la suite pour JAM. La seule personne au monde à laquelle il pouvait admettre qu'il devait quelque chose. Peu après, un meeting a réuni toutes les personnes qui avaient financièrement participé à l'achat du local de la nouvelle École. À l'étonnement général, un Melman ulcéré y fit le récit de toutes les tentatives de Jacques-Alain Miller pour faire main basse sur ce local. Son discours a d'autant plus stupéfait les présents qu'il faisait appel au témoignage de René Bailly et de Solange Faladé, dont personne ne mettait l'honnêteté en doute. Je reste émerveillé par le calme que Jacques-Alain Miller sut garder alors, fût-ce en apparence. Il s'est contenté de me dire : « Il vaut mieux entendre ça que d'être sourd. »

À cette époque, je ne saurais en préciser la date, une vaste vague de démissions déferla, englobant bon nombre de lacaniens parmi les plus dévoués, tels Claude Dumézil et André Rondepierre. Lacan m'envoya alors quelques lignes, me demandant d'aider Jacques-Alain Miller : « Il le mérite », me disait-il. Je suis donc devenu un participant régulier aux réunions de *Delenda*, où se retrouvaient les partisans de la dissolution. La Cause freudienne avait décidé d'organiser un forum. Et avant même de recevoir le mot de Lacan, j'avais eu l'occasion de demander à JAM comment il entendait diriger cette réunion. Sa réponse fut nette : « Autoritaire, il y a eu un transfert de confiance, ils n'ont qu'à suivre. » Ce « ils n'ont qu'à suivre » me paraît bien traduire ce que Lacan pensait des troupeaux analytiques.

Pendant la brève période de ma coopération avec JAM, une autre question a été soulevée. Pour lui, il était entendu que c'était l'École de la Cause freudienne qui organisait ce congrès. Pour moi, il s'agissait d'un congrès préparatoire, censé donner naissance à cette école. Cette divergence ne m'a pas permis de rester son compagnon de route. Toutefois, quand je repense maintenant à cette idée d'un forum « censé donner naissance à une nouvelle école », je me rends compte avec quelle détermination j'étais décidé à ne rien savoir de ce qui se passait autour de moi, sous mes yeux. J'agissais et pensais comme si l'EFP avait été une institution modèle, où régnait la fraternité entre tous et où l'intérêt pour la psychanalyse était sans lien avec les places à y occuper. Mais si j'avais ouvert les yeux, serais-je resté dans cette école ? C'est ici qu'un refoulement a sans doute eu lieu, et je prie le lecteur de ne pas l'assimiler à un simple mécanisme de défense propre à la sexualité infantile.

L'École de la Cause freudienne a tenu son forum, où la foule, ayant suivi le « transfert de confiance », est devenue un tout. Et comme le maître enseigne qu'il n'y a pas de tout qui ne se fonde de l'exclusion d'un au-moins-un qui fait exception, cette fonction a été, comme par hasard, dévolue à Daniel Sibony, l'auteur de *L'autre incastrable*. Les « organisateurs » lui ont, en effet, rendu le montant de son inscription au forum, ainsi que celui acquitté par sa femme. Il avait eu le tort de déclarer en public que, pour l'instant, il n'avait pas l'intention de s'inscrire à cette École de la Cause, ni à aucune autre. Sibony a donc dû se contenter de confier à sa femme le soin de distribuer à la porte du Palais des Congrès, où se tenait le forum, un tract dans lequel il s'interrogeait : « À quoi rime alors de promulguer une règle d'exclusion ("ne sont pas admis ceux qui ont pris position contre l'École de la Cause") quand elle ne s'applique qu'à deux personnes ?

[Daniel et Charlotte Sibony] S'agit-il d'être avant tout “constructif” ? Mais si la construction d'une telle École exige une mesure aussi grotesque, c'est qu'une étrange fragilité menace ses fondements, à moins que cette fragilité ne soit invoquée pour exiger, appeler, la férule des contremaîtres ? Le résultat en tout cas est fort curieux : une assemblée se réclamant de Freud est mise d'entrée sous le signe d'un interdit de parler, qui vise non pas un groupe adverse, mais un sujet + 1… Et si c'était plus simplement l'effet d'un vœu inconscient : faire avaler cette grosse couleuvre à toute une assemblée pour obtenir sa sujétion ? On en rirait, si ces méthodes n'avaient déjà fait leurs tristes preuves, y compris à l'EFP. »

Lacan n'a pas trouvé un psychanalyste qui prenne le relais de son œuvre théorique. Mais il a trouvé mille partisans pressés de s'assujettir à ses innovations de législateur logiquement habillées. Parlant de son idole, un « jeune loup », parmi les artisans de la transition de l'EFP à l'École de la Cause, se vantait d'avoir saisi ce qu'elle voulait : des jeunes. Ajoutant : « Et la jeunesse veut du sang. » Il ne croyait pas si bien dire.

Comme la création de l'IPA avait eu ses victimes, la Cause en eut tout autant. Mais personne n'a payé les frais de ce genre de politique autant que Claude Conté. Et par « genre de politique », j'entends ici celle qui rejette tout scrupule. Et d'autant plus imperturbablement qu'on se pique d'agir selon la seule éthique de la « Cause ». Lacan avait nommé Conté directeur de la Cause freudienne.

Mais aussitôt baptisée au Palais des Congrès, l'École de la Cause a retrouvé son *vrai* directeur : JAM. Claude Conté n'était pas de ces héros qu'on peut trahir impunément, parce qu'ils n'ont rien à perdre. Il a alors perdu la foi. Celle qu'il avait mise dans le seul homme sur terre qui, en aucun cas, ne pouvait se jouer de lui. Il y avait de quoi en perdre la raison. Conté s'en est tiré en se retirant de ce monde de tricheurs.

Chapitre V

LA PASSE

Lacan présentait ses innovations institutionnelles comme un remède contre les méfaits de l'IPA. Tout comme Freud avait créé celle-ci pour remédier à l'imposture qui consistait à se proclamer psychanalyste, alors qu'on prêchait des idées qui n'ont rien à faire avec la psychanalyse. Difficile, dans ces conditions, de ne pas y voir la confirmation d'une certaine continuité entre le mouvement de l'un et la saga de l'autre. De fait, un fil rouge traverse toute l'histoire de la psychanalyse, il concerne la double définition de la psychanalyse, comme science et comme technique thérapeutique.

Freud a pris là-dessus une position assez simple, pour ne pas dire simpliste. Pour lui, la psychanalyse était une science, dont la transmission était assurée par la formation des analystes au sein des sociétés affiliées à l'IPA, qu'il avait fondée à cette fin. Loin d'être ainsi résolu, le problème a surgi de nouveau à propos de la psychanalyse didactique, considérée comme la pierre d'angle de ladite formation. Je m'explique.

En juillet 1978, on a vu que l'EFP avait organisé à Paris son dernier congrès avant la dissolution, et que celui-ci portait sur la question de la transmission. Or, il se trouve que l'IPA organisa à Jérusalem, à peu près à la même époque, un congrès sur la formation. Le comité préparatoire de ce congrès avait rédigé une circulaire, qu'il adressa à toutes les sociétés affiliées, les invitant à répondre à quatre questions. La première, et la plus importante, était la suivante : étant donné la double définition de la psychanalyse, estimez-vous que l'analyse didactique vise essentiellement à la formation d'un scientifique ou bien à celle d'un psychothérapeute professionnel ?

Sous le titre « *Perspectives on psychoanalytic training around the world* », Robert S. Wallerstein a publié dans *The International Journal of Psychoanalysis* un article où il fait état de cette circulaire, ainsi que des réponses reçues de vingt-huit sociétés, sur les cinquante-sept affiliées à l'IPA[1]. Ces réponses étaient assez différentes, et parfois opposées, mais toutes attestaient d'*un lien* entre la question du but de la didactique et celle de l'analyse profane. Pour préciser les termes du débat, je citerai deux exemples assez éloquents. La Société britannique constatait, non sans regret, que les analyses didactiques tendaient de plus en plus à produire des analystes-thérapeutes, sans aucun goût pour devenir des didacticiens, ni talent pour la recherche. Pour éviter ce Charybde, que représentait la transformation de la Société en une corporation professionnelle, elle faisait appel à un Scylla, qui consistait à accepter en analyse didactique un nombre croissant de candidats non-médecins. Avec le risque que cela comportait d'une diminution de la compétence professionnelle.

Les Belges étaient de cet avis. Par contre, le président de la Société psychanalytique de Rio de Janeiro était d'un avis diamétralement opposé. Il était persuadé qu'un non-médecin ne pourrait jamais apprécier, comme il se devait, le poids de la souffrance humaine. Et encore moins s'appliquer à la lever, avec le sérieux et la compétence qu'il faut. Il n'était donc pas question, pour lui, d'ouvrir les portes de l'analyse didactique aux non-médecins. Seule la Société indienne prenait le parti de lever toute restriction à l'acceptation des non-médecins. Elle n'exigeait même pas un certificat d'enseignement supérieur dans une autre discipline que la médecine, telle la psychologie, la philosophie, la linguistique, etc.

Cette position, rappelons-le, était celle de l'EFP. À ce titre, elle était liée à la réponse que Lacan pensait avoir donnée au problème de la définition de la psychanalyse, en avançant l'idée de la passe. Il accordait, en effet, à cette expérience une valeur absolue, en ce sens qu'elle représentait à ses yeux la pierre sur laquelle reposaient la scientificité de la psychanalyse *et* la possibilité d'une collaboration entre les analystes. Lacan tenait à une telle collaboration, comme il tenait à ce que la collégialité analytique, sans être calquée tout à fait sur celle des sociétés scientifiques, ne s'écarte pas moins des méfaits coutumiers des institutions sociales. Il ne serait pas exagéré de dire que la passe était pour lui « le tout » de la psychanalyse, le remède à ses maux, son salut.

Le point de départ qui l'a conduit à cette idée est la conviction, à mon avis fondée, que la psychanalyse est, en droit, une science. Et que, même si ce n'est pas le cas en fait, nous devons travailler à ce qu'elle le soit. Par conséquent, nous ne devons pas mettre une barrière entre la psychanalyse et son mode de transmission, puisque l'existence d'une telle barrière est le propre du savoir ésotérique. En outre, il est clair qu'à la considérer en soi, indépendamment de toute application théorique ou autre, la psychanalyse didactique est la psychanalyse même, puisqu'elle constitue la condition principale de sa transmission. Curieusement, pourtant, l'IPA a constamment jeté le voile du silence sur tout témoignage portant sur le déroulement des analyses didactiques. Mais de ce fait, elle a renié rien de moins que le caractère scientifique de la psychanalyse.

Comment sortir de ce guêpier ? D'abord en réaffirmant haut et fort que la psychanalyse didactique est bien la psychanalyse elle-même. Puis en posant que la conduite de cette expérience doit, dans son intégralité, mener à la vérification des raisons dont se fonde chez l'analysant le désir de passer à l'analyste. *Sans le soutien de ce désir, en effet, l'acte psychanalytique n'est que simagrée.*

On m'objectera peut-être que ce désir existe dès avant le commencement de la psychanalyse, puisqu'il en motive la demande. Mais ce désirau-commencement est à proprement parler un désir d'être analyste. Et celui-ci n'a rien à faire avec le désir de l'analyste. Celui qui s'extrait à la fin de l'analyse didactique. Celui qui subsiste une fois l'analysant allégé de l'incroyable pesanteur de l'Un, auquel il s'assujettissait dans ses identifications conscientes aussi bien qu'inconscientes.

Quiconque parcourt cette expérience dans son intégralité peut, certes, se contenter d'opérer à son tour, sur autrui, l'opération d'allégement à laquelle je viens de faire allusion. Et cela, même s'il ne partage nullement l'intérêt que l'École peut avoir à éclaircir le passage de l'analysant à l'analyste, pour en tirer des conséquences quant à son propre fonctionnement. En revanche, ce dernier objectif peut revêtir un caractère prioritaire pour certains esprits, au point qu'ils préféreront parfois ne pas s'atteler à l'exercice de la psychanalyse – c'est du moins concevable. Cette différence d'option, de position ou de démarche, bref de *gradus*, mérite d'être entérinée au niveau de la nomination. Elle justifie donc qu'on parle d'AME (analyste membre de l'École), pour les premiers ; et d'AE (analyste de l'École) pour les seconds. Car, loin de la hiérarchie qui organise généralement les organisations sociales, une telle distinction de titre se réfère *simplement* au processus interne à la psychanalyse didactique, comme au choix qui la suit éventuellement.

Jusque-là, nous avons affaire à une doctrine qui, apparemment, se défend très bien. Il n'en est que plus troublant de constater qu'aucun analyste, même parmi ceux qui sont devenus didacticiens, n'a jamais soutenu que son analyse lui avait fait découvrir les raisons pour lesquelles il est devenu analyste. Pendant les années cinquante-soixante, beaucoup de lacaniens parlaient de leur « vocation » psychanalytique. Lacan tolérait mal ce vocable. Et il n'est pas exclu que l'une des raisons qui l'ont poussé à avancer celui de « désir » fut le besoin de marquer la différence entre psychanalyse et sacerdoce. Quoi qu'il en soit, en l'absence de tout témoignage relatif au déroulement de l'analyse didactique, la porte est donc restée ouverte à *deux* conclusions antinomiques. Ou bien l'on considère que la passe est une fiction scientifique de Lacan, qu'elle est son « fantasme », comme l'a dit rudement Pierre Legendre. Ou bien l'on présume qu'il s'agit d'un fait réel, mais resté méconnu, faute de trouver la procédure qui permet de le découvrir.

La clé de la procédure de la passe inventée par Lacan réside dans l'idée du passeur. Laquelle repose sur la supposition que la clarification des raisons qui inspirent le désir de l'analyste requiert *une autre écoute*, un autre interlocuteur, que l'analyste installé, sinon imbu de son prestige. Mais alors, la question se pose de savoir comment l'analyste, qui est si mal placé pour écouter la voix de la passe, peut bien désigner le « passeur », au sens de celui qui se trouve justement dans cette passe. La réponse qui a eu cours, effectivement, reposait sur l'idée que la passe était censée avoir lieu, soit à mesure que l'analyse touchait à sa fin, soit dans l'après-coup de cette fin, comme Jean Clavreul l'a toujours soutenu de son côté.

Par conséquent, les analystes qui ont désigné des passeurs l'ont fait selon leurs critères relatifs à la fin de la cure. Quant au jury d'agrément, dont je faisais partie, je dois avouer qu'aucun d'entre nous ne s'est aperçu du caractère paradoxal de la tâche qui nous était demandée. Et qui consistait à vérifier l'existence d'un fait à l'intérieur d'un domaine, celui de la psychanalyse pure, censé tirer sa positivité de la supposition de cette existence même.

Le résultat a été que, à tous les niveaux de cette expérience de la passe, telle qu'elle s'est déroulée dans le cadre de l'EFP, *seuls* les critères reconnus de la fin de l'analyse ont été pris en considération. Et cela par toutes les parties concernées, depuis les didacticiens jusqu'au jury d'agrément, *via* passants et passeurs. Nous avons vu alors des analystes qui ont découvert le fantasme sacerdotal que j'évoquais plus haut. D'autres qui ont réagi par un passage à l'acte de pratique de la psychanalyse, au moment où ils étaient au plus près de le découvrir à leur tour. Le même phénomène peut d'ailleurs se produire à l'approche d'un autre fantasme fondamental, tel celui d'être reconnu comme le fils fécal de son analyste – sans parler des fantasmes phalliques dans toutes leurs variétés.

La leçon la plus déconcertante que nous devons à cette expérience de l'École de Lacan a été que l'exercice de la psychanalyse est la profession la plus aventureuse qui soit. Au cours d'une séance du jury d'agrément, Serge Leclaire a dit que cette expérience ne lui a rien appris qu'il n'ait appris de son expérience personnelle. Je n'en doute pas et j'aurais pu faire le même constat. Il n'empêche qu'un fait émergeant au cours de notre pratique personnelle prend un sens autrement plus percutant lorsqu'il se reproduit sur une échelle plus générale.

De telles constatations ne signifient pas que l'analyse didactique cesse d'être la condition indispensable pour exercer la fonction psychanalytique. Car sans elle, l'analyste ne saurait se garder de laisser ses fantasmes interférer indûment dans son travail. Elles ne signifient pas non plus que parler du « désir de l'analyste » revient à faire usage d'un mot creux, qui ne correspond à rien. Il n'est nullement exclu que la vie de certains sujets contienne des circonstances qui favorisent la naissance d'un tel désir chez eux. Un éminent collègue a rapporté ce mot de la bouche même de Lacan : « Il y a trente mille façons d'avoir un désir d'analyste. » Mais, de même que l'analyse didactique a été réduite à une espèce de rite de passage, du fait précisément de son institutionnalisation, de même on ne peut apprivoiser la vérité du désir, pour la mettre au service du besoin de savoir institutionnel.

Il reste à l'acquis de Lacan qu'il fut le premier à percevoir que le désir de l'analyste ressortit à l'ordre de la vérité, ou du mi-dire, et non à celui du savoir. Comme il fut le premier à conclure, en connaissance de cause, que la passe n'a rien à faire avec la psychanalyse, où seule est en cause la vérité du désir sexuel, et de rien d'autre. Comme preuve de ce que je dis, je voudrais repartir des premiers propos qu'il a tenus sur la passe, au cours du congrès de La Motte, qui a eu lieu en 1973. Et développer, à ma manière, les conclusions qu'il a articulées à la fin du dernier congrès de l'EFP, qui a eu lieu à la Maison de la Chimie, en juillet 1978.

Au cours du congrès de La Motte, Leclaire a exprimé sa déception de l'expérience de la passe. Et on a vu que Lacan faisait le même constat, tout en expliquant pourquoi il ne fallait pas s'étonner du caractère décevant des propos tenus par les membres du jury d'agrément. Mais, en même temps, il faisait lui-même partie de ce jury. On pouvait donc s'attendre à ce qu'il dise, lui, quelque chose d'instructif à ce sujet. À première vue, il n'en a rien été. Tout ce qu'il a dit, par la suite, est resté sous le signe de la métaphore de « l'éclair », dont s'était servi un congressiste qui parlait de la passe.

À relire son discours, cependant, il me revient le goût qu'il avait de se servir, parfois, de l'occasion de parler d'une chose pour présentifier cette chose même. Et je me demande s'il n'a pas saisi cette occasion de parler de la passe en se mettant dans la position du passant. Il s'est étendu sur son passé de psychiatre et sur la façon dont le cas Aimée l'a conduit à la psychanalyse. Mais lorsqu'on le lit en songeant à ce qu'il a dit, par ailleurs, du psychiatre, qui a devant lui... quoi ? un fou, c'est-à-dire l'être le plus angoissant qui soit, ce qu'il dit résonne autrement. Et on ne peut s'empêcher de penser que ce « passant » a sans doute tôt fait cette expérience traumatique, où l'expression « perdre la raison » retrouve toute sa force. Une telle expérience peut avoir des effets qui expliquent chez lui ce trait unique d'une intelligence qui s'atteste non pas tant dans l'accès à l'universel que dans la science (non aristotélicienne) du particulier. Bref, on peut lire son discours sur la passe comme un exemple, un échantillon de ce dont il parle. Pris en ce sens, il montre que sans être codifiables comme réponses à une demande de savoir, les raisons du désir de l'analyste font néanmoins partie de ces choses qui se font entendre parfois, et dont l'éclat fait penser à l'éclair[2].

Passons maintenant au congrès de juillet 1978. On a vu que Lacan l'a conclu en articulant trois thèses, qui résument ses conclusions d'analyste, à la fin de sa vie. Rappelons-les rapidement. La *première* est que, lorsqu'il a avancé l'idée de la passe, il croyait encore que la psychanalyse était transmissible, mais il est par la suite revenu sur cette opinion : la psychanalyse est intransmissible. La *deuxième* est la constatation que la psychanalyse guérit, et que la reprise de l'expérience de la passe peut servir à éclaircir ce que cette capacité comporte d'un « savoir sur le truc », et ce qu'elle doit à l'analyse de l'analyste. La *troisième* est que le caractère scientifique du savoir psychanalytique n'en est pas moins indéniable. Et Lacan ne pouvait que faire état ici des formalisations qu'il a avancées tout au long de son enseignement, depuis le graphe du désir jusqu'aux mathèmes de la sexuation.

Cette troisième thèse me paraît incontestable. Les élaborations conceptuelles de Lacan vont probablement appeler des prolongements. Et je ne doute pas que ceux-ci permettront de mieux mesurer les bouleversements que subissent les sociétés contemporaines, à mesure que s'accentue la domination que la science exerce sur elles. Mais la conjonction de cette dernière thèse avec la première, relative au caractère intransmissible de la psychanalyse, nous donne l'exemple d'un paradoxe peut-être unique dans l'histoire de la pensée. Car, à ma connaissance, la psychanalyse est la seule discipline ayant des titres à se dire scientifique, alors même qu'elle repose sur une expérience qui ne peut pas se prévaloir du même titre. L'importance de la deuxième thèse est liée au fait qu'elle propose une reprise de l'expérience de la passe, afin d'éclaircir ce que l'acte psychanalytique comporte de savoir sur ce qui s'appelle « guérir ». Elle réside justement en ce qu'elle peut nous aider à traiter ce paradoxe apparemment scandaleux.

Revenons maintenant sur la première thèse. Elle a des conséquences fondamentales relatives au statut *foncièrement questionnable* des psychanalystes. Admettons, en effet, que la psychanalyse soit intransmissible. Et donc que nous ne puissions conduire aucune psychanalyse didactique, aussi pure soit-elle, avec une rigueur telle qu'elle garantisse son résultat (comme ce serait le cas dans une entreprise scientifique). Qu'en résulte-t-il ? Nous sommes, tout d'abord, acculés à la définition selon laquelle les psychanalystes sont, simplement, ceux ou celles qui exercent la psychanalyse comme métier. Et partant, nous ne pourrons jamais être sûrs que le psychanalyste existe, au sens où l'on pourrait parler, par exemple, de quelqu'un qui est habité par le désir d'exercer la psychanalyse, ou qui l'incarne. Quant à l'authenticité de l'analyste, elle ne sera, dès lors, jamais une chose garantie d'avance. Tout au plus pourra-t-on en juger à la lumière de ses résultats. Toutefois, la question reste posée de savoir qui est cet analyste, dont le désir de l'analyste fait l'essence même de son être, et qui rappelle l'analyste qui ne renie jamais l'analyse, souhaité par Freud. Et s'il est un produit que l'on peut obtenir en lui faisant subir l'expérience qu'il souhaite exercer ultérieurement sur autrui.

Supposons qu'une analyse ait été menée jusqu'à ce point extrême qui en figure la finitude. J'exprimerai ce point en termes de substitution : substitution du désirant au désirable construit au gré de son narcissisme, chez le sujet arrêté à son interrogation sur le désir de l'Autre. Il n'est nullement exclu, alors, que tout se déroule par la suite comme si l'analysant, devenu analyste, n'avait qu'une hâte : cicatriser la blessure narcissique que l'analyse lui a fait subir. Aucune analyse ne dispense, en effet, le sujet d'avoir à choisir entre son désir et son narcissisme ; et l'analyste ne saurait être trop attentif aux pièges de ce dernier. En pensant à certains « élèves » de Lacan, dont je ne doutais ni du sérieux de leur analyse, ni de leur compétence, j'ai un jour interrogé Lacan sur cette éventualité. Sa réponse n'a laissé planer aucun doute là-dessus.

En tant que procédure, la passe a reposé la question de la vérité du désir, à propos du désir libéré des fantasmes qui sous-tendent la demande initiale d'être analyste. Ce faisant, elle a réactivé d'une façon intempestive la relation du désir à la vérité, c'est-à-dire à la castration. Ce qui n'a pas manqué de donner lieu aux drames qui ont marqué le déroulement de cette expérience dans l'EFP. En posant la question : « Avez-vous un désir d'exercer la psychanalyse que nous pouvons valider comme constituant l'essence de ce que vous êtes en tant qu'analyste ? », Lacan a excédé les limites de notre connaissance.

Après tout, le caractère foncièrement questionnable des analystes, quelle que soit la fragilité de la position où il nous met au regard du social, ne doit pas nous affliger outre mesure. Il est inséparable du paradoxe unique de la psychanalyse, en tant que science du désir, donc d'une chose qui échappera toujours à l'emprise de la connaissance scientifique, quelle que soit l'étendue de sa domination par ailleurs.

Rien ne confirme mieux cette assertion que la conclusion à laquelle a abouti la reprise de l'expérience de la passe dans le cadre de l'ECF, que Lacan, en « père-sévère », a fondée, aussitôt dissoute l'EFP.

Jacques-Alain Miller se plaît à croire qu'il aime la vérité plus que Lacan, parce qu'il aime tellement le petit garçon qui a crié « le roi est nu ». Mais cela n'en fait pas pour autant un « menteur intellectuel » à la Jones. Loin de nier son goût pour la Cause, il en fait la condition même de l'existence des psychanalystes. J'ai déjà indiqué qu'il avait, sur ce point, une lecture « idéalisante » très personnelle de l'acte de fondation de l'EFP, où il voit Lacan « s'avancer dans la solitude d'un sujet qui a rapport à une cause à défendre et à promouvoir [...] et renvoyer chacun à sa solitude de sujet, au rapport que chacun entretient avec le signifiant maître de l'Idéal sous lequel il se place[3] ».

Bien loin, donc, de rejeter hypocritement le terme de « mouvement », comme Ernest Jones, bien loin de le juger inapplicable aux chercheurs scientifiques et réservé aux sectes religieuses ou politiques, JAM affirme hautement, tout au contraire, la nécessité de l'Idéal, sans lequel « il n'y aurait pas de communauté d'École ». Et sans lequel, peut-on ajouter, il n'y aurait pas non plus de chef. Certes, on peut se gausser de cette solitude de chacun qui, ajoutée à 999 autres solitudes, fait une communauté d'École qui proclame d'une seule voix : « Jacques-Alain Miller prononça le *Fiat !*, et la lumière fut[4]. » Il n'empêche que nous devons porter à son crédit le fait qu'il n'a pas hésité à jeter la lumière sur le travail que son groupe a poursuivi, pendant trois décades, à propos de la passe.

Avec le stakhanovisme d'un « travailleur décidé », il a en effet ajouté à la passe 1 et 2 une passe 3, où tous ceux et celles qui ont participé à l'expérience de la passe, à un titre ou un autre, passant-passeur ou membre du cartel de la passe, se sont fait un devoir de porter à la connaissance des membres de l'École la leçon de leur expérience. C'est ainsi qu'on apprend, de tel passant ou passante fraîchement désigné comme AE, que « l'acte analytique, le passage de l'analysant à l'analyste, a lieu quand elle [la passante qui parle] aperçoit, à partir du rêve de la formule vide, que l'Autre n'a pas le savoir qu'elle en attend, le savoir qui ferait exister le rapport sexuel[5] ». Ou encore qu'« il y a effet de passe lorsque dans l'analyse un certain nombre de coordonnées de la vie du sujet, de la construction qu'il opère sur celle-ci, se réduisent au mathème[6] ».

Il serait futile de faire le catalogue des perles dont le lecteur trouvera de nombreux exemples dans tous les volumes de *La Cause freudienne*. Sans parler des commentaires, encore plus savants, des membres du cartel de la passe, qui proclament sans broncher cette vérité dont ils ont le monopole : « que le Nom-du-Père n'est qu'un masque du surmoi[7] ». La lecture de cette revue reste, cependant, tout à fait indispensable pour tout analyste désireux de savoir si Daniel Sibony prophétisait à tort, lorsqu'il identifiait l'harmonie avec la catastrophe absolue. Ou encore pour vérifier si les craintes de Serge Leclaire, relatives à l'assujettissement universel « à l'Un » (écriture de son prénom que JAM affectionne), étaient exagérées. Mais, la seule chose qui nous intéresse, ici, est de savoir quelle conclusion Miller a tirée de la passe 3.

Après trente ans d'expérience au sein de l'École de la Cause, au cours desquels il s'est confronté à la question : *est-ce passe ?* Jacques-Alain Miller confirme, d'abord, que cela reste une question délicate, face à laquelle le psychanalyste du passant en instance est assez démuni. Puis, essayant de voir les choses du côté de ce dernier, il note ceci que : « On s'efforce de faire de sa propre analyse un objet petit *a*, sous les espèces de l'*agalma*, afin que tout le monde en reconnaisse l'éclat et se récrie : "C'est beau, c'est nouveau", voire "C'est un coup dans le savoir"... On essaye de faire de son analyse un *agalma*. Voilà, finalement, ce qui commande la passe[8]. » De ce constat, l'auteur tire cette conclusion : « S'il y a échec à la passe, ce que l'on a présenté comme étant *agalma* devient *palea* ; il reste que ce petit *a* de la passe est un produit du bouclage de l'analyse comme *un*, qui ne se rencontre pas dans le cours de l'analyse. »

Conclusion à laquelle je ne vois pas d'objection. Mais il faut une complaisance énorme envers les braves Alcibiade de l'École de la Cause, pour croire que leurs performances agalmatiques recouvrent simplement « un savoir supposé, non pas un savoir exposé ». Puisqu'eux-mêmes dénoncent plus volontiers le vide de ce savoir supposé que celui de leurs propres discours. Perplexe, JAM s'est rappelé que la passe était une performance, non une compétence, ce qui lui a donné à penser qu'il y a deux régimes de la passe, selon qu'on l'ordonne au savoir ou à la vérité. Le récit de son cheminement vers cette conclusion est on ne peut plus instructif.

La mise en œuvre de la passe à l'EFP entre 1968 et 1980 n'a donné lieu à aucune élaboration du savoir. Le bilan a été, non pas « à peu près nul », comme le dit charitablement Miller, mais cent pour cent nul. « Et Lacan, note le même auteur, l'a consacré en disant que la passe était un "échec", ce que l'on a pris à la lettre ; à l'aune de l'accumulation d'un savoir de passe, on ne pouvait que le suivre. »

« Alors, ajoute-t-il, sur cette base, à l'École de la Cause freudienne, on s'y est pris autrement. On a fait un forçage dans le sens du savoir de passe, en disant : "Puisqu'un savoir de passe était attendu et que tout le monde a fait la grève pendant treize ans – c'était le cas des caciques de l'EFP –, nous, nous allons passer à la production." Nous avons donc institué dans cette École une obligation de produire et d'enseigner portant sur l'AE et sur le jury. Périodiquement, cette École était, ou est aussi, travaillée par le désir d'étendre également cette obligation aux passeurs, voire aux analystes qui les nomment et, éventuellement, aux passants non nommés. Tout le monde était animé d'une véritable passion de la production. C'était produire, produire, produire – Maurice Thorez après la Deuxième Guerre mondiale[9]. »

Quel a été le résultat de cette mobilisation générale ? À la stupéfaction de tous, encore une fois cent pour cent nul. « On se dit, poursuit Jacques-Alain Miller, que c'est peut-être un signe des temps, un signe qu'il y a eu un glissement du *savoir* de passe à la *vérité* de passe – je dis mon état d'esprit, je ne professe pas, je ne profère pas, je m'interroge[10]. » N'était le ton dubitatif qu'il sait y mettre, on rirait de bon cœur de cette idée d'une passe qui, au fil des ans, change de domicile en douce. L'auteur en arrive, enfin, à l'idée d'un autre déménagement : celui qui va du *fait* de passe à la *fiction* de passe. « "Fiction de passe", ajoute-t-il, ne veut pas dire que la passe n'existe pas, mais qu'elle est de l'ordre de la vérité plutôt que du savoir[11]. »

Mais alors la question se pose de savoir comment avoir accès à cette vérité. L'auteur reprend ses interrogations. « Qu'est-ce qui n'est pas à la portée d'un analyste d'entendre quand il dirige une cure ? C'est, précisément, la bascule de l'énonciation, quand l'analysant va se mettre à parler à un autre que lui, l'analyste, et à un collectif. À cela, l'analyste n'a pas d'accès. C'est d'ailleurs frustrant… Lacan, lui, ne se gênait pas : il était dans le cartel et il pouvait ainsi avoir accès à ce à quoi on n'a pas accès dans l'analyse. C'est cela, me semble-t-il, qui explique que, plus de quarante ans après, la passe reste un *x*, une inconnue et que, de toute façon, il ne peut y avoir passe que si elle reste un *x*[12]. »

On croit rêver. Si Lacan avait eu le privilège de cet accès que lui accorde JAM, il n'aurait pas continué à répéter à tout bout de champ que cette passe ne lui avait rien appris. Et notamment pas les raisons qui poussent quelqu'un, l'analysant, à exercer ce métier impossible qu'est la psychanalyse. La conclusion, franche, de Lacan était que la passe n'avait rien à faire avec la psychanalyse. De même, s'il a fondé une École dite de « la cause », c'était sans doute, entre autres, pour lui laisser le choix. Elle pouvait soit reprendre la passe, au sens de témoignage sur la didactique, à d'autres fins, soit en tirer *sa* conclusion, dans le cas d'une répétition à l'identique. Cette conclusion, JAM a mis près de trente ans avant de la tirer : encore un échec. Le seul privilège que Lacan avait, lui, mais que son légataire n'a pas, est celui de la *dissolution*. « Malgré ses *impasses*, ses difficultés et ses paradoxes, conclut Jacques-Alain Miller, la passe reste indispensable. D'abord, elle assure une présence de l'institution dans l'analyse, etc.[13] »

Pour le dire en clair, loin de préserver la présence de l'analyse dans l'institution, la passe est devenue le Graal dont s'assure l'existence des chevaliers de la Cause. Comme son précédent freudien, le projet lacanien d'une institution pour la psychanalyse s'est renversé en celui d'une psychanalyse pour l'institution.

L'idée qu'on puisse faire usage de la psychologie des groupes, ou de la structure nécessairement familiale qui régit tout groupe, *au bénéfice* de la psychanalyse, en évitant adroitement de la laisser s'y dissoudre, était une erreur. Car la fondation d'une institution psychanalytique, même si elle déclare que le psychanalyste ne s'autorise que de lui-même, n'est possible qu'à la condition d'objectiver l'œuvre théorique de son fondateur, qu'il s'appelle Freud ou Lacan. De l'expression d'un message – ce qu'elle est après tout –, une telle œuvre devient alors un code, réglant les relations entre les membres d'une collectivité, et qui constitue ainsi la cause matérielle de leur existence.

Conclusion

L'exercice de l'analyse est un art qui dépend en fin de compte du sens que le praticien a des effets constituants de la parole. Cela ne s'apprend pas. La psychanalyse est même, à ma connaissance, la seule profession qu'on exerce sans y être qualifié par une formation réglementée. J'en veux pour preuve Lacan lui-même. C'est dans la mesure où il n'a fait que soutenir mes efforts pour « inventer la psychanalyse à mon tour », selon la formule consacrée, que je peux dire que je lui dois ma formation. Telle est donc la leçon qui se dégage de cette longue histoire de l'institutionnalisation de la psychanalyse, inaugurée il y a plus d'un siècle par Sigmund Freud, et relancée dans les années soixante du siècle dernier par Jacques Lacan.

L'examen critique de cette relance attend un avenir sans doute encore lointain. Ne serait-ce qu'en raison de la nécessité de se débarrasser, au préalable, de la somme effrayante de charabia que Lacan a suscitée. Cela tient autant à ses affirmations-chocs, qui tenaient souvent du défi lancé à une contestation qui ne venait jamais, qu'à son style, où sa présence se faisait sentir dans chaque vocable, au point d'en être devenue une marque identificatoire. Mais j'aimerais au moins rassembler, ici, quelques thèses fondamentales, entendues pour la première fois dans le séminaire de Lacan. Et les présenter de manière à faire sentir la conversion mentale qu'appelait l'intelligence des horizons nouveaux qu'elles ouvraient.

Au commencement, il y eut la distinction entre les plans symbolique, imaginaire et réel de la paternité, aussitôt suivie du « verdict » : « ce qui est forclos du symbolique fait retour dans le réel ». Du coup, commençait à se dissiper le mystère opaque du surmoi. D'autant plus féroce et obscène que, dans certains cas, rien du père réel n'a figuré dans la vie du sujet.

Dans ses premiers séminaires, Lacan s'est à plusieurs reprises étonné de ce que les philosophes ne prêtent pas plus d'attention à l'expérience de la psychanalyse, qui est avant tout une expérience de parole. Alors qu'ils sont censés pourtant s'intéresser à la condition « humaine », et que celle-ci ne mérite d'être qualifiée telle que du fait de sa prise dans le *logos*. Il y avait là, pour lui, une sorte d'énigme qui le sollicitait, et qu'il cherchait à nous faire partager. Ultérieurement, il n'a pas fait mystère de ceci : qu'il a été conduit à la pratique psychanalytique en raison du sentiment, qu'il avait toujours eu, d'une faille dans les relations hommes-femmes. Faille qu'on ne saurait attribuer à quoi que ce soit qui ferait partie de l'ordre de la nature.

On sait, d'ailleurs, que Lacan s'est toujours intéressé à la biologie. Non pas pour le support qu'elle donne à la réalité humaine, mais, tout au contraire, pour le manque d'un tel support qui la caractérise, et qui s'atteste d'abord dans l'impuissance totale de l'être humain à sa naissance. On comprend mieux, par là, la réserve qu'il a toujours eue vis-à-vis de l'objet dit « partiel », et cela bien avant d'édicter son aphorisme « Il n'y a pas de rapport sexuel ». Car un tel objet supposé suggérait à tort une totalisation, promise au niveau de l'objet génital. Du coup, il nous a fallu nous « déshabituer », plus ou moins lentement, de nombreuses conceptions courantes à l'époque. À propos des objets prégénitaux des fantasmes (on ne parlait pas encore tellement du désir), comme à propos des phases abrahamiques du développement de la libido.

La suite ne fut pas moins riche. Nous allions apprendre à discerner la demande, articulation du besoin se doublant d'une requête d'amour. Et épeler sa logique singulière, où s'abolit la particularité de l'objet, devenu simple signe d'amour ou de refus d'amour, mais où celle-ci réapparaît, cependant, *dans un au-delà de la représentation*. Là où prend sa source l'indicible, qui abonde en significations à jamais inarticulables, sauf à déchoir de son éminence comme « cause du désir », et à se réduire alors à un signifiant de la demande.

Symbolisé par *a*, cet « au-delà de la représentation », qui préside à la création du sujet, constitue une case vide. Celle qui troue ce que Lacan appelle l'Autre comme lieu du langage, cette « Autre scène » où se déroule le travail du rêve selon Freud. C'est cette case vide qui conditionne, tout d'abord, la possibilité des jeux des signifiants, dans leurs combinaisons comme dans leur interchangeabilité. Et qui constitue, ensuite, et du même coup, le point du manque auquel est suspendue l'existence du sujet, comme sujet de l'énonciation. Envisagé sous cet angle bifocal, *a* est donc tout autant la racine de l'identité du sujet, que de son « étrangéité » à lui-même.

Tels furent les grands thèmes des séminaires des années 1951-1963. C'est à cet enseignement que s'opposa l'IPA, en refusant, en 1963, que les séminaires de Lacan figurent dans le programme didactique de la SFP, qui lui demandait son affiliation. On comprend que cette opposition ait été considérée, par Lacan, comme une *preuve*, et il n'était pas le seul à l'entendre de cette oreille. La preuve que cette organisation s'intéressait moins au développement approfondi et original du freudisme, qu'au pouvoir qu'elle exerçait au nom de Freud.

De fait, il y avait là une contradiction flagrante. Car, d'une part, l'IPA était certes une institution psychanalytique. En tant que telle, elle se devait donc d'assurer le confort de tous, en assignant à chacun sa place au sein d'une hiérarchie identificatoire, que Lacan a si joliment satirisée comme allant des « petits souliers » jusqu'aux « béatitudes ». Mais, d'autre part, cette institution était tout de même censée servir une certaine fin, à savoir préparer les personnes intéressées à l'exercice de la psychanalyse. Or c'est là une pratique qui consiste justement à cerner ce que Serge

Leclaire a appelé le « non-identifié », où la subjectivité comme telle trouve son assise.

Cette contradiction n'a pas échappé à Lacan. Il y voyait la conséquence du choix forcé de Freud ou, si l'on préfère, de son désir prioritaire. Il fallait *d'abord* assurer la survie de son œuvre, quitte à mettre cette œuvre, la psychanalyse, au service de l'institution où elle avait trouvé refuge, au nom de la tâche de formation qu'elle s'attribuait. Par conséquent, en lui déniant sa qualité d'analyste didacticien, l'IPA l'a en quelque sorte mis au défi d'inventer un *autre* mode d'institutionnalisation. Une autre école, qui loin d'instrumentaliser la formation des analystes à des fins de prestige et de pouvoir, soit conforme aux exigences de cette formation. Une école où l'analyse didactique, tout particulièrement, joue un rôle central, en raison de ce qu'elle nous apprend concernant le désir de l'analyste et la mutation de son économie libidinale.

Certes, un analyste ne peut pas se décharger de la *responsabilité de ses actes*, en mettant ceux-ci au compte de la formation qu'il a reçue, ou en partageant celle-là avec ceux qui ont participé à cette formation. Pas plus qu'il ne peut prétendre la tirer d'un principe supérieur ou d'une fin quelconque, fût-elle celle de guérir (qui parfois nuit) ou même de ne pas nuire (à quoi ?). Ce sont même là des constatations qui semblent s'imposer de prime abord, et à quiconque. Mais, en fait, il a fallu Lacan pour les articuler sous la forme d'un principe premier, et sur lequel il n'y avait pas de retour possible dans la nouvelle institution dont il assumait la charge. Ce principe s'énonçait ainsi : « *Le psychanalyste* ne s'autorise que de lui-même. »

Curieusement, cette formule a été quasi universellement entendue au sens de : « *N'importe qui* peut s'autoriser à être analyste. » C'est au point qu'on se demande si tout groupe humain n'est pas frappé d'une surdité structurelle. Ce qui d'ailleurs n'aurait rien d'étonnant. Après tout, dans un tel groupement, c'est généralement le moi qui est considéré, selon l'expression des protagonistes de l'*ego psychology*, comme « l'instance qui comprend le sens des mots ». Mais dès lors, on peut avoir une idée des résistances (c'est le cas de le dire) que suscita un tel principe, qui laissait l'analyste sans autre recours que celui de son désir. Ce qui ne veut pas dire d'ailleurs que l'idée de faire de ce désir l'objet d'un savoir institutionnel ait été bien inspirée.

On a vu que Freud souhaitait la reconnaissance de la psychanalyse comme une science, dont l'existence est attestée par celle du type de savant qu'elle produit, grâce à la psychanalyse didactique. Le projet lacanien partait, quant à lui, de la supposition que le souhait de Freud traduisait ce qui doit être le cas. Il correspondait donc à un idéal, que nous devions tâcher d'atteindre. Il pointait, en outre, le fait que Freud nous avait laissé un héritage ambigu. Comme Rank et Ferenczi l'avaient déjà remarqué, la psychanalyse a deux faces ; par l'une elle est théorie, par l'autre, thérapie. Ce qui laissait Lacan libre de poser la question de savoir ce qu'elle est *en elle-même*. Et d'y répondre, en avançant que c'est une expérience du discours, régie par des lois, et qui jouit, comme telle, d'une parfaite autonomie à l'égard de toute autre fin, fût-ce de guérison. À ce titre, elle mérite d'être désignée « psychanalyse pure », laquelle n'est rien d'autre que la didactique.

Or, les psychanalystes sont unanimes à admettre que quiconque souhaite pratiquer l'analyse doit préalablement faire l'expérience d'une analyse didactique. Cette belle unanimité ne se justifiait, aux yeux de Lacan, que si la psychanalyse pure devait conduire, de par son propre mouvement, à la révélation des raisons ayant œuvré à la formation d'un désir d'analyste. C'est-à-dire d'un désir n'ayant rien à faire avec les fantasmes qui sous-tendaient la demande initiale d'être analyste. Auquel cas il serait possible de parler d'une psychanalyse scientifiquement transmissible. En attendant, la proposition de Lacan a fait surgir une nouvelle question. Celle de savoir si le désir de l'analyste se découvre à mesure que la didactique débouche sur sa fin, enclenchant le passage de l'analysant à l'analyste. Ou bien s'il y va d'une formation, qui ne se révèle que dans l'après-coup de l'analyse.

Mais ce n'était là, à tout prendre, qu'une question secondaire. La vraie question décisive, en l'occurrence, était celle de l'existence même de cette « passe ». Là-dessus, on peut exprimer la position de Lacan de deux manières différentes. On peut dire qu'il a procédé comme si la meilleure façon d'atteindre un idéal était de considérer qu'il existe déjà. Ce qui veut dire que le passage de l'analysant à l'analyste était un fait, à propos duquel nous devions chercher à savoir ce que nous pouvions en dire. Mais on peut tout aussi bien faire valoir que, selon lui, la meilleure façon de prouver une telle hypothèse, qui s'imposait pour des raisons théoriques, était de la mettre à l'épreuve de l'expérience.

On connaît le résultat. Néanmoins, l'échec de la passe n'entame en rien la nécessité de l'analyse didactique, comme condition sans laquelle il n'y a pas d'analyste possible. Et par « échec de la passe », j'entends ici, non pas l'incapacité d'en dire quelque chose, mais bien celui de la trouver, en appliquant la procédure conçue par Lacan après quarante ans de recherche. Il est certain que l'analyse modifie l'économie libidinale du sujet, de façon à raccorder son désir aux conditions sans lesquelles il ne peut pas fonctionner comme analyste. C'est-à-dire, selon l'expression de Lacan, comme « lieu nettoyé de la jouissance ». Ce résultat s'obtient parfois aussi, quoique plus rarement, avec des analysants ayant commencé leur analyse à titre thérapeutique. Malgré la grande clarté qu'ils ont acquise sur le ressort de leur transfert, il arrive que certains ne songent pas à devenir analystes. Ils se contentent, alors, comme l'a exprimé une analysante, non pas de la « misère ordinaire », mais « des satisfactions de la vie ordinaire ».

L'analyse personnelle constitue assurément une raison nécessaire pour l'exercice éventuel de l'analyse. Mais il n'y a pas d'analyse, fût-elle dénommée « didactique » ou encore « pure », qui mène à la découverte d'une raison suffisante à ce choix. Il est vrai qu'indépendamment des fantasmes inconscients qui motivent la demande de l'analyse didactique, et qui sont censés être décantés au cours de l'analyse, un analysant peut avoir des raisons qu'il ignore, et qui le poussent plus qu'un autre vers le choix de ce « métier impossible ». Mais on ne saurait considérer la révélation de ces raisons comme la conséquence de l'analyse didactique. Lacan lui-même l'admettait, comme l'implique son conseil aux Italiens de faire de la passe une mesure de sélection.

Les témoignages relatifs au désir de l'analyste sont donc voués à rester toujours de l'ordre de la vérité, sans la moindre chance d'être intégrés dans une pratique qui se place dans le domaine du savoir. On ne saurait guère, en effet, se servir de « l'éclair » comme d'une lampe. De même, on ne peut guère plus tirer parti de « l'éclat de la vérité » à des fins institutionnelles. Fût-ce pour promulguer des relations professionnelles qui se voudraient, enfin, respectueuses du caractère scientifique de la psychanalyse, et donc transmissibles. La passe a échoué, parce qu'elle reposait sur l'assimilation de la conduite de l'analyse didactique à une opération scientifique, non pas parce qu'elle posait une question fictive. De fait, la réponse à la question de la passe (pourquoi choisir ce métier impossible ?) peut se signifier au détour d'une conversation, d'un échange, d'une confidence ou d'un témoignage spontané. Ce à quoi il faut renoncer, en revanche, c'est au rêve d'une procédure institutionnelle, destinée à recueillir les témoignages relatifs à ce sujet, et à en intégrer la portée dans un corps de savoir. Car une telle idée paraît, désormais, aussi dérisoire que celle de monter un piège épistémologique, pour attraper une vérité qui n'éclate que par surprise et qu'aucune adéquation ne certifie.

Freud voulait assurer la reconnaissance de la psychanalyse et sa pérennité, au sens de sa transmission à travers les générations futures d'analystes. L'analyse didactique devait assurer l'adhésion irrévocable à l'expérience sur laquelle cette science se fonde, en un mot produire des analystes dont la pratique serait leur désir même. Aussi naturel qu'il fût, comme expression de son désir paternel envers sa création, ce projet n'en était pas moins chimérique. En effet, l'expérience lui avait déjà montré que le fait d'avoir été analysé ne garantissait pas l'obtention d'un analyste qui ne dévie pas. C'était même là la raison pour laquelle on voulait une telle garantie. Sans se demander si on pouvait l'obtenir sans définir, à l'avance, ce sans quoi tout analyste errerait. Donc sans réduire par là la psychanalyse à quelques « thèses centrales », faisant office de dogme.

Cette présentation de la psychanalyse comme une vérité qui, une fois découverte, s'impose d'elle-même, tel un texte sans auteur, était la condition requise pour mettre en place une institution qui se donne le pouvoir exclusif de la formation des analystes. Sur ce point, Ferenczi nous avait bien prévenus : toute institution, au sens d'un groupement humain organisé, reproduit la famille. Mais on a oublié que la famille est *aussi* la cellule primitive qui fournit son modèle au narcissisme du monde. Partant, la question a été refoulée de savoir comment on peut produire un analyste défini comme un scientifique, tout en l'incluant dans une communauté pas moins « narcissisante » que la famille.

Il serait vain d'attendre que les psychanalystes reviennent, d'eux-mêmes, sur des habitudes qui ont pris, au fil du temps, le caractère et la patine de traditions. Et qu'ils se transmettent, sans discussion, en s'agglomérant dans des sociétés, associations, écoles, etc., qui prétendent fallacieusement *assurer* la formation des psychanalystes. Tout indique, au contraire, que ces collectivités vont plutôt se renforcer. Et même élargir, de plus en plus, le champ d'application de leur « formation », en l'étendant, aux couples, aux familles, aux différentes catégories professionnelles, voire aux entreprises. Sans parler de leur course au prestige que procure le fait d'être reconnu comme « établissement d'utilité publique ». Comme si l'angoisse face à la diminution des analysants ne faisait que croître, à mesure que menace de disparaître la famille nucléaire, avec son centrage autour du complexe d'Œdipe. Et comme si la présence de la psychanalyse ne pouvait plus se mesurer qu'à sa « vendabilité ».

Il est donc peut-être temps de revenir sur la discussion qui eut lieu entre Freud et Bleuler à propos de la création de l'IPA, en 1910[1]. Car, aujourd'hui, la raison qu'avait Freud pour s'obstiner dans son projet n'existe plus : la psychanalyse n'a plus besoin d'être reconnue ; seulement de dire clairement ce qu'elle apporte et peut encore apporter. De plus, comme modèle de cette « société scientifique » que Bleuler appelait de ses vœux, le souvenir de la Société psychanalytique de Vienne reste toujours vivace. Si quelques analystes désirent travailler ensemble, il leur sera toujours loisible de constituer une société analogue, sans lourdeur administrative, sans appareil bureaucratique, sans critères factices d'admission ou de sélection. Et surtout sans prétendre prodiguer de formation.

Quiconque en a le désir trouvera toujours, au sein d'une telle société, un analyste avec lequel il pourra faire son analyse personnelle, ou de contrôle, selon ce dont il jugera avoir besoin, comme il pourra assister aux séances scientifiques de la société[2]. Il n'est que trop légitime, en effet, que tous ceux et celles qui en feront partie, ou voudront en faire partie – à titre d'analyste ou à un autre –, fassent état de leurs travaux et partagent leurs expériences.

L'avenir de la psychanalyse ne tient qu'à sa capacité à contribuer à l'intelligence de notre époque, et aux métamorphoses de l'Éros, autrement qu'en poussant des cris d'alarme. Encore faut-il qu'elle s'en donne les moyens. Car l'analyste ne s'autorise que de lui-même… jusque dans sa propre formation.

APPENDICES

Remerciements

Le germe de ce livre fut l'idée de faire une série de conférences sur la théorie psychanalytique de la sexualité et la génération institutionnalisée des psychanalystes. Cette idée serait toutefois restée lettre morte sans l'accueil chaleureux de Catherine et d'Alain Vanier, ainsi que le soutien avisé d'Élisabeth Leypold.

Rédiger une série de conférences est une chose, écrire un livre en est une autre – même si le contenu reste le même. La transformation requise est entièrement due à la plume ainsi qu'à la pénétration de Thierry Marchaisse. Il est le co-auteur de ce livre tel que le lecteur le trouve entre ses mains.

Quand on songe au nombre de versions que requiert l'élaboration de ce genre de travail, et la masse de feuilles qui se perdent ou se retrouvent en cours de route, on appréciera le risque que j'encourais de perdre le fil de mon discours avant d'en toucher le terme, sans l'aide et la vigilance de Sébastien Maumon, qui m'a souvent tiré d'embarras.

Last but not least, je remercie cordialement l'auditoire des « conférences de la rue de Bourgogne », dont l'attention m'a interdit tout relâchement de l'effort requis pour répondre aux critères de continuité et de précision qu'il était en droit d'attendre.

Ouvrages cités

ARISTOTE, *Politique*, texte traduit et établi par Jean Aubonnet, Paris, Les Belles Lettres, 1971.

BADINTER, Élisabeth, *XY. De l'identité masculine*, Paris, Le Livre de Poche, 1994.

BAER, Richard A., Jr., *Philo's Use of the Categories Male and Female*, Leiden, E. J. Brill, 1970.

BEIRNAERT, Louis, *Aux frontières de l'acte analytique*, Paris, Seuil, 1987.

BENIS-SINACEUR, Hourya, « Nécessité et fécondité des définitions », Actes du colloque de Neuchâtel, 19-20 octobre 2007, publiés par le Centre de recherches sémiologiques de l'université de Neuchâtel, in *Travaux*, 19, juin 2008.

BENVENISTE, Émile, *Problèmes de linguistique générale*, Paris, Gallimard, NRF, 1975.

BLANCHÉ, Robert, *Structures intellectuelles. Essai sur l'organisation systématique des concepts*, Paris, Éditions Vrin, 1966.

BLANTON, Smiley, *Journal de mon analyse avec Freud*, Paris, PUF, 1973.

BLEULER, Eugen, *Dementia Praecox ou groupe des schizophrénies*, traduction Alain Viallard, préface de B. Rancher, G. Zimra, J.-P. Rondepierre, A. Viallard, Paris, EPEL, 1993.

BOURDIEU, Pierre, *Sur l'État*, Paris, Seuil, Raisons d'agir, 2012.

BRION, Marcel, *Rembrandt*, Paris, Albin Michel, 1946.

BRUNSCHWIG, Jacques, « La proposition particulière et le

problème de la non-concluance chez Aristote », *Cahiers pour la psychanalyse*, 10. Travaux du Cercle d'épistémologie de l'ENS, 1969.

Cause freudienne (La), n° 52, 74, 75.

CERTEAU, Michel de, *La fable mystique*, Paris, Gallimard, Tel, 1982.

CLARK, Kenneth, *Le nu*, Paris, Hachette, Pluriel, 2008.

CLARK, Ronald W., *Freud, the Man and the Cause*, Londres, Random House, 1980.

COURCELLES, Dominique de, *Thérèse d'Avila, femme d'écriture et de pouvoir dans l'Espagne du Siècle d'Or*, Grenoble, Éditions Jérôme Million, 1993.

CREMERIUS, Johannes (dir.), *The Future of Psychoanalysis*, Londres, Open Gate Press, 1999.

DAMASCIUS, *Traité des premiers principes, de l'ineffable et de l'un*, Paris, Les Belles Lettres, 1986.

DAVID-MÉNARD, Monique, *Les constructions de l'universel. Psychanalyse, philosophie*, Paris, PUF, 1re édition « Quadrige », 2009.

DIDIER-WEILL, Alain, « D'une transmission de la théorie psychanalytique à la théorie d'une démission psychanalytique », *Lettres de l'École freudienne*, n° 10, mai 1973.

DYZENHAUS, David, *Legality and Legitimacy, Carl Schmitt, Hans Kelsen and Hermann Heller in Weimar*, Oxford U.P., 1999.

EY, Henry, « La conception d'Eugen Bleuler », in Eugen Bleuler, *Dementia Praecox ou groupe des schizophrénies*.

FALZEDER, Ernst, « Sigmund Freud et Eugen Bleuler : l'histoire d'une relation ambivalente », *Psychothérapies*, vol. XXIII, n° 1, 2003.

FERENCZI, Sándor, *Journal clinique*, Paris, Payot, 1986.

FERENCZI, Sándor, *Psychanalyse, Œuvres complètes*, Paris, Payot, 1982.

FERENCZI, Sándor et RANK, Otto, *Perspectives de la psychanalyse*, Paris, Payot, 1994.

FREUD, Sigmund, « *Aber er hält es für verboten an sich* », *Gesammelte Werke*, VII, Imago Publishing, 1941.

FREUD, Sigmund, *Ma vie et la psychanalyse*, Paris, Gallimard, Idées NRF, 1950.

FREUD, Sigmund, *La naissance de la psychanalyse*, Paris, PUF, 1979.
FREUD, Sigmund, *Nouvelles conférences sur la psychanalyse*, Paris, Gallimard, Essais NRF, 1936.
FREUD, Sigmund, *Psychopathologie de la vie quotidienne*, Paris, Petite Bibliothèque Payot, 1967.
FREUD, Sigmund, *La question de l'analyse profane*, Paris, Gallimard, Folio bilingue, 2003.
FREUD, Sigmund, *Résultats, idées, problèmes*, Paris, PUF, 1998.
FREUD, Sigmund, *Trois essais sur la théorie sexuelle*, Paris, Flammarion, Champs, 2011.
FREUD, Sigmund, *La vie sexuelle*, Paris, PUF, 1969.
FREUD-BLEULER, *Correspondence* (Alexander, F. & Selesnick, S. T., eds), *Archives of General Psychiatry*, vol. XII, 1965.
FREUD-FERENCZI, *Correspondance*, Paris, Calmann-Lévy, 2000.
FREUD-JONES, *Correspondance*, Paris, PUF, 1998.
FREUD-JUNG, *Correspondance*, Paris, Gallimard, 1975.
GAY, Peter, *Freud, une vie*, Paris, Hachette pluriel, 1991.
GODEL, Robert, *Les sources manuscrites du Cours de linguistique générale de F. de Saussure*, Genève, Librairie Droz, 1957.
GORRINGE, Timothy, *God's Just Vengeance. Crime, Violence and the Rhetoric of Salvation*, Cambridge U.P., 1996.
GRACIÁN, Baltasar, *Art et figures de l'esprit*, Paris, Seuil, 1983.
GROSSKURTH, Phyllis, *Freud, l'anneau secret*, Paris, PUF, 1995.
HENRY, Desmond Paul, *That Most Subtle Question (Quaestio Subtilissima)*, Manchester University Press, 1984.
HUGO, Victor, *La légende des siècles*, Paris, éd. GF-Flammarion, 1998.
IRIGARAY, Luce, *Ce sexe qui n'en est pas un*, Paris, Éditions de Minuit, 1977.
JESPERSEN, Otto, *The Philosophy of Grammar*, 10e éd., Londres, Allen & Unwin, 1968.
JONES, Ernest, *Free Associations* (1re édition 1959), Transaction Publishers, New Jersey, 1990.
KAHN, Charles H., *The Verb 'Be' in Ancient Greek*,

Indianapolis-Cambridge, Hackett Publishing Company, 2003.

KARDINER, Abraham, *Mon analyse avec Freud*, Paris, Belfond, 1978.

KIRSNER, Douglas, *Unfree Associations, Inside Psychoanalytic Institutes*, Maryland, Jason Aronson, 2009.

LACAN, Jacques, *Écrits*, Paris, Seuil, 1966.

LACAN, Jacques, « La troisième », 7e Congrès de l'École freudienne de Paris à Rome. Conférence parue dans les *Lettres de l'École freudienne*, n° 16, 1975.

LACAN, Jacques, *Encore*, Séminaire XX, Paris, Seuil, 1999.

LACAN, Jacques, *Autres écrits*, Paris, Seuil, 2001.

LACAN, Jacques, *D'un Autre à l'autre*, Séminaire XVI, Paris, Seuil, 2006.

LACAN, Jacques, *D'un discours qui ne serait pas du semblant*, Séminaire XVIII, Paris, Seuil, 2007.

LACAN, Jacques, *Je parle aux murs*, Paris, Seuil, 2011.

LACAN, Jacques, *...ou pire*, Séminaire XIX, Paris, Seuil, 2011.

LAQUEUR, Thomas, *La fabrique du sexe. Essai sur le corps et le genre en Occident*, Paris, Nrf Essais Gallimard, 1992.

LE BRUN, Jacques, *La jouissance et le trouble. Recherches sur la littérature chrétienne de l'âge classique*, Genève, Éditions Librairie Droz, 2004.

LE GAUFEY, Guy, *Le pastout de Lacan*, Paris, EPEL, 2006.

LECLAIRE, Serge, *Écrits pour la psychanalyse*, Paris, Seuil-Arcanes, 1998.

LECLAIRE, Serge, *Œdipe à Vincennes. Séminaire 69*, Paris, Fayard, 1999.

LECLAIRE, Serge, *Rompre les charmes*, Paris, Seuil, coll. Points, 1999.

Lettres de l'École freudienne, n° 8, 10, 16, 23, 24, 25.

LIEBERMAN, E. James, *La volonté en acte. La vie et l'œuvre d'Otto Rank*, Paris, PUF, 1991.

LIEBERMAN, E. James & KRAMER, Robert (eds), *The Letters of Sigmund Freud and Otto Rank, Inside Psychoanalysis*, Baltimore, The Johns Hopkins University Press, 2012.

MÂLE, Émile, *L'art religieux du XVIIe siècle*, Paris, Armand Colin, 1972.

MANIGLIER, Patrice, *La vie énigmatique des signes*, Paris, éditions Léo Scheer, 2006.

MASSIGNON, Louis, *La passion de Hâllaj, martyr mystique de l'islam*, Paris, Gallimard, 1975.

MILLER, Jacques-Alain, « Est-ce passe ? », *La Cause freudienne*, n° 75, juillet 2010.

MILLER, Jacques-Alain, « Théorie de Turin », *La Cause freudienne*, n° 74, avril 2010.

MITCHELL, Juliet, *Psychanalyse et féminisme*, Paris, éditions des Femmes, 1981.

NAOURI, Aldo, « Un inceste sans passage à l'acte », in *De l'inceste*, ouvrage collectif dirigé par Françoise Héritier, Boris Cyrulnik et Aldo Naouri, Paris, Odile Jacob, 2010.

OLENDER, Maurice, « Priape le mal taillé », in *Corps des dieux*, sous la direction de Ch. Malamoud et J.-P. Vernant, Paris, Gallimard, Folio, 1986.

PAPINI, Giovanni, « *A visit to Freud* », in *Freud as we knew him*, édité par Hendrik M. Ruitenbeek, Detroit, Wayne State University Press 1973.

PERRIER, François, *La Chaussée-d'Antin, œuvre psychanalytique*, Paris, Albin Michel, 2008.

PLUTARQUE, *Les vies des hommes illustres*, Gallimard, La Pléiade, 1937.

POPE-HENNESSY, John, *Italian High Renaissance and Baroque Sculpture*, Londres, Phaidon, 1996.

POPPER, Karl R., *Des sources de la connaissance et de l'ignorance*, Paris, Rivages poche, 1998.

PORGE, Erik, *Les noms du père chez Jacques Lacan*, Toulouse, Érès, 1997.

Premiers psychanalystes (Les). Minutes de la Société psychanalytique de Vienne, Paris, Gallimard, 1976-1979.

PROCLUS, *Théologie platonicienne*, Paris, Les Belles Lettres, 1974.

QUINE, W. V., *Mathematical Logic*, Harvard U.P., 1996.

RANK, Otto, *The Myth of the Birth of the Hero and Other Writings*, New York, Vintage Books, 1964.

RANK, Otto, *Le traumatisme de la naissance*, Paris, Petite Bibliothèque Payot, 1968.

RASTIER, François, « Le silence de Saussure ou l'ontologie refusée », in *Saussure*, Paris, éditions de l'Herne, 2003.

RIBEIRO, Aileen, *Facing Beauty*, Yale U.P., 2011.

RUITENBEEK, Hendrik M. (dir.), *Freud as we knew him*, Detroit, Wayne State University Press, 1973.

SABOURIN, Pierre, *Ferenczi, paladin et grand vizir secret*, éditions universitaires, 1985.

SAFOUAN, Moustapha, *Jacques Lacan et la question de la formation des analystes*, Paris, Seuil, 1983.

SAFOUAN, Moustapha, *Le transfert et le désir de l'analyste*, Paris, Seuil, 1988.

SAFOUAN, Moustapha, *Le langage ordinaire et la différence sexuelle*, Paris, Odile Jacob, 2009.

SAFOUAN, Moustapha, *La parole ou la mort, essai sur la division du sujet*, 2e édition, Paris, Seuil, 2010.

SAUSSURE, Ferdinand de, *Cours de linguistique générale*, Paris, Payot, 1974.

SAUSSURE, Ferdinand de, *Écrits de linguistique générale*, Paris, Gallimard, 2002.

SCHMITT, Carl, *Théologie politique*, Paris, Éditions Gallimard, 1988.

Scilicet n° 2/3, Paris, Seuil, 1970.

SESÉ-LÉGER, Sylvie, *Mémoire d'une passion. Un parcours psychanalytique*, Paris, éditions Campagne Première, 2012.

SIBONY, Daniel, *Le peuple « psy »*, Paris, Seuil, coll. Points, 2007.

SŒUR JEANNE DES ANGES, *Autobiographie*, suivi de *Jeanne des Anges* par Michel de Certeau, Grenoble, Éditions Jérôme Million, 1990.

TAFT, Jessie, *Otto Rank*, New York, Julian Press, 1958.

TARSKI, Alfred, *Logique, sémantique, métamathématique*, Paris, Armand Colin, 1972.

Temps modernes (Les), n° 342, janvier 1975.

TODD, Emmanuel, *L'origine des systèmes familiaux*, Paris, Gallimard, Essais, 2011.

TSVETAÏEVA, Marina et RILKE, Rainer Maria, *Est-ce que tu m'aimes encore ? Correspondance*, Paris, Rivages poche, 2008.

VIRGILE, *L'Énéide*, traduction Paul Veyne, Les Belles Lettres, Albin Michel, 2012.

WALLERSTEIN, Robert S., « *Perspectives on psychoanalytic training around the world* », *The International Journal of Psychoanalysis*, Volume 59, part 4, 1978.

WEININGER, Otto, *Sexe et caractère*, Lausanne, L'Âge d'homme, Essais, 1975.

WITTELS, Fritz, *Sigmund Freud, l'homme, la doctrine, l'école*, PUF, 1999.

XIFARAS, Mikhaïl, *La propriété. Étude de philosophie du droit*, Paris, PUF, 2004.

ZYGOURIS, Radmila, « Stardust », *Che vuoi?*, n° 15, 2001.

Notes

INTRODUCTION

1. « *Der große Herr Penis* » ; voir Sigmund Freud, *La naissance de la psychanalyse*, Paris, PUF, 1979, p. 166. Lettre à Wilhelm Fliess du 24 janvier 1897.

DE LA SOCIÉTÉ DU MERCREDI À L'ASSOCIATION PSYCHANALYTIQUE INTERNATIONALE

1. Peter Gay, *Freud, une vie*, Paris, Hachette pluriel, 1991, t. I, p. 289.
2. Voir *The Future of Psychoanalysis*, sous la direction de Johannes Cremerius, Londres, Open Gate Press, 1999, p. 42.
3. *Ibid.*, p. 192.
4. Karl R. Popper, *Des sources de la connaissance et de l'ignorance*, Paris, Rivages poche, 1998, p. 34.
5. *Ibid.*, p. 35-36.
6. *Ibid.*, p. 39.
7. Ernest Jones, *Free Associations* (1re édition 1959), Transaction Publishers, New Jersey, 1990, p. 194-195.
8. *Ibid.*, p. 196.
9. *Ibid.*
10. *Les premiers psychanalystes. Minutes de la Société*

psychanalytique de Vienne, t. 1, *1906-1908*, Paris, Gallimard, 1976, p. 401.

11. *Free Associations, op. cit.*, p. 204.
12. Sándor Ferenczi, *Psychanalyse 1, 1908-1912*, Paris, Payot, 1982, p. 163.
13. *Ibid.*
14. *Ibid.*, p. 164.
15. *Ibid.*
16. *Ibid.*, p. 166.
17. *Ibid.*, p. 167. Je souligne.
18. *Ibid.*
19. *Ibid.*
20. *Ibid.*, p. 169.
21. Fritz Wittels, *Sigmund Freud, l'homme, la doctrine, l'école*, Paris, PUF, 1999, p. 284.
22. *Ibid.*, p. 282.
23. *Ibid.*
24. *Ibid*, p. 284-285.
25. *Free Associations, op. cit.*, p. 204.
26. *Ibid.*
27. *Ibid.*, p. 197.

NAISSANCE DU COMITÉ SECRET

1. Sigmund Freud, *Ma vie et la psychanalyse*, Paris, Gallimard, Idées NRF, 1950, p. 69.
2. *Free Associations, op. cit.*, p. 205.
3. *Ma vie et la psychanalyse, op. cit.*, p. 299.
4. Sur l'importance de la *fictio juris* comme assise du pouvoir, on lira avec profit l'ouvrage capital de Pierre Bourdieu, *Sur l'État*, Paris, Seuil, Raisons d'agir, 2012.
5. *Ma vie et la psychanalyse, op. cit.*, p. 304.
6. Jones fera ultérieurement une analyse de deux mois avec Ferenczi, et celui-ci fera quelques « tranches » avec Freud.
7. Henry Ey, « La conception d'Eugen Bleuler », dans Eugen Bleuler, *Dementia Praecox ou groupe des schizophrénies*, traduction Alain Viallard, préface (très éclairante) de

B. Rancher, G. Zimra, J.-P. Rondepierre, A. Viallard, Paris, EPEL, 1993.

8. Ronald W. Clark, *Freud, the Man and the Cause*, Londres, Random House, 1980, p. 237.

9. Voir la préface de l'ouvrage de Bleuler, *Dementia Praecox..., op. cit.*

10. Souligné dans l'original. Passage cité d'après Ernst Falzeder, « Sigmund Freud et Eugen Bleuler : l'histoire d'une relation ambivalente », *Psychothérapies*, XXIII, 1, 2003, p. 31-47.

11. *Ibid.*

12. *Ibid.*

13. Franz Alexander & Sheldon T. Selesnick, *Freud-Bleuler Correspondence, Archives of General Psychiatry*, vol. XII, 1965, p. 2.

14. En français dans le texte. Cette lettre est citée d'après Falzeder, « Sigmund Freud et Eugen Bleuler... », *op. cit.*, p. 44.

15. *Freud-Bleuler Correspondence, op. cit.*, p. 4.

16. *Ibid.*, p. 5.

17. *Ibid.*

18. *Ibid.*, p. 7.

19. *Freud, the Man and the Cause, op. cit.*, p. 293.

20. *Correspondance Freud-Jung*, Paris, Gallimard, 1975, t. I, p. 73.

21. « Sigmund Freud et Eugen Bleuler... », *op. cit.*, p. 36. L'article de Freud auquel Falzeder se réfère ici est intitulé « Conseils au médecin dans le traitement psychanalytique ». Voir in *Œuvres complètes – Psychanalyse*, vol. XI, PUF, 1998, p. 143-154.

22. Abraham Kardiner, *Mon analyse avec Freud*, Paris, Belfond, 1978, p. 123.

23. *Ibid.*

24. *Ibid.*, p. 173.

25. Smiley Blanton, *Journal de mon analyse avec Freud*, Paris, PUF, 1973, p. 47.

26. *Ibid.*

27. *Free Associations, op. cit.*, p. 217.

28. Phyllis Grosskurth, *Freud, l'anneau secret*, Paris, PUF, 1995, p. 140.
29. *Free Associations, op. cit.*, p. 218.

OTTO RANK

1. « *A visit to Freud* », in *Freud as we knew him*, publié sous la direction de Hendrik M. Ruitenbeek, Detroit, Wayne State University Press, 1973, p. 98.
2. Lettre du 7 avril 1907, *Correspondance Freud-Jung, op. cit.*, t. I, p. 74.
3. E. James Lieberman, *La volonté en acte. La vie et l'œuvre d'Otto Rank*, Paris, PUF, 1991, p. 70.
4. Jessie Taft, *Otto Rank*, New York, Julian Press, 1958, p. 54-55.
5. *La volonté en acte. La vie et l'œuvre d'Otto Rank, op. cit.*, p. 195.
6. E. James Lieberman & Robert Kramer (eds), *The Letters of Sigmund Freud and Otto Rank, Inside Psychoanalysis*, Baltimore, The Johns Hopkins University Press, 2012.
7. *La volonté en acte. La vie et l'œuvre d'Otto Rank, op. cit.*, p. 285.
8. *Ibid.*, lettre Rank-Freud, 9 août 1924 (je souligne).
9. Par cette expression de « travail de transfert », j'entends ce qui, dans le discours de l'analysant, nous permet d'entrevoir les ressorts de son amour de transfert. Comment analyser un tel amour si l'analysant ne nous donne pas les indices qui nous permettent de le faire ?
10. *The Letters of Sigmund Freud and Otto Rank, op. cit.*, p. 218.
11. Freud-Ferenczi, *Correspondance* t. III : *1920-1933*, Paris, Calmann-Lévy, 2000, p. 204.
12. *Otto Rank, op. cit.*, p. 233.
13. *La volonté en acte. La vie et l'œuvre d'Otto Rank, op. cit.*, p. 293.
14. Quelle que soit l'idéalisation dont il gratifie l'analyste dans son amour de transfert, l'analysant ne manque pas de lui demander de refuser ce don parce qu'il est faux. D'où

toutes les indications qui vont dans ce sens. Voir Moustapha Safouan, *Le transfert et le désir de l'analyste*, Paris, Seuil, 1988.

15. Otto Rank, *Le traumatisme de la naissance*, Paris, Petite Bibliothèque Payot, 1968, p. 23.

16. *Ibid.*, p. 50.

17. Voir les pages qu'en donne Taft, *Otto Rank, op. cit.*, p. 150.

18. Voir la collection des écrits de Rank réunis et édités par Philip Freund : *The Myth of the Birth of the Hero and Other Writings*, New York, Vintage Books, 1964, p. 305.

19. *La volonté en acte. La vie et l'œuvre d'Otto Rank, op. cit.*, p. 456.

SÁNDOR FERENCZI

1. *Journal clinique*, Paris, Payot, 1986, p. 254.

2. Sándor Ferenczi, « Science qui endort, science qui éveille », in *Psychanalyse 3, 1919-1926*, Paris, Payot, 1982, p. 245.

3. D'après Pierre Sabourin, *Ferenczi, paladin et grand vizir secret*, Éditions universitaires, 1985, p. 207.

4. Sigmund Freud, *La question de l'analyse profane*, Paris, Gallimard, Folio bilingue, 2003.

5. Voir sa lettre du 9 juillet 1913.

6. Sándor Ferenczi, « Le problème de la fin de l'analyse », in *Psychanalyse 4, 1927-1933*, Paris, Payot, 1982, p. 44.

7. *Ibid.*, p. 45.

8. *Ibid.*

9. *Ibid.*, p. 46.

10. *Ibid.*

11. In *Psychanalyse 4, op. cit.*, p. 125.

12. *Ibid.*, p. 126. Souligné dans le texte.

13. *Ibid.*, p. 127. Souligné dans le texte.

14. *Ibid.*

15. *Ibid.* Souligné dans le texte.

16. *Ibid.*, p. 129.

17. *Ibid.*

18. *Journal clinique, op. cit.*, p. 284.
19. C'est Ferenczi qui souligne.

FIN DU COMITÉ SECRET

1. *Correspondance Freud-Jones*, Paris, PUF, 1998, lettres 588 à 593.
2. *Ibid.*
3. Voir la lettre du 21 février 1924 d'Abraham à Freud.
4. *Freud, l'anneau secret, op. cit.*, p. 146.
5. *Ibid.*, p. 123 et suivantes.
6. Sándor Ferenczi et Otto Rank, *Perspectives de la psychanalyse*, Paris, Fayot, 1994, p. 10.
7. *Ibid.*, p. 21. Souligné dans le texte.
8. *Ibid.*, p. 25.
9. *Ibid.*, p. 39.
10. *Ibid.*, p. 46-47.
11. *Ibid.*
12. *Ibid.*, p. 57.
13. *Ibid.*
14. *Ibid.*, p. 62.
15. *Ibid.*, p. 65.
16. *Ibid.*, p. 66.
17. *Ibid.*, p. 74.
18. *Ibid.*, p. 79.
19. *Ibid.*, p. 81.
20. *Ibid.*
21. *Ibid.*, p. 88.
22. *Ibid.*
23. Freud entend par là les processus primaires et les mécanismes de défense.
24. Voir Louis Beirnaert, *Aux frontières de l'acte analytique*, Paris, Seuil, 1987, p. 112.
25. Voir Douglas Kirsner, *Unfree Associations, Inside Psychoanalytic Institutes*, Maryland, Jason Aronson, 2009, p. 241-242.
26. *Ibid.*, p. 234 et suivantes.

INTRODUCTION À LA DIFFÉRENCE SEXUELLE

1. Voir Sigmund Freud, *Psychopathologie de la vie quotidienne*, Paris, Petite Bibliothèque Payot, 1967, chapitre 1.

2. *Ibid.*, chapitre 2.

3. *Ibid.*, p. 16.

4. « Lève-toi, qui que tu puisses être, vengeur né de mes ossements », Virgile, *L'Énéide*, traduction Paul Veyne, Les Belles Lettres, Albin Michel, 2012, p. 136.

5. Pour mieux connaître la vision qu'avait Saussure de ses prédécesseurs et l'état de la linguistique de son temps ainsi que la façon dont son œuvre était envisagée à l'époque du structuralisme, on ne saurait rien conseiller de mieux que l'ouvrage de Patrice Maniglier, *La vie énigmatique des signes*, Paris, Éditions Léo Scheer, 2006.

6. Robert Godel, *Les sources manuscrites du Cours de linguistique générale de F. de Saussure*, Genève, Librairie Droz, 1957.

7. Ferdinand de Saussure, *Écrits de linguistique générale*, Paris, Gallimard, 2002. Cité par la suite avec l'abréviation *ELG*.

8. Voir François Rastier, « Le silence de Saussure ou l'ontologie refusée », in *Saussure*, Paris, Éditions de l'Herne, 2003.

9. Émile Benveniste, *Problèmes de linguistique générale*, Paris, Gallimard, NRF, 1975, vol. 1, p. 33.

10. *ELG*, p. 23.

11. Voir Desmond Paul Henry, *That Most Subtle Question (Quaestio Subtilissima)*, Manchester University Press, 1984, p. 210.

12. Voir les Actes du colloque de Neuchâtel, 19-20 octobre 2007, publiés par le Centre de recherches sémiologiques de l'université de Neuchâtel, in *Travaux*, 19, juin 2008.

13. *Ibid.*, p. 35.

14. *Ibid.*, p. 43. Souligné dans le texte.

15. *ELG*, p. 39.

16. *ELG*, p. 34.

17. *ELG*, p. 37.
18. *ELG*, p. 67.
19. *ELG*, p. 36.
20. *ELG*, p. 65.
21. Plutarque, *Les vies des hommes illustres*, Gallimard, La Pléiade, 1937, t. 1, p. 21.
22. *ELG*, p. 74.
23. *ELG*, p. 76-80.
24. *ELG*, p. 74.
25. *ELG*, p. 75.
26. *ELG*, p. 77.
27. Jacques Lacan, « La troisième », 7e Congrès de l'École freudienne de Paris à Rome. Conférence parue dans les *Lettres de l'école freudienne*, n° 16, 1975, p. 177-203.

LE PHALLUS

1. Otto Weininger, *Sexe et caractère*, Lausanne, L'Âge d'homme, Essais, 1975.
2. *Ibid.*, p. 268.
3. *Ibid.*
4. *Ibid.*, p. 90.
5. *Ibid.*, p. 233.
6. Richard A. Baer Jr., *Philo's Use of the Categories Male and Female*, Leiden, E. J. Brill, 1970.
7. Élisabeth Badinter, *XY. De l'identité masculine*, Paris, Le Livre de Poche, 1994, p. 202.
8. Jacques Lacan, *Écrits*, Paris, Seuil, 1966, p. 695.
9. Sigmund Freud, *Trois essais sur la théorie sexuelle*, Paris, Flammarion, Champs, 2011, p. 78-79.
10. *Ibid.*, p. 148.
11. *Ibid.*, p. 144, souligné par Freud.
12. *Ibid.*, p. 102, en note.
13. *Ibid.*, p. 106. À la fin de cette phrase, le regretté Fernand Cambon ajoute une note précieuse où il remarque que le terme allemand *Reiz* signifie à la fois « stimulus » et « charme » ou « appât ». Lui-même a traduit le pluriel du texte par « charmes ». J'ai préféré « stimulation », car

cela m'a paru mettre davantage en relief le problème dont il s'agit ici.

14. *Ibid.*, p. 108. Freud prolonge cette phrase d'une note pour remarquer que les anciens, les Grecs, célébraient la pulsion plus que l'objet, alors que nous autres modernes avons tendance à parer l'objet de toutes les perfections. En fait, rien ne montre que les Grecs étaient moins fascinés par l'objet que nous ; la richesse de leur art en témoigne.

15. Sigmund Freud, « L'organisation génitale infantile », in *La vie sexuelle*, Paris, PUF, 1969, p. 115, note 1.

16. Cité d'après Juliet Mitchell, *Psychanalyse et féminisme*, 1, Paris, Éditions des Femmes, 1981, p. 181.

LE CRISTAL PARFAIT DE L'ŒDIPE

1. *Les premiers psychanalystes. Minutes de la Société psychanalytique de Vienne*, t. 2, *1908-1910*, Paris, Gallimard, 1978, p. 237. L'abréviation « etc. » est sans doute due à la plume de Rank qui était chargé de rédiger les rapports des séances de la Société.

2. *Ibid.*

3. *Ibid.*, p. 238.

4. *La vie sexuelle, op. cit.*, p. 50.

5. *Ibid.*

6. *Ibid.*, p. 51.

7. « *Aber er hält es für verboten an sich* », Sigmund Freud, *Gesammelte Werke*, VII, Imago Publishing, 1941, p. 276.

8. *Les premiers psychanalystes. Minutes de la Société psychanalytique de Vienne, op. cit.*, t. 2, p. 239.

9. *Ibid.*

10. Voir Moustapha Safouan, *La parole ou la mort, essai sur la division du sujet*, 2e édition, Paris, Seuil, 2010.

11. In *La vie sexuelle, op. cit.*, p. 117.

12. *Ibid.*

13. *Ibid.*, p. 118.

14. *Ibid.*

15. *Ibid.*, p. 119.

16. *Ibid.*

17. *Ibid.*, p. 120.
18. *Ibid.*
19. *Ibid.*
20. *Ibid.*, p. 130.
21. *Ibid.*, souligné dans le texte.
22. Sigmund Freud, *Résultats, idées, problèmes*, Paris, PUF, 1998, t. II, p. 267.
23. Thomas Laqueur, *La fabrique du sexe. Essai sur le corps et le genre en Occident*, Paris, Essais Gallimard, 1992.
24. *Ibid.*, p. 17.
25. *Ibid.*, p. 25.
26. *Ibid.*, p. 171.
27. *Ibid.*, p. 270.
28. *Ibid.*, p. 271.
29. Luce Irigaray, *Ce sexe qui n'en est pas un*, Paris, Éditions de Minuit, 1977.
30. *Ibid.*, p. 121.
31. *Ibid.*, p. 121-122.
32. *Ibid.*, p. 69.

NOM DU PÈRE ET FONCTION PHALLIQUE

1. Aldo Naouri, « Un inceste sans passage à l'acte », in *De l'inceste*, ouvrage collectif dirigé par Françoise Héritier, Boris Cyrulnik et Aldo Naouri, Paris, Odile Jacob, 2010, p. 115.
2. La disparition du complexe d'Œdipe prend un sens autrement plus cuisant aujourd'hui. Et cela tient, bien sûr, aux modifications qu'a subies la structure familiale à notre époque, auxquelles s'ajoutent l'emprise des innovations technologiques et la vogue du consumérisme. À telle enseigne que, lorsque je décris l'Œdipe, tel que Freud l'a découvert à la fin du XIXe siècle, et tel que Lacan me paraît l'avoir approfondi, j'ai le sentiment que j'écris des pages qui seront bientôt considérées comme nécrologiques.
3. À la vérité ce même mystique, Dhul-Nun al-Misri, généralise aussitôt son idée : si les personnes réunies

sont quatre, Il est leur cinquième, s'ils sont cinq, Il est leur sixième, etc. Bref, Il est l'un manquant qui toujours s'ajoute. Mais on peut aussi l'interpréter comme le plus-un auquel renvoie Lacan dans sa théorie des cartels.

4. Voir notamment celui d'Erik Porge, *Les noms du père chez Jacques Lacan*, Toulouse, Érès, 1997.

5. William Blake, cité d'après Timothy Gorringe, *God's Just Vengeance. Crime, Violence and the Rhetoric of Salvation*, Cambridge U.P., 1996, p. 188.

6. Sur ce point, voir le très riche et remarquable ouvrage de Charles H. Kahn, *The Verb 'Be' in Ancient Greek*, Indianapolis-Cambridge, Hackett Publishing Company, 2003.

7. Jacques Le Brun, *La jouissance et le trouble. Recherches sur la littérature chrétienne de l'âge classique*, Genève, Éditions Librairie Droz, 2004.

8. *Ibid.*, p. 597.

9. *Ibid.*, p. 500-501.

10. Rappelons ici l'équivalence caractéristique du rapport à l'Autre : « Je me demande ce que tu veux » et « Je te demande ce que je veux ».

11. Cité d'après Emmanuel Todd, *L'origine des systèmes familiaux*, Paris, Gallimard, Essais, 2011, t. I, p. 564. Selon l'auteur, « Pirenne a découvert dans le passé le plus lointain de l'Égypte ce que Laslette et Macfarlane ont trouvé dans le passé beaucoup plus proche de l'Angleterre : la famille nucléaire et l'individualisme ». Par ailleurs, sous le titre *Le fantasme égyptien des Grecs* (p. 576), il cite des pages pleines d'humour involontaire, où Hérodote fait montre, par exemple, de sa totale incompréhension face à ces Égyptiens chez qui tout s'inverse : « Les femmes urinent debout, les hommes accroupis. »

12. On se reportera à la théorie de la séduction de Jean Laplanche.

13. Victor Hugo, *La légende des siècles*, Paris, éd. GF-Flammarion, 1988, t. I, p. 97.

DE LA SEXUATION MASCULINE

1. Robert Blanché, *Structures intellectuelles. Essai sur l'organisation systématique des concepts*, Paris, Éditions Vrin, 1966.

2. *Ibid.*, p. 36-37.

3. *Ibid.*, p. 36.

4. *Ibid.*, p. 49.

5. *Ibid.*, p. 50.

6. Otto Jespersen, *The Philosophy of Grammar*, 10e éd., Londres, Allen & Unwin, 1968, p. 324.

7. Jacques Brunschwig, « La proposition particulière et le problème de la non-concluance chez Aristote », *Cahiers pour la psychanalyse*, 10, Travaux du Cercle d'épistémologie de l'ENS, 1969. Dans *Le pastout de Lacan* (Paris, EPEL, 2006), Guy Le Gaufey a présenté cette question d'une façon on ne peut plus éclairante.

8. Carl Schmitt, *Théologie politique*, Paris, Éditions Gallimard, 1988, p. 15.

9. *Ibid.*, p. 16.

10. *Ibid.*, p. 23-24.

11. *Ibid.*, p. 25.

12. *La parole ou la mort, op. cit.*, chapitre II.

13. David Dyzenhaus, *Legality and Legitimacy, Carl Schmitt, Hans Kelsen and Hermann Heller in Weimar*, Oxford U.P., 1999, p. 58.

14. Sur la partie philosophique et psychanalytique de cette « innovation » de Frege, voir Monique David-Ménard, *Les constructions de l'universel. Psychanalyse, philosophie*, Paris, PUF, 1re édition « Quadrige », 2009.

15. Jacques Lacan, *...ou pire*, Paris, Seuil, 2011, p. 109.

16. *Ibid.*, p. 108.

17. Ce qui n'empêche pas l'existence d'une virilité parfaitement imaginaire qui en donne le change.

18. Michel de Certeau, *La fable mystique*, Paris, Gallimard, Tel, 1982, p. 9.

19. *Écrits, op. cit.*, p. 583.

20. Aristote, *Politique*, III, 1287a ; texte traduit et établi par Jean Aubonnet, Paris, Les Belles Lettres, 1971.
21. Mikhaïl Xifaras, *La propriété. Étude de philosophie du droit*, Paris, PUF, 2004.
22. Jacques Lacan, *D'un discours qui ne serait pas du semblant*, Paris, Seuil, 2007, p. 173.
23. *Ibid.*, p. 174.
24. *Ibid.*, p. 174-175.
25. Sœur Jeanne des Anges, *Autobiographie*, suivi de *Jeanne des Anges* par Michel de Certeau, Grenoble, Éditions Jérôme Million, 1990.
26. *D'un discours…*, *op. cit.*, p. 74-75.
27. *Ibid.*, p. 65.
28. Sigmund Freud, *Nouvelles conférences sur la psychanalyse*, Paris, Gallimard, Essais NRF, 1936, p. 159.
29. *…ou pire, op. cit.*, p. 223.
30. Jacques Lacan, *D'un Autre à l'autre*, Paris, Seuil, 2006, p. 227.
31. *Ibid.*, p. 319.
32. *D'un discours…*, *op. cit.*, p. 68.
33. *D'un Autre à l'autre, op. cit.*, p. 224.
34. *D'un discours…*, *op. cit.*, p. 34.
35. *D'un Autre à l'autre, op. cit.*, p. 319-320.

LE DÉSIR AU FÉMININ

1. Damascius, *Traité des premiers principes, de l'ineffable et de l'un*, Paris, Les Belles Lettres, 1986.
2. *D'un Autre à l'autre, op. cit.*, p. 48.
3. W. V. Quine, *Mathematical Logic*, Harvard U.P., 1996, p. 15.
4. *…ou pire, op. cit.*, p. 101.
5. Louis Massignon, *La passion de Hâllaj, martyr mystique de l'islam*, Paris, Gallimard, 1975, vol. III, p. 183.
6. *Ibid.*, p. 184.
7. Aileen Ribeiro, *Facing Beauty*, Yale U.P., 2011.
8. *D'un Autre à l'autre, op. cit.*, p. 335.
9. Moustapha Safouan, *Le langage ordinaire et la différence sexuelle*, Paris, Odile Jacob, 2009.

10. C'est d'ailleurs à ce père que Bertha Pappenheim (vrai nom d'Anna O.), qui aurait pu faire une mystique en d'autres temps, semble avoir lié son destin sexuel.

11. Dans *Le langage ordinaire et la différence sexuelle*, je me suis limité à souligner l'affinité de Lacan avec les intuitionnistes, mais sans tenir compte de ses réflexions critiques en matière de logique.

LA JOUISSANCE SUPPLÉMENTAIRE

1. Jacques Lacan, *Encore*, Paris, Seuil, 1999, p. 71.

2. Proclus, *Théologie platonicienne*, Paris, Les Belles Lettres, 1974, livre II, p. 64.

3. François Perrier, *La Chaussée-d'Antin, œuvre psychanalytique II*, Paris, Albin Michel, 2008.

4. Dominique de Courcelles, *Thérèse d'Avila, femme d'écriture et de pouvoir dans l'Espagne du Siècle d'Or*, Grenoble, Éditions Jérôme Million, 1993, p. 220.

5. Voir Émile Mâle, *L'art religieux du XVIIe siècle*, Paris, Armand Colin, 1972.

6. *Ibid.*

7. John Pope-Hennessy, *Italian High Renaissance and Baroque Sculpture*, Londres, Phaidon, 1996, p. 375.

8. Marina Tsvetaïeva, Rainer Maria Rilke, *Est-ce que tu m'aimes encore ? Correspondance*, Paris, Rivages poche, 2008, p. 129. La lettre comporte une référence à l'amour pathétique de Francesca et Paolo dans le chant V de *La divine comédie* de Dante.

9. Marcel Brion, *Rembrandt*, Paris, Albin Michel, 1946, p. 262.

10. Kenneth Clark, *Le nu*, Paris, Hachette, Pluriel, 2008, t. II, p. 182.

11. *Rembrandt, op. cit.*, p. 141.

12. *Ibid.*

13. *Le nu, op. cit.*, p. 187.

14. *...ou pire, op. cit.*, p. 101.

15. Jacques Lacan, *Autres écrits*, Paris, Seuil, 2001, p. 449.

16. *...ou pire, op. cit.*, p. 203.

17. *Autres écrits, op. cit.*, p. 460.

18. Voir Maurice Olender, « Priape le mal taillé », in *Corps des dieux*, sous la direction de Ch. Malamoud et J.-P. Vernant, Paris, Gallimard, Folio, 1986.

19. *D'un discours..., op. cit.*, p. 110.

20. Alfred Tarski, *Logique, sémantique, métamathématique*, Paris, Armand Colin, 1972, t. 1, p. 172.

CE QU'ENSEIGNER VEUT DIRE

1. C'est le titre de son livre publié aux éditions du Seuil, coll. Points, 2007.

LE SÉMINAIRE DE SAINTE-ANNE

1. Giovanni Papini, « *A visit to Freud* », in *Freud as we knew him*, édité par Hendrik M. Ruitenbeek, *op. cit.*, p. 98.

2. Freud ne voyait que deux autres activités tout aussi « impossibles » : *gouverner* et *éduquer*.

3. Voir l'annuaire de l'année 1977 de l'École freudienne de Paris, p. 78. On notera que l'« École française de psychanalyse » a bientôt été renommée « École freudienne de Paris ». Le sigle est donc resté le même.

4. Cette exception française n'était sans doute pas sans rapport avec le fait que bon nombre de candidats auprès de la SPP avaient plus ou moins activement participé à la Résistance.

5. Baltasar Gracián, *Art et figures de l'esprit*, Paris, Seuil, 1983, p. 91.

6. *La Cause freudienne*, n° 74, p. 135.

L'ÉCOLE FREUDIENNE DE PARIS

1. Voir *Lettres de l'École freudienne*, n° 23, p. 157.

2. *Lettres de l'École freudienne*, n° 8, p. 24-25. Souligné dans le texte.

3. « D'une transmission de la théorie psychanalytique à la théorie d'une démission psychanalytique », in *Lettres de l'École freudienne*, n° 10, mai 1973, p. 311.
4. Serge Leclaire, *Écrits pour la psychanalyse*, Paris, Seuil-Arcanes, 1998, vol. 2, note p. 12.
5. Voici ce qui s'est passé, comme je l'ai appris plus tard d'une source sûre. Lacan s'était cassé la jambe en faisant du ski, pendant les vacances d'hiver. Lorsque Leclaire est venu à sa séance, il lui a dit d'emblée : « Serge, mettez-vous sur le fauteuil, je vais me reposer sur le divan. » Ce fut la dernière séance.
6. M. Safouan, *Jacques Lacan et la question de la formation des analystes*, Paris, Seuil, 1983.
7. Voir le seul livre qui nous donne un témoignage à ce sujet, celui de Sylvie Sesé-Léger, *Mémoire d'une passion. Un parcours psychanalytique*, Paris, Éditions Campagne Première, 2012.
8. *Scilicet* n° 2/3, Paris, Seuil, 1970, p. 41-42.
9. *Ibid.*
10. *Écrits pour la psychanalyse, op. cit.*, vol. 1, p. 319-320.
11. *Les Temps modernes*, n° 342, janvier 1975, p. 862-863.
12. Serge Leclaire, *Œdipe à Vincennes. Séminaire* 69, Paris, Fayard, 1999, p. 126.
13. Jacques Lacan, *Je parle aux murs*, Paris, Seuil, 2011, p. 16.
14. Voir ses propos au congrès de 1978.
15. Serge Leclaire, *Rompre les charmes*, Paris, Seuil, coll. Points, 1999, p. 179.
16. *Ibid.*, p. 181.
17. *Ibid*, p. 182-183.
18. *Lettres de l'École freudienne*, n° 24, juillet 1978, p. 250.

« UN AMOUR D'INSTITUTION »

1. *Lettres de l'École freudienne*, n° 25, vol. 2.
2. *Ibid.*

LA PASSE

1. *The International Journal of Psychoanalysis*, volume 59, part 4, 1978, p. 477.

2. Au cours d'une conversation avec l'un de mes amis les plus proches, celui-ci évoquait un souvenir. Il lui revint alors, incidemment, un épisode ayant eu lieu alors qu'il avait à peine quatre ans. Cette scène s'était d'autant mieux gravée dans sa mémoire que c'était son destin même, encore indéchiffrable, qui s'y jouait à son insu et dont il avait été spectateur. Mon ami n'avait guère de doute sur le fait que cet indéchiffrable avait été déterminant dans son choix de la profession analytique.

3. *La Cause freudienne*, n° 74, p. 135.

4. *La Cause freudienne*, n° 74, p. 68.

5. *La Cause freudienne*, n° 52, p. 56.

6. *Ibid.*, p. 75.

7. Jacques-Alain Miller, « Théorie de Turin », *La Cause freudienne*, n° 74, p. 140.

8. Jacques-Alain Miller, « Est-ce passe ? », *La Cause freudienne*, n° 75, p. 83 et suivantes.

9. *Ibid.*, p. 86-87.

10. *Ibid.*

11. *Ibid.*

12. *Ibid.*

13. *Ibid.*, p. 88.

CONCLUSION

1. Voir ci-dessus, p. 67 et suivantes.

2. Cette idée n'a rien de mirifique. Après avoir écrit les pages ci-dessus, j'ai lu un article de Radmila Zygouris, publié dans la revue *Che vuoi?*, n° 15, 2001, sous le titre « Stardust », où elle décrit une expérience de même inspiration.

Index nomium

LA SAGA LACANIENNE

APPENDICES

DU MÊME AUTEUR

POURQUOI LE MONDE ARABE N'EST PAS LIBRE. POLITIQUE DE L'ÉCRITURE ET TERRORISME RELIGIEUX, Paris, Denoël, 2008.

LE LANGAGE ORDINAIRE ET LA DIFFÉRENCE SEXUELLE, Paris, Odile Jacob, 2009.

LA PAROLE OU LA MORT. ESSAI SUR LA DIVISION DU SUJET, Le Seuil, 2010.

Avec Jean Clavreul et Michèle Montrelay

CHEMINS TRAVERSIERS, Paris, Éditions des Crépuscules, 2014.

REGARD SUR LA CIVILISATION ŒDIPIENNE, DÉSIR ET FINITUDE, Paris, Hermann, 2015.

LE TRANSFERT ET LE DÉSIR DE L'ANALYSTE, Le Seuil, 2015.

DANS LA COLLECTION FOLIO / ESSAIS

437 Jean-Yves et Marc Tadié : *Le sens de la mémoire.*
438 D. W Winnicott : *Conversations ordinaires.*
439 Patrick Pharo : *Morale et sociologie (Le sens et les valeurs entre nature et culture).*
440 Joyce McDougall : *Théâtres du je.*
441 André Gorz : *Les métamorphoses du travail.*
442 Julia Kristeva : *Le génie féminin, III. Colette.*
443 Michel Foucault : *Philosophie (Anthologie).*
444 Annie Lebrun : *Du trop de réalité.*
445 Christian Morel : *Les décisions absurdes.*
446 C. B. Macpherson : *La theorie politique de l'individualisme possessif.*
447 Frederic Nef : *Qu'est-ce que la métaphysique ?*
448 Aristote : *De l'âme.*
449 Jean-Pierre Luminet : *L'Univers chiffonné.*
450 André Rouillé : *La photographie.*
451 Brian Greene : *L'Univers élégant.*
452 Marc Jimenez : *La querelle de l'art contemporain.*
453 Charles Melman : *L'Homme sans gravité.*
454 Nûruddîn Abdurrahmân Isfarâyinî : *Le Révélateur des Mystères.*
455 Harold Searles : *Le contre-transfert.*
456 Le Talmud : *Traité Moed Katan.*
457 Annie Lebrun : *De l'éperdu.*
458 Pierre Fédida : *L'absence.*
459 Paul Ricœur : *Parcours de la reconnaissance.*
460 Pierre Bouvier : *Le lien social.*
461 Régis Debray : *Le feu sacré.*
462 Joëlle Proust : *La nature de la volonté.*
463 André Gorz : *Le traître* suivi de *Le vieillissement.*
464 Henry de Montherlant : *Service inutile.*
465 Marcel Gauchet : *La condition historique.*
466 Marcel Gauchet : *Le désenchantement du monde.*

467 Christian Biet et Christophe Triau : *Qu'est-ce que le théâtre ?*
468 Trinh Xuan Thuan : *Origines (La nostalgie des commencements).*
469 Daniel Arasse : *Histoires de peintures.*
470 Jacqueline Delange : *Arts et peuple de l'Afrique noire (Introduction à une analyse des créations plastiques).*
471 Nicole Lapierre : *Changer de nom.*
472 Gilles Lipovetsky : *La troisième femme (Permanence et révolution du féminin).*
473 Michael Walzer : *Guerres justes et injustes (Argumentation morale avec exemples historiques).*
474 Henri Meschonnic : *La rime et la vie.*
475 Denys Riout : *La peinture monochrome (Histoire et archéologie d'un genre).*
476 Peter Galison : *L'Empire du temps (Les horloges d'Einstein et les cartes de Poincaré).*
477 George Steiner : *Maîtres et disciples.*
479 Henri Godard : *Le roman modes d'emploi.*
480 Theodor W. Adorno/Walter Benjamin : *Correspondance 1928-1940.*
481 Stéphane Mosès : *L'ange de l'histoire (Rosenzweig, Benjamin, Scholem).*
482 Nicole Lapierre : *Pensons ailleurs.*
483 Nelson Goodman : *Manières de faire des mondes.*
484 Michel Lallement : *Le travail (Une sociologie contemporaine).*
485 Ruwen Ogien : *L'Éthique aujourd'hui (Maximalistes et minimalistes).*
486 Sous la direction d'Anne Cheng, avec la collaboration de Jean-Philippe de Tonnac : *La pensée en Chine aujourd'hui.*
487 Merritt Ruhlen : *L'origine des langues (Sur les traces de la langue mère).*
488 Luc Boltanski : *La souffrance à distance (Morale humanitaire, médias et politique)* suivi de *La présence des absents.*
489 Jean-Marie Donegani et Marc Sadoun : *Qu'est-ce que la politique ?*

490 G. W. F. Hegel : *Leçons sur l'histoire de la philosophie.*
491 Collectif : *Le royaume intermédiaire* (*Psychanalyse, littérature, autour de J.-B. Pontalis*).
492 Brian Greene : *La magie du Cosmos* (*L'espace, le temps, la réalité : tout est à repenser*).
493 Jared Diamond : *De l'inégalité parmi les sociétés* (*Essai sur l'homme et l'environnement dans l'histoire*).
494 Hans Belting : *L'histoire de l'art est-elle finie ?* (*Histoire et archéologie d'un genre*).
495 J. Cerquiglini-Toulet, F. Lestringant, G. Forestier et E. Bury (sous la direction de J.-Y. Tadié) : *La littérature française : dynamique et histoire I.*
496 M. Delon, F. Mélonio, B. Marchal et J. Noiray, A. Compagnon (sous la direction de J.-Y. Tadié) : *La littérature française : dynamique et histoire II.*
497 Catherine Darbo-Peschanski : *L'*Historia (*Commencements grecs*).
498 Laurent Barry : *La parenté.*
499 Louis Van Delft : *Les moralistes. Une apologie.*
500 Karl Marx : *Le Capital* (*Livre I*).
501 Karl Marx : *Le Capital* (*Livres II et III*).
502 Pierre Hadot : *Le voile d'Isis* (*Essai sur l'histoire de l'idée de Nature*).
503 Isabelle Queval : *Le corps aujourd'hui.*
504 Rémi Brague : *La loi de Dieu* (*Histoire philosophique d'une alliance*).
505 George Steiner : *Grammaires de la création.*
506 Alain Finkielkraut : *Nous autres modernes (Quatre leçons).*
507 Trinh Xuan Thuan : *Les voies de la lumière (Physique et métaphysique du clair-obscur).*
508 Marc Augé : *Génie du paganisme.*
509 François Recanati : *Philosophie du langage (et de l'esprit).*
510 Leonard Susskind : *Le paysage cosmique (Notre univers en cacherait-il des millions d'autres ?)*
511 Nelson Goodman : *L'art en théorie et en action.*
512 Gilles Lipovetsky : *Le bonheur paradoxal (Essai sur la société d'hyperconsommation).*

513 Jared Diamond : *Effondrement (Comment les sociétés décident de leur disparition et de leur survie).*
514 Dominique Janicaud : *La phénoménologie dans tous ses états (Le tournant théologique de la phénoménologie française* suivi de *La phénoménologie éclatée).*
515 Belinda Cannone : *Le sentiment d'imposture.*
516 Claude-Henri Chouard : *L'oreille musicienne (Les chemins de la musique de l'oreille au cerveau).*
517 Stanley Cavell : *Qu'est-ce que la philosophie américaine ? (De Wittgenstein à Emerson, une nouvelle Amérique encore inapprochable* suivi de *Conditions nobles et ignobles* suivi de *Status d'Emerson).*
518 Frédéric Worms : *La philosophie en France au XXe siècle (Moments).*
519 Lucien X. Polastron : *Livres en feu (Histoire de la destruction sans fin des bibliothèques).*
520 Galien : *Méthode de traitement.*
521 Arthur Schopenhauer : *Les deux problèmes fondamentaux de l'éthique (La liberté de la volonté — Le fondement de la morale).*
522 Arthur Schopenhauer : *Le monde comme volonté et représentation I.*
523 Arthur Schopenhauer : *Le monde comme volonté et représentation II.*
524 Catherine Audard : *Qu'est-ce que le libéralisme ? (Éthique, politique, société).*
525 Frédéric Nef : *Traité d'ontologie pour les non-philosophes (et les philosophes).*
526 Sigmund Freud : *Sur la psychanalyse (Cinq conférences).*
527 Sigmund Freud : *Totem et tabou (Quelques concordances entre la vie psychique des sauvages et celle des névrosés).*
528 Sigmund Freud : *Conférences d'introduction à la psychanalyse.*
529 Sigmund Freud : *Sur l'histoire du mouvement psychanalytique.*
530 Sigmund Freud : *La psychopathologie de la vie quoti-*

555 Sous la direction de Jean Birnbaum : *Pourquoi rire ?*
556 Tchouang-tseu : *Œuvre complète.*
557 Jean Clottes : *Pourquoi l'art préhistorique ?*
558 Luc Lang : *Délit de fiction (La littérature, pourquoi ?).*
559 Daniel C. Dennett : *De beaux rêves (Obstacles philosophiques à une science de la conscience).*
560 Stephen Jay Gould : *L'équilibre ponctué.*
561 Christian Laval : *L'ambition sociologique (Saint-Simon, Comte, Tocqueville, Marx, Durkheim, Weber).*
562 Dany-Robert Dufour : *Le Divin Marché (La révolution culturelle libérale).*
563 Dany-Robert Dufour : *La Cité perverse (Libéralisme et pornographie).*
564 Sander Bais : *Une relativité bien particulière...* précédé de *Les équations fondamentales de la physique (Histoire et signification).*
565 Helen Epstein : *Le traumatisme en héritage (Conversations avec des fils et filles de survivants de la Shoah).*
566 Belinda Cannone : *L'écriture du désir.*
567 Denis Lacorne : *De la religion en Amérique (Essai d'histoire politique).*
568 Sous la direction de Jean Birnbaum : *Où est passé le temps ?*
569 Simon Leys : *Protée et autres essais.*
570 Robert Darnton : *Apologie du livre (Demain, aujourd'hui, hier).*
571 Kora Andrieu : *La justice transitionnelle (De l'Afrique du Sud au Rwanda).*
572 Leonard Susskind : *Trous noirs (La guerre des savants).*
573 Mona Ozouf : *La cause des livres.*
574 Antoine Arjakovsky : *Qu'est-ce que l'orthodoxie ?*
575 Martin Bojowald : *L'univers en rebond (Avant le big-bang).*
576 Axel Honneth : *La lutte pour la reconnaissance.*
577 Marcel Gauchet : *La révolution moderne (L'avènement de la démocratie I).*
578 Ruwen Ogien : *L'État nous rend-il meilleurs ? (Essai sur la liberté politique).*
579 Gilles Cohen-Tannoudji et Michel Spiro : *Le boson et*

dienne (Sur l'oubli, le lapsus, le geste manqué, la superstition et l'erreur).
531 Jared Diamond : *Pourquoi l'amour est un plaisir (L'évolution de la sexualité humaine).*
532 Marcelin Pleynet : *Cézanne.*
533 John Dewey : *Le public et ses problèmes.*
534 John Dewey : *L'art comme expérience.*
535 Jean-Pierre Cometti : *Qu'est-ce que le pragmatisme?*
536 Alexandra Laignel-Lavastine : *Esprits d'Europe (Autour de Czeslaw Milosz, Jan Patočka, Istán Bibó. Essai sur les intellectuels d'Europe centrale au XXe siècle).*
537 Jean-Jacques Rousseau : *Profession de foi du vicaire savoyard.*
538 Régis Debray : *Le moment fraternité.*
539 Claude Romano : *Au cœur de la raison, la phénoménologie.*
540 Marc Dachy : *Dada & les dadaïsmes (Rapport sur l'anéantissement de l'ancienne beauté).*
541 Jean-Pierre Luminet : *Le Destin de l'Univers (Trous noirs et énergie sombre) I.*
542 Jean-Pierre Luminet : *Le Destin de l'Univers (Trous noirs et énergie sombre) II.*
543 Sous la direction de Jean Birnbaum : *Qui sont les animaux?*
544 Yves Michaud : *Qu'est-ce que le mérite?*
545 Luc Boltanski : *L'Amour et la Justice comme compétences (Trois essais de sociologie de l'action).*
546 Jared Diamond : *Le troisième chimpanzé (Essai sur l'évolution et l'avenir de l'animal humain).*
547 Christian Jambet : *Qu'est-ce que la philosophie islamique?*
548 Lie-tseu : *Le Vrai Classique du vide parfait.*
549 Hans-Johann Glock : *Qu'est-ce que la philosophie analytique?*
550 Helène Maurel-Indart : *Du plagiat.*
551 Collectif : *Textes sacrés d'Afrique noire.*
552 Mahmoud Hussein : *Penser le Coran.*
553 Hervé Clerc : *Les choses comme elles sont (Une initiation au bouddhisme ordinaire).*
554 Étienne Bimbenet : *L'animal que je ne suis plus.*

le chapeau mexicain (Un nouveau grand récit de l'univers).
580 Thomas Laqueur : *La Fabrique du sexe (Essai sur le corps et le genre en Occident).*
581 Hannah Arendt : *De la révolution.*
582 Albert Camus : *À « Combat » (Éditoriaux et articles 1944-1947).*
583 Sous la direction de Jean Birnbaum : *Amour toujours ?*
584 Jacques André : *L'Imprévu (En séance).*
585 John Dewey : *Reconstruction en philosophie.*
586 Michael Hardt et Antonio Negri : *Commonwealth.*
587 Christian Morel : *Les décisions absurdes II (Comment les éviter).*
588 André Malraux : *L'Homme précaire et la Littérature.*
589 François Noudelmann : *Le toucher des philosophes (Sartre, Nietzsche et Barthes au piano).*
590 Marcel Gauchet : *La crise du libéralisme. 1880-1914 (L'avènement de la démocratie II).*
591 Dorian Astor : *Nietzsche (La détresse du présent).*
592 Erwin Panofsky : *L'œuvre d'art et ses significations (Essais sur les « arts visuels »).*
593 Annie Lebrun : *Soudain un bloc d'abîme, Sade.*
594 Trinh Xuan Thuan : *Désir d'infini (Des chiffres, des univers et des hommes).*
595 Sous la direction de Jean Birnbaum : *Repousser les frontières ?*
596 Vincent Descombes : *Le parler de soi.*
597 Thomas Pavel : *La pensée du roman.*
598 Claude Cabanne : *Qu'est-ce-que c'est que la mythologie grecque ?*
599 Jared Diamond : *Le monde jusqu'à hier.*
600 Lucrèce : *La nature des choses.*
601 Gilles Lipovetsky, Elyette Roux : *Le luxe éternel.*
602 François Jullien : *Philosophie du vivre.*
603 Martin Buber : *Gog et Magog.*
604 Michel Ciment : *Les conquérants d'un nouveau monde.*
605 Jean Clair : *Considérations sur l'état des Beaux-Arts.*
606 Robert Michels : *Sociologie du parti dans la démocratie moderne.*

Composition Nord Compo.
Impression Grafica Veneta
à Trebaseleghe, le 23 avril 2017
Dépôt légal : avril 2017

ISBN : 978-2-07-271168-8./Imprimé en Italie

312171